Rosa-Luxemburg-Stiftung

ERHARD CROME

Sozialismus im 21. Jahrhundert

Zwölf Essays über die Zukunft

Karl Dietz Verlag Berlin

Erhard Crome: Sozialismus im 21. Jahrhundert
Zwölf Essays über die Zukunft
(Reihe: Texte / Rosa-Luxemburg-Stiftung; Bd. 17)
Berlin: Karl Dietz Verlag, 2006

ISBN 3-320-02057-9
ISBN 978-3-320-02057-6

Satz: Jörn Schütrumpf
Umschlag: Heike Schmelter
Druck und Verarbeitung:
MediaService GmbH BärenDruck und Werbung
Printed in Germany

Inhalt

Für Cornelia, Daniela, Eva, Marcus,
Dennis, Michael und die anderen,
die darüber nachdenken, was uns
bevorsteht.

Vorbemerkung

Ab und zu tauchen Wiedergänger von Toten auf und wollen uns einreden, das Fiasko von 1989 / 1991 sei die Folge von Verrat gewesen, und es hätte doch sein können, daß es hätte so bleiben können, wenn man ... Nein, es war das Urteil der Geschichte, das die Mehrheit der jeweiligen Bevölkerung in Polen, Ungarn, der DDR und in anderen Ländern, schließlich auch in der Sowjetunion gesprochen hat. Doch wenn die Weltenherrscher und die Herren der kapitalistischen Bereicherungswirtschaft dachten, damit sei das Thema Sozialismus weltgeschichtlich überhaupt erledigt, so erweist sich heute: Die Geschichte ist voller List. Sozialismus steht wieder auf der Tagesordnung als Lösung für die Probleme, mit denen die Mühseligen und Beladenen heute zu ringen haben, und sie können am Ende sicher sein: Es wird eine andere Welt geben, eine, die Freiheit und ein auskömmliches Dasein, Solidarität und Selbstbestimmung, Brüderlichkeit und ein gutes Leben zusammen und gleichzeitig möglich macht. Wir wissen, das wird kommen, früher oder später, und: Es hängt von uns ab, von jedem einzelnen, nicht von allen.

Zunächst jedoch ist hier eine Warnung auszusprechen: Dies ist keine Anleitung zur Durchführung der nächsten Weltrevolution. Es soll eine Anregung zu eigenem Denken sein. Wenn dies erreicht wird, ist der beabsichtigte Zweck erfüllt. Zudem sind es Essays, geschrieben, um Umrisse von »Sozialismus im 21. Jahrhundert« deutlich werden zu lassen, seine Voraussetzungen und die heutigen Bedingungen, die sein Heraufkommen ebenso ermöglichen wie erschweren. Am Ende kommt es auf jeden selbst an, ob die vielen sich aufraffen können oder wollen, etwas Neues anzufangen, einen bisher unbekannten Weg zu eröffnen. Das ist nicht sicher. Sicher ist vielmehr, die Herrschenden tun alles, um dies zu verhindern, und sie haben vielerlei materielle und geistige Schranken errichtet, die nur dazu da sind, eine Alternative unmöglich zu machen. Um die geht es hier, in allem Ernst und ohne Scheu, über Probleme, aber auch Chancen. Eine Sammlung von Essays ist kein Lehrbuch. Manche Fragestellungen werden unter mehreren Perspektiven an unterschiedlichen Stellen des Buches behandelt. Es sind die Fragestellungen, die zu erörtern ich ausgewählt habe. Die kritischen Leser werden finden, daß dieses oder jenes fehlt, oder sie sehen manche Dinge anders. Das mag sein.

Hier ist meine Sicht. Ich habe nicht die Absicht, eine neue Glaubensrichtung zu kreieren oder vorzugeben, ich würde über letzte Wahrheiten verfügen. Ich habe solche nicht und sage zugleich mit aller Skepsis in bezug auf andere, die derlei vorzuschützen bemüht sind: Es gibt keine. Die letzten vertrockneten Hüllen sind mit dem Realsozialismus Osteuropas begraben worden.

Allerdings wird nicht nur davon in diesem Buch die Rede sein. Wer die jetzige Welt für die beste aller möglichen Welten hält, sollte es sofort weglegen. Es könnten sich Zweifel einschleichen. Das wäre schlecht für den nächsten Besuch des Nagelstudios oder des Breitwandkinos. Oder es ist gefährlich für das Gespräch mit dem Chef, wenn er mitteilt, in Kürze werde er wieder dreizehn Leute entlassen, denn man wisse doch, die Globalisierung und die Löhne in Indien, und die Preisentwicklung für Arbeitssocken ließen ihm keinen Ausweg ... Wer meint, es wäre vielleicht doch besser, wenn alles bliebe, wie es ist, denn wir wissen nicht, ob es schlimmer kommt, dem ist zu antworten: Es wird schlimmer kommen, wenn nichts geschieht. Bertolt Brecht hatte das etwas drastischer ausgedrückt: »Wir meinen, daß wir denen, die / Angesichts der heraufkommenden Bombenflugzeuggeschwader des Kapitals noch allzu lang fragen / Wie wir uns dies dächten, wie wir uns das vorstellten / Und was aus ihren Sparbüchsen und Sonntagshosen werden soll nach einer Umwälzung / Nicht viel zu sagen haben.« Doch, wir wollen auch mit denen in den Sonntagshosen reden. Wenn sich für dich die Dinge wirklich nicht so verschlechtert haben, daß dein Kragen noch nicht geplatzt ist, sei gewiß: Das kommt noch. Du kannst gleich mittun an einer anderen Zukunft, oder auch später. Es ist deine Entscheidung. Die anderen werden nicht auf dich warten. Aber du bist eingeladen. Zugleich sei versichert, niemand wird dir einen fertigen Plan aufdrängen wollen. Es gibt keinen. Er geht aus den Kämpfen um Zukunft selbst hervor. Ein langer Weg wird es sein. Die ersten Schritte werden heute getan. Am Ende gilt: Es ist eine Welt zu gewinnen, in der der Mensch des Menschen Freund ist.

Nun muß ich noch eine Erklärung hinzufügen. Dieser Titel war bereits zum Herbst 2004 angekündigt. Das erfolgte zu einem Zeitpunkt, da mir die Fertigstellung nahe schien. Der avisierte Veröffentlichungstermin schien realistisch. Bei der Bearbeitung etlicher der Themen, die in den Essays zu umreißen waren, zogen sich das Nachdenken, das nochmalige Nachlesen und das Formulieren dann aber hin. Das schien nicht weiter problematisch; das 21. Jahrhundert ist noch lang. Inzwischen gibt es aber in Deutschland und international wieder neue Debatten um Sozialismus. Dieses Buch fügt sich da – gewollt oder ungewollt – ein. Es will Anregungen geben zu weiteren Diskussionen.

Zum Schluß will ich nicht versäumen, meiner Frau Petra zu danken, die das Auf und Ab der Stimmung während des Schreibens ertragen, alle Texte gelesen und mit Bemerkungen versehen hat.

Berlin, 24. August 2006   Erhard Crome

Vorspiel auf dem Medien-Brett'l

Rußland war in St. Petersburg im Juli 2006 erstmals Gastgeber eines der sogenannten G8-Gipfel. Es ging um Energie. Präsident Putin hatte alle Mühe geben lassen, den Gipfel im Sinne des neoliberalen Programms zu einem Erfolg zu führen. Es waren insbesondere die linken, globalisierungskritischen Menschen aus Rußland und aus dem Ausland, die in St. Petersburg diese Politik und ihre Folgen zu kritisieren sich bemühten, die die Folgen des neuen russischen Autoritarismus zu spüren bekamen: Schikanen gegen russische Aktivisten, die an der Anreise gehindert wurden, Verbote bei den Demonstrationen, Verhaftungen inländischer und ausländischer Teilnehmer, Denunziationen in den Medien, insbesondere auch gegen die ausländischen Gipfelkritiker. Die Freiheitsgrade, die die Linke in Westeuropa heute hat, sind in Rußland noch Zukunftsmusik.

Zeitgleich mit dem Gipfel gab es den aufschlußreichen Kommentar eines Autors namens Ulrich Speck in der Zeitung *Der Tagesspiegel* aus Berlin, der vor diesem Hintergrund genauere Betrachtung verdient (16. Juli 2006). Speck meint, an der demokratischen Orientierung der Putin-Regierung bestünden »erhebliche Zweifel«. Das neue Rußland trage »nicht demokratische, sondern autokratische Züge«. Die politischen Freiheiten seien »erheblich unter Druck geraten« und Putin habe, »ohne Rücksicht auf Verluste, die Energiewirtschaft des Landes unter seine Kontrolle gebracht«. Das klingt so, als sei Putin jetzt der Herr über Öl und Gas, und die dem Text beigefügte Karikatur will dies dem schlichten Leser auch suggerieren.

Tatsächlich jedoch wird auf etwas ganz anderes gezielt. In der Jelzin-Zeit, als der um den damaligen neu-russischen Präsidenten gescharte Teil der sowjetischen Nomenklatura beschlossen hatte, den Realsozialismus abzuschaffen, die Sowjetunion in ihre national-republikanischen Bestandteile zu zerlegen und sich selbst die Schalthebel der politischen und wirtschaftlichen Macht anzueignen, gab es neben einer Zeit der Wirren im Innern auch geöffnete Türen für das Auslandskapital. Die USA haben es machtpolitisch nicht versäumt, ihre militärischen und politischen Positionen in Zentralasien und in der Kaukasus-Region auf- und auszubauen, und die US-Ölfirmen sind dort ihrerseits aktiv geworden. Putin hat dann die Ordnung im Innern wiederhergestellt, zunächst im ursprünglichen Sinne der Wiederherstellung der öffentlichen Ordnung und des Schutzes von Leib und Leben der Bürger, und eine Ordnung von Rechtsstaatlichkeit geschaffen.

Als der ehemalige Komsomolfunktionär Michail Chodorkowski, der es in der Perestroika- und Jelzin-Zeit immerhin vom sowjettypischen Kapital-Nichts zum Ölmilliardär geschafft hatte (von *Forbes* 2004 auf 15,4 Milliarden US-Dollar veranschlagt), im Jahre 2003 vierzig Prozent seines Ölkonzerns Yukos an die US-Firma Exxon verkaufen wollte, schritt der Kreml ein, Chodorkowski landete vor Gericht und ging der Verfügung über den plötzlichen Reichtum verlustig. In einschlägigen westlichen Kommentaren erscheint hier stets, »das autoritäre Regime von Putin« habe diesen Handel nicht hinnehmen wollen. Bei näherem Hinsehen zeigt sich jedoch, daß dies mit autoritärer oder nicht autoritärer Herrschaft nichts zu tun hat, wohl aber mit der Frage, ob ein Land wie Rußland das Recht haben soll, über seine Naturreichtümer selbst zu entscheiden, oder ob dieses Recht nur der Westen, die USA und die westlichen multinationalen Konzerne haben sollen. Und: Nicht Putin als Person hat die Verfügung über das Öl reklamiert, sondern er hat das für den russischen Staat getan, auch wenn das an dem Charakter der Ölfirmen als Privateigentum der russischen Oligarchen, die – wenn sie nicht den Ausverkauf an den Westen betreiben – stets auf Unterstützung aus dem Kreml rechnen können, nichts ändert. Beim Gebrauch der Wörter ist also Vorsicht angezeigt: Wenn Speck von Freiheit schreibt, meint er die Freiheit der USA, über die russischen Ölvorkommen zu verfügen; wenn ich über die Freiheit rede, meine ich die Freiheit der Globalisierungskritiker, diese ganze neoliberale Aneignung und Herrschaft überhaupt zu kritisieren. Und da hocken Speck und Putin in einem Boot: Die Kritik an der neoliberalen Politik des Kreml stellt die Grundlagen der kapitalistischen Herrschaft in Rußland, Verlauf und Ergebnisse, Nutznießer und Opfer jener sogenannten Transformation überhaupt in Frage. Deshalb die Schikanen in St. Petersburg während des Gipfels gegen die Linken.

Am Ende geht es auch um das Schicksal Rußlands und der europäisch-russischen Beziehungen. Egon Bahr, einer der Konstrukteure der Ostpolitik Willy Brandts und ein profunder Denker deutscher Außenpolitik, hatte das bereits 1998 auf den Punkt gebracht: »Vielleicht mag man in Amerika glauben, Vorteile aus der fortdauernden inneren und äußeren Schwächung Rußlands zu gewinnen, solange nur das Chaos vermieden wird und der atomare Faktor kontrollierbar bleibt; für Europa ist ein Rußland vorzuziehen, das sich konsolidiert.« Insofern ist das Räsonieren von Speck nicht westeuropäischer außenpolitischer Vernunft verpflichtet, sondern eher Ausdruck des geopolitischen und weltwirtschaftlichen Interesses der imperialen US-Kreise, die ein schwaches Rußland vorziehen und dessen Ölquellen fest im Blick haben.

Dabei läßt es Speck aber nicht bewenden, er zielt auf mehr. Flugs fabriziert er »Gesetze der Petropolitik«. Das soll jetzt etwas ausführlicher zitiert werden:

»Der Dreiklang von hohen Staatseinnahmen aus Erdöl und Erdgas, autokrati-
schen Machtstrukturen im Inneren und Großmachtansprüchen nach außen,
der sich in Putins Rußland beobachten läßt, ist allerdings kein spezifisch rus-
sisches Phänomen. Er ist vielmehr charakteristisch für eine ganze Reihe von
Ländern. Neben Rußland gehören dazu auch der Iran, der unter dem Schutz-
schirm seiner Ölmacht ein bedrohliches Atomprogramm entwickelt, und Venezuela, wo Hugo Chávez die hohen Öleinkünfte des Landes in ein aggressives Programm regionaler Vormacht umzumünzen sucht. Auf den ersten Blick
handelt es sich um drei unterschiedliche Fälle. Auf den zweiten Blick jedoch
zeigt sich ein gemeinsames Muster – das Muster des sogenannten ›Renten-
staats‹: Autokratische Herrscher sichern sich den Zugriff auf die Energieein-
künfte ihrer Länder. Sie schwächen den Einfluß der Zivilgesellschaft, entledi-
gen sich demokratischer Kontrollen. Sie bescheren ihren Ländern eine
Scheinblüte, die nicht auf marktwirtschaftlichen Erfolgen beruht – auf durch
Arbeit erwirtschaftetem Einkommen –, sondern auf dem hohen Preis von Erdöl und Erdgas, einem sogenannten Renteneinkommen. Durch Transfers an
Privilegien erkaufen sie sich Zustimmung zu ihrer Herrschaft, die sie mit
scheindemokratischen Verfahren legitimieren.« Soweit Specks Gesetz. Das
wollen wir uns nun näher ansehen.

Der dritte Blick
Eben war die Rede von einem »ersten Blick«: das Eingeständnis, daß die drei
Fälle nicht so recht zueinander passen. Dann der »zweite Blick«: sie werden
passend gemacht. Dazu dient der Terminus des »Rentenstaates«. Nach dem
Oktoberkrieg 1973 zwischen Israel und seinen arabischen Nachbarn haben die
erdölexportierenden Länder aus politischen Gründen das Preisniveau für Erdöl deutlich und dauerhaft angehoben und damit ihre Einnahmen nachhaltig erhöht. Das war für die neuzeitliche Wirtschaftsentwicklung der sogenannte Öl-
preisschock der 1970er Jahre. Seither spielt die »Rentenökonomie« in den
Debatten um sozioökonomische »Entwicklung«, Demokratie und weltwirtschaftliche Abhängigkeiten eine Rolle. Annahmen dabei sind, daß die »Ren-
teneinnahmen«, hier Einkünfte aus dem Verkauf von Erdöl und Erdgas, nicht
aus unternehmerischen Gewinnen und Löhnen, Investitions- und Arbeitslei-
stungen resultierten. Vielmehr würden sie zu Subventionierungen im Nah-
rungsgüterbereich, im Gesundheitswesen und in der Landwirtschaft führen,
die unproduktiv seien, sowie zu einer Behinderung von Unternehmertum und
zu einer Stabilisierung der jeweiligen, meist nicht-demokratischen Regime.
Lassen wir den dritten Blick folgen: Ist nicht ein gewandelter, aber doch
steter wirtschaftlicher Kreislauf entstanden, zu dem die Erdöl- und Erdgaslieferungen in den Westen, die etwas höhere Bezahlung an die Lieferländer,
wiederum Kapitalflüsse der »Petrodollars« in den Westen und eine steigende
Nachfrage aus den erdölexportierenden Ländern, die durch Lieferungen aus

den Industrieländern befriedigt werden, gehören? Ist die Idee der »komparativen Kostenvorteile« plötzlich außer Kraft gesetzt, nur weil die erdölexportierenden Länder ein größeres Stück vom Kuchen der Erdöleinnahmen im Vergleich zu den Öl-Multis wollten? (Und haben letztere nicht seit den 1970er Jahren gehörig mitverdient?)

Die abwertende Benutzung des »Renten«-Begriffs hält einer ernsthaften wirtschaftstheoretischen Untersuchung nicht stand. Noch interessanter aber ist: Speck reiht nur Rußland, Iran und Venezuela auf. Was aber ist mit den »Rentenstaaten« Saudi-Arabien, Kuwait und Oman, um nur einige zu nennen, die sich von den vorher genannten als Rentenstaaten überhaupt nicht unterscheiden, wohl aber darin, daß sie eng mit dem Westen, vor allem den USA verbunden sind?

Über den Iran und Venezuela ist gesondert zu reden. Es soll zuvor jedoch ein anderer Punkt in den Blick genommen werden: der der moralisierenden Anschuldigung. Der Rentenvorwurf meint ja auch, dort würden Einkommen erzielt, die nicht durch eigene Arbeit gedeckt sind, während das christlich-abendländische Arbeitsethos doch verlange: Wer nicht arbeitet, der soll auch nicht essen. Wenn aber im internationalen Staaten-Vergleich heute jemand sichtbar und erheblich über seine Verhältnisse lebt, sind dies die USA. Ihr Handelsbilanzdefizit stieg von etwa 100 Milliarden Dollar Anfang der 1990er Jahre auf 800 Milliarden Dollar im Jahre 2005. Das sind etwa sechs Prozent des Bruttoinlandsproduktes; damit sind die USA das einzige größere Industrieland, dessen Handelsbilanzdefizit über fünf Prozent liegt. Etwa zehn Prozent des Gesamtverbrauchs in den USA an Industriegütern sind nicht durch eigene Produktion oder Exporteinnahmen gedeckt. Um die Zahlungsbilanz auszugleichen, brauchen sie Devisenzuflüsse in Höhe von 2,2 Milliarden Dollar täglich. Die Auslandsverpflichtungen machen jetzt etwa dreißig Prozent des Bruttoinlandsproduktes aus.

Da ist es vielleicht doch redlicher, sein täglich Brot durch den Export von Roh- bzw. Brennstoffen zu verdienen, die aus dem eigenen Grund und Boden sprudeln als durch militärische Erpressung und einen manipulierten Platz in der Weltwirtschaft.

Der nächste Kandidat auf der Liste der Weltordnungskriege
Anfang 1979 mußte infolge der breiten Proteste der Bevölkerung der Schah den Iran verlassen, am 1. April wurde die Islamische Republik Iran ausgerufen. Ende 1979 besetzten in Teheran Studenten die US-Botschaft, um die Auslieferung des Schahs zu erzwingen; die USA zogen starke Flottenverbände zusammen und froren die iranischen Auslandsguthaben in den USA in Höhe von etwa 12 Milliarden Dollar ein; der Iran stellte im Gegenzug die Erdöllieferungen an die USA ein. Zum Krieg kam es damals nicht. Doch Spannungen blieben, und die USA meinen seither, noch eine Rechnung offen zu haben.

Im Jahre 1953 hatten die Geheimdienste Großbritanniens und der USA den iranischen Ministerpräsidenten Mohammed Mossadegh per Militärputsch stürzen lassen, weil dieser auf die Idee gekommen war, das iranische Erdöl zu nationalisieren. Es folgten die Jahrzehnte der Schah-Diktatur. Die Volksbewegung zu dessen Sturz nahm dann islamistische Gestalt an – die säkular-demokratische war ihr ja verwehrt. Das Ajatollah-Regime war die Folge. Schon nach dessen Errichtung sannen die USA auf Revanche. Es begannen der Aufbau des Militärstützpunktes Diego Garcia im Indischen Ozean und die Aufpäppelung von Saddam Hussein als Aggressor gegen den Iran. Heute, nach der Besetzung von Irak und Afghanistan durch die USA, in Verbindung mit den USA-Militärvereinbarungen mit Pakistan und den Flottenkräften im Indischen Ozean, ist der Iran eingekreist von allen Seiten. Es kann also »losgehen«.

Deutschland, Frankreich und Großbritannien, die erst als Troika zu vermitteln vorgaben, gingen dazu über, den USA bei der Verfertigung der »Kriegsgründe« zu helfen. Angeblich produziert der Iran Atomwaffen – daher die Instrumentalisierung der Internationalen Atomenergiebehörde und der Gang zum UN-Sicherheitsrat. Laut Atomwaffensperrvertrag hat der Iran selbstredend das Recht, Anlagen zur friedlichen Nutzung der Kernenergie zu unterhalten. Alles andere ist Unterstellung. Aber diese soll den Kriegsvorwand liefern.

Die Spekulanten setzen bereits auf das Kommen des nächsten Krieges: Der Ölpreis stieg schon mal auf Rekord-Höhen: 72 US-Dollar je Barrel, von 80 Dollar ist die Rede. Wenn im Gefolge des Krieges der USA gegen den Iran dessen Öllieferungen auf den Weltmarkt oder erhebliche Mengen davon ausbleiben sollten, ist mit über 100 Dollar zu rechnen, und es wird Versorgungsengpässe auf den internationalen Märkten geben, sagen Experten.

Und was sagen die Experten der internationalen Politik? In Moskau fanden im Frühjahr 2006 zwischen den fünf Ständigen Mitgliedern des UN-Sicherheitsrates und Deutschland Gespräche statt. Die Grundkonstellation der diplomatischen Auseinandersetzungen ist klar: Die USA führen die Gespräche, um Kriegsgründe zu produzieren; Rußland und China wollen den Krieg verhindern. Aus Deutschland verlautete, der Iran bewege sich »in die falsche Richtung«, was meint, die derzeitige deutsche Regierung assistiert lieber den USA als den anderen. Wozu ein über den UNO-Sicherheitsrat lanciertes Ultimatum politisch und militärisch führt, wird abzuwarten sein. Spieltheoretiker unter den Analytikern der internationalen Beziehungen verweisen darauf, daß die Iraner mit ihrer uralten Kultur Schachspieler seien, und zwar sehr gute. Ihnen gegenüber sitzen die Pokerspieler aus dem fernen Westen.

Ein früherer Geheimdienstexperte des US-Militärs hatte Ostern 2006 in der *Washington Post* mitgeteilt, daß die USA unterschiedliche Pläne eines Iran-Krieges durchspielen, von Angriffen mit Raketen – die durchaus auch atomar bestückt sein können – bis zum Einmarsch von Bodentruppen. Wenn es zum Einsatz kommt, werden gegebenenfalls auch Atomwaffen eingesetzt. In

Deutschland gilt beim Durchspielen von Terroristen-Szenarien der Angriff auf ein Atomkraftwerk bereits als Super-Gau; die USA – oder von ihren Gnaden Israel – wollen genau dies tun: iranische Atomanlagen bombardieren. Dazu braucht man mit Atomsprengköpfen bestückte bunkerbrechende Waffen. Bereits diese setzen Radioaktivität frei. Die bürgerlichen, vom Imperium aus gesteuerten Medien werden den Menschen weiszumachen versuchen, dies seien »saubere« Bomben, weil »Mini-Nukes« auch nur Mini-Radioaktivität freisetzen. Außerdem seien das natürlich »unsere« Bomben und als solche die guten Bomben. Keine Rede ist davon, ob es denn zu bombardierende Ziele sind, in denen sich bereits atomare Materialien befinden. Das würde die radioaktiven Wolken natürlich wesentlich vergrößern.

Derlei Pläne wurden bereits im Jahre 2002, das heißt bereits lange vor Beginn des Irak-Krieges, in Auftrag gegeben. Wenn inhaltliche Abfolgen etwas mit zeitlichen Abläufen zu tun haben, was zumindest unter der Perspektive von politischer Logik nicht ganz ausgeschlossen werden sollte, heißt dies: Nicht die Kriegsdrohungen der USA und anderer sind die Folge der Eskalation des Streits mit dem Iran, sondern der Streit wurde vom Zaune gebrochen, um die seit vier Jahren in Arbeit befindlichen Kriegspläne in die Tat umzusetzen.

Das wirft ein nochmals deutlicheres Licht auf die Gesamtplanungen der Bush-Männer in der Region. Der Irak-Krieg sollte in der Tat den großen, direkten Militär- und politischen Stützpunkt der USA in der Region schaffen, von dem aus weitere Angriffe, so gegen den Iran und Syrien – hier werden die Spannungen ja auch regelmäßig auf einer bestimmten Mindesthöhe gehalten –, geführt werden können. Nun meinen manch militärisch-politische Kommentatoren, da der Irak-Krieg in ein Fiasko zu rutschen droht, dort bereits ein Bürgerkrieg entsteht und eine Stabilisierung offensichtlich in weiter Ferne liegt, sollten sich die USA mit dem Iran verständigen, um den Irak zur Ruhe kommen zu lassen. Das aber wäre aus Sicht des Bush II keine imperiale Stabilisierung, man wäre ja auf jemand anderen angewiesen, den man außerdem haßt. Also wird das Gegenteil getan, der Konflikt eskaliert und regional ausgeweitet. Das hatten die USA schon einmal gemacht: Als sie sahen, daß sie den Vietnam-Krieg nicht gewinnen können, dehnten sie ihn auf Laos und Kambodscha aus. Das bewahrte sie aber nicht davor, am Ende geschlagen abziehen zu müssen. Aber es hatte die Zahl der Opfer auf beiden Seiten deutlich erhöht.

Das derzeitige Vorgehen des Imperators entspricht dem zu Zeiten der Eskalation der Lage in Vorbereitung des Irak-Krieges. Damals war ja auch eine Lüge der anderen gefolgt, keiner der fingierten Kriegsgründe hatte sich am Ende als stichhaltig erwiesen, für keine falsche Behauptung hatte sich Bush II entschuldigt, aber am Ende erklärt, nun sei der Diktator gestürzt, die Demokratie werde eingeführt, und das sei ja auch ein schönes Ergebnis. Außerdem dürften die USA ihr Gesicht nicht verlieren, und deshalb könnten sie nicht abziehen. Letzteres fanden auch in Deutschland etliche Politiker, die zuvor den

Irak-Krieg abgelehnt hatten, weil: Treue muß sein. Ein Hauptcharakteristikum der US-Rabulistik ist die »Beweislastumkehr«: Nicht der Ankläger – hier also die USA – muß beweisen, daß der Iran etwas Rechtswidriges tut, sondern der Iran müsse beweisen, daß er nichts tut, und zwar indem er überhaupt auf Urananreicherung verzichtet. Daß er das Recht auf friedliche Nutzung der Kernenergie hat, wird dabei schlicht ausgeblendet. Und wenn der Iran die Forderungen der USA nicht erfüllt, wird er militärisch angegriffen, gegebenenfalls auch mit Atomwaffen.

Wieviel Tausende, Zehntausende oder Hunderttausende Opfer in der iranischen Zivilbevölkerung es geben wird, davon redet unter den Herrschenden niemand. Die wird es aber geben. Zudem ist der Iran nicht durch frühere Kriege ausgelaugt wie der Irak, bevor er von den USA überfallen wurde. Die Gefahr eines längerdauernden, sich verschärfenden Krieges also ist real. Dem Obersten Kriegsherrn in Washington reichen die bisherigen Kriege wohl nicht. Dieser soll noch dazukommen. Und das große Spiel um das Öl geht weiter.

Wir bleiben hineingeworfen in Zeiten des Krieges. Es sei denn, aus diesen heraus entstehen hinreichende Gegenkräfte. Wer die Zeit des Unglücks von Tschernobyl erlebt hat, erinnert sich vielleicht noch an die Atembeschwerden und den Druck auf der Schilddrüse während der ersten Nächte, auch in Berlin. Die nächsten Wolken werden von Iran aus herüberziehen, wenn nicht rechtzeitig etwas dagegen getan wird.

Äpfel, Birnen und Kartoffeln

Die einfache Denunziation der inkriminierten Rentenstaaten reicht Speck nicht aus. Specks Gesetz soll auch noch eine internationale Dimension haben, um der imperialen Politik des Westens Munition zu liefern: »Die autokratische Herrschaft nach innen hat ihre Parallele in einem aggressiven Programm nach außen. Putins Moskau arbeitet, geleitet von der Vision eines ›Energy Empire‹, daran, seine Nachbarn erneut unter direkte Kontrolle zu bekommen; besonders augenscheinlich ist das nicht nur in der Ukraine, sondern auch im Kaukasus. Teheran seinerseits strebt eine beherrschende Position im Nahen und Mittleren Osten an. Und Venezuela bemüht sich darum, US-amerikanischen Einfluß aus Lateinamerika herauszudrängen – um selbst in die Lücke zu stoßen.«

Im Deutschen pflegt man zu sagen, es würden Äpfel und Birnen verglichen, wenn Dinge ins Verhältnis gesetzt werden, die nicht zusammenpassen. Hier sind es nicht nur Äpfel und Birnen, sondern auch noch Kartoffeln. In der oben zitierten Wortfolge – ich schreibe absichtlich nicht: Argumentationsfolge – stimmt nichts. Doch auch dies soll der Reihe nach überprüft werden.

Zunächst noch einmal zu Rußland. Ich weiß nicht, ob in Moskau derzeit überhaupt jemand eine außenpolitische Vision hat. Aber ein »aggressives Programm«? Als Freiheit und Demokratie im Zerfallsprozeß des Realsozialismus in der Sowjetunion eine nationale Ausrichtung erhielten, waren es die baltischen Republiken und – mit Abstrichen – Georgien, die die volle Unabhängigkeit anstrebten. Ansonsten gab es noch im Jahre 1991 keine Mehrheiten für die Auflösung der Union. Diese war vielmehr eine nichtintendierte Folge des Machtkampfes Jelzins gegen Gorbatschow: Da er jenen als Unionspräsidenten nicht ablösen konnte, war der einzige Weg, unabhängiger Präsident Rußlands zu werden, die Sowjetunion aufzulösen. Das geschah dann auch, in Verabredung mit den Chefs der anderen Republiken der nun einstigen Union. Die Gemeinschaft Unabhängiger Staaten (GUS) war ein müder Schatten.

Die USA, die unter Bush I noch versprochen hatten, sich in die inneren Angelegenheiten der Sowjetunion und ihrer Nachfolgestaaten nicht einzumischen, bemühten sich rasch, zielgerichtet und energisch, in das von ihnen identifizierte entstehende Machtvakuum einzurücken. Bei Zbigniew Brzezinski, seit Jahrzehnten einer der Vordenker imperialer US-Politik, kommt in seiner Darstellung der Lage der USA kein Staat so oft vor wie die Ukraine: als Schlüssel zur Eindämmung Rußlands (Brzezinski 2002).

Unter Moskauer Experten der internationalen Politik herrschen derzeit eher zurückhaltende Sichten vor. Die Lage Rußlands sei vergleichbar mit der nach dem Brester Frieden von 1918; das Land habe umfangreiche Gebiete im Westen verloren, jetzt auch in Zentralasien, und sei Quelle billiger Rohstoffe und Arbeitskräfte für Europa. Ohne einen einzigen Schuß abzufeuern, habe der Westen eine geopolitischen Veränderung erreicht, die Deutschland im Ersten und Zweiten Weltkrieg verfehlte. Und die russische Führung habe sich mit dieser Lage abgefunden. Hinzu kommt: Auf Grund der niedrigen Geburten- und hohen bzw. frühen Sterberate werde Rußland in wenigen Jahrzehnten fünfzig Millionen weniger Einwohner haben als heute. Derzeit verringert sich die russische Bevölkerung um 700 000 bis 800 000 Menschen jährlich. Eine De-Industrialisierung hat stattgefunden: Wurden 1990 65 000 Werkzeugmaschinen hergestellt, so sind es heute noch 6 000; 1990 wurden 235 000 Traktoren gebaut, heute 8 000. Die Armutsfaktoren sprechen für sich: Im Dorf, 200 Kilometer von Moskau entfernt, liegt der Verdienst zwischen 600 und 800 Rubel im Monat. Das ist irgendwie so etwas wie zwanzig Euro. In der Regionsstadt sind es 1 600 bis 1 800 Rubel. Ein Schlosser im Moskauer Straßenbahndepot erhält 2 000 Rubel, bei der Moskauer Metro – wegen »Unter-Tage-Arbeit« – 4 000. Die Zahl der Ärzte und Landkrankenhäuser nimmt ab. Notare oder staatliche Stellen, die erforderliche Stempel verteilen, gibt es auch nur noch in der Stadt. Der öffentliche Nahverkehr vom Dorf in die Stadt aber wird ebenfalls ausgelichtet. Er rechnet sich nicht in Zeiten des Neoliberalismus, der auch in Rußland viele Verwaltungshirne prägt.

Bei der Betrachtung der geographisch-militärischen Vorgänge wird daran erinnert, daß der alte Bush 1990 noch versprochen hatte, es werde keine Ausdehnung der NATO östlich der Oder geben. Heute stehen NATO- und USA-Truppen nicht nur im Baltikum und in Polen, sondern auch in Georgien, in

Zentralasien und Afghanistan. Da sind der Krieg im Irak und der beabsichtigte Krieg gegen den Iran noch gar nicht erwähnt. Hinzu kommen jüngst die strategischen Abkommen der USA mit Indien, das einst Partner der Sowjetunion war. Wer an Einkreisung denkt, sieht den Kreis enger werden. Jetzt soll die Ukraine in die NATO. Die russischen Geopolitiker von heute haben die alten Schriften der Geopolitiker gelesen und wissen, daß die Strategen in den USA die gleichen Schriften gelesen haben und, schlimmer noch, strategischen Überlegungen zugrunde legen. Da beherrscht die Welt, wer das Zentrum Eurasiens besetzt hält. Das muß sich gegen Rußland richten.

Putin hat, im Unterschied zu Jelzin, versucht, den weiteren Rückzug Rußlands aufzuhalten. Die russische Außenpolitik stellt sich dabei zuweilen etwas ungeschickt und plump an, geht nicht so subtil vor, wie es etwa Frankreich oder Großbritannien seit Jahrhunderten tun. Das aber ist nicht notwendig mit dem Terminus »Aggressivität« zu beschreiben. Die Erdöl- und Erdgaslieferungen sollen möglichst günstige Erlöse erzielen – Abhängigkeiten gibt es von bestimmten Größenordnungen an nicht nur des Käufers vom Verkäufer, sondern auch umgekehrt. Erst kürzlich, im Jahre 2006, hat Putin größere Vereinbarungen mit China zu Energiefragen getroffen, wodurch Rußland dann nicht mehr einseitig von den Verkäufen an Westeuropa abhängig ist, sondern zwischen Ost- und Westrichtung jeweils wählen kann (wenn die neuen Leitungen nach China gebaut sind), was zu welchem Preis geliefert wird. Und die Preisaffäre mit der Ukraine Ende 2005, Anfang 2006, die im Westen gern als Versuch der Schaffung eines »Energie-Imperiums« interpretiert wird? Nachdem der Westen und die westukrainischen Nationalisten die »orangene Revolution« in Kiew als großen Sieg über Rußland gefeiert hatten, welchen Grund sollte Rußland haben, die Energielieferungen an die Ukraine weiter deutlich unter den Weltmarktpreisen zu tätigen? Und diejenigen, die in Deutschland am lautesten schrien, jene Preisforderungen bestünden zu Unrecht, sind ansonsten im Chor der Neoliberalen die ersten, die die »marktgerechten« Preise fordern.

Fazit: Bereits in bezug auf das große, einst mächtige Rußland zeigt sich bei näherer Betrachtung, daß die Behauptung, aus Rentenökonomie und autoritärer Herrschaft folge eine aggressive Politik nach außen, vor der Wirklichkeit keinen Bestand hat.

Für den Iran trifft sicherlich unbestritten zu, daß das Herrschaftssystem stark autoritäre Züge hat; im Vergleich zu seinen Nachbarn verfügt er aber immerhin über ein Parlament und einen Präsidenten, die aus Wahlen hervorgegangen sind. Die Renteneinkünfte aus den Energielieferungen fließen auch in die inländische Industrie und Infrastruktur. Und von dem Versuch, »eine beherrschende Position im Nahen und Mittleren Osten« zu erlangen, kann nur jemand faseln, der sich niemals mit dem Nahen Osten beschäftigt hat: Es gibt ein jahrhundealtes Mißtrauen zwischen Iranern und Arabern sowie zwischen Schiiten und Sunniten; eine beherrschende Position des schiitischen Iran würde im Nahen und Mittleren Osten nie akzeptiert werden. Und östlich des Landes liegt Pakistan. Es hat 138 Millionen Einwohner, im Vergleich zu 64 Millionen des Iran (SEF 2003), und verfügt mit Duldung des Westens bereits über die Atomwaffe, die man dem Iran so eifrig zuschreibt. Vormacht Iran? Ein Wahnbild.

Zur iranischen Konstellation ist anzumerken: Wer dem Imperator zur Hand geht, und sei es auch nur in den Medien, beteiligt sich an der Kriegsvorbereitung. Offenbar soll, nach der für Bush II unerwarteten Verweigerung des früheren Bundeskanzlers Schröder, Deutschland den Irak-Krieg der USA als Hilfswilliger offen unterstützen zu lassen, auch die Bevölkerung dieses Landes gegen den Iran kriegsbereit gemacht werden. Wenn es den Speckschen Artikel nicht bereits gäbe, hätte die CIA ihn bestellen müssen.

Bleibt die Frage nach einer dominierenden Rolle Venezuelas in Lateinamerika. Auch hier sprechen zunächst die Zahlen für sich. Brasilien hat eine Bevölkerung von 170 Millionen Einwohnern und ein Bruttosozialprodukt (BSP) von über 500 Milliarden US-Dollar, Mexiko 98 Millionen Einwohner und ein BSP von 618 Milliarden US-Dollar, Venezuela eine Bevölkerung von 24 Millionen Einwohnern und ein BSP von etwa 125 Milliarden US-Dollar – trotz »Rentenökonomie«. Das sollen die die Rahmenbedingungen für eine Vorherrschaft sein? Wohl kaum. Die Gründe für die derzeit besondere Gegnerschaft im Westen gegen Venezuela liegen woanders. In Lateinamerika hat in den vergangenen Jahren ein Linksruck stattgefunden. In einer Reihe von Ländern wurden mehr oder weniger linke Präsidenten und Parlamentsmehrheiten gewählt. Das paßt den neoliberalen Globalisierern nicht ins Konzept. Es geht um Erdöl, Erdgas, Wasser und andere Ressourcen. Die linken Kräfte setzten deren Nutzung zum Vorteil der respektiven Bevölkerungen, vor allem der jahrhundertelang benachteiligten Bevölkerungsmehrheiten auf die Tagesordnung. Kuba schickte Berater, Ärzte, Lehrer, um diese Prozesse im Süden des Kontinents zu unterstützen, während Venezuela Kuba mit Erdöl versorgt. Aus der Sicht der imperialen Vernutzung jener Ressourcen ist der Linksprozeß nicht rückgängig zu machen, ohne Chávez in Venezuela zu delegitimieren, was wiederum nicht geht, ohne Kuba erneut ins Abseits zu schieben.

Und es kam hinzu, daß Hugo Chávez, der Präsident Venezuelas, seit seiner Rede auf dem Weltsozialforum in Porto Alegre 2005 von Sozialismus spricht, der aufgebaut werden solle als Alternative zu der derzeitigen neoliberalen Ordnung. Der Mann hatte sich nun die besondere Feindschaft des Imperiums und der Ideologen des Neoliberalismus verdient. Da war ein Tabu gebrochen.

Zum Weiterlesen:
Zbigniew Brzezinski (2002): Die einzige Weltmacht, Frankfurt am Main: S. Fischer Verlag.
SEF – Stiftung Entwicklung und Frieden (2003): Globale Trends 2004/2005, Frankfurt am Main: S. Fischer Verlag.

Sozialismus:
Eine neue Lage und Ergebnisse einer neuen Suche

Das Unrecht geht heute einher mit sicherem Schritt.
Die Unterdrücker richten sich ein auf zehntausend Jahre.
Die Gewalt versichert: So, wie es ist, bleibt es.

Das Sichere ist nicht sicher.
So, wie es ist, bleibt es nicht.
Wenn die Herrschenden gesprochen haben
Werden die Beherrschten sprechen.
Bertolt Brecht

Am Ende sind sie unter dem Namen »Sozialismus« im Buch der Geschichte festgehalten. Die sowjetischen Republiken nach 1917 und die osteuropäischen im Gefolge des Zweiten Weltkrieges waren unter diesem Namen in die Welt gesetzt und ausgestaltet worden. Sie sind unter diesem Namen 1989/1991 untergegangen. Der Westen feierte dies als seinen Triumph, sah sich als den Sieger der Geschichte und die Geschichte zu ihrem Ende gekommen.

Es war ein ganzer historischer Abschnitt, der da zu seinem Ende kam. Karl Marx und Friedrich Engels hatten bereits mit dem Kommunistischen Manifest 1848 erklärt, die bürgerlichen Verhältnisse seien zu eng geworden für den mit der großen Industrie geschaffenen Reichtum, und es sei Aufgabe der Arbeiterklasse, die Macht der Bourgeoisie, die bisherige Gesellschaftsordnung zu stürzen und eine neue, kommunistische Ordnung zu schaffen. Der Widerspruch zwischen Kapital und Arbeit sollte im Klassenkampf gelöst und durch den Sieg der Arbeiterklasse abschließend entschieden werden. Sozialismus wurde als erste historische Phase jener neuen Ordnung verstanden. Zugleich hatten die entstehenden Organisationen der Arbeiterbewegung seit Mitte des 19. Jahrhunderts begonnen, sich in die Bewegungen für demokratische und Freiheitsrechte, gegen den feudalen Staat einzubringen, unterschieden sich von den bürgerlich-liberalen Kräften jedoch dadurch, daß sie betonten: Die formale und rechtliche Gleichstellung reicht nicht, um die soziale Frage der Existenz der Arbeitenden und der Unterschichten und ihrer Rechte zu lösen. Es geht um die gleichberechtigte Teilhabe an den materiellen und kulturellen Gütern der Gesellschaft, die ohne eine entsprechende Veränderung der Wirtschaftsordnung nicht zu haben ist. So entstand der Name »Sozial-Demokraten«, was dann die Bezeichnung für die einheitliche politische Partei der Arbeiter bis zum Ersten Weltkrieg wurde.

In dessen Gefolge spaltete sich die Arbeiterbewegung in Kommunisten und Sozialdemokraten. Erstere waren jene, die dann in der Sowjetunion und den osteuropäischen »sozialistischen« Ländern die Macht ausübten, letztere fügten sich in die parlamentarisch-demokratischen Systeme des Westens ein und versuchten, ihren politischen Einfluß und gegebenenfalls auch die Möglich-keiten des Regierens zu nutzen, um sozialpolitische Veränderungen zugun-sten der Arbeiter, der sozial Schwachen und Benachteiligten zu erreichen. Das Wort »Reform« hatte bespielsweise in Deutschland während der 1970er Jahre, der Kanzlerschaft von Willy Brandt und Helmut Schmidt, einen guten Klang. Es bedeutete, daß sich etwas für die unten in der Gesellschaft zum Besseren wendete.

Die historische Gesamtkonstellation des 20. Jahrhunderts prägte auch die Kämpfe um sozialistische Konzepte und Politik. Entgegen den ursprünglichen Erwartungen von Marx, Engels und der sozialistischen Kräfte in Europa zu Beginn des 20. Jahrhunderts gilt, »daß die großen Kriege und Auseinanderset-zungen des zwanzigsten Jahrhunderts nicht zwischen den Klassen, sondern zwischen den Nationen dieser Welt ausgetragen worden sind«. Am stärksten haben, wie der Historiker John Lukacs hervorhebt, die beiden Weltkriege des 20. Jahrhunderts die Welt verändert. »Die bolschewistische Revolution, der Aufstieg der Vereinigten Staaten zur führenden Supermacht dieser Welt, das Ende der Kolonialreiche, die Teilung Europas, die Atombombe und vieles an-dere mehr waren die Folgen dieser Kriege, nicht ihre Ursachen.« (Lukacs 1993: 21) Die Geschichte des Sozialismus und Kommunismus im 20. Jahrhundert ist nicht außerhalb der politischen, wirtschaftlichen, Gesellschafts- und Kulturge-schichte dieses Jahrhunderts zu schreiben. Alles andere führt dazu, sich eine Sozialismus-Geschichte zurechtlegen zu wollen, die mit der wirklichen Ge-schichte der Staaten, Völker und Nationen nichts zu tun hat.

Die Jahrzehnte nach dem Ersten Weltkrieg waren von drei bewegenden hi-storischen Kräften geprägt: der liberal-parlamentarischen Demokratie, die in den angelsächsischen Ländern und Frankreich ihre stärksten Positionen hatte, dem Kommunismus, der in der Sowjetunion seine Ausprägung gefunden hat-te, und dem Nationalismus, der erst im Faschismus Mussolinis und dann im Nationalsozialismus Hitlers seine stärkste Machtentfaltung erhielt. Der Kom-munismus hatte trotz seiner internationalen Ansprüche und seiner ideologi-schen Offensiv-Versuche in den 1920er und 1930er Jahren die Grenzen der So-wjetunion nicht überschreiten können, wozu natürlich auch die militärischen Aktionen und der Terror der Rechten, nicht zuletzt der deutschen Freikorps im Osten beigetragen hatten. Die liberal-parlamentarische Demokratie hatte ihrerseits an Strahlkraft verloren; viele Länder in Europa, aber auch in ande-ren Teilen der Welt, wandten sich autoritären Herrschaftsformen zu. »Bereits 1930, also drei Jahre vor Hitlers Machtergreifung in Deutschland, sah es so aus, als sei die Einrichtung autoritärer Diktaturen weltweit die natürliche Ant-wort auf das Versagen der parlamentarischen und kapitalistischen Demokra-tie.« (Lukacs 1993: 24) Es bedurfte während des Zweiten Weltkrieges der Anti-Hitler-Koalition zwischen Großbritannien und den USA einerseits und der Sowjetunion andererseits, der sich dann viele Staaten der Welt anschlossen, um Hitler-Deutschland und seine Vasallen niederzuwerfen. Mit dem Sieg der Anti-Hitler-Koalition war die extrem-nationalistische, nationalsozialistische Form der Herrschaft und der »Lösung« der sozialen Frage durch Raub, Ermordung und Unterdrückung anderer Völker als historische Entwicklungsvariante des 20. Jahrhunderts erledigt.

Das Auseinanderbrechen der Koalition der Alliierten und der Kalte Krieg zwischen der Sowjetunion und ihren Bündnispartnern einerseits und den USA und ihren Verbündeten andererseits bedeuteten dann die Austragung des Konflikts zwischen der kommunistischen Staats-, Gesellschafts- und Wirtschaftsform einerseits und der kapitalistischen und liberal-parlamentarischen andererseits. Betrachtet man zugleich die Gesamtzusammenhänge im kapitalistischen Weltwirtschaftssystem, so war, wie der Politikwissenschaftler Dan Diner betonte, der nach 1945 vollzogene Wandel von sehr weitreichender Bedeutung: »Der Gegensatz zwischen westlicher, auf weltmarktlichem Universalismus beruhender, wesentlich abstrakt-tauschförmiger und informeller Ausdehnung und der kontinental bestimmten gewaltförmigen deutschen imperialen Expansion liegt nicht in der Produktionsweise begründet. Bei beiden handelt es sich um kapitalistisch verfaßte Gesellschaften. Gleichzeitig handelt es sich aber um zwei verschiedene ›civic cultures‹ … – um zwei unterschiedlich geartete politische Formen im Kapitalismus. Von der moralischen und historischen Bedeutung her gesehen, handelt es sich freilich um einen Unterschied ums Ganze. Die atlantische Integration der Bundesrepublik Deutschland ist demnach nicht nur ein bündnispolitischer Vorgang. Es handelt sich um eine weltmarktlich flankierte Integration in eine andere politische Kultur, die Kultur der *civil society* als westlicher Zivilisation.« (Diner 1985: 357) Deutschland wurde Teil dieses Weltmarkt- und Kultursystems. Nach dem Scheitern des kommunistischen Herrschaftssystems wurde es auch auf den Osten Europas erstreckt. Das westliche Kulturgebilde prägt in erheblichem Maße die globalisierte Welt des 21. Jahrhunderts; aus ihr sind Macht sowie die Auseinandersetzung um Macht und Einfluß nicht verschwunden. Es wurden allerdings gegenüber der ersten Hälfte des 20. Jahrhunderts die Regeln verändert, unter denen diese Auseinandersetzungen ausgetragen werden, und es hat weltwirtschaftlich und weltpolitisch mindestens zwei Pole: die USA und Westeuropa.

Die historische Auseinandersetzung zwischen Sozialismus/Kommunismus auf der einen und dem kapitalistischen, liberal-parlamentarischen Westen auf der anderen Seite hatte in Westeuropa eine veränderte Rolle der Sozialdemokraten und der Gewerkschaften zur Folge. Die Sozialdemokratie war unter der Voraussetzung, sich nicht für kommunistische Vorhaben vereinnahmen zu lassen, als »normale« Partei des parlamentarischen Betriebs in das liberal-parlamentarische System kooptiert worden, die offen und verfassungsgemäß um reformpolitische Ansätze kämpfen konnte. Die Gewerkschaften hatten ihrer-

seits eine relativ starke Position in Verhandlungen über Löhne, Tarife, Arbeitszeiten und Arbeitsbedingungen, solange und sofern sie die Systemfrage nicht
stellten.

Es gab nach 1945 gleichsam hinter dem Rücken der agierenden und sich
vielfach offen bekämpfenden Personen, Organisationen und Kräfte etwas, das
man einen sozialistischen Gesamtkomplex nennen könnte. Dazu gehörten die
»sozialistischen« Länder in Osteuropa, deren schiere Existenz schon Ausdruck
von Krisen und Versagen des Kapitalismus im Ersten und Zweiten Weltkrieg
war, deren Gesellschafts- und Wirtschaftsweise aber rasch an Attraktivität
eingebüßt hatte. Dazu gehörten weiter das »reformistische« Bündnis von Sozialdemokratie und Gewerkschaften im Westen, die ihren politischen und gesellschaftlichen Platz hatten, weil sie dem Osten gegenüber Teil des Westens
waren, innerhalb des Westens aber davon ausgehen konnten, daß der Osten –
bildlich gesprochen – immer mit am Tisch saß. Viele Gesetzesregelungen, Ta-
rifvereinbarungen, sozialpolitische Schritte in der Bundesrepublik Deutschland zwischen den 1950er und den 1970er Jahren ergaben sich nicht allein aus
der inneren Logik der Entwicklung in der BRD und den Auseinandersetzungen zwischen Arbeit und Kapital oder gar den Verwertungsinteressen des Kapitals, sondern aus der Auseinandersetzung mit der DDR. Zu diesem sozialistischen Komplex gehörte auch die »Neue Linke« in Westeuropa, die sich
insbesondere mit der Studentenbewegung von 1968 und unter dem Einfluß
auch von Ideen ausbildete, die auf Leo Trotzki und seine Anhänger zurückgingen, die in der Sowjetunion blutig verfolgt worden waren. Sie grenzte sich
gegenüber dem Marxismus-Leninismus sowjetischer Prägung wie gegenüber
der westlichen Sozialdemokratie ab und entwickelte eine Reihe neuer Ideen
einer libertären, partizipativen, emanzipativen, feministischen und ökologischen Gesellschaft.

Der Zusammenbruch des Realsozialismus in der Sowjetunion und im
Osten Europas bedeutete nicht nur das Scheitern des kommunistischen Gesellschaftskonzepts, sondern bewirkte eine weitreichende internationale oder
globale Schwächung des sozialistischen Gesamtkomplexes. Der orthodoxe
Kommunismus sowjetischer Prägung ist keine geschichtsmächtige Kraft
mehr, auch wenn manche politischen Parteien in der Welt, die sich weiter
»kommunistisch« nennen, auch fürderhin die alten ideologischen Vorstellungen pflegen. Es gibt nach wie vor eine geistige Orthodoxie: Man kann natürlich die Gesamtheit der Scheiterns-Gründe des Realsozialismus in ein stalini-
stisches Weltbild auflösen. Danach haben Gorbatschow und die anderen
»Bucharinisten« oder »Kulaken-Söhne« in Moskau den Sozialismus, den Lenin und Stalin geschaffen hatten, an den Westen verkauft. (Nikolai Bucharin
war einer der Führer der bolschewistischen Partei Rußlands, wurde von Stalin als Konkurrent angesehen und nach einem der politischen Schauprozesse
1938 erschossen. Kulak war ein Schimpfwort der Bolschewki für Großbauern,

die dann auch massenhaft enteignet, in Lager gesperrt, erschossen oder dem Hungertod überantwortet wurden.) Eine solche Sichtweise verhindert die Analyse der tatsächlichen Ursachen des Fiaskos des sowjetischen Kommunismus – wie fehlende Freiheits- und Mitwirkungsrechte für die Bürgerinnen und Bürger des Landes, Bevormundung durch die alles besserwissende Partei und wirtschaftliche Ineffizienz. Am Ende waren es die Menschen in den realsozialistischen Ländern selbst, die die Mauern eingerissen und die Diktatur des Politbüros der kommunistischen Partei zum Einsturz gebracht haben. Der Westen hat sich anschließend hingestellt, sich zum Sieger erklärt und die Früchte des Umbruchs eingesammelt, nicht zuletzt in Gestalt der massenhaften Aneignung wirtschaftlicher Eigentumstitel in den vormals »sozialistischen« Ländern. Das aber ist bereits ein anderes Kapitel.

Unter den Folgen dieses Endes des Realsozialismus leidet die Linke in den ehemals realsozialistischen Ländern bis heute. Da sind die höheren Staatsbeamten, Spitzendiplomaten, Medienleute, neureichen Geschäftsleute und ihre Anwälte, Steuerberater und PR-Spezialisten, die alle einmal in der kommunistischen Staatspartei waren, und heute dieses zynische Grinsen aufgesetzt haben: »Wir wissen doch, daß es nicht geht. Es gibt nichts Besseres als den Kapitalismus.« Die SLD in Polen, die aus der Staatspartei gekommen war und sich dann der europäischen Sozialdemokratie zugesellt hatte, war die entschiedenste Partei der Anpassung Polens an die Europäische Union, die eigentliche Partei des Neoliberalismus in Polen. Ihr Scheitern und die Heraufkunft der »Neuen Rechten« unter den Kaczyński-Brüdern sind Ergebnis dessen, daß die katholischen Konservativen sich der sozialen Frage annahmen, nachdem die angebliche Linke sie weggeworfen hatte. Auch in Rußland dieser Zynismus: Alles Sprechen von einer notwendigen Alternative zum real existierenden Kapitalismus wird als linksextrem denunziert. Die staatlich kontrollierten Me-dien ironisieren jede derartige Kritik: »Ihr wißt doch, wohin das geführt hat«, und zeigen mit dem Finger auf die KP. Der internationale Neoliberalismus hat in Osteuropa keine willigeren Vollstrecker als die konvertierten Kommunisten. Die offiziellen Gewerkschaften, die aus der früheren realsozialistischen Staats-Gewerkschaft hervorgegangen sind, kooperieren mit den früheren Genossen, die jetzt in der Staatsverwaltung sitzen oder die die neuen Kapitalisten sind. Erst jetzt, fünfzehn Jahre nach dem Umbruch, beginnen sich in Rußland autonome Gewerkschaften zu bilden, die verstanden haben, daß es eine Klassenfrage zwischen Arbeitern und Kapital gibt und daß diese wieder steht, und es gilt, auf neue Art und Weise Arbeiterinteressen zu vertreten. Sie werden jedoch vom Staat bisher nicht anerkannt und vor Ort schikaniert. Relevante, zukunftsfähige linke, kapitalismus- bzw. globalisierungskritische Parteien gibt es im Osten Europas kaum. Das wird höchstens dadurch ausgeglichen, daß die Soziologen in Rußland längst festgestellt haben, »Demokratie« wird mit politischer Schiebung und Vetternwirtschaft gleichgesetzt und »Kapitalismus« mit Korruption und Betrug. Insofern notieren »Sozialismus«, »Kapitalismus« und »Demokratie« in einer ähnlichen Tiefe der Bewertung. Der Unterschied ist nur: Das ist die Bilanz des Sozialismus nach siebzig Jahren. Kapitalismus und Demokratie brauchten dafür nur sechs oder sieben Jahre. Die Geschichte ist auch in Osteuropa offen.

Auch die kommunistischen Parteien in Westeuropa leiden unter dem Fiasko des Realsozialismus. In ihrer Mehrheit hatten sie – oft zwar zähneknirschend – die regierenden Kommunisten im Osten des Kontinents unterstützt und sich der Vormundschaft der sowjetischen Kommunisten unterworfen, und sie hatten versucht, das Banner der Revolution in ihren Ländern hochzuhalten. Als sie 1989 dann aufschauten, waren die zerschlissenen Reste längst vom Winde verweht. Auch dort ist das ursprüngliche kommunistische Konzept nicht mehr politikrelevant; und wo die Partei den alten Namen behalten hat – wie die Französische Kommunistische Partei – steht sie inhaltlich längst auf Positionen des demokratischen Sozialismus.

Von dem Verschwinden des realen Sozialismus waren am Ende auch die Sozialdemokraten betroffen. Da die Bourgeoisie nach 1991 bilanziert hatte, der altböse Feind sei verschwunden, und damit erübrigten sich auch all die ungeliebten Konzessionen an die Arbeiter der eigenen Länder, die man im Kontext der beiden Weltkriege und angesichts der drohenden bolschewistischen Gefahr gemacht hatte, wandelte sich auch die Rolle der Sozialdemokratie. Man brauchte sie nicht mehr als die Partei des beruhigenden Gefühls: »Man tut was für die Revolution, aber man weiß ganz genau: Mit dieser Partei kommt sie nicht.« (Kurt Tucholsky) Die Mehrheiten der Sozialdemokraten reagierten so, daß sie auch die letzten Reste sozialistischer Ideen aus ihren Programmen und ihrer Politik warfen. Die SPD in Deutschland unter der Kanzlerschaft von Gerhard Schröder machte sich in Ermangelung einer neuen eigenen Idee auf, den Einflüsterungen der Unternehmerverbände zu folgen und alle jene »Reformen« zu Lasten der Arbeitenden, der Arbeitslosen und sozial Schwachen in Angriff zu nehmen, die die Konservativen unter Helmut Kohl nicht hatten machen wollen. Seither hat das Wort »Reform« in Deutschland einen bösen Klang. Es geht um Sozialabbau und Einschränkung der Rechte der Mehrheit der Bevölkerung. Auch die Gewerkschaften haben derzeit keine neue eigene Idee und führen Abwehrkämpfe auf dem Weg nach unten.

Wichtige Hauptvertreter der »Neuen Linken«, von denen etliche in die Bewegung und dann in die Partei der Grünen gegangen waren, verabschiedeten sich von ihren emanzipativen Ideen und stellten sich ebenfalls auf den Boden der »Realpolitik«. In Deutschland führten sie gemeinsam mit der Sozialdemokratie das Land in den völkerrechtswidrigen Krieg gegen Jugoslawien, den ersten Krieg, an dem sich Deutschland nach 1945 beteiligte. Und wichtige internationale Politiker wie Daniel Cohn-Bendit, einer der Wortführer der Studentenrevolte 1968 in Frankreich, unterstützten sie dabei.

Das Bürgertum hatte in den 1990er Jahren also allen Anlaß, den Sozialismus für tot zu erklären. Der Totenschein konnte aber nicht ausgestellt werden. Es kam anders.

Neuer Sozialismus – Ergebnis neuerlicher Suche
Der Kapitalismus ist gefügt in seinen Institutionen. Das Standard-Reden des Neoliberalismus, es gäbe keine Alternative, meint immer dies: das Handeln in den vorgegebenen Rahmen oder unter den gesetzten Bedingungen. Da soll es kein Ausweichen geben. Die Gesetzbücher und Gerichte, das Handelsrecht und die Zinssätze, die Amtsvorsteher und Raumplanungsbehörden, die Medien und die Professoren für Betriebswirtschaftslehre – sie alle haben ihren Platz in jenem Gefüge. Ausnahmen bestätigen die Regel und sind die Paradiesvögel der vorgezeigten Pluralität. Das Gefüge reproduziert sich selbst in diesem Sinne: daß die Welt so sein solle, weil sie so ist, wie sie ist, oder: so sei, weil sie nicht anders sein könne. Früher wurde das mit der Knute oder dem Rohrstock des Lehrers exekutiert, heute hat man dafür andere, subtilere Mechanismen; zumindest in den weltkapitalistischen Zentren haben submissive Mechanismen Vorrang vor repressiven. An der Peripherie dagegen wird schon mal gebombt.

Es heißt, die 350 reichsten Milliardäre der Welt »besitzen« mehr als die Hälfte der übrigen Menschheit. Die Not der einen ist Bedingung des Überflusses der anderen. Das war schon immer so, könnte man sagen, das hat bereits Jesus Christus kritisiert, aber unter dem Kapitalismus hat es sich fortgesetzt und zugleich systematisiert. Nach dem Ende des Realsozialismus schien unbestreitbar: »Es gibt keine Alternative.«

Die Geschichte aber ist voller List. Der Kapitalismus produziert seine Gegenkräfte, seine Kritik immer wieder neu. Das kommt, weil die Freiheit auch eine soziale Dimension hat. Wählen reicht nicht. Und die Todesstrafe ist auch in den USA nicht abgeschafft. Die wichtigste Kraft der Kritik ist seit etwa sechs Jahren, seit dem ersten Treffen in Porto Alegre (Brasilien), das Weltsozialforum und die von ihm ausgelöste globale Bewegung. Der von dort ausgehende Ruf lautet seither: »Eine andere Welt ist möglich.« Ende Januar 2007 wird in Afrika das bereits siebente Weltsozialforum stattfinden.

Eigentlich sollte es im Deutschen nicht »Sozialforum« heißen. Das, was im Portugiesischen oder Englischen oder Französischen mit »Sozialforum« gemeint ist, wäre auf gut Deutsch ein »Gesellschaftsforum«, der Raum, in dem sich Mitglieder der Gesellschaft treffen, um über ihre ureigenen Angelegenheiten zu beratschlagen und Entscheidungen zu treffen. Die Sozialforen – bleiben wir bei diesem Begriff – wurden zu jenem Ort weltweit, an dem sich die globalisierungskritischen Bewegungen und die Friedensbewegung treffen. Sie wurden zu einem Ort des massiven Widerstandes gegen die neoliberale und neu-imperiale Weltordnung.

Nach dem Weltsozialforum von Porto Alegre 2003 sagte jemand, sicher nicht zufällig ein Jemand aus Deutschland, er sei enttäuscht. So viele berühmte Namen; aber er sei schon vor zwei Jahren und im vergangenen Jahr dabei gewesen, und er habe nichts Neues an Globalisierungskritik gehört. Kann denn, auch wenn es ein Weltgelehrter ist, jemand von Jahr zu Jahr eine neue große Analyse vorlegen? Wohl kaum. Es geht ja auch nicht nur um Analyse und Kritik, sondern um Politik, um Mobilisierung. »Niemand bezweifelt, daß Saddam Hussein ein Diktator, ein Mörder ist. Keine Frage, daß es den Irakern ohne ihn besser ginge. Allerdings ginge es der ganzen Welt besser ohne einen gewissen Mr. Bush«, sagte Arundhati Roy am 27. Januar 2003 im gedrängt gefüllten Sportstadion von Porto Alegre »Gigantinho« vor wohl 20 000 Menschen. Und sie folgerte: »Die Revolution der Globalisierer wird scheitern, wenn wir uns ihnen verweigern – ihren Ideen, ihrer Version der Geschichte, ihren Kriegen, ihren Waffen, ihrer Logik. Vergeßt nicht: Wir sind viele, sie sind wenige. Sie brauchen uns mehr als wir sie.«

Die Veränderung wächst von unten, durch die Menschen selbst, um deren Schicksal es geht, auf demokratischem Wege, nicht durch selbsternannte Eliten, die behaupten, immer recht zu haben. Nicht das Harren auf die große Revolution steht auf der Tagesordnung, sondern viele kleine Schritte. Die Bewegung des Weltsozialforums zeigt: Es keimt wieder Hoffnung. Eine andere Welt ist nicht nur nötig, sondern auch möglich.

Wie aber wird der erklärte Wille der vielen zu einer Kraft, die in das Geschehen eingreift, die Welt in der Tat verändert? Brasiliens, Lateinamerikas Aktivisten des Weltsozialforums betonten stets, daß es hier um etwas historisch Neues geht. Deshalb gehört zu den »Prinzipien von Porto Alegre« auch: Es ist Raum für den Dialog, das Nachdenken, die Artikulation, nicht ein Subjekt. Es ist eine Bewegung, nicht ein Ereignis; die Begebenheit »Porto Alegre« ist lediglich ein Schritt in der Bewegung, die weiter fortschreiten soll, ein Ratschlag, wie denn die Verweigerung gegenüber den Zumutungen, die die Herren der Globalisierung vorbereiten, aussehen soll und wie positiv die andere Welt, jene, die »möglich« zu machen wäre. Deshalb sollen auch die Parteien als solche nicht Akteure des Forums sein. Das ideologische Gezänk, das vordergründig auf Macht und Einfluß zielende Tun sollen draußen bleiben, so die Charta. Und die Gremien und Versammlungen sollen keine Beschlüsse fassen, weil das Handeln den Individuen, den Initiativen, den Bewegungen eigen bleiben soll, nicht dem Raum, der da Weltsozialforum heißt.

Als in Europa die Gemäuer des Realsozialismus zu Staub zerfielen, als die Sozialdemokratie aufhörte, »Dritte Wege« begehen zu wollen, und sich dem neoliberalen »Konsens von Washington« zuordnete, da erreichten die Verhältnisse im Süden Amerikas wieder ein neues Maß der Unerträglichkeit. Die Entwicklung hier verläuft zyklisch, sagen Analytiker aus der Region: Der Kapitalismus in Lateinamerika trat in den 1960er Jahren in eine neue Phase der Industrialisierung und Akkumulation ein. Parallel dazu entwickelten sich die Gegenkräfte. Sie zu zerstören errichtete der Kapitalismus Militärdiktaturen, in Brasilien, in Argentinien, in Chile mit dem Sturz von Präsident Allende am 11. September 1973, in Uruguay. In Lateinamerika war Offensive des Kapitalismus nie zuvörderst Investitions- und Kreditpolitik, sondern blutiger Terror. Hier sind nicht Kapitalismus und Demokratie in eins gesetzt, wie es in den Sonntagsreden im Norden der Welt so schön heißt, sondern Kapitalismus und Diktatur. Demokratie dagegen gibt es nur, wenn die Menschen von unten sie erkämpfen.

Ohne Aufstand der Zapatistas in Chiapas (Mexiko) seit Mitte der 1990er Jahre hätte es keine Großdemonstrationen gegen die Ministerkonferenz der Welthandelsorganisation (WTO) in Seattle (USA) 1999 gegeben, gegen die Jahrestagung des Internationalen Währungsfonds in Prag im Jahre 2000, gegen den G 8-Gipfel in Genua 2001 – heißt es in Lateinamerika. Porto Alegre, das Weltsozialforum seit 2001, war der Versuch, den vielen Betroffenen Stimme zu geben, sie zusammenzuführen: Gewerkschafter, Frauenorganisationen, Umweltschützer, Menschenrechtsgruppen, Schwule und Lesben, Verbraucherorganisationen, Bauernverbände, Entwicklungshelfer, kirchliche Gruppen, Arbeitsloseninitiativen und viele andere mehr – sie alle erkannten in der Welthandelsorganisation WTO seit Ende der 1990er Jahre eine undemokratische Institution, die sich gesellschaftlicher Kontrolle entzieht, nationale Schutzstandards zu unterminieren bestrebt ist und vor allem die Interessen der transnationalen Großkonzerne verfolgt. So kam das Weltsozialforum zustande, als Kontrastprogramm zum Weltwirtschaftsforum von Davos, als das Forum von »unten« gegen das von »oben«, als das des »Südens« gegen den »Norden«. Die vielen verschiedenen Gruppen und Organisationen, die zuvor kaum miteinander zu tun hatten, fanden einen gemeinsamen Raum zum Dialog. Wie sollten sie, bei all dieser Differenziertheit, aber zu gemeinsamen Beschlüssen gebracht werden? Daher die Porto Alegre-Regel, daß der Raum nicht der Ort für deklarative Akte oder die Absprache von konkreten Protestaktionen sein kann.

Wie aber kommen die Teilnehmer dieses Raumes zurück in die Politik? Es wurde auch in einigen linken Gruppen des Westens Mode, zu erklären, man wolle sowieso keine Macht und solle dies auch nicht versuchen. »Danke«, sagen darauf die Herren der Welt, »genau so hatten wir uns das vorgestellt.« Die linke Bewegung in Brasilien sieht das anders. Die sozialen Bewegungen im Lande erwuchsen aus dem Kampf zum Sturz des Militärregimes, daraus entwickelte sich eine starke linke Gewerkschaftsbewegung, und aus der wiederum die Brasilianische Arbeiterpartei (PT), deren Kandidat Luíz Inácio Lula da Silva, kurz »Lula«, 2002 zum ersten linken Präsidenten in der Geschichte Brasiliens gewählt wurde.

Die Bilanz der Regierung Lula ist sicher vielschichtig. Linke Kritiker in Brasilien wie in anderen Ländern sagen, es sei vieles unterlassen worden, das möglich gewesen wäre. Zugleich aber ist zu berücksichtigen, daß sich das weltweite Gefüge der neoliberalen beziehungsweise neo-imperialistischen Ordnung als Grenze für eine wirklich alternative Politik erweist, die zu durchbrechen sehr schwer ist, bei aller Fragwürdigkeit und Krisenhaftigkeit jenes Herrschaftssystems.

Das war auf dem Weltsozialforum 2005 in Porto Alegre ein zentrales Thema: Wie die Bewegungen weiter bewegt sind, auch wenn die Institutionen des Weltkapitalismus fest und unerschütterlich scheinen. Der venezolanische Präsident Hugo Chávez war der herausragende Gast auf dem Forum. Offiziell war sein Auftritt nicht Programmpunkt des Forums, aber er fand statt. Ein sonst sehr scharfsinniger deutscher Intellektueller monierte, der Chávez-Auftritt widerspreche der Charta von Porto Alegre. Mag sein. Im Stadion waren an die 30 000 Menschen, und noch einmal 15 000 davor, die die Rede auf einer Großleinwand verfolgten. Haben die alle gegen die Charta verstoßen wollen? Nein, sie wollten eine Politik befürworten, die wirklich und praktisch über den Kapitalismus hinausweist. Lula, der brasilianische Präsident, war eher verhalten aufgenommen worden. Aber ohne ihn sähe vieles in Lateinamerika heute anders aus. Er hat auch Chávez in der Zeit der zugespitztesten innenpolitischen Auseinandersetzungen um die Zukunft Venezuelas unterstützt, weshalb dieser ihm am Ende seiner Rede dankte. Es protestierte niemand, obwohl Lula-Kritik sonst eines der Kennzeichen des Weltsozialforums 2005 war.

Nach 1989 sprach auch bei der Linken kaum jemand von Sozialismus. Der Begriff wurde mit der gehabten Praxis identifiziert, die man nicht ernstlich zurückhaben wollte. In programmatischen Debatten, etwa der Partei des Demokratischen Sozialismus (PDS), wurde am Ende auf »demokratischem Sozialismus« bestanden. Da befand sie sich aber in »guter Gesellschaft«. Auch bei der Sozialdemokratischen Partei Deutschlans (SPD) stand er im Programm; aber alle wußten, er bedeutete nichts, jedenfalls nichts für die politische Praxis der SPD. In den internationalen Debatten der globalisierungskritischen Bewegungen noch Ende der 1990er Jahre wurde mehrheitlich weder über »Sozialismus« noch über »Kapitalismus« geredet. Das blieb Vertretern kleiner orthodox-kommunistischer oder trotzkistischer Gruppen überlassen, die sich sowieso immer noch als wissende Avantgarde verstehen und meinen, immer recht zu haben, nur nimmt sie niemand ernst. Das war für viele Diskussionen auf Vorbereitungstreffen für die Europäischen Sozialforen seit 2002 charakteristisch, aber auch für Debatten des Weltsozialforums. Das Wort »Globalisierung« ersetzte den Begriff »Kapitalismus«, und »Eine andere Welt ist möglich« war das Synonym für eine Gesellschaft jenseits des neoliberalen Kapitalismus, nur wollte sich niemand getrauen, diese jenseits der Zehn Gebote, wie sie in der Bibel stehen, genauer zu umreißen.

Es war dem vierten Weltsozialforum in Mumbai (Indien) im Jahre 2004 vorbehalten, »Sozialismus« ganz offen als die Perspektive für die andere Welt zu benennen, und die globalisierte Welt von heute als Kapitalismus zu bezeichnen. Die Entscheidung des Internationalen Rates von Porto Alegre 2003, das nächste Weltsozialforum in Indien zu veranstalten – und später auch eines in Afrika –, zeitigte auch inhaltlich Früchte. Die indischen Linken, die aus den beiden kommunistischen Parteien, die sich längst von sowjetischer Orthodoxie verabschiedet hatten, kamen, aber auch viele andere, hatten längst einen eigenen gesellschaftskritischen Diskurs entwickelt. Sie kannten schon 2004 recht genau die Diskussionen im Westen, zumal in der angelsächsischen Welt, auch die globalisierungskritischen, aber kaum jemand in Europa oder Nordamerika wußte um die indischen Debatten. Es wurde nun deutlich, daß sich nicht nur in Lateinamerika, sondern auch in Indien eine eigenständige gesellschaftstheoretische Diskussion entwickelt hatte, die an Alternativen arbeitete. Die Sozialforumsbewegung führte sie alle zusammen. Umgekehrt wurde sie durch die regionale Erweiterung nicht nur politisch und kulturell, sondern auch inhaltlich bereichert.

Wenn heute in den internationalen Diskussionen von Sozialismus und Kapitalismus die Rede ist, stellt dies nicht die Fortsetzung der ideologischen Figurationen von vor 1989 dar, sondern wir sind in einer neuen Debatte, die sich die Inhalte angesichts der gewandelten internationalen Bedingungen neu aneignet. Nach dieser weitreichenden Veränderung ist es allerdings leicht, im Nachgang die falsche Begrifflichkeit zu kritisieren, wie das Michael R. Krätke kürzlich tat: »Um die stürmische Entwicklung, die Umbrüche und die Krisen in der gegenwärtigen kapitalistischen Weltökonomie zu verstehen, kann man auf das leere Modewort ›Globalisierung‹ leicht verzichten.« Das sei eine »Redensart«, heißt es dann erläuternd, »der man anmerkt, daß sie in US-amerikanischen Business Schools erfunden wurde.« (Krätke 2006: 738 f.) Das mag sein, aber es war ein analytischer wie politischer Weg, auch wieder neu zu einer politisch relevanten Kapitalismus-Analyse zu kommen und zu neuen Überlegungen darüber, wie Sozialismus im 21. Jahrhundert aussehen könnte.

Indem Chávez 2005 in Porto Alegre von »Sozialismus« redete, vertiefte er nicht nur den »Tabu-Bruch« der Weltsozialforumsbewegung, den sie seit 2004 vollzogen hatte, sondern er beging ihn auch für sich und für seine Regierungspolitik. Er war der erste Staatschef in Lateinamerika, der dies in der neuen Entwicklungsphase des Sozialismus getan hat.

Frühe Überlegungen

Bereits im Jahre 2000 veröffentlichte der chilenische Soziologe Tomás Moulian ein sehr nachdenkliches Buch über Chancen und Möglichkeiten sozialistischer Gesellschaft im 21. Jahrhundert; die deutsche Übersetzung erschien 2003. Einleitend hob Moulian hervor, daß diese Schrift nicht nur das Ergebnis der Lektüre verschiedenster Bücher ist, sondern auch aus vielen Gesprächen an der ARCIS-Universität von Santiago und insbesondere aus seiner Teilnahme an der Präsidentschaftswahlkampagne von Gladys Marin, damals Generalsekretärin der Kommunistischen Partei Chiles, im Jahre 1999 heraus entstanden ist. Dem Text ist das Suchende, das Fragende deutlich anzumerken, doch schließlich hat sich der Autor zu einer klaren Position durchgerungen, was denn die Grundvoraussetzungen eines Sozialismus im 21. Jahrhundert sein könnten, die in Kenntnis der Fehlentwicklungen des 20. Jahrhunderts formuliert werden. Während wir es heute in Lateinamerika und international mit einer neuen, breiter werdenden Debatte um »Sozialismus im 21. Jahrhundert« zu tun haben, die nicht zuletzt mit Chávez' Drängen zu tun hat, war Moulian einer der ersten, die die Frage theoretisch wieder und zugleich neu gestellt haben.

Im Vorwort zur deutschen Ausgabe, das vom April 2003 datiert, verweist er auf zwei aktuelle Ereignisse, die er zugleich historisch nennt: die Invasion des Irak durch die von den USA angeführten Truppen und die Hinrichtungen auf Kuba. »Die Inszenierung im Irak ist so brutal, daß der Verstoß gegen die Menschenrechte in Kuba Gefahr läuft, angesichts der vom Imperium betriebenen Eskalation massiver Verletzungen seine Bedeutung zu verlieren.« (Moulian 2003: 9) An anderer Stelle erinnert er an die unglaubliche Zahl der Verbrechen, die der Kapitalismus aktiv begangen hat, beginnend seit der Kolonialisierung Lateinamerikas, Indiens und Afrikas oder mit den Kriegen in Algerien und Indochina. Über die Zahl der Toten zu streiten, ist jedoch »eine absurde Diskussion«: »Weniger oder nicht mehr als der Kapitalismus gemordet zu haben, ist noch keine Entschuldigung für die sozialistischen Führer, denn sie hätten auf der Höhe ihrer Versprechen sein müssen.« Daß der Kampf um die Macht meist von Blutvergießen und Verbrechen begleitet war, nennt Moulian dann »die gemeinsame Tragödie des Kapitalismus und des Sozialismus«. (Moulian 2003: 38)

Auch Moulian war klar, die erneuerte Debatte über Sozialismus im 21. Jahrhundert ist nicht zu führen, ohne eine radikale Kritik des gehabten »realen« Sozialismus, ja mehr noch, der linken Strategien des 20. Jahrhunderts, denn dazu rechnet er auch die der Sozialstaatlichkeit der Sozialdemokratie. Beide Strategien sind gescheitert.

Bei der Erörterung des Fiaskos des Konzeptes der sozialistischen Revolution ist bereits bei der Oktoberrevolution und bei Lenins Überlegungen anzusetzen. Die von Marx herkommende Theorie über die durch den Kapitalismus zu schaffenden notwendigen Bedingungen für die Revolution wurde durch eine »realistische Machtpolitik« ersetzt. Das daraus folgende theoretische Konstrukt vom »schwächsten Kettenglied« des Weltkapitalismus versuchte dann, aus der mit der kapitalistischen Unterentwicklung Rußlands existierenden »Not« eine Tugend zu machen. »Keine der sozialistischen Revolutionen, die es gegeben hat, auch nicht die Gründerrevolution 1917, hat die von der historisch-strukturellen Theorie verkündeten Möglichkeitsprinzipien »erfüllt«. Man kann sagen, daß im Augenblick der Entscheidung die These von der notwendigen strukturellen Reife aufgegeben wird, da sich die politischen Gelegenheiten für die Durchführung einer Revolution in Ausnahmeländern wie

Rußland, China oder Kuba ergaben, wo der Kapitalismus nicht entwickelt war, sondern definitiv erst am Anfang stand.« (Moulian 2003: 76) Statt das Absterben des Staates zu befördern, wie es in der Marxschen Theorie gedacht war, wurde der sozialistische Staat immer weiter ausgebaut. Zugleich waren bereits zu Lenins Lebzeiten die anderen revolutionären Kräfte neben der Partei der Bolschewiki illegalisiert worden, dann auch die Fraktionen innerhalb der Partei. Damit war die offene Artikulation anderer politischer Meinungen unterbunden, womit aber auch Kanäle öffentlicher Debatten über die Entwicklung der Gesellschaft verstopft wurden. Stalin wurde dann ein modernisierender Despot, der das Land in unglaublicher Geschwindigkeit zu industrialisieren vermochte. Die Herrschaft übte eine neue Staatsbürokratie aus, die niemandem als sich selbst rechenschaftspflichtig war. Am Ende war nicht eine sozialistische Gesellschaft errichtet worden, sondern ein mächtiger Wohlfahrtsstaat. Als er dieses Versprechen nicht mehr einlösen konnte, brachen die staatssozialistischen Systeme zusammen.

Das reformistische Konzept wollte ursprünglich Chancengleichheit durch einen »schützenden Staat« erreichen. Nach dem Zweiten Weltkrieg wurden daraus in der Praxis Reformprogramme von oben, »die auf die Befriedung und Domestizierung der Arbeiter« abzielten. Der Konflikt zwischen Kapital und Arbeit sollte unter Mitwirkung des Staates konsensuell geregelt werden, um »das Gespenst des Klassenkampfes zu vertreiben«. Die historische Rolle, in die die Sozialdemokratie sich nunmehr eingefunden hat, ist, den Abbau dieser Systeme zu administrieren. »Die Tragödie der sozialdemokratischen Parteien ist, daß sie, wenn sie an der Regierung sind, die Vorteile und Sicherheiten, die sie den Arbeitnehmern verschafft haben, abbauen oder zumindest einschränken müssen, denn der Übergang zur postfordistischen Etappe erscheint nach den herrschenden ideologischen Vorstellungen als einzige Lösung, um unter den Bedingungen der Globalisierung wettbewerbsfähig zu sein. Sie sind gezwungen, die Geburtshelfer einer neuen Arbeiterklasse zu sein, jener der Unsicherheit. Mit anderen Worten, jener der befristeten Verträge, der Zeitarbeit, der orientierungslosen Gewerkschaften, der Degradierung der Arbeit (mit Ausnahme von High-Tech-Nischen), der Rückkehr zur Heimarbeit bei der Teilfertigung, der Frauenarbeit als Existenzgrundlage der Familie und, im Extremfall, des Ausschlusses aus der Arbeitswelt.« (Moulian 2003: 116 f.)

Dem Kapitalismus, der die längste Zeit im 20. Jahrhundert im Verdacht stand, ungerecht und irrational zu sein, die Ressourcen zu vergeuden und ohne Rücksicht auf die menschlichen Bedürfnisse zu produzieren, ist es nach dem Scheitern des Staatssozialismus bzw. der Strategien der Linken und mit der Dominanz der neoliberalen Ideologie gelungen, sich als die natürliche Ordnung zu präsentieren, die notwendig und alternativlos sei. Tatsächlich hat der Kapitalismus am Beginn des 21. Jahrhunderts einen technologischen Höhepunkt erreicht, bringt jedoch kulturellen und sozialen Rückschritt mit sich und ist weniger denn je fähig, das Problem der Armut und der Ungleichheit sowie das des Schutzes der Umwelt zu lösen. Eine neue Strategie für eine neue Gesellschaft müsse sich, so Moulian, sowohl von der revolutionären wie von der reformistischen Form des 20. Jahrhunderts unterscheiden. Der »neue Sozialismus« kann nicht Ergebnis einer politischen Revolution sein, die auf die Errichtung einer Diktatur zielt. Es gibt auch nicht eine bestimmte Klasse, die das zu vollbringen hätte.

Hinzu kommt: Nach allem, was wir über die Entwicklungen im 20. Jahrhundert und über den heutigen Kapitalismus wissen, ist davon auszugehen, daß die Notwendigkeit des Sozialismus nicht bewiesen werden kann, indem irgendwelche empirisch-wissenschaftlichen Methoden verwendet werden. Moulian betont: »… obwohl ich die marxistische Revolutionstheorie als historischen Strukturalismus interpretiere, bedeutet das nicht, daß ich diese Theorie anwende, um einen Sozialismus für das 21. Jahrhundert zu denken. Ich bin selbstverständlich der Meinung, daß ein fortgeschrittener Kapitalismus diesen Kämpfen ihren Weg erleichtern wird. Das bedeutet aber nicht, daß der Sozialismus in durch die Erschöpfung ihrer Möglichkeiten zusammengebrochenen kapitalistischen Gesellschaften die unwiderruflich nächste Etappe sein wird.« (Moulian 2003: 112) Damit grenzt er sich von dem ab, was lange Zeit als marxistisch galt. Genau betrachtet aber, ist er nahe bei Marx. Die berühmte Passage aus dem Kommunistischen Manifest, die die Geschichte als »Geschichte von Klassenkämpfen« faßt, schließt bekanntlich mit der Aussage, jener Kampf endete »jedesmal mit einer revolutionären Umgestaltung der ganzen Gesellschaft« oder aber »mit dem gemeinsamen Untergang der kämpfenden Klassen«. (Marx, Engels, Bd. 4: 462) Später sagte man dazu: Die Geschichte ist offen. Das gilt auch für das 21. Jahrhundert.

Moulian umreißt eine Strategie der demokratisierenden Transformation des Kapitalismus. Sie muß langfristig angelegt sein und auf schrittweises Vorgehen zielen. »Sie lehnt es nicht ab, politische Macht im Staat zu akkumulieren, um gesetzliche Reformen einleiten zu können, aber sie hält dies nicht für die Kernfrage … Das wichtigste Arbeitsgebiet ist die Gesellschaft, da versucht wird, sowohl in der Politik und in der Kultur als auch in der Wirtschaft Institutionen oder Erfahrungen zu schaffen, die dem Geist des Kapitalismus widersprechen, und zahlreiche Auseinandersetzungen und Kämpfe zu führen, insbesondere auf ideologischem Gebiet, um essentielle Werte wie Solidarität und Brüderlichkeit zu stärken. Eine solche Politik fördert das Entstehen sozialer Subjekte.« (Moulian 2003: 142)

In dem Band findet sich eine ganze Reihe kluger Ideen, die breitere Resonanz auch in Deutschland verdient gehabt hätten. Mir erscheint er gleichsam als ein ferner und zugleich naher Gesprächspartner, der an verschiedenen Stellen dieses Buches wieder angesprochen werden wird.

Schrille Töne

Mittlerweile wurde mit großer Geste ein Kommunistisches Manifest angekündigt. Nicht das alte von Karl Marx aus Trier und Friedrich Engels aus Barmen, sondern ein neues, für das 21. Jahrhundert, von Heinz Dieterich aus Rotenburg (Wümme), jetzt Professor in Mexiko-Stadt. Eines sei sicher, hat Manfred Wekwerth, bisher bekannt als verständiger Brecht-Kenner und -Interpret, in einem Vorwort zu der deutschen Ausgabe des Werkes geschrieben: »... dieses Buch wird auch etwas in Gang setzen. Oder, wie Brecht sagt: Stillstand dialektisieren. Stößt es doch bei uns in eine Situation, in der das Kapital alles versucht, mit der Zauberformel der Alternativlosigkeit die Geschichte anzuhalten. Obwohl der Sieg über den Sozialismus als endgültig verkündet wurde, fürchtet man offenbar den Sozialismus mehr als je zuvor.« (Dieterich 2006: 11) Man teilt Wekwerths Befund zur Lage und greift interessiert zum so gepriesenen Buche.

Ausgangspunkt ist die Feststellung, der »erste Lebenszyklus« der modernen Gesellschaft nähere sich seinem Ende; in den vergangenen zwei Jahrhunderten hätten der menschlichen Gattung zwei Wege der Evolution offengestanden: der industrielle Kapitalismus und der real existierende Sozialismus. Keinem von beiden sei es gelungen, »die drängenden Probleme der Menschheit wie Armut, Hunger, Ausbeutung, Unterdrückung ökonomischer, sexistischer und rassistischer Natur, die Zerstörung der natürlichen Lebensgrundlagen und das Fehlen einer real teilhabenden Demokratie zu lösen« (Dieterich 2006: 15). Hier hätte der aufmerksame Leser sich sicher etwas Differenzierung gewünscht. Fehlende Demokratie und Umweltzerstörung waren gewiß Sargnägel des Realsozialismus. Aber mußten wir in der DDR hungern? War Manfred Wekwerth gezwungen, wegen seiner Armut vor dem Berliner Ensemble zu betteln?

Da wir allerdings ein Kommunistisches Manifest vor uns haben, wollen wir nicht so beckmesserisch sein; schließlich ist der Realsozialismus ja tatsächlich gescheitert. Und der Einstieg zu einem Text kann ja auch mal etwas grobschlächtig sein. Also: Die Ausgangsannahme ist, die Bourgeoisie, als sie »ihr Historisches Projekt ausformte«, hätte dieses auf vier »theoretisch-praktischen Grundpfeilern« ruhen lassen. Hier ist, nebenbei bemerkt, schon der doppelte Singular fragwürdig: *erstens* »die Bourgeoisie« – das Exekutivkomitee der Kommunistischen Internationale oder das Politbüro der Kommunistischen Partei der Sowjetunion waren ja noch identifizierbar, aber gab es je ein vergleichbares Organ »der Bourgeoisie«? Und *zweitens* »das Historische Projekt«: Da ist der real existierende Kapitalismus nicht mehr der Sphäre der sozialhistorischen Entwicklung zuzuordnen, sondern einer »Welt als Wille und Vorstellung«, womit wir statt bei Marx bei Schopenhauer wären. Sei's drum, als die vier theoretisch-praktischen Grundpfeiler werden aufgezählt: 1. die auf dem Tauschwert beruhende Markt- und Bereicherungswirtschaft, 2. die »formale, repräsentativ-parlamentarische Demokratie«, 3. der »der ökonomischen

Elite verpflichtete Klassenstaat« und 4. das »liberale Besitzbürgertum«. Die vier Punkte geben dann die Struktur des Textes vor. All dies sei nun zum Ende gekommen, die bürgerliche Gesellschaft wirklich am Ende.

Wir sind daher am Vorabend eines großen Sprunges, der im Text gelegentlich auch »Quantensprung« genannt wird. Im Originalton klingt das so: »Dabei vollführt die Geschichte wieder einmal einen ihrer unvorhergesehenen Bocksprünge, der die großen Bewegungen des gesellschaftlichen Magmas voraussagt.« (Dieterich 2006: 17) Wie jetzt? Magma ist ein Terminus aus der Geologie und meint den überwiegend silikatischen Gesteinsschmelzfluß, der im Zusammenhang mit dem Vulkanismus an die Erdoberfläche strömt, dort erstarrt und die sogenannte magmatischen Gesteine bildet. Was ist nun aber das »gesellschaftliche Magma«? In utopischen Romanen der 1970er Jahre gab es Darstellungen von Lebensvarianten auf Silizium- statt Kohlenstoffbasis, die dann bis zu eigenständigen Gesellschaften führten. Das wird der Gelehrte ja kaum gemeint haben. Nehmen wir es metaphorisch, dann ist die Frage, ob die noch heiße, flüssige Phase gemeint ist, bei der man noch nicht weiß, was daraus wird, oder die erkaltete, die dann für alle Zeit erstarrt ist. In diesem Sinne wäre eine derartige Metaphorik für die Beschreibung gesellschaftlicher Entwicklungsprozesse denkbar ungeeignet. Noch interessanter wäre die Frage, wie die Geschichte »Bocksprünge« macht. Und wer ist dann der Bock, der Kapitalismus, das Magma oder Heinz Dieterich? Wie aber, um Himmels willen, sagt ein Bocksprung die Bewegung voraus, unterstellen wir hier voller Empathie: der Geschichte, und nicht des Magmas? Zu den Varianten, das Orakel über die Zukunft zu befragen, gehörte im alten Griechenland auch die Ausdeutung des Vogelfluges. Hier also der Sprung des Bockes. Aber so etwas kann ja auf dem Wege zum »Sozialismus des 21. Jahrhunderts« kaum gemeint sein. Oder sollten wir den Text als Orakel lesen, nicht als neues Kommunistisches Manifest?

Zum Thema: »Das Ende der bürgerlichen Gesellschaft« stellt Dieterich zunächst die Frage, ob man wissenschaftlich beweisen könne, »daß die bürgerliche Gesellschaft in ihrer Endphase ist?« Die Rede ist dann vom Sturm auf das Winterpalais 1917, von Hegel, vom Universum und von drei Arten von Systemen im Universum: den präbiologischen, den biologischen und den menschlichen Sozialsystemen. So heißt es dann: »Der Existenz- oder Lebenszyklus eines Systems ist, im wesentlichen, eine Funktion zweier Faktoren: a) der Organisationskomplexität der Materie derjenigen Elemente, die es bilden, sowie b) seiner Beziehung zur Umwelt. Dies erklärt, warum die Lebenszyklen eines präbiologischen, biologischen oder menschlichen Sozialsystems unterschiedlich lang sind. Ein Stein kann Hunderttausende von Jahren existieren, ein Säugetier maximal um die 150 Jahre und eine menschliche Gesellschaft (wie die chinesische) einige Tausend Jahre.« Da ist das Sozialsystem Stein ja eigentlich am besten dran. Aber was sagt die jahrtausendelange Existenz der chinesischen Gesellschaft denn nun über den wissenschaftlichen Beweis vom baldigen Ende des Kapitalismus? Der Autor stellt dann mit bewunderungswürdiger Klarheit fest: »Für die menschlichen Sozialinstitutionen muß der Lebenszyklus in anderer Form definiert werden als für die physikalischen, chemischen oder biologischen Systeme.« Während ich immer noch über den Lebenszyklus des Steins nachdenke, überfällt mich die alte Schulweisheit, daß Leben doch eigentlich der belebten Natur eigen ist. Oder im 21. Jahrhundert nicht mehr? Was hat denn Hegel dazu eigentlich gesagt? Aber wie ist es denn nun mit dem Beweis des Endes des Kapitalismus? Im folgenden Text ist die Rede vom Ende der DDR, vom Irak-Krieg, von der Sklavenhaltergesellschaft, vom Quantensprung, von Implosion (hier des sowjetischen Sozialismus) und von Evolution. Es folgt dann messerscharf: »Heute ist eindeutig, das keines der entscheidenden Subsysteme der bürgerlichen Gesellschaft, die nationale Marktwirtschaft, der Klassenstaat und die plutokratische Minderheitendemokratie, Quellen systemstabilisierenden Inputs für das Gesamtsystem mehr darstellen.« (Dieterich 2006: 32-34) Damit ist jetzt bewiesen, was bewiesen werden sollte, oder nicht?

Grundlage der neuen Theorie und Praxis seien zwei neue wissenschaftliche Schulen in Schottland und in Bremen, hier der Historiker Arno Peters, die beide begründen würden, eine postkapitalistische, demokratisch bestimmte Ökonomie und direkte Demokratie seien möglich. Daher hocke die Bourgeoisie nunmehr auf einer Zeitbombe. »Wenn diese explodiert, werden die Staatsbürger der Weltgesellschaft die Fesseln der Kapitalverwertungslogik sprengen und sich ihre geraubte Zukunft zurücknehmen.« Hier scheint die Kraft des Wortes des alten Kommunistischen Manifestes lebendig. Fazit: »Damit findet der lange gesellschaftliche Übergang aus dem Tierreich sein Ende und die Menschengeschichte kann beginnen.« (Dieterich 2006: 63) Aber geht denn die Logik des Satzes auf? Sind wir als »Staatsbürger der Weltgesellschaft« derzeit immer noch im Tierreich? Oder wie? Bei Marx klang so etwas irgendwie schlüssiger.

Die Folgerung Dieterichs lautet: Der Markt und sein Preiskalkül könnten ersetzt werden »durch die demokratisch koordinierte kybernetische Regulation der unmittelbaren Produzenten«. Die »entscheidende Blockade auf dem Entwicklungsweg der historischen sozialistischen Gesellschaft« sei die »Unterentwicklung der kybernetischen Produktivkräfte« gewesen, die nun endlich überwunden sei. Als ein Hauptzeuge dafür wird der »Komponist der Nationalhymne der DDR« Hanns Eisler angeführt, der hier auf eine Rolle als »musikalischer Mitarbeiter von Bertolt Brecht« reduziert wird. Es kann natürlich sein, daß von Mexiko-Stadt im Jahre 2006 aus betrachtet dies als Auszeichnung gilt: Der historischen Rolle von Eisler wird es gewiß nicht gerecht. Aber immerhin betont Dieterich, daß sich Eisler in den siebziger Jahren in Gesprächen mit dem Dramaturgen Hans Bunge für die »Transzendenz der neuen Entwicklung« ausgesprochen habe (Dieterich 2006: 91). Diese Transzendenz ist in der Tat beeindruckend; nach der bisher gängigen Lesart ist Hanns Eisler am 6. September 1962 gestorben. Hat Manfred Wekwerth das vergessen, oder hat er das belobigte Buch nicht gelesen?

Als der eigentliche Kronzeuge fungiert der deutsche Computer-Erfinder Konrad Zuse, hier in der Interpretation von Arno Peters; der habe von einer »neuen Epoche der Weltgeschichte« geredet, die als »Computer-Sozialismus« zu denken sei. Zuse hatte Ende der 1930er, Anfang der 1940er Jahre den ersten elektrisch betriebenen und in gewissem Sinne bereits programmierbaren Rechner gebaut. Er sollte zur Berechnung der Flugstatik neuer Flugzeuge dienen. Während des Zweiten Weltkrieges war Zuse dann Leiter einer Sonderabteilung bei den Henschel-Flugzeugwerken, wurde »uk« gestellt und erhielt aus Militärbeständen die Gerätschaften und Bauteile, die er für die Weiterentwicklung des Rechners brauchte. Nachdem er Albert Speer seine Rechenmaschine vorgestellt hatte, berichtete dieser darüber Hitler, der allerdings geantwortet haben soll, er gewinne den Krieg mit dem Mut seiner Soldaten und nicht mit einer Rechenmaschine. Das Nazi-Reich hatte auf den Computer verzichtet und also den Krieg verloren. So kam Zuse in späteren Jahren auf die Idee, daß man mit Hilfe des Computers wenigstens die Welt retten könnte.

Arno Peters steuerte derweil die Idee bei, gestützt auf den Computer könne eine »äquivalente Ökonomie« geschaffen werden, die an die Stelle der kapitalistischen Wirtschaft tritt. Der Computer werde »das Ineinandergreifen von Produktion, Verteilung, Konsum und Dienstleistungen« sichern. Als sei das Scheitern der realsozialistischen Planwirtschaft ein technisches Problem gewesen, nicht ein sozio-strukturelles und im politischen Herrschaftssystem angelegtes! Die in der bürgerlichen Ökonomie verwendeten Konzepte von Preis und Wert seien subjektiv, während die in einem Produkt oder in einer Dienstleistung enthaltene direkte und indirekte Arbeitszeit (abstrakte Arbeit) »eine objektive Größe« sei. (Dieterich 2006: 145 f.) Der ist allerdings die sozialistische Planwirtschaftsbürokratie während der gesamten Zeit ihrer Existenz hinterhergelaufen. Und die Idee, daß dieses Problem mit der Mikroelektronik lösbar sei, gab es in der Staatlichen Plankommission der DDR und im Apparat des Zentralkomitees der SED bereits in der zweiten Hälfte der 1980er Jahre. Nur kam dann der Herbst '89 dazwischen.

Siegfried Wenzel, der die Debatten in den Planungs- und Wissenschaftszentren der DDR gut kennt, hat sicher vor diesem Hintergrund nach 1989 mit Zuse wie mit Peters korrespondiert und zitiert jetzt ausführlich Dieterich. Als redlicher Denker kommt er jedoch am Ende zu der Folgerung, daß die Peterssche Modellierung des Problems nicht aufgeht und demzufolge auch nicht Dieterichs überschwengliche Interpretation. Das »Problem der Transformation der einzelnen konkreten Arbeiten auf das Einheitsmaß abstrakte Arbeit (ist) nicht gelöst. Damit fehlt ein entscheidender Baustein für die Verwirklichung einer Äquivalenzökonomie … Angesichts dieser Sachlage ergibt sich die

Schlußfolgerung, in dieser ersten Phase einer grundlegend alternativen Gesellschaft den in der sechstausendjährigen Geschichte der Warenwirtschaft ausgebildeten marktwirtschaftlichen Regulationsmechanismus neben der makroökonomischen Planung als ein Hauptsteuerungsinstrument der wirtschaftlichen Entwicklung zu nutzen. Es drängt sich die Schlußfolgerung auf, daß die Nutzung des Wertgesetzes in der nächsten überschaubaren Zukunft für den Aufbau einer sozialistischen Gesellschaft ... ein objektives Erfordernis der Entwicklung moderner Produktivkräfte ist.« (Wenzel 2006: 821 f.) Für alle, die sich in den vergangenen anderthalb Jahrzehnten ernsthaft mit den Ursachen des Scheiterns des Realsozialismus im Osten Europas beschäftigt haben, ist das nicht neu. Den Dieterich-Lesern sollte man das jedoch in Erinnerung rufen.

Es gehen jedoch nicht nur die Vorstellungen von einer Äquivalenz-Ökonomie nicht auf, auch die Darstellungen zur Computertechnik sind nicht stichhaltig. So schreibt der Rezensent Heiko Feldmann: »Zum einen sind die Vorstellungen, sofern sie in diesem Buch konkretisiert werden, unsinnig, da immer noch von zu monolithischen Programmen ausgehend, die in einem Stück programmiert werden ... Zum anderen werden heute schon immer mehr ERP-Programme zur Planung in Unternehmen eingesetzt (z. B. SAP, Peoplesoft, Navision und auch Open Source Programme). Hinzu treten B2B-Anwendungen, die automatische Geschäftsabwicklungen zwischen den Unternehmen ermöglichen. Auf der Ebene der realen Produkte wird die vernetzte Steuerung durch RFID-Chips möglich. Das heißt, der Kapitalismus bereitet heute schon die Steuerungsmöglichkeiten vor. Dies erfordert einen anderen politischen Ansatz. Für die Linke wird es um so notwendiger, bereits jetzt die demokratische Kontrolle dieser Prozesse einzufordern ...«. (Feldmann 2006: 568 f.) Das bedarf eigentlich keines weiteren Kommentars.

Bedeutsamer noch als solche Fehlgriffe ist unter sozialwissenschaftlicher Perspektive der Umstand, daß Dieterich davon ausgeht, die »Entwicklung der neuen Theorie« müsse auch eine ihr entsprechende gesellschaftliche Praxis haben. Das ist die alte, in der Tat auf Marx zurückgehende kommunistische Vorstellung, aus der »richtigen« Wissenschaft könne man auch eine »richtige« Politik ableiten. Die stets alles besser wissende Partei und der unfehlbare Generalsekretär waren die Konsequenz dessen. Von partizipativer Demokratie und realdemokratischer Einflußnahme ist so auch bei Dieterich die Rede. Am Ende gibt es jedoch bei ihm wieder die »Avantgarde« und »die mittleren Kader des Transformationsprozesses«. Allerdings bildet sich diese Avantgarde »über ihre Kampfpraxis« heraus, »niemals durch Selbsternennung, noch durch einen Glaubensakt«. (Dieterich 2006: 91) Das zumindest wird eingeräumt. Aber es gibt sie doch noch, die »Avantgarde«. Die Rede also ist von einem Buch, nicht über Sozialismus des 21. Jahrhunderts, sondern eher des 19. Jahrhunderts. Das Kommunistische Manifest von Marx und Engels ist da

dialektischer und gebildeter. Schon die Vorstellung des Titels ist hier auf-
schlußreich: Es sei »der« Sozialismus des 21. Jahrhunderts. Einen anderen könne es nicht geben.

Vielleicht hat das Ganze ja auch eine biographische Grundierung. Der
Waschzettel zum Buch teilt mit, Dieterich hätte während der Studentenbewegung 1968 neben Joschka Fischer und Daniel Cohn-Bendit gestanden. Nachdem diese nun zu Bellizisten wurden und Fischer sich als Außenminister dazu
verstand, Auschwitz zum Vorwand für die erste deutsche Kriegsbeteiligung
nach 1945 zu machen, muß ja ein Gerechter bleiben, der wirkliche und wahr-
haftige 68er, das ist nun Dieterich, meint er. Mitgeteilt wird auch, er sei der eigentliche Berater des venezolanischen Präsidenten Chávez. Ich fragte in Cara-
cas Leute aus der Nähe des Präsidenten: Ist Dieterich wirklich der Berater von
Chávez? Die Gegenfrage lautete: Wer ist Dieterich? Na, dieser Professor aus
Mexiko. Ach so, der, ja, der war mal bei Chávez. Aber Chávez hat nicht *den* Berater. Er hat nur Leute, mit denen er sich unterhält.

Wenn vermehrt Propheten, Wunderheiler und Wahrsager auftauchen, sind
Krisenzeiten angesagt, die oft Umbruchszeiten sind. Insofern deuten auch diese
Zeichen darauf: Für das 21. Jahrhundert ist »Sozialismus« wieder auf die Ta-
gesordnung gerückt.

Zum Weiterlesen:

Heinz Dieterich (2006): Der Sozialismus des 21. Jahrhunderts. Wirtschaft, Gesellschaft
und Demokratie nach dem globalen Kapitalismus, Berlin: Kai Homilius Verlag.

Dan Diner (1985): Imperialismus, Universalismus, Hegemonie. Zum Verhältnis von Politik und Ökonomie in der Weltgesellschaft, in: Iring Fetscher / Herfried Münkler
(Hg.): Politikwissenschaft. Begriffe – Analysen – Theorien. Ein Grundkurs, Reinbek
bei Hamburg: Rowohlt Taschenbuch Verlag.

Heiko Feldmann (2006): Rezension zu Heinz Dieterich: Der Sozialismus des 21. Jahrhunderts, in: UTOPIE kreativ, Berlin, Heft 188.

Michael R. Krätke (2006): Neun vorläufige Antworten auf neun schwierige Fragen, in:
UTOPIE kreativ, Berlin, Heft 189 / 190.

John Lukacs (1993): Churchill und Hitler. Der Zweikampf, Stuttgart: Deutsche Verlags-
Anstalt.

Karl Marx, Friedrich Engels: Manifest der Kommunistischen Partei, in: Karl Marx, Friedrich Engels: Werke (MEW), Bd. 4, Berlin: Dietz Verlag.

Tomás Moulian (2003): Ein Sozialismus für das 21. Jahrhundert. Der fünfte Weg, Zürich:
Rotpunktverlag.

Siegfried Wenzel (2006): Sozialismus des 21. Jahrhunderts? in: UTOPIE kreativ, Berlin,
Heft 191.

Zukunft und Vergangenheit – eine Entschlingung?

Die Raketen kamen wie Trommeln, die in der Nacht angeschlagen wurden.
Die Raketen kamen wie die Heuschrecken; sie schwärmten herbei und ließen
sich auf ihren rosa Rauchblüten nieder. Und aus den Raketen stürmten Männer.
Sie trugen Hämmer in den Händen, mit denen sie die fremde Welt zurechthauen
wollten, bis sie ihnen heimelig schien, mit denen sie all das Fremdartige
zerschmettern wollten. Ihre Münder waren mit Nägeln gespickt, so daß sie
stahlgezähnten Raubtieren glichen, und sie spuckten sich hastig in ihre emsigen Hände,
während sie Holzhütten zurechtzimmerten und auf den Dächern rumkraxelten
mit Schindeln, um die unheimlichen Sterne zu verdecken, während sie grüne Fensterrollos
einpaßten, damit die Nacht nicht hereindrang. Und als die Zimmerleute weitergeeilt waren,
kamen die Frauen mit ihren Blumentöpfen und Spitzendecken und Pfannen,
und sie machten Lärm in der Küche, um das Schweigen des Mars zu übertönen,
der draußen vor der Tür und vor dem zugezogenen Fenster wartete.
Ray Bradbury: Die Mars-Chroniken

Beliebigkeit scheint den Kern von Geschichte auszumachen – schenkt man manch modischen Texten Glauben. Oder folgt Geschichte doch einer inneren Logik, dem, was in ihrem Gründungskontext angelegt ist, und wird zugleich von ihren Akteuren zu jeweils konkreten Resultaten geführt? Setzen wir einmal voraus, die früheren Annahmen von einer Menschheitsentwicklung, die zu jeweils höheren Stufen führe, hätten sich nicht erschöpft. Worauf liefe es dann hinaus? Was mag die nächste Stufe sein, was ihre Kosten oder gar Opfer?

Heute ist bereits von den großen Mars-Expeditionen die Rede. Nicht nur in den USA, auch im EU-Europa, in Rußland und Japan sind entsprechende Programme mittlerweile aufgelegt. Man will den nächsten Schritt tun. Aber: Was tut man da? Nehmen wir weiter an, Bradburys »Mars-Chroniken« träten jetzt in Verwirklichung. Dann gilt es, die innere Logik dieses Vorganges genauer zu betrachten. Immerhin: Er ist nicht ausgeträumt, der Traum vom Fliegen, in den Märchen aller Völker und Zeiten mitgeträumt, der Traum von der weiten Reise durch den Raum. Er ist nicht erledigt, seit Fesselballon, Luftschiff, Flugzeug und Raumschiff erfunden wurden. Verlagert hatte er sich zunächst in Filme über »Star Wars« und intergalaktische Kampfschiffe und in nicht enden wollende Fernsehserien über »Star Treks«.

Die räumliche Dimension der Träume scheint mit dem Ausdehnen des Umfeldes alltäglichen Lebens in Proportion zu stehen. Mit der Perfektionierung der Lebenswelt verschwindet nicht der Traum vom Leben in der noch perfekteren Welt, er wandert eher in die Welt der Hyperperfektion. Den Göttern gleich zu werden, ist der Mensch angetreten seit Urzeiten. Mit Hilfe von Medizin und Technik, Gentechnologie, Atomphysik und Tiefenpsychologie hat er seine durchschnittliche Lebenszeit ausgedehnt und wird sie weiter strecken, bis auch das letzte natürliche Herz nicht mehr zu schlagen vermag und die natürliche Struktur des Hirns Gedanken zu formulieren nicht mehr imstande ist. Aber auch dann kann man im Computer vielleicht den verstorbenen Großvater in Bild und Ton modellieren und Schach mit ihm spielen. Gibt es eigentlich eine Grenze solchen Fortschritts?

Die Zeitreise, zurückzukehren in die Zukunft, ist die andere Dimension des zeitlosen Träumens von der Unabhängigkeit des Menschen, die immer gedacht war als Unabhängigkeit in Raum und Zeit. Das 20. Jahrhundert mit all seinen Schrecken lädt nicht ein, lange in ihm zu verweilen. Wer die Zeitreise wählt, will die Atombombe entschärfen, bevor sie über Hiroshima abgeworfen wird, Hitler an der Front des Ersten Weltkrieges erschießen oder Stalin in Sibirien an Typhus verrecken lassen, bevor er auf den Weg kommt, der mächtige Mann in Moskau zu werden. Kann man wenigstens die Tür verschließen hinter diesem 20. Jahrhundert, wenn man in das 21. getreten ist?

Eigentlich ist der Wunsch unbändig, das ganze Jahrtausend einzusargen in einen Betonklotz, ähnlich dem über dem geborstenen Reaktorblock von Tschernobyl. Der flandrische Stadtführer in Brüssel sagt, bei uns kamen die Truppen des Herzogs Alba, Wilhelms II. und Hitlers – Alba war am schlimmsten. Der politischen Korrektheit heute scheint eine solche Aussage nicht zu entsprechen. Für die Geschichte der Belgier mag es aber sein, daß da etwas dran ist. Bereits die jesuitischen Folterer der Heiligen Inquisition hatten ihre Wollust am Foltern. Den Genozid als Strategie des Mordens hat schon Dschingis-Khan praktizieren lassen, als er nach einem Aufstand Persien verwüsten und die in Jahrtausenden geschaffenen Bewässerungsanlagen zerstören ließ. Der deutsche General von Trotha beendete 1904 den Krieg gegen die aufständischen Hereros in Südwestafrika mit dem Abdrängen des geschlagenen Herero-Volkes samt Frauen und Kindern in die wasserlose Wüste Omaheke, damit sie dort jämmerlich verdursteten. Das Konzentrationslager hatte Lord Kitchener im Burenkrieg erfunden; auch dort waren Frauen und Kinder die bevorzugte Zielgruppe. Die Instrumente waren schon da, bevor Hitler sie zu einem Gesamtgefüge zusammenbrachte, um Vernichtungskrieg und Terror gegen die Zivilbevölkerung, verkoppelt mit industriell organisiertem Morden, zu den bevorzugten Instrumenten seiner kontinentalen Herrschaftspläne zu machen. »Deutschland, dein Tänzer ist der Tod«, heißt der Roman vom imaginierten Widerstand gegen die Nazis, den der Dichter Paul Zech im argentinischen Exil schrieb. Waren die Deutschen die ersten Opfer von Hitlers Herrschaft, oder waren sie in ihrer übergroßen Mehrheit seine Komplizen? Jetzt, in der zweiten Generation nach dem Kriege, wird dies voller Eifer erneut diskutiert, als stünde er leibhaftig wieder vor der Tür. Waren die Deutschen als Täter des Holocaust und des »totalen Krieges« besonders fehlentwickelt durch die Geschichte, oder haben sie lediglich in die letzte Konsequenz geführt, was im Kapitalismus der Moderne überhaupt angelegt war? Oder besser: ist? Heinrich Heine, der sich wohl wie wenige in den deutschen Mentalitäten auskannte, schrieb dereinst: »Das deutsche Volk ...; ist es aber einmal in irgendeine Bahn hineinbewegt, so wird es dieselbe mit beharrlichster Ausdauer bis ans Ende verfolgen.« (Heine 1970: 150) Nun gibt es aber, Resultat des 20. Jahrhunderts, für die Deutschen die verschiedensten Enden, »gute« wie »schlechte«: im Wald von Compiègne, wo Deutschland am 11. November 1918 die Niederlage des Ersten Weltkrieges besiegelte; das Haus in Berlin-Karlshorst, in dem es am 8. Mai 1945 erneut kapitulierte; den Fall der Mauer am 9. November 1989, da der »Sozialismus« auf deutschem Boden sein Scheitern eingestehen mußte.

Derlei Enden finden sich in den verschiedensten Nationalgeschichten; nur sind sie bei den Deutschen wohl besonders dick und besonders häufig, zumindest im ausgegangenen Jahrhundert. Oder dies kommt mir nur so vor, hineingeboren in dieses Land und dieses Volk, zerrissen, wie es noch immer ist, in Ost und West, oben und unten, Nord und Süd, Links und Rechts. Und das Reißen will nicht aufhören. Was läge näher, zumal unter einer deutschen Perspektive, als dieses 20. Jahrhundert zu verschließen wie in einem Käfig, um als ein gleichsam wieder auferstandener Demiurg europäischer Geistesgeschichte zurückzukehren zu den eigentlichen Wurzeln: Goethe, Schiller, Heine, Nietzsche und Einstein, Brecht und Christa Wolf statt Hitler, Himmler und Goebbels? Hinweg mit der Vergangenheit! Her mit der unbelasteten Zukunft! Zuweilen scheint genau dies gemeint, wenn von »Normalisierung« die Rede ist. Aber: Stellt nicht Befreiung der Zukunft von dem Wissen um die Vergangenheit Zukunft eigentlich in Frage? Sagten nicht die Alten, daß zur Wiederholung des bereits Gewesenen verurteilt ist, wer von diesem nichts weiß, oder nichts wissen will?

Über das Unbehagen an der Vernunft

Seit Generationen war Selbstverständnis aufklärerischen Bewußtseins: »Der Schlaf der Vernunft gebiert Ungeheuer.« Am Ende des 20. Jahrhunderts schien ein Meinen um sich zu greifen, daß die bereits sichtbaren, die sichtbar gewesenen wie die prognostizierten Ungeheuer Resultate der Vernunft seien. Das hehre Aufklärungsdenken habe sich zur Zweckrationalität abendländischer Profitwirtschaft gemausert, und das nazistische Konzentrationslager sei dessen letzte Konsequenz. Wenn das alles wäre, würde sich linke Gesellschaftskritik auf das gute Gefühl besserwissender Gemeinschaftlichkeit verkürzen, das nur noch die gegenseitige Vergewisserung des Gefühls braucht, nicht jedoch die rationale Gesellschaftskritik.

Zugleich jedoch, kaum ein Wort wurde so rasch zu Asche wie das vom vermeintlichen *Ende der Geschichte*. Die selbsternannten *Sieger der Geschichte* bliesen sich auf, plusterten und preßten wie der Frosch in der Fabel von Krylow, der mit dem Ochsen um die Größe wetteifern wollte und am Ende zerplatzte. So zerbrach auch die Fama vom *Ende der Geschichte*. Nicht in Kategorien des Sieges ist die Weltsituation nach der Jahrtausendwende zu beschreiben, sondern in solchen des Überlebens und der Überlebensfähigkeit. Gewiß, zuzeiten brechen scheinbar fest gefügte Welten zusammen. Aber das Ende eines Systems ist nicht das Ende aller Systeme. Der »Fortschritt«, dialektisch genannt, aber linear in die Geschichte fortgedacht, war die Berufungsinstanz der Gralshüter des »Sozialismus« genannten kommunistischen Herrschaftssystems. Nach dessen Ableben ist im Denken nicht an die Stelle abstrakten Fortschritts eine abstrakte Marktwirtschafts-Demokratie zu setzen. Die das wollten, zielten darauf, daß die Herrschaft des Westens nicht in Frage gestellt werden sollte. Den Sieger frage niemand, ob er zu Recht gesiegt habe und wie. Doch zeigte sich: Es gibt keinen letzten Zustand der Geschichte, nur den immerwährenden Prozeß des Werdens von Geschichte. Die Extreme schienen ausgelaugt nach all den Konvulsionen des 20. Jahrhunderts; die »Mitte« wurde gewählt, da die Menschen lediglich Veränderung wollten, die reformiert und nicht umstürzt, Gesellschaft von unten denkt, aber nicht zerstört. Derweil aber eröffneten die Herren von oben neu den Klassenkampf gegen die da unten.

In seiner klassisch gewordenen Definition der Aufklärung formulierte Immanuel Kant im Jahre 1784: »Aufklärung ist der Ausgang des Menschen aus seiner selbstverschuldeten Unmündigkeit. Unmündigkeit ist das Unvermögen, sich seines Verstandes ohne Leitung eines anderen zu bedienen. Selbstverschuldet ist diese Unmündigkeit, wenn die Ursache derselben nicht am Mangel des Verstandes, sondern der Entschließung und des Mutes liegt, sich seiner ohne Leitung eines andern zu bedienen.« (Kant 1964: 53) Unmündigkeit am Ende des 18. Jahrhunderts war – wenngleich bereits damals die Komponente der Selbstverschuldung von Kant zu Recht ins Bewußtsein gehoben wurde – eine Unmündigkeit der Not, der Enge des Raumes und des Gesichtskreises sowie der Begrenztheit der Mittel, der Zeit, darunter der kurzen durchschnittlichen individuellen Lebenszeit, und der Geschwindigkeit, die noch recht langsam war. Unmündigkeit heute ist angesiedelt in einer transitorischen Zwischenwelt. Zuviel ist technisch erreicht und wissenschaftlich durchschaut, um noch naiv an den Gang der Dinge in der Welt im Sinne einer schlichten Aufwärtsbewegung glauben zu können. Zuwenig jedoch ist zugleich die Fähigkeit errungen, die weiteren Verläufe bewußt und tatsächlich gestalten zu können. Innerhalb der Unmündigkeit ist die Proportion sicherlich weiter zur Selbstverschuldung verschoben als vor zweihundert Jahren.

Dies führte zu einer eigenartigen Blockierung, verbreitet auf individueller Ebene in den westlichen Gesellschaften, auf gesellschaftlicher Ebene weltweit, insbesondere dort, wo der wirtschaftliche und kulturelle Erfolg des abendländischen Modells am größten scheint, die Entgrenzung der Entwicklung von Traditionen, Brauchtum, Einbindungen in vormoderne Verknüpfungen am weitesten vorangeschritten ist: Scheinbar ist alles schon dagewesen, scheinbar sind alle Möglichkeiten ausgeprobt. »Déjà vu« wurde zur Chiffre eines Stimmungsbildes am Jahrhundertende. Da behauptet wurde, alle möglichen Melodien in Dur und Moll seien im Grunde schon komponiert, ersetzten Wassergeplätscher im Eimer auf dem Podium, der schrille Schrei der Pianistin und ein resolutes

Zuschlagen des Deckels des Konzertflügels die neue musikalische Idee. Brecht hatte Aristoteles' Regeln des Theaters für überholt erklärt; seine Regeln wurden hernach für erledigt angesehen, schließlich alle Regeln. Symptomatisch wurde das Masturbieren nackter Gaukler auf offener Bühne, auch wenn Shakespeare auf dem Programmzettel steht, oder die unansehnliche Schaustellerin unbestimmbaren Alters, die völlig entblößt auf der Bühne erscheint, sich wortlos einen Eimer Schweineblut über den Kopf gießt und anschließend eine Schachtel öffnet, aus der hunderte Fliegen aufsteigen und sich auf ihren bluttriefenden Kopf setzen. Wer die künstlerische Botschaft dessen nicht verstanden hat, dies etwa auch noch öffentlich bekundet, gilt als hoffnungslos altmodisch, reaktionär, verstockt. Als das Buch mit den leeren Seiten auf den Markt kam, war der Höhepunkt schriftstellerischer Freiheit erreicht: Jeder konnte sein Buch selber schreiben. Nur, hier hatte das Publikum alsbald durchschaut, daß »der Kaiser nichts an hatte«, und verweigerte den Kauf. In der modischen Kleiderordnung stehen heute alle Varianten aller Erdteile, Zeiten und Kulturen gleichsam als ein Steinbruch zur Verfügung. Wo vor einigen Jahrzehnten noch neue Ideen versucht werden sollten, wird heute kompiliert. Die Wellen lösen einander immer rascher ab, schwappen ineinander über. Am Ende trägt jeder nur noch, was er mag, und »die Mode« verschwindet.

Ähnliches geschieht in der Sphäre der Politik. Politische Symbole, Programme, Bewegungen und Verhaltensmuster werden inszeniert, ausgetauscht, ihrer Herkunft entkleidet und umdefiniert. Monarchisten erscheinen aus dem Nichts, etwa in Rußland in den 1990er Jahren, wo seit Jahrzehnten keine gewesen. Hitlers Hakenkreuz taucht in Großbritannien oder in den USA auf, und örtliche Jugendliche scharen sich darum. Es wurde einer subkulturellen Jugendszene zum Symbol, das sich von seinem ursprünglichen, extrem nationalistischen deutschen Kontext längst abgelöst hat. Erinnerung wird wach an Marxens vielzitierte These, daß sich die großen Dinge der Geschichte zweimal ereignen: einmal als Tragödie und dann als Wiedergänger in der Komödie. Letztere wird ebenfalls zu blutigem Ernst, aber eben nicht in der Gestalt der mit »deutscher Gründlichkeit« industriell organisierten Massenvernichtung von Menschen, hier jüdischer Menschen, in Auschwitz, sondern in der Form des alltäglichen oder besser: allnächtlichen Pogroms als verbreiteter Freizeitbeschäftigung in der Provinz – nachdem alle greifbaren Gewaltvideos schon verkonsumiert sind. Auch im Bereich des Politischen stehen alle Programmpunkte sämtlicher Parteien aller Zeiten als eine Art »Steinbruch« zur Verfügung, wie auch all ihre Symbole.

Das umfangreiche Sortiment anscheinend beliebiger Formen von Politik ist jedoch im Wesen die »Reststrahlung« der Ur-Explosionen des 20. Jahrhunderts. Alle extremen, zuvor unerhörten Varianten öffentlichen Handelns, der Politik, des Wirtschaftens, der Führung heißer und »kalter« Kriege sowie mehr oder weniger kalter Frieden mußten offenbar erst versucht, ausgetestet werden, um am Ende als untauglich für die Realisierung der angestrebten Ziele erkannt, oder zumindest als kontraproduktiv, ja ins Verderben führend angesehen zu werden. Giftgaseinsätze im Ersten Weltkrieg, Flächenbombardements gegen zivile Städte und »totaler Krieg« im Zweiten Weltkrieg sind nur die am weitesten gehenden Ausdrucksformen extremistischen Denkens. Die »Dolchstoßlegende« – die nach dem Ersten Weltkrieg verbreitete Unterstellung, Teile der deutschen Heimatbevölkerung, vor allem die Gruppen der deutschen Linken, ja die ganze Sozialdemokratie, hätten durch revolutionäre Tätigkeit das »im Felde unbesiegte« deutsche Heer von hinten erdolcht und somit den Zusammenbruch Deutschlands am Ende jenes Krieges verschuldet – war nicht nur verbreitetes innenpolitisches Fazit des Ersten Weltkrieges in Deutschland, von der politischen Rechten exzessiv instrumentalisiert, sondern auch geistiger Boden für Hitler und Deutschlands Vom-Zaune-Brechen des Zweiten Weltkrieges. Die Verneinung, »Widerlegung« der Anmaßung der deutschen Überlegenheit mußte offenbar praktisch von den Deutschen massenhaft erlitten werden, um als Denk- oder Politikansatz nicht mehr mehrheitsfähig zu sein. Solcherart »Objektivierung« gilt für Mittel der Politik ebenso wie für politische Großsysteme und Großstrategien. Der hoffärtige, extreme deutsche Nationalismus in seiner Hitlerischen Gestalt, nachdem er weder bis 1933 noch hernach innenpolitisch in Deutschland verhindert oder beseitigt werden konnte, war nur durch das totale Niederringen 1945 durch die kriegsführenden alliierten Mächte von außen zu besiegen.

Kann Analoges auch über den »realen Sozialismus« gesagt werden? Gemeint ist nicht die hinterhältige Gleichsetzung von Sozialismus und Faschismus, sondern die Frage, ob lange über die Idee weiter theoretisch disputiert werden konnte, ohne über eine respektive Praxis zu reden. Im Kontext der russischen Oktoberrevolution waren in Deutschland zwei kritische Stimmen geistesgeschichtlich von besonderer Bedeutung, die interessanterweise zu einem im Kern übereinstimmenden Resultat kamen: Rosa Luxemburg und Max Weber. Luxemburg warf Lenin und Trotzki die Abschaffung der Demokratie (in Gestalt der Auflösung der Konstituante) vor, die zu einem »Erdrücken des politischen Lebens im ganzen Lande« und schließlich zu einer Diktatur, nicht des Proletariats, sondern »einer Handvoll Politiker« führen werde. Weber verwies darauf, daß moderne Gesellschaften, wie man heute sagen würde, durch funktionale Differenzierung gekennzeichnet sind, zumindest »das staatlich-politische und privat-wirtschaftliche Beamtentum ... als getrennte Körper nebeneinander stehen und man daher durch die politische Gewalt die wirtschaftliche immerhin im Zaum halten kann«, im Staatssozialismus dagegen »beide Beamtenschaften ein einziger Körper mit solidarischen Interessen und gar nicht mehr zu kontrollieren« wären. Die Entstehung des realen Sozialismus war somit nicht in erster Linie Ausdruck fehlender theoretischer Einsichtsfähigkeit. Die Attraktivität der sozialistischen Idee war angesichts der Opfer des Ersten Weltkrieges und der damaligen Funktionsprobleme eines praktisch ungebremsten Kapitalismus beträchtlich. Es war vor 1989/90 zu keinem Zeitpunkt eine ausschließlich intellektuelle oder theoretische Debatte, ob der »Sozialismus« für realisierbar gehalten wurde oder nicht. (Insofern sind auch alle Einlassungen, man habe schon immer gewußt, daß das nicht gehe, in bezug auf die Analyse der tatsächlichen Prozesse wenig hilfreich.) Der Realsozialismus stand solange als Alternative zum real existierenden Kapitalismus zur Verfügung, wie der von relevanten Teilen der respektiven Bevölkerungen, speziell der Intellektuellen und der Arbeiterschaft, in der Tat als verwirklichbar angesehen wurde. Erst die tatsächlichen Dysfunktionalitäten des Realsozialismus und sein Ende desavouierten die Idee von einem ganzheitlichen Sozialismus.

Unmündigkeit am Beginn des 21. Jahrhunderts hat einerseits mit der Tatsache zu tun, daß in zum Teil rascher Folge unterschiedliche politische, wirtschaftliche, soziale und Denksysteme »ausprobiert« worden sind, deren historische Spätfolgen noch lange anhalten werden. Kritik an einem der Systeme wurde stets von den Verfechtern anderer Systeme benutzt, um allein ihre Präferenz hervorzukehren. Die Debatte um die günstigste, menschlichste Ordnung des Gemeinwesens kann nicht mündig geführt werden, solange sie ideologisch ist. Andererseits sind innerhalb weniger Jahrzehnte Problemlagen in der Welt entstanden, bei denen allein schon durch ihre Kenntnisnahme Verunsicherung beim Nachdenken über eine menschheitliche Zukunft hervorgerufen wird. Unvoreingenommene Analyse der Vergangenheit kann eine lebenswerte Zukunft vorbereiten helfen. Nicht Abschied von der Vernunft öffnet Wege, sondern dezidiertes Bestehen auf ihr.

Wider die Illusion von der Voraussetzungslosigkeit
Der Umbruch im Osten Europas, das Ende der bipolaren Nachkriegsstruktur der Weltverhältnisse, schließlich der Zusammenbruch der Sowjetunion, nicht nur als Supermacht, sondern auch als Imperium und als einheitliches Staatengefüge, wurden vielfach als eine Tabula-rasa-Situation in der geschichtlichen und internationalen Szenerie wahrgenommen, in der die Kräfte neu gruppiert werden, neue Konstellationen und Problemlagen entstehen. Da endlich schien Vergangenheit zu sein, die ohne Zukunft bleibt. Doch bald zeigte sich: Die Ergebnisse der Nachkriegsentwicklung, die Verunmöglichung eines staatsbildenden Sozialismus einerseits und das Hervortreten von individueller Freiheit, pluralistischer Demokratie und Rechtsstaatlichkeit andererseits, wirkten auf die Neuformierung der Verhältnisse im internationalen Gefüge und in den einzelnen Ländern ein, bestimmen und prägen sie in vielem. Kapitalistisches Wirtschaften wurde als allein rationell gepriesen. Und dies zu einer Zeit, da sich in Gestalt der ökologischen und Nord-Süd-Frage die Grenzen vorheriger abendländischer Zweckrationalität bereits deutlich abzeichneten.

Aus den Tiefenschichten der Geschichte sind längst vergessen geglaubte Grundströmungen wieder hervorgetreten, die die Moderne konterkarieren. Extremer nationalistischer Haß hat selbst im saturiert geglaubten Europa Flammen des Krieges auflodern lassen. Religiöser, politischer und nationalistischer Fundamentalismus definierte sich als »Antwort« auf die Herausforderungen der Moderne und der marktförmigen Weltgesellschaft. Er greift nicht nur nach politischem Einfluß, sondern auch nach der lebensweltlichen Selbstbestimmung des Individuums. Stolz war der Westen auf die von ihm ausgerüsteten afghanischen Stammeskrieger, als sie die Elitetruppen der Sowjetunion das Fürchten lehrten. Nach dem 11. September 2001 entdeckte der Westen die Taliban plötzlich als »Terroristen«, nachdem er sich zuvor nicht darum scherte, daß sie Frauen die Finger abhackten, wenn sie Nagellack aufgetragen und sich damit hatten erwischen lassen. Die Ungleichzeitigkeit des Gleichzeitigen in der Welt von heute bedeutet offenbar, daß die Barbarei bereits dort beginnt, wo die Strukturen und Institutionen des modernen Humanismus noch nicht oder nicht mehr hinreichen. In verschiedenen Weltteilen erzeugen Armut, Hunger und schlimme Krankheiten einen Problemdruck, der nicht nur die betroffenen Länder und Regionen, sondern die gesamte Welt in Atem halten kann. Es hat keine Tabularasa-Situation am Beginn des dritten Jahrtausends gegeben. Die Akteure von Politik, Wirtschaft, Religion und aller anderen Bereiche sind nicht frei in ihren Entscheidungen, ihrem Denken und Tun. Sie sind verstrickt in die Problemknäuel aller Dimensionen, in denen menschliches Handeln sich realisiert.

Das Problem des Friedens war mit dem Ende des Ost-West-Konflikts nicht gelöst. Es taucht, im Gegenteil, in anderen Gestalten wieder auf. Die Atomraketen stehen noch in ihren Arsenalen; rosten die alten schon, oder werden Computerfehler ihren Einsatz, gegen wen auch immer, befehlen? Wieviele neue Raketen wurden nach dem Ende des Kalten Krieges in die Arsenale eingestellt? Wer hätte 1989 zu vermuten gewagt, daß Serben und Kroaten einen blutigen Krieg gegeneinander führen und weite Strecken Südslawiens in verbrannte Erde verwandeln würden? Welches Bild boten die römischen, venezianischen, türkischen Baudenkmäler an der dalmatinischen Küste? Wer hätte geglaubt, daß Georgier und Abchasen Suchumi, die helle Stadt am Meer, brandschatzen würden, weil sie sich auf ihr gegenseitiges Verhältnis nicht einigen konnten? Und was war geschehen mit den Menschen – hatten die zwanzigjährigen Männer schon immer diesen kalten Blick, der an das Blitzen der Stahlklinge erinnert; die Kinder diese unendliche Müdigkeit in den Augen, die sonst erst nach neunzigjähriger Lebensbahn eintritt; werden die Frauen nicht nächtens von der Erinnerung hochgerissen an den Vergewaltiger mit dem aufgedunsenen Gesicht und umgeben von Schnapsgestank?

Als die abendländischen Gesellschaften vor fünf Jahrhunderten heraustraten aus dem langsamen Trott der überkommenen Agrarverhältnisse und die kapitalistische Industrieentwicklung begann, trat an die Stelle eines Wertehaushaltes rauflustiger Faulheit des herrschenden Adels das Ethos der Arbeit als eines gottgefälligen Werkes. Was aber passiert mit der Arbeitsgesellschaft und der Warenförmigkeit der Produktion, wenn ein Teil der arbeitsfähigen

Weltbevölkerung hinreicht, die ganze Menschheit dauerhaft mit den normalen Gütern des täglichen Lebens zu versorgen? Das Ende der Möglichkeiten kapitalistischen Wirtschaftens ist während der vergangenen über 150 Jahre durch marxistische und andere Denker schon zu oft verkündet worden, als daß man derlei Prophezeiungen heute allzu schnell Glauben schenken sollte. Fest scheint aber zu stehen, daß innerhalb der reichen Nationen des Nordens der Teil der arbeitsfähigen Bevölkerung, der aus der warenproduzierenden Tätigkeit dauerhaft ausgestoßen wird, langfristig im Anwachsen begriffen ist. Zunehmend weniger lebendige Arbeit ist vonnöten, um ein Gesamtprodukt zu erzeugen, das theoretisch ausreichen könnte, die Bedürfnisse der gesamten Weltbevölkerung zu befriedigen. Die Unmöglichkeit, dies tatsächlich zu tun, erweist sich als das eigentliche soziale Problem. Aus eigener Arbeit resultierende Volleinkommen und eine Situation, in der eine sozial ausreichend ausgestattete Mehrheit der Bevölkerung den Staat oder das Gemeinwesen trägt, werden immer mehr zwei verschiedene Dinge. Mit der Verwohlfeilerung der Produktionsergebnisse und der weiteren tendenziellen Steigerung der Personalkosten wird sich diese Richtung noch verstärken. Die Sozialsysteme, vor allem in Europa, sind unter einen Druck geraten, der nur durch einen grundsätzlich neuen Reformansatz zu bewältigen ist. Der allerdings ist nicht zu sehen.

Die Kluft zwischen dem reichen Norden und dem vergleichbar armen Süden klafft auf wie nie. Bevölkerungsexplosion, Krankheiten, auswuchernde Armut nehmen weiter zu. Die hierarchische Ordnung der Weltwirtschaft, die selbst unter formell gleichberechtigten Bedingungen über die komparativen Kostenvorteile die Zentren bevorzugt und die Peripherien benachteiligt, verhindert eine tatsächliche Lösung des Nord-Süd-Problems. Zugleich stellen die internationalen Finanzinstitutionen und riesigen Spekulationsfonds Machtfaktoren erster Ordnung dar. Ungeachtet dessen, ob es sich hier um eine bewußte Strategie gehandelt hatte oder um eine nicht-intendierte Folge reinen Profitstrebens: Die spekulativ hervorgerufene Finanz- und Wirtschaftskrise Ostasiens der Jahre 1997 und 1998 – sie betraf vor allem Thailand, Indonesien, Südkorea, Malaysia, die Philippinen und Hongkong – hatte zu einer drastischen »Abschmelzung« der Resultate mehr als zehnjähriger Industrialisierung der Volkswirtschaften dieser Länder geführt. Die abendländischen Zentren der Weltwirtschaft in Nordamerika und Westeuropa hatten die »kleinen Tiger« wieder an die Kette gelegt, Japan in mittelfristige Problemzonen manövriert und den chinesischen Wachstumszentren einen gewissen Dämpfer aufgesetzt.

Erst die Gefahr einer weltweiten Finanzkrise – nach der Ausweitung der asiatischen Finanzkrise auf Rußland und Lateinamerika, die zu einem neuerlichen »Schwarzen Freitag«, wie 1929, hätte führen können – brachte ein Einlenken. Die Rückstufung der »Schwellenländer« blieb allerdings für längere Zeit bestehen. Hinzu kommen ganze Armutsregionen, in Afrika oder Innerasien, die einfach abseits der neuzeitlichen Handelsstraßen liegen und dem

Vergessen anheimfallen, wenn nicht gerade neue Mordorgien ethnischer Gruppen, von Warlords bzw. privatisierten »Kriegsunternehmern« oder von religiösen Fundamentalisten die Medien zu Aufwallungen kurzzeitiger Aufmerksamkeit veranlassen. Die weltweite technische Entwicklung und die größere Kommunikationsdichte wie auch das Gewinnstreben illegaler Migrationsnetze, in den Herkunfts- wie den Einwanderungsländern, führen jedoch dazu, daß die Probleme des Südens nicht im Süden bleiben, sondern auch den Norden erfassen, sei es in Gestalt von wachsendem Einwanderungsdruck, sei es durch Übergreifen von Epidemien, sei es in Gestalt von Terrorismus. So ist das Nord-Süd-Problem für den Norden kein äußeres Problem mehr, sondern wurde zu einem der eigenen Existenz; die Bewältigung dessen nicht nur eine Frage des Humanismus, sondern eigenen Überlebensinteresses.

Nachdrücklicher rückt schließlich die Umweltfrage in das Zentrum des Problemgefüges. Immer mehr Expertisen werden vorgelegt, wonach die gegenwärtige Produktions- und Lebensweise die Ökosphäre, die natürlichen Grundlagen des Lebens, zunehmend zerstört; Ozonloch, saurer Regen, Versteppung ehemals fruchtbarer Regionen, Abholzung des Regenwaldes, Überfischung der Meere, Treibhauseffekt – das sind nur einige der Stichworte. Es ertönt die Radikalforderung, aus der industriell gestützten Wirtschafts- und Konsumtionsweise auszusteigen. Bei näherem Hinsehen korreliert die Bevölkerungszunahme auf der Welt jedoch mit den Daten des Aufstiegs von Industrie, Technik und Wissenschaft. Eine Rückkehr in die Vormoderne, auf den selbstgenügsamen Bauernhof ohne industrielle Produktionsmethoden trägt nicht mehr die über sechseinhalb Milliarden Menschen. Manche Schätzungen besagen, auf solcher Grundlage könnte höchstens ein Milliarde Menschen existieren. Wer wollte mit welchen Mitteln jedoch eine solche Verringerung der Zahl der Menschen bewirken wollen? Ökodiktatur mit Vernichtungslagern, Ausselektierung »unwerten Lebens«, Vertreibung der Frauen und Kinder in wasserlose Wüsten – wie gehabt? So wäre die Hitlersche Vernichtungsmaschinerie nur das Vorspiel für viel größere Verbrechen gewesen. Die Pathologien der Moderne, die in der ersten Hälfte des 20. Jahrhunderts ihre zugespitzten Ausformungen fanden, würden sich so im neuen Jahrtausend auf höherer Stufenleiter fortzeugen; die Beseitigung der Humanität unter dem Banner eines grünen oder wie auch immer »neu« begründeten Faschismus wäre die politische Konsequenz. Also bliebe nur die demokratische Lösung, im Sinne der Einbeziehung aller, nicht ihrer mehrheitlichen Ermordung, und unter der Voraussetzung der Beschleunigung der wissenschaftlichen und technischen Lösungsbestrebungen, um zu nachhaltigen, umweltverträglichen, sich regenerierenden Wirtschaftskreisläufen zu kommen. Demgegenüber haben die großen Firmen bisher zu verhindern gewußt, daß Ausgangsvoraussetzungen von Produktion wie Wasser und Luft tatsächlich bewertet und als Kostenfaktoren berücksichtigt werden. Zugleich ist derzeit kaum zu erwarten, daß eine Mehrheit der Bevölkerung, etwa in

Deutschland oder den USA, bereit sein könnte, das Auto nicht nur zum heutigen Preis, sondern mit allen Folgekosten zu bezahlen, die die Allgemeinheit bisher vom Straßenbau bis zur Entsorgung der Autowracks aufwendet.

Jedes der großen Probleme, vor denen die Menschen heute stehen, kann nur dann eine Lösung finden, wenn der politische Weg dazu geöffnet wird. Jedes der Probleme kann einer gewaltsamen, autoritären oder gar totalitären Lösung zuzuführen versucht werden oder aber eine demokratische Lösung finden. Die Geschichte scheint beide Möglichkeiten bereit zu halten; beide können nicht voraussetzungslos sein. Die Vergangenheit begrenzt schon durch ihre Resultate die Spielräume der Zukunft; die Zukunft kann die Lasten aus der Vergangenheit zu verringern versuchen, nicht aber sie ignorieren.

Ein Wechsel des Paradigmas der Politik
Der bipolare Ost-West-Konflikt war mit einem spezifischen Typus von internationaler Politik verbunden, der allerdings nichts anderes war als die Fortschreibung einer seit Jahrtausenden geübten Praxis: Der eigene machtpolitische Vorteil wird zu Lasten und auf Kosten des anderen in den Vordergrund gestellt, und sei es auf die Konsequenz dessen Vernichtung – »Ceterum censeo Carthaginem esse delendam«, pflegte Cato der Ältere seine Senatsreden zu beenden, auf daß denn in der Tat die Römischen Truppen Karthago zerstörten. Genau diesem Muster folgte auf beiden Seiten die Blockkonfrontation des Kalten Krieges. Mit der »Nachrüstung« und »Nach-Nachrüstung« in der ersten Hälfte der 1980er Jahre hatte sich jedoch die bis dahin als rational geltende Logik des Wettrüstens erschöpft. Dabei hatten die Hauptkontrahenten Sowjetunion und USA nichts anderes getan, als dem scheinbar bewährten Verständnis zu folgen, das schon im Römischen Reich zu den Staatsweisheiten gehört hatte: Wer den Frieden wollte, war gehalten, den Krieg vorzubereiten.

Im sowjetisch-amerikanischen Bipolarismus im Rahmen des Ost-West-Konflikts hielt jede der Seiten sich für den Friedensstreiter und den anderen für den Friedensstörer. Für die Logik des Wettrüstens aber war es unerheblich, wer wirklich wen auf welche Weise und mit welchen Mitteln bedrohte, sondern wesentlich war die Perzeption einer Bedrohung durch die Entscheidungsträger, die den eigenen Planungen jeder der Seiten zugrunde gelegt wurde. Die Militärs und die Militärisch-Industriellen Komplexe haben dabei gewöhnlich »Worst-Case«-Szenarios unterstellt. Die nuklearen Waffenpotentiale wurden dann jedoch allein schon durch die Anhäufung von Qualitäten und Quantitäten zu einer immer beachtlicheren Gefahr, die durch mögliche Computerfehler noch verstärkt wurde. Eine Fortsetzung des Rüstungswettlaufs nach den seit den 1940er Jahren verfolgten Mustern erschien immer mehr als kontraproduktiv; die eigenen politischen Ziele half er immer weniger zu erfüllen; die militärische Sicherheit wurde nicht gestärkt; ökonomisch verschlang das Wettrüsten immer größere wirtschaftliche Potentiale.

Das führte zu der vom britisch-amerikanischen Historiker Paul Kennedy nachgewiesenen Auszehrung ökonomischer Ressourcen infolge imperialer Überdehnung. Mit seinem vielbeachteten Buch »Aufstieg und Fall der großen Mächte. Ökonomischer Wandel und militärischer Konflikt von 1500 bis 2000« hatte er dieses Problem im Vorfeld der Präsidentenwahlen von 1988 – gewissermaßen als Fazit der Rüstungspolitik der Präsidentschaft Ronald Reagans (1981 bis 1989) – in die öffentliche Debatte der USA gebracht. Dieses Dilemma besteht darin, daß Großmächte dazu neigen, zum Schutz oder zur Erweiterung eigener Interessensphären in der Welt immer mehr militärische Mittel einzusetzen und dafür immer umfangreichere Ressourcen zu binden, die der Modernisierung der Wirtschaft schließlich fehlen. Das, was zur Stärkung der eigenen Weltmachtrolle gedacht ist, untergräbt sie schließlich. Wie sich dann zeigen sollte, hat dieser Mechanismus den Ruin der Sowjetunion sichtlich beschleunigt, er traf aber auch die USA, wenngleich die politische Schlußfolgerung daraus nicht 1988 gezogen wurde, sondern in der Präsidentschaft von Bill Clinton (1992 bis 2000).

Der Ausweg aus der Sackgasse, in die sich die USA und die UdSSR manövriert hatten, wurde gefunden, indem sich beide zu einem entschiedenen Wechsel der Außen- und Sicherheitspolitik in ihren gegenseitigen Beziehungen entschlossen hatten. Für die Ingangsetzung dieses Mechanismus' war es zunächst gleichgültig, daß der größere Anteil dabei bei Gorbatschows »Neuem Denken« lag. Entscheidend war, beide Seiten hatten etwa zeitgleich analoge Schlußfolgerungen gezogen: a) Ein Nuklearkrieg ist weder führbar noch gewinnbar; b) Sicherheit ist nur noch gemeinsam, nicht auf Kosten des anderen zu erlangen; c) wer Frieden will, muß Friedenspolitik betreiben und sich für Sicherheit, Zusammenarbeit und Abrüstung einsetzen. Auf dieser Grundlage wurden in der zweiten Hälfte der 1980er Jahre weitreichende Abrüstungsvereinbarungen abgeschlossen. Der Abbau der militärischen Konfrontation schuf politisches Vertrauen und förderte die Zusammenarbeit auf allen Gebieten. In Verbindung mit dem Sturz der realsozialistischen Systeme in Osteuropa entstanden so die Voraussetzungen für eine gesamteuropäische Wertegemeinschaft, wie sie auf dem Pariser Sondergipfel der KSZE im November 1990 festgeschrieben wurde.

Auf dem für die gesamte Weltentwicklung wesentlichen Gebiet der Rüstungsbegrenzung und Abrüstung war ein Durchbruch erzielt worden – zunächst in den sowjetisch-amerikanischen Beziehungen – durch den Übergang von einem machtpolitischen Typ der internationalen Beziehungen zu einem kooperativen Typ, der auf Vertrauen, gegenseitig vorteilhafter Zusammenarbeit und Verflechtung der Interessen zu beruhen schien. In gewissem Sinne hatte sich die Fähigkeit durchgesetzt, Entscheidungen bereits aus der Antizipation einer auf jeden Fall ungewollten bzw. Gefahrensituation heraus zu treffen: Der Atomkrieg, der »nukleare Winter« – die computersimulierten Szenarien des geführten Atomkrieges wiesen aus, daß neben den unmittelbaren Zerstörungen und radioaktiven Strahlungen durch den Einsatz der Nuklearwaffen dichte Staubwolken dauerhaft die Sonne verdunkeln und das Leben auf der Erde unmöglich machen würden – mußte nicht erst stattfinden, um die Politik zu entsprechenden Schlußfolgerungen und Schritten zu führen. Hier wurde in der zweiten Hälfte der 1980er Jahre fraglos ein Präzedenzfall für die Gestaltung von Politik im Dienste der Lösung von Menschheitsfragen geschaffen. Diese Feststellung ist jedoch insofern zu relativieren, als dies erst erreicht wurde, nachdem die politischen Führungen der UdSSR und der USA, obwohl sie bereits während der Entspannungsphase der 1970er Jahre das atomare Patt konstatiert hatten, Ende der 1970er, Anfang der 1980er Jahre versucht hatten, durch eine weitere Drehung der Rüstungsschraube einen militärischen Vorteil zu erlangen. Anders ausgedrückt: Obwohl die Sinnlosigkeit des Wettrüstens selbst unter dem Gesichtspunkt konfrontativer politischer Vorteilsgewinnung bereits in den Überlegungen zur Entspannung der 1970er Jahre eine Rolle gespielt hatte, folgten beide Seiten nochmals der scheinbar bewährten, angeblich rationalen Logik der einseitigen Aufrüstung. Erst als sich dies vollends als kontraproduktiv und für die eigene Lage als schädlich erwiesen hatte, waren beide Seiten bereit, einen Wechsel des Politiktyps zu vollziehen.

Zu einem anderen Feld kooperativer Politik wurde in den vergangenen Jahrzehnten das Gefüge der Europäischen Union. Sie verkörpert auf ihre Weise einen neuen Typ von zwischenstaatlichen Beziehungen. Staaten, die jahrhundertelang wieder und wieder Kriege gegeneinander geführt hatten, sind heute eng und zum gemeinsamen Vorteil miteinander verbunden. Sicherlich, dies war nicht ohne verschiedene äußere Drücke vor sich gegangen. Der Ost-West-Konflikt, der relative Bedeutungsverlust der alten europäischen Mächte im Vergleich mit den USA, der Sowjetunion und Japan sowie der Zerfall der alten Kolonialsysteme hatten das Ihre getan. Dennoch war eine weit in die Zukunft weisende Entscheidung getroffen, als diese Gemeinschaft geschaffen wurde. Viele Animositäten und historische Belastungen waren beiseite zu schieben. Nicht nur Großbritannien, Frankreich und Deutschland hatten mörderische Kriege gegeneinander hinter sich und standen einst als Großmächte in harter Konkurrenz. Auch Österreich, Spanien, Portugal, die Niederlande, Schweden, Dänemark, Polen und Ungarn waren zu unterschiedlichen Zeiten und mit Besitztümern in verschiedenen Weltteilen große Mächte, die in kriegerischen Auseinandersetzungen mit anderen europäischen Mächten standen. Alle diese Staaten arbeiten heute zusammen und sind in einen Integrationsprozeß einbezogen, in dem sie nationale Souveränität an ein gemeinsames Zentrum abtreten und eine vergemeinschaftete Politik gestalten. Der EU-Binnenmarkt wurde zu einem der bedeutendsten in der Welt; der Euro wurde am Beginn des 21. Jahrhunderts zur zweitwichtigsten Reservewährung der Weltwirtschaft. Alle Beteiligten sind daran interessiert. Natürlich wirken auch innerhalb dieser Gemeinschaft Interessengegensätze, die ausgetragen und wahrgenommen werden. Im Unterschied zur ersten Hälfte des 20. Jahrhunderts und zu früheren Jahrhunderten führen sie jedoch nicht zu Kriegen und zu gewaltsamen Konflikten, sondern sie werden einvernehmlich und im Rahmen des gemeinsamen Verbundes gelöst.

So wurde die Europäische Union zu einem Beispiel für die schöpferische Verarbeitung schmerzhafter historischer Erfahrungen, ein Beispiel dafür, daß in der heutigen Welt keine schicksalhafte Einbindung in vorgefundene nationale, religiöse, kulturelle, ökonomische und soziale Konflikt- und Verhaltensmuster mehr besteht. Der Gestaltungsraum von Politik bietet in der kleiner, zerbrechlicher gewordenen Welt und angesichts der großen Potenzen von Produktion, Wissenschaft und Technik qualitativ neue, gewachsene Einflußmöglichkeiten. Ihr Mißbrauch, ihre falsche, unbedachte Nutzung oder auch Nicht-Nutzung läßt sie jedoch auch höchst problematisch erscheinen.

Am Ende des 20. Jahrhunderts schien deutlich zu werden: In der internationalen Politik, in der Wirtschafts- und Umweltpolitik, in der Sozial- und Einkommenspolitik wie in der Innenpolitik der Staaten hatte sich der konfrontative, herrschaftsgeleitete Typ der Politik im wesentlichen erschöpft. Der in der Abrüstungspolitik der 1980er Jahre zu konstatierende Paradigmenwechsel war möglicherweise ein Vorgriff auf einen allgemein anstehenden Paradigmenwechsel der Politik, hin zu einem kooperativen Typus: Hier rangieren Konsens vor Majorisierung von Minderheiten, Öffnung vor Abgrenzung, Partizipation und Interaktion vor Beherrschung. Statt Ausgrenzung geht es um Achtung der Freiheit des Andersdenkenden und Andersseienden. Die eigenen Interessen sind immer mehr nur dann wahrzunehmen, wenn die Interessen des anderen ebenfalls wahrgenommen werden. Die eigene Freiheit hat die Freiheit des anderen zur Voraussetzung. Die Bewahrung des Friedens und der Natur erlangen prioritäre Bedeutung. Das war die Politikerfahrung am Ende des 20. Jahrhunderts. Der Paradigmenwechsel der Politik schien nicht nur zu einer günstigen, sondern notwendige Bedingung für die Zukunft der Menschheit zu werden.

Seine Schwäche aber war von Anfang an: Er ist durch niemanden »mit Macht« zu erzwingen, sondern nur durch um sich greifende Einsicht, aus der Geschichte tatsächlich lernende und zugleich antizipatorische Vernunft zu erlangen. Die »Sieger der Geschichte«, die nach 1989 neu selbsternannten Herren der Welt haben diese Chance bewußt und absichtsvoll ausgeschlagen und nach dem 11. September 2001 zielstrebig den Weg neuerlicher imperialer Macht- und Kriegspolitik eingeschlagen.

Am Scheideweg

Wird der kooperative Typus von Politik ausgeschlagen, so wird die weitere Entwicklung der menschlichen Gattung einem »natürlichen Ausleseprozeß« überlassen – dies dann, wenn ernsthafte, starke Gegenkräfte sich nicht nachhaltig und dauerhaft zu formieren vermögen. Dieser Prozeß nimmt um so gewalttätigere Formen an, je drückender die großen Probleme der Menschheit werden. Die »Reduzierung« also der Menschheit von sechs Milliarden auf eine, nicht auf dem Wege eines »grünen Faschismus« sondern einem »natürwüchsigen« Vernichtungsprozeß überantwortet, wie er in Ruanda und Burundi bereits praktiziert worden ist? Ein solches Schreckensszenario wäre Zukunft ohne Zukunft.

Als die Nahrung aus dem Urozean für die Vorläufer organischen Lebens auf der Erde nicht mehr ausreichte, wurde – so eine Vorstellung von der Entstehung des Lebens – die Photosynthese, die Produktion organischer Substanz mit Hilfe des Chlorophylls und des Sonnenlichts »erfunden«. Als das Jagen und Sammeln von Wurzeln und Beeren die frühmenschlichen Sippen nicht mehr ernährte, wurden Ackerbau und Viehzucht entdeckt und praktiziert. Als die Agrarwirtschaft nicht mehr ausreichte, die Menschen zu nähren, wurde das industrielle Stadium eröffnet. Wissenschaft, Technik und Industrie haben jetzt die Voraussetzungen geschaffen für den Bau der ersten großen Raumstation, an dem sich die wichtigsten Weltraumfahrer- und Hochtechnologie-Nationen gemeinsam beteiligen: die USA und Rußland, die Europäische Union, Japan und Indien. Von jener Station aus werden Großraketen ins All starten können. Für die Landung auf dem Mars und seine Besiedlung gibt es bereits Planungen.

Das eigentliche Grundproblem der gegenwärtigen Entwicklung, die Scheideweg-Situation stellt sich hier auf besondere Weise, und es ist auch das Demokratie-Problem: Entweder greift das Modell einer antizipatorischen Vernunft, und es gibt einen breiten Konsens der politischen, sozialen und geistigen Kräfte der modernen Welt über die weiteren Entwicklungsziele und die Wege zu ihrer Realisierung, oder aber der weitere Verlauf bleibt einem blinden, scheinbar zweckrationalen Prozeß überlassen, dessen Implikationen immer unüberschaubarer werden. Die Entscheidung dieser Alternative erforderte ein Maß an öffentlicher Vernunft, das bisher zu keiner Zeit und in keinem Lande erreicht worden ist. Die Fähigkeit zum öffentlichen Gebrauch der Vernunft wird entweder einem elitären Klüngel von Politikern, Sozial- und Geisteswissenschaftlern sowie Technikern und Wirtschaftsführern überlassen, oder sie wird von einer breitesten Öffentlichkeit auf partizipatorische Weise angeeignet.

Dem steht allerdings die starke Tradition der bisherigen Politikmodi der westlichen Gesellschaften entgegen, die interessengeleitete Handlungsweise, die nur an spezifischen, singulären Interessen orientiert ist und noch immer dem Glauben frönt, hinter dem Rücken derlei Teilinteressen würde sich von selbst ein allgemeines Interesse durchsetzen. Das Subjekt solcher Interessenwahrnehmung ist die Interessengruppe und ihre Lobby – wer wollte am Beginn des 21. Jahrhunderts stärker sein als der sich formierende Hochtechnologie-Weltraum-Komplex? Verstärkt wird dies durch die Parteiförmigkeit der politischen Auseinandersetzungen. Parteiförmigkeit meint, daß eine politische Position verteidigt oder angegriffen, entfaltet oder verurteilt wird, nur weil sie der eigenen parteipolitischen Position nützen oder der der Gegenpartei schaden soll. Dieses Paradigma kann nur geeignet sein, den »blinden« Ausleseprozeß zu fördern. Hier gewinnt notwendig der Stärkste.

Nun ist nicht gemeint, den nächsten Schritt in das Weltall verhindern zu wollen. Die Frage ist nur, ob dieser eingeordnet werden kann in nachhaltige Entwicklungsziele der Menschheit insgesamt. Wenn nicht, dann handelt es sich um den größten Schritt der Evolution auf der Erde: Ein auserwählter Teil der menschlichen Gattung wird dauerhaft in eine interplanetare Existenzweise eintreten. Das Ausweiden der Erde und ihrer Ressourcen und das Dahinsiechen der Mehrheit der Menschen wegen der Verschlechterung der Lebensbedingungen, des Wassers, der Luft, des Nahrungsangebots usw. wären der Preis für diesen Schritt in die nächste Dimension. Dann hätte die Fortsetzung hochtechnologischer und industrieller Entwicklungen ungeachtet der Folgen ihre eigene innere, tiefere Logik, die sich hinter dem Rücken der Menschheit durchsetzte. Oder anders: Der Kapitalismus ist der Demiurg derlei Entwicklung, die am Ende gegen den Willen der Mehrheit der Menschen durchgesetzt wird.

Am Ende sähe es dann so aus: Sie werden, angetan mit vielleicht metallic glänzenden Raumanzügen, in silberne Raketen steigen. Das Fernsehen wird ihr Abschiedswinken weltweit übertragen. Es werden die gesündesten, stärksten, gebildetsten jungen Frauen und Männer aus den teilnehmenden Nationen sein, die von großen Spezialistenkommissionen in komplizierten Auswahlverfahren ausgesucht wurden. Sie werden den Mond und den Mars besiedeln und von dort aus die Galaxis. Während weniger Jahrzehnte danach wird die Ökosphäre der Erde umkippen, weil alle akkumulierbaren Mittel der Menschheit für den Schritt in die intergalaktische Existenz investiert wurden. Spätestens in der dritten Generation der Kindeskinder der Weltraummenschen wird die Erinnerung an den Planeten verblaßt sein. Er hat seine charakteristische blaue Farbe verloren und schwebt grau und unansehnlich auf seiner Bahn um die Sonne.

Die in die Raketen gestiegen sind, haben dann eine Zukunft, die von der Vergangenheit befreit ist; die Dagebliebenen haben nur noch Vergangenheit, Zukunft findet nicht mehr statt.

Eine erste Fassung dieses Textes erschien in UTOPIE kreativ, Heft 124, Februar 2001.

Zum Weiterlesen:
Ray Bradbury (1981): Die Marschroniken, Zürich: Diogenes Verlag.
Heinrich Heine (1970): Zur Geschichte der Religion und Philosophie in Deutschland, Leipzig: Reclam.
Immanuel Kant (1964): Beantwortung der Frage: Was ist Aufklärung? In: Werke, hrsg. Von Wilhelm Weischedel, Band VI, Frankfurt am Main.
Paul Kennedy (1989): Aufstieg und Fall der großen Mächte. Ökonomischer Wandel und militärischer Konflikt von 1500 bis 2000, Frankfurt am Main: S. Fischer Verlag.
Rosa Luxemburg: Zur russischen Revolution, in: Dies.: Gesammelte Werke, Band 4, Berlin: Dietz Verlag.
Max Weber (1997): Der Sozialismus, in: Ders.: Schriften zur Sozialgeschichte und Politik, Hrsg. Michael Sukale, Stuttgart.

Das Scheitern des Kommunismus.
Oder: Über Fehlannahmen im alten Marxismus

*Es ist die historische Aufgabe des Proletariats, wenn es zur Macht gelangt,
anstelle der bürgerlichen Demokratie sozialistische Demokratie zu schaffen,
nicht jegliche Demokratie abzuschaffen.*
Rosa Luxemburg

Che Guevara-T-Shirts können auch als Marktphänomen erklärt werden – doch wohl kaum das neuerliche Denken mit Marx. Die Herrschenden und ihre Regierer glaubten in den 1990er Jahren, daß mit dem Dahinscheiden des Realsozialismus, oder genauer: des kommunistischen Herrschaftssystems, auch Marx historisch, politisch und theoretisch erledigt sei. So schien dann mit dem kommunistischen Herrschaftssystem auch Marx erledigt. Ein ehemaliger Opel-Arbeiter und nachmaliger CDU-Bundesminister tirilierte Anfang der 1990er Jahre, Marx sei tot und Jesus lebe. Heute verbreitet sich die Gewißheit, daß beide leben und in vielem durchaus zusammenpassen. Bereits in den 1990er Jahren wurde bald klar, daß man Marx braucht, um die heutige »schöne neue Welt« des Kapitalismus zu analysieren. Selbst bürgerliche Betrachter mußten einräumen, daß der Zusammenbruch des Kommunismus die Menschen mitnichten in eine sichere und zudem demokratische Zukunft entlassen hat. So war Fukuyamas *Ende der Geschichte* nicht eine zufällige Episode in der Geschichte des Nachdenkens über die real- und geistesgeschichtlichen Erträge des 20. Jahrhunderts; es war Ausdruck des Selbstverständnisses der bürgerlichen Kräfte in der Welt, besonders in den USA, nunmehr Sieger der Geschichte zu sein und keine Alternative mehr fürchten zu müssen. Doch die Geschichte ist auch weiterhin offen, vielleicht offener denn je.

Sozialismus neu zu denken heißt, die alten Annahmen zu prüfen
Unabhängig davon, in welchem Sinne in der derzeitigen bürgerlichen Publizistik der Terminus *kommunistisch* mehr oder weniger ausgeprägt pejorativ benutzt wird, sollte ich zunächst deutlich machen, wie ich meine, daß er verwendet werden sollte. Es ist über *Sozialismus* als historische Perspektive nicht zu reden, ohne die geistesgeschichtlichen Debatten und politischen Auseinandersetzungen der Vergangenheit neu zu prüfen. Dazu gehören auch der historische Bruch zwischen Kommunisten und Sozialdemokraten sowie die Neubesichtigung etlicher der theoretischen Annahmen des alten Marxismus. Über neue sozialistische Ansätze zu reden heißt, wohlbehalten den Weg zwischen Scylla (hier: Kommunismus in einem traditionellen Verständnis) und Charybdis (einem Sozialdemokratismus, der nur noch das Existierende zu verwalten meint können zu dürfen) zu finden.

Der Bruch zwischen Mehrheits-Sozialdemokratie und Kommunisten vollzog sich im Kontext des Ersten Weltkrieges. Für Stefan Zweig etwa, als er im Exil 1940 seine Memoiren schrieb, war völlig klar, daß der entscheidende historische Einschnitt im Jahre 1914 lag. Da ging die *alte Welt* Europas unter, Zweig nennt sie die *Welt von gestern*. In eben diesem Sinne spricht auch der Historiker Eric Hobsbawm von dem *Kurzen 20. Jahrhundert*, das er von 1914 bis 1991 datiert. Der Zweite Weltkrieg war die Folge des ersten, und insofern der Erste Weltkrieg das eigentlich einschneidende Ereignis des 20. Jahrhunderts. Und zu seinen Folgen gehörte die russische Oktoberrevolution von 1917.

Das Geborensein aus den Gemetzeln des Ersten Weltkrieges und der sektenmäßige Geheimbundcharakter der Partei der Bolschewiki haben der realen Umsetzung des kommunistischen Versuchs unter Führung Lenins, später Stalins ihren Stempel aufgedrückt, der das von ihnen geschaffene Herrschaftssystem bis zu seinem Untergang 1989/1991 geprägt hat. So waren die kommunistische Bewegung und die von Kommunisten regierten Staaten bleibende Resultate des Ersten (und Zweiten) Weltkrieges und wesentliche Akteure jenes kurzen 20. Jahrhunderts. Sie schöpften ihre historische Legitimierung aus den Verbrechen der alten herrschenden Klassen und *des Kapitalismus* und der Erwartung, daß die Errichtung der sozialistisch-kommunistischen Herrschaft die Voraussetzungen für derlei neuerliche Untaten ein für allemal abschaffen werde.

Das kommunistische Herrschaftssystem hatte seinerseits historische Voraussetzungen. Die soziale Frage hatte seit den 1830er Jahren die Gestalt der Arbeiterfrage angenommen: Wie nehmen die Vermögenslosen, die ihr Einkommen durch Lohnarbeit erwerben, an der modernen, d. h. industriell fundierten Gesellschaft teil? Das hatte eine soziale Dimension, hier ging es um Löhne und Einkommen, soziale Sicherheiten, Absicherung der Familien, Wohnung, Bildung, Zugang zur Kultur. Und es hatte eine politische Dimension, hier standen das allgemeine Wahlrecht, Freiheitsrechte und Partizipationsrechte auf der Tagesordnung, am Ende die Frage nach der Macht im Staate. Die sozialistische Revolution, wie Marx, Engels, Lassalle und andere sie erwartet hatten, sollte beide Probleme lösen, durch Übernahme der Macht durch die Partei der Arbeiter und durch Enteignung der Kapitaleigner. Die »Sozial-Demokratie« war der politische Ausdruck dieses Bemühens, die soziale Frage im Sinne der Arbeiter und insgesamt der unteren sozialen Schichten zu lösen. Innerhalb der sozialdemokratischen Partei, zumal der deutschen, ging seit den 1890er Jahren der Streit darum, ob im Zweifelsfalle das Primat bei der Demokratie liegen solle, die nach Wahlen und Mehrheiten fragt, wenn es um die Macht geht, oder ob die Revolution sich selbst legitimiere und im Sinne der raschen Enteignung der Kapitalisten Vorrang haben müsse vor parlamentarisch-demokratischen Spielregeln.

Der Erste Weltkrieg wurde als eklatante Verschärfung aller inneren Widersprüche des kapitalistischen Wirtschaftssystems und der es begleitenden politischen Systeme angesehen. Lange vor dem Ersten Weltkrieg war Allgemeingut innerhalb der Arbeiterbewegung, was August Bebel wie folgt formuliert hatte: »Nimmt man ... die furchtbaren Störungen und Verwüstungen, die künftig ein europäischer Krieg auf wirtschaftlichem Gebiet anrichtet, so darf man ohne Übertreibung sagen: Der nächste große Krieg ist der letzte Krieg ... Der politisch-militärische Zustand Europas hat eine Entwicklung genommen, die leicht mit einer großen Katastrophe endigen kann, welche die bürgerliche Gesellschaft in den Abgrund reißt. Auf der Höhe ihrer Entwicklung hat diese Gesellschaft Zustände geschaffen, die ihre Existenz unhaltbar machen, sie bereitet sich den Untergang mit Mitteln, die sie selbst erst als die revolutionärste aller bisher dagewesenen Gesellschaften schuf.« (Bebel 1913: 318 f.) In diesem Sinne erschien der Erste Weltkrieg als die befürchtete und zugleich erwartete, vom Kapitalismus und seinem Imperialismus hervorgerufene Katastrophe, aus der *der Sozialismus* als die Erlösung hervorgehen mußte. Und da alle großen Staaten Europas, ob nun bürgerlich-parlamentarisch wie Großbritannien bzw. Frankreich oder mehr oder weniger autoritär verfaßt wie Deutschland bzw. Rußland in diesen großen Krieg verwickelt waren, erschien die Demokratiefrage als von untergeordneter Bedeutung.

Die Mehrheitssozialdemokraten hatten sich in Deutschland, Frankreich, Rußland und anderen Staaten angesichts des Krieges nach 1914 auf die Seite ihrer respektiven Regierungen und deren Kriegsführung gestellt. Die Kongresse der II. Internationale in Stuttgart (1907) und Basel (1912) hatten zwar beschlossen, mit allen Mitteln für die Verhinderung des Krieges zu wirken und, wenn er dennoch ausbrechen sollte, die entstandene Lage zum Sturz der kapitalistischen Herrschaft zu nutzen. Doch hatte sich dies 1914 als Illusion erwiesen, bzw. die Mehrheitssozialisten hatten »Verrat« geübt, was die Linken ihnen folgerichtig politisch zum Vorwurf machten. Von daher datiert denn auch die Spaltung der Arbeiterbewegung, die in der kommunistischen Strömung ab 1918/19 – neben der fortexistierenden Sozialdemokratie bestehend – ihren organisierten politischen Ausdruck fand.

Die Verheißungen von der neuen Gesellschaft waren seit Marx von der Vorstellung geprägt, daß Markt und Profit negativ besetzt seien und abgeschafft gehören und daß *sozialistische Planwirtschaft* als realisierte Wissenschaft möglich sei. So hatte bereits August Bebel – den ich hier nochmals als international anerkannten Parteiführer der alten Sozialdemokratie und kommunistischer Umtriebe unverdächtig zitiere – geschrieben:»Die Menschheit wird in der sozialistischen Gesellschaft, in der sie erst wirklich frei und auf ihre natürliche Basis gestellt ist, ihre Entwicklung mit Bewußtsein lenken. In allen bisherigen Epochen handelte sie in bezug auf Produktion und Verteilung wie auf Bevölkerungsvermehrung ohne Kenntnis ihrer Gesetze, also unbewußt; in der neuen Gesellschaft wird sie mit Kenntnis der Gesetze ihrer eigenen Entwicklung bewußt und planmäßig handeln. Der Sozialismus ist die auf allen Gebieten menschlicher Tätigkeit angewandte Wissenschaft.« (Bebel 1913: 508)

Kommunistische Bewegung und alte Sozialdemokratie unterschieden sich demzufolge nicht grundlegend in ihren Vorstellungen von der *Gesetzmäßigkeit* gesellschaftlicher Entwicklung, Abschaffung von Markt und Profit usw., sondern in der Betonung der Mittel – Demokratie versus Revolution – und in der Bewertung ihrer politischen Handlungen im und nach dem Ersten Weltkrieg, was sich als Konfliktlinie innerhalb der Linken, nicht nur Deutschlands, im Grunde bis in die Gegenwart zieht. In bezug auf die deutsche Novemberrevolution von 1918 hat der analytisch scharf formulierende Publizist Sebastian Haffner das Problem wie folgt benannt: »Die deutsche Revolution von 1918 war eine sozialdemokratische Revolution, die von den sozialdemokratischen Führern niedergeschlagen wurde: ein Vorgang, der in der Weltgeschichte kaum seinesgleichen hat.« (Haffner 1993: 6) Tausende Revolutionäre wurden von den Freikorps mit Zustimmung der sozialdemokratischen Parteiführung umgebracht, angefangen bei Rosa Luxemburg und Karl Liebknecht, die die KPD begründet hatten. Den Kommunisten galt dies dann als hinreichend, um nach 1945 in der Sowjetischen Besatzungszone bzw. in der DDR Sozialdemokraten zu verfolgen und einzusperren. Analoge Auseinandersetzungen fanden in anderen europäischen Ländern statt.

Die russischen Bolschewiki, nach der Oktoberrevolution 1917 einmal an der Macht, lösten auf Geheiß Lenins im Januar 1918 die gewählte Verfassunggebende Versammlung Rußlands auf. Damit blieb der errichteten Sowjetmacht, typologisch jeder seither errichteten Macht kommunistischen Typs, der Verzicht auf die Gewinnung der zahlenmäßigen Mehrheit innerhalb der *eigenen* Bevölkerung eingeschrieben. Es ist dies der Punkt, den Rosa Luxemburg bereits sehr frühzeitig und hellsichtig (1918) ausmachte, als sie die darin für die sozialistische Bewegung liegende Gefahr benannte und den Führern der russischen Revolution die Abschaffung der Demokratie vorwarf, die eine *Diktatur* zur Folge haben mußte, allerdings nicht eine des *Proletariats,* sondern der Spitze der kommunistischen Partei. In exakt diesem Sinne wurde das kommunistische Herrschaftssystem geschaffen, erhalten und ausgebaut. Leo Trotzki schrieb später, nach seiner Wandlung zum Kritiker der Stalinschen Herrschaft: »Der demokratische Zentralismus machte bürokratischem Zentralismus Platz. Der Parteiapparat selbst wurde nunmehr von oben bis unten radikal umgekrempelt. Als Haupttugend des Bolschewiken galt der Gehorsam. Unter der Fahne des Kampfes gegen die Opposition fand eine Ersetzung der Revolutionäre durch Beamte statt ... Das Verbot der Oppositionsparteien zog das Verbot der Fraktionen nach sich; das Fraktionsverbot endete mit dem Verbot, anders zu denken als der unfehlbare Führer. Der Polizeimonolithismus der Partei brachte die bürokratische Straflosigkeit mit sich, die zur Quelle aller Formen der Zügellosigkeit und Zersetzung wurde.« (Trotzki 1990: 111, 117)

Dies festzustellen, verweist auf die systemischen Ursachen, die aus den gesellschaftstheoretischen Vorstellungen resultierten und die in das Fiasko der kommunistischen Herrschaft mündeten; es sagt nichts über die Selbstlosigkeit, Ziele und Ideale etwa deutscher Kommunisten, die im Widerstand gegen Hitlers Herrschaft ihr Leben gaben, oder jener jungen Menschen, die sich 1945 nach Faschismus und Krieg für Sozialismus als Alternative entschieden. Nach dem Scheitern des Realsozialismus ist der Streit zwischen Kommunisten und Sozialdemokraten historisch erledigt, nicht jedoch das Problem, Neuansätze linker Politik auch heute sowohl in bezug zum gewesenen Realsozialismus als auch im Verhältnis zur jetzt real existierenden Sozialdemokratie zu bestimmen.

Allerdings ist hier in Erinnerung zu rufen, was der Schriftsteller George Orwell im Jahre 1948 angemerkt hat: »Die ganze linke Ideologie, wissenschaftlich und utopisch, ist von Leuten entwickelt worden, die keine unmittelbare Aussicht hatten, an die Macht zu kommen. Es war deshalb eine extremistische Lehre, die nur äußerste Verachtung für Könige, Regierungen, Gesetze, Gefängnisse, Polizei, Heere, Fahnen, Grenzen, Patriotismus, Religion, konventionelle Moral, mit einem Wort, die gesamte bestehende Gesellschaftsordnung übrig hatte. So weit man zurückdenken kann, kämpften die linken Kräfte in allen Ländern gegen eine scheinbar unbesiegbare Tyrannei, wobei die Annahme nahe lag, daß, wenn erst *diese* besondere Form der Tyrannei – der Kapitalismus – gestürzt werden könnte, der Sozialismus folgen würde. Zudem hatte die Linke vom Liberalismus bestimmte, äußerst fragwürdige Anschauungen übernommen wie die, daß die Wahrheit immer den Sieg davontragen müsse und Verfolgung und Unterdrückung von selbst zugrunde gehen würden, oder daß der Mensch von Natur gut sei und nur durch die ihm aufgezwungenen Verhältnisse verdorben werde.« (Orwell 1975: 174) Die von hier kommende moralisierende Denunziation, sich auf den politischen Kampf innerhalb der bürgerlichen Gesellschaft und ihrer Institutionen einzulassen, hat in der Gegenwart nicht aufgehört und gebiert immer wieder einen Fundamentalismus-Realo-Streit um »Regieren oder Nicht-Regieren« statt über Inhalte politischen Handelns.

Von solchen Positionen aus führte denn auch historisch der Weg zur Selbstermächtigung der Revolutionäre. »Von allen Sündenfällen der kommunistischen Bewegung im Stalinismus ist der moralische Sündenfall der schrecklichste«, schrieb der jugoslawische Marxist Svetozar Stojanovic, »weil diese Bewegung das ehrgeizigste ethische Unternehmen gewagt hat. Es hat sich gezeigt, daß der grenzenlose Glaube an die eigene historische Sendung sich zum Gebrauch aller Mittel degradieren kann. Die kommunistische Bewegung war oft zwischen den humansten Zielen und den brutalsten Mitteln hin- und hergerissen. Die Revolution bringt schon durch sich selbst ethische Versuchungen. Die revolutionären Ziele und Aktionen verneinen per definitionem die bestehende Wert- und Normenordnung: moralisch, politisch, gewohnheitsmäßig, rechtlich. Welche Rücksichten lassen dann nicht zu, daß die Revolutionäre in vollkommenen moralischen Relativismus verfallen?« (Stojanovic 1970: 176)

Die Begrenzung – was mehr ist, als nur »Rücksichten« – ergibt sich dort, wo der Kampf um die Macht von vornherein in der Demokratie und ihren Institutionen rückgebunden ist. So sagte der Vorkämpfer eines demokratischen Sozialismus, Salvador Allende, anläßlich seines Amtsantritts als gewählter Präsident Chiles am 5. November 1970: »Republikanische und demokratische Traditionen prägten das kollektive Bewußtsein der Chilenen, erzeugten eine Haltung der Achtung vor anderen, der Toleranz. Und wenn sich Antagonismen und Klassenwidersprüche zuspitzten, so wurde zunächst versucht, sie im Rahmen unserer republikanischen Ordnung und gemäß unseren traditionell demokratischen Normen auszutragen. Niemals hat unser Volk diese historische Linie gebrochen. Die wenigen Verletzungen dieser Tradition kamen immer von den herrschenden Klassen.« (Allende 1973: 19) Am 11. September 1973, als Allende gestürzt wurde und den Tod fand, haben der Verräter Pinochet und seine Schergen genau dies wieder getan. Aber das ist bereits ein anderes Thema.

Marxistisches

Die Begründung des kommunistischen Herrschaftssystems war und blieb immer ideologisch. Deshalb wurde dem Wort und der *richtigen* Gesinnung stets ein zentraler Platz zugemessen, waren regelmäßige Überprüfungen der Parteimitgliedschaft, insbesondere ihrer Haltung zu den jeweiligen Verkündigungen des respektiven Generalsekretärs und Politbüros, und Parteischulung bis zum Schluß konstitutive Bestandteile der Herrschaft.

Hier hatte eine Metamorphose stattgefunden, eine schrittweise Umbildung des Gedankengebäudes: Aus den gesellschaftskritischen, streitbaren Ideen von Karl Marx machten Friedrich Engels und die Führer der alten Sozialdemokratie den *Marxismus* der Arbeiterbewegung (siehe oben: Bebels Folgerungen zum erwarteten Sozialismus). War dieser innerparteilich und gesellschaftspolitisch noch recht demokratisch gedacht, so formte Lenin daraus – mit dem Bolschewismus, der eine Zuspitzung hinsichtlich des Bekenntnisses zur *Diktatur des Proletariats* und zur Verstaatlichung des Produktiveigentums darstellte, und vor allem mit dem Prinzip des *demokratischen Zentralismus*, der recht eigentlich die Abschaffung demokratischen Entscheidens innerhalb der Partei und die Etablierung einer innerparteilichen Befehlshierarchie von oben nach unten bedeutete – die Partei zu einer militärisch oder wie ein mittelalterlicher Mönchsorden straff organisierten Kampforganisation. Stalin nannte dies dann *Leninismus* und ließ seine Variante der dazugehörigen vereinfachten Glaubenssätze, deren Anzahl dann schon nicht mehr sehr groß war, Ende der 1930er Jahre, in der Zeit der großen Schauprozesse, kanonisiert im *Kurzen Lehrgang* festschreiben. Die Parteiideologien der meisten herrschenden kommunistischen Parteien in Europa – außer in Titos Jugoslawien – stellten bis zum Schluß eine in je unterschiedlicher Weise gemilderte Variante jenes Kanons dar. So war geistes- und politikgeschichtlich aus dem theoretischen Gebäude von Marx der *Marxismus,* aus diesem der *Leninismus* und schließlich die stalinistische Variante der kommunistischen Ideologie hervorgegangen. So hat Stalin mit Lenin, hat dieser mit der alten Sozialdemokratie von Bebel und Engels und haben diese mit Marx zu tun. Jeder Schritt dieser Metamorphosen ist bewußt vollzogen worden.

Es gab natürlich jeweils auch andere Möglichkeiten der Interpretation und Exegese. Insofern war jede dieser Häutungen nicht die einzige der möglichen theoretisch-ideologischen Verwandlungen jenes auf Marx zurückgeführten Gefüges. Und so ist die gesamte Geschichte des Parteimarxismus auch eine Geschichte geistiger und politischer Kämpfe zwischen *Rechtgläubigen, Orthodoxen* und *Häretikern*, eine Geschichte von Inquisitionsgerichten, Verfolgung und Ermordung Andersdenkender. Es war zugleich eine Geschichte von Abspaltungen. Erinnert sei an den Streit Lenin – Trotzki, Stalin – Tito, die Kontroversen Tito – Enver Hoxha, den Kampf Chruschtschow – Mao, der schließlich bis zu militärischen Auseinandersetzungen an der sowjetisch-chinesischen Grenze eskalierte.

Walter Ulbricht, lange Zeit der erste Mann der DDR, wurde von Moskau aus abgelöst, als er sich als der neue Interpret des *Marxismus* präsentierte, indem er den Realsozialismus 1967 eine *relativ selbständige sozialökonomische Formation* nannte, während man in der KPdSU-Führung weiter vom baldigen Kommen des *Kommunismus* als der höheren Phase der kommunistischen Gesellschaft schwadronierte. (Der Parteimarxismus von Marx und Engels bis zu Stalin und seinen Nachfolgern hat den *Sozialismus* als erste, niedere Phase einer einheitlich gedachten *kommunistischen Gesellschaftsformation* vorgestellt – ausführlicher dazu weiter unten. Insofern waren Auseinandersetzungen darum, was denn der wahre *Sozialismus* sei, von zentraler politischer Bedeutung.) Der Kampf um politische Richtungen nahm stets ideologische Formen an, wurde um Worte, Bilder und Texte bzw. ihre *richtige* Auslegung geführt, wie umgekehrt ideologische Unterschiede nicht ohne politische Konsequenzen blieben, die auch in der Erschießung der im ideologischen Streit unterlegenen Seite bestehen konnten. Im Grunde muß Ideologiegeschichte des Kommunismus betrieben werden als eine Art Religionsgeschichte.

Dies allerdings ist schon bei Marx angelegt. Der Philosoph Karl Löwith hob hervor, es sei kein Zufall, »daß der letzte Antagonismus der beiden feindlichen Lager, der Bourgeoisie und des Proletariats, dem Glauben an einen Endkampf zwischen Christus und Antichrist in der letzten Geschichtsepoche entspricht, und daß die Aufgabe des Proletariats der welthistorischen Mission des auserwählten Volkes analog ist. Die universale Erlösungsfunktion der unterdrückten Klasse entspricht der religiösen Dialektik von Kreuz und Auferstehung und die Verwandlung des Reiches der Notwendigkeit in das Reich der Freiheit, der Verwandlung des alten in einen neuen Äon. Der ganze Geschichtsprozeß, wie er im Kommunistischen Manifest dargestellt wird, spiegelt das allgemeine Schema der jüdisch-christlichen Interpretation der Geschichte als eines providentiellen Heilsgeschehens auf ein sinnvolles Endziel hin. Der historische Materialismus ist Heilsgeschichte in der Sprache der Nationalökonomie.« (Löwith 1990: 48) Auch der Wirtschafts- und Gesellschaftstheoretiker Joseph Schumpeter reihte den Marxismus unter die Religionen: »Dem Gläubigen bietet er erstens ein System von letzten Zielen, die den Sinn des Lebens enthalten und absolute Maßstäbe sind, nach welchen Ereignisse und Taten beurteilt werden können; und zweitens bietet er sich als Führer zu jenen Zielen, was gleichbedeutend ist mit einem Erlösungsplan und mit der Aufdeckung des Übels, von dem die Menschheit oder ein auserwählter Teil der Menschheit erlöst werden soll … Einfach das Ziel zu predigen, wäre wirkungslos geblieben; eine Analyse des sozialen Prozesses hätte nur ein paar hundert Spezialisten interessiert. Aber im Kleid des Analytikers zu predigen und mit einem Blick auf die Bedürfnisse des Herzens zu analysieren, dies schuf eine leidenschaftliche Anhängerschaft und gab dem Marxisten jenes größte Geschenk, das in der Überzeugung besteht, daß das, was man ist und wofür man einsteht, niemals unterliegen, sondern am Ende siegreich sein wird.« (Schumpeter 1987: 19, 21)

Und was bleibt nach 1989/1991 von den Marxschen Ideen? Nunmehr scheint jegliches Denken in diesem Sinne obsolet, jedenfalls wird dies von interessierter Seite gern wortreich verkündet. Dem steht das berühmt-freundliche Wort von Heiner Müller gegenüber, bald nach jener Wende von 1989 ausgesprochen, das marxistische Denken müsse bewahrt und weiterentwickelt werden für die Zeit, da die Menschen seiner wieder bedürfen. Das Scheitern des Realsozialismus bzw. des kommunistischen Herrschaftssystems im Osten Europas bedeutete auch das Ende des offizialisierten Parteimarxismus als der Ideologie der Nomenklatura-Herrschaft. Damit war die Gesamtheit der Ideen von Marx und seiner unterschiedlichsten geistigen Nachfolger wieder frei, als Gefüge sozialkritischer Ideen und Methode der Kapitalismus-Kritik benutzt zu werden, kritisch neu gesichtet und neu dort in Ansatz gebracht, wo es neuen Erkenntnisgewinn verspricht. (Insofern kann das umstandslose Streben nach Zerstörung des aus der DDR stammenden sozial- und geisteswissenschaftlichen Potentials – das nicht nur vom damaligen Bundeskanzler Kohl initiiert, sondern auch von unzähligen willigen Helfern, die sich selbst oft gern als mehr oder weniger *links* betrachteten, umgesetzt wurde – als der Versuch angesehen werden, die *antikommunistische Gesinnungsgemeinschaft* der alten BRD gegen-über gesellschaftskritischen Sichtweisen abzuschotten. Man fürchtete natürlich nicht den offiziellen SED-Kanon, sondern das marxistische Denken der Intellektuellen, der Wissenschaftler und Künstler, das neben dem offiziellen Marxismus existierte, wie Werner Mittenzwei betont hat.)

Vieles an den ursprünglichen Ideen von Marx war dem 19. Jahrhundert verhaftet und kann ein modernes Sozialismus-Verständnis nicht mehr tragen. Anderes bleibt analytisch fruchtbar. Zugleich muß über die alten Vorstellungen hinaus gedacht werden. Die heutigen Globalisierungsprozesse und die Individualisierung oder die Geschlechterverhältnisse sind mit den überkommenen Annahmen des früheren *Marxismus* nicht mehr zu fassen. Die unterschiedlichen marxistischen Strömungen – einschließlich solcher Theoretiker wie Trotzki oder Djilas, die einst als Ketzer galten – können für ein sozialismusrelevantes Denken ebenso genutzt werden wie etwa die Bergpredigt oder Immanuel Kant und unterschiedliche neue Ansätze, die oft nicht sozialistisch gemeint sind, aber, entsprechend gesichtet, fruchtbar sein können, denken wir etwa an Texte von George Soros oder Joseph Stiglitz über den derzeitigen Kapitalismus.

Gesellschaftstheoretisches
Eines der sozialtheoretischen Probleme, die bei Marx ungelöst blieben, ist die Unterscheidung von *Gemeinschaft* und *Gesellschaft*. In der Soziologie und im weiteren Sinne in den Sozialwissenschaften geht diese auf Ferdinand Tönnies zurück. Tönnies ging davon aus, daß die bisherige wissenschaftliche Terminologie Gemeinschaft und Gesellschaft ohne Unterscheidung nach Belieben zu verwechseln pflegt. Unter Verweis zunächst auf den umgangssprachlichen Gebrauch des Deutschen machte er die unterschiedliche Verwendung der beiden Wörter deutlich: »Alles vertraute, heimliche, ausschließliche Zusammenleben ... wird als Leben in Gemeinschaft verstanden. Gesellschaft ist die Öffentlichkeit, ist die Welt. In Gemeinschaft mit den Seinen befindet man sich, von Geburt an, mit allem Wohl und Wehe daran gebunden. Man geht in die Gesellschaft wie in die Fremde ... Man leistet sich Gesellschaft; Gemeinschaft kann Niemand dem Anderen *leisten* ... Gemeinschaft der Sprache, der Sitte, des Glaubens; aber Gesellschaft des Erwerbs, der Reise, der Wissenschaften. So sind insonderheit die Handelsgesellschaften bedeutend; wenn auch unter den Subjekten eine Vertraulichkeit und Gemeinschaft vorhanden sein mag, so kann man doch von Handels-Gemeinschaft nicht reden. Vollends abscheulich würde es sein, die Zusammensetzung Aktien-Gemeinschaft zu bilden. Während es doch Gemeinschaft des Besitzes gibt: an Acker, Wald, Weide. Die Güter-Gemeinschaft zwischen Ehegatten wird man nicht Gütergesellschaft nennen. Im allgemeinsten Sinne wird man wohl von einer die gesamte Menschheit *umfassenden* Gemeinschaft reden, wie es die Kirche sein will. Aber die menschliche Gesellschaft wird als ein bloßes Nebeneinander voneinander unabhängiger Personen verstanden.« (Tönnies 1887: 3-5)

Der Berliner Philosoph Peter Ruben hat diesen Ansatz rekonstruiert und hervorgehoben, daß »die Gemeinschaft durch die unmittelbare Kooperation in der Erhaltung des physischen Lebens via Produktion realisiert« ist, »die Gesellschaft aber durch den Austausch, durch den Handel« (Ruben 1998: 6). An anderer Stelle betont Ruben, daß Gemeinschaft gleichsam »die naturhistorische Verbindungsweise zwischen Menschen (ist), die bereits allein auf Grund der sexuellen Reproduktion den Grund der Produktion menschlicher Individuen bildet. Gesellschaft dagegen ist Produkt des Handelns der Individuen als Personen, vermittelt durch den Kontrakt, den sie schließen. Das Individuum ist Teil der Gemeinschaft, und zwar sein letzter unteilbarer Teil, wie es diese lateinische Übersetzung des griechischen atomos auch meint. Die Gemeinschaft ist gegen ihre Individuen daher auch in der Verteilung, in der Distribution wirklich. Die Gesellschaft wird ... durch den Austausch gebildet, der – in der rein theoretischen Annahme – wenigstens zwei gegeneinander verschiedene und miteinander in Verkehr tretende Gemeinschaften voraussetzt, die im Verkehr zumindest eine Preisverhandlung betreiben ... Mit dieser Beschreibung verzichte ich auf Tönnies' Bemühung des Willens und denke lieber an die Produktion und den Austausch, wenn ich seine Termini Gemeinschaft und Gesellschaft übernehme. Isolierte Individuen, so wissen wir, können nicht menschliche Generationen garantieren. Dies gelingt erst bei Gemeinschaften von etwa 500 Individuen, die mit interner Arbeitsteilung unmittelbar kooperativ zusammenwirken und in reiner Subsistenzwirtschaft sich bei passenden Umweltbedingungen auf Dauer, d. h. über Generationen hinweg, erhalten können. So ist die Gemeinschaft unerläßliche Bedingung individueller Existenz. Die Gesellschaft dagegen ist die eigentlich historische Erfindung, die mit der Entdeckung gemacht wird, daß Gemeinschaften Bedürfnisse mit fremden Gütern befriedigen können, wenn sie anderen Gemeinschaften eigene Güter zur Befriedigung fremder Bedürfnisse zu liefern fähig sind. Die Entwicklung der Gesellschaft impliziert die Produktion von Gütern über den Eigenbedarf hinaus. Sie ist daher die notwendige Bedingung der Entwicklung des Reichtums.« (Ruben 1993: 22)

Folgt man diesem Verständnis, so ist zunächst davon auszugehen, daß Gemeinschaft und Gesellschaft nicht, wie von etlichen zeitgenössischen Geistes- und Sozialwissenschaftlern unterstellt, einen konträren Gegensatz darstellen. Auch ist nicht Gemeinschaft eine niedere Form, weil in ihr etwa die bürgerliche Distinktion der Gesellschaft nicht gelten würde. Allein schon die Vorstellung, daß die Vermarktlichung, wie von der neoliberalen Ideologie unterstellt, immer mehr alle Seiten des menschlichen Lebens erfassen würde, liefe auf die Auflösung der bestehenden Vergemeinschaftungsformen hinaus. Vielleicht ist der Rückgang der Geburtenrate in Deutschland ja gerade Ausdruck des marktförmigen Verhaltens weiter Teile der deutschen Mittelschichten, mit der Folge – wie die Debatten um Zuwanderung zeigen –, daß die einfache Reproduktion der Bevölkerung schon aus Gründen des hierzulande installierten Produktionsapparates nur durch Menschen auszugleichen ist, die in anderen Gemeinschaften aufgewachsen sind. Die öffentliche Thematisierung von *Ehrenamt* und häuslicher Arbeit zeigt ebenfalls, daß die Gesellschaft bei Strafe ihres Untergangs nicht die Gemeinschaftsformen aufzehren kann. Beide sind nicht Geschöpfe von Willensentscheidungen, sondern Ausdruck der wirklichen Existenz und Bewegung menschlicher Bindungen als positiver Verbindungen der Menschen in ihrem Lebensprozeß, die wiederum aus den materiellen Lebensverhältnissen erwachsen. Es handelt sich um einen unaufhebbaren Dualismus, der jedoch in einem beständigen Spannungsverhältnis steht. Dazu wieder Ruben: »Wird durch den Austausch keine einfache Reproduktion (Gleichgewicht) bewerkstelligt, sondern Innovation, so stellt die gesellschaftliche Bewegung die Struktur der beteiligten Gemeinschaften in Frage und zwingt sie zur Reorganisation, zur Reform. Dadurch tritt der Schein der Feindlichkeit der Gesellschaft gegen die Gemeinschaft ein … Er bleibt aber ein Schein, weil die Gemeinschaft schon um den Preis der physischen Erhaltung der Gattung gar nicht beseitigt werden kann.« (Ruben 1998: 7) Der Dualismus von Gemeinschaft und Gesellschaft erklärt sich hinreichend – nach Tönnies wie nach Ruben – aus dem Verhältnis zwischen Produktion und Austausch.

Ist also davon auszugehen, daß die Einzelmenschen in Gemeinschaften Individuen, in Gesellschaften Personen sind, d. h. kontraktfähig und als solche Vertragspartner, so gilt: »Gemeinschaften sind durch gemeinsame Vermögen bestimmt, z. B. durch eine Gemeinschaftskasse … Besondere Gesellschaften unterstellen die Assoziation von Teilen persönlicher Vermögen, die nicht zum Gruppeneigentum in dem Sinne werden, daß nur die Gruppe als solche über seine Verwendung entscheidet (die Geschäftsführung handelt im Auftrag der Gruppe, und nie kann die Geschäftsführung die Gruppenmitglieder entmündigen, ausschließen, kooptieren oder sonst in irgendeiner Form in ihre Funktionäre verwandeln, das gerade kann ein Gemeinwesen mit seinen Individuen in der Tat veranstalten) … Personen bringen Teile ihres Eigentums in eine geschlossene Gesellschaft ein, und sie bleiben darin die persönlichen Eigner.« (Ruben 1998: 8)

Bei Marx ist die Ununterschiedenheit der Gemeinschaft von der Gesellschaft Moment seines Konzepts der Entfremdung der Arbeit. So schreibt er: »Die gesellschaftliche Tätigkeit und der gesellschaftliche Genuß existieren keineswegs *allein* in der Form einer *unmittelbar* gemeinschaftlichen Tätigkeit und unmittelbar *gemeinschaftlichen* Genusses, obgleich die *gemeinschaftliche* Tätigkeit und der *gemeinschaftliche* Genuß, d. h. die Tätigkeit und der Genuß, die unmittelbar in *wirklicher Gesellschaft* mit andren Menschen sich äußert und bestätigt, überall da stattfinden werden, wo jener *unmittelbare* Ausdruck der Gesellschaftlichkeit im Wesen ihres Inhalts begründet … ist.« (Marx, 1968: 538. Ruben merkt zu dieser Aussage an, daß Marx hier das Adjektiv *gemeinschaftlich* durch die Wortfolge *unmittelbar in wirklicher Gesellschaft mit anderen Menschen* erklärt. Das zeigt, daß er die Möglichkeit der Unterscheidung von Gemeinschaft und Gesellschaft ausspricht, aber im eigenen Denken nicht wirklich bestimmt. (Ruben, 2002: 54, Fußnote 56)

Ist in diesem Sinne die Gemeinschaft unmittelbare Gesellschaft, so kann nur die vermittelte Gesellschaft nicht Gemeinschaft sein. Sie aber ist eben die, die das Individuum durch Gebrauch der Produkte anderer Individuen eingeht. Marx folgert demgemäß: »Es ist vor allem zu vermeiden, die ›Gesellschaft‹ wieder als Abstraktion dem Individuum gegenüber zu fixieren. Das Individuum *ist* das *gesellschaftliche Wesen*.« Das läuft dann darauf hinaus, die Gesellschaft als

Gemeinschaft zu denken bzw. als die »wahre Gesellschaft« im Gegensatz zur »falschen« oder »entfremdeten«. Konsequenz kann dann nur sein, diese Gesellschaft abzuschaffen. Der Einzelmensch ist dann als Individuum Element der *Gemeinschaft*, sein letzter unteilbarer Teil, gegen den sie das Ganze ist, er ist jedoch nicht mehr kontraktfähige Person in der *Gesellschaft*, die sich am Gütertausch beteiligt. Folgerichtig wurde in allen kommunistischen Ländern nicht nur das Privateigentum am Produktivvermögen beseitigt, sondern gerade in der Anfangsphase jede Form des »Schachers« am Staat vorbei streng geahndet.

Sozialismus oder Kommunismus ?

Der Begriff *kommunistisch* wird hier also weder pejorativ noch nur auf den kommunistischen Parteitypus bezogen benutzt. Er beschreibt präzise das, was da von 1917 bzw. 1945 bis 1989/1991 historisch absolviert wurde. Der ursprüngliche Unterschied zwischen Sozialismus und Kommunismus ist nicht der, der von Marx kam und später unter Stalin dogmatisiert wurde, nämlich einer von zwei Phasen einer Gesamtentwicklung der Gesellschaft in der Geschichte. Die ursprüngliche Differenz, wie sie Mitte des 19. Jahrhunderts in Europa allgemein bekannt war, ist die zwischen zwei unterschiedlichen politischen und Gesellschaftskonzepten: Mit dem Heraufkommen der Industrie hatte sich die soziale Frage, die vordem stets die Agrarfrage, nämlich die Frage nach dem Bodeneigentum war, in die Frage nach dem Anteil der Besitzlosen, der Proletarier an der Gesellschaft verwandelt. Die »kommunistische Antwort« auf diese soziale Frage war die Enteignung des privaten Produktivvermögens und der Versuch, die Produktion anders zu organisieren, nämlich über eine Zuteilung von Ressourcen, die Verteilung der Arbeiter auf die Produktionszweige, die Kontrolle und Verordnung der Preise usw. Die Kommunisten, die 1917 in Rußland und mit dem Zweiten Weltkrieg in anderen osteuropäischen Ländern an die Macht kamen, sahen folgerichtig im Staat das Instrument zu dessen Durchsetzung und in der Diktatur, mithin der Abschaffung der Freiheit und der Demokratie, das Mittel, dies zu verwirklichen. »Sozialismus« dagegen ist die »systematische Entwicklung der Idee des Kapitals, des Eigentums, der Familie, der Gesellschaft und des Staates unter der Herrschaft der Arbeit« (Lorenz Stein. Auf diese Unterscheidung hat in der neueren sozialtheoretischen Literatur vor allem Ruben hingewiesen.)

Danach ist *Kommunismus* die Herstellung einer *Gemeinschaftsordnung*, die auf dem Prinzip der Abschaffung des persönlichen Produktivvermögens bzw. Eigentums beruht, *Sozialismus* dagegen eine *Gesellschaftsordnung*, die die Institutionen der Gesellschaft nicht abzuschaffen, sondern zu nutzen trachtet, um sie den Interessen der Mehrheit, die nicht über großes Kapitaleigentum verfügt, nutzbar zu machen. Soziale Demokratie, demokratische politische Verhältnisse, Rechtsstaat und Wohlfahrtsstaat sind die modernen Gestalten, in denen eine politisch erwirkte Kontrolle über die Kapitalverwertung im Interesse der Mehrheit der Gesellschaftsmitglieder sich erreichen lassen kann, um eine Dominanz »der Arbeit« gegenüber »dem Kapital«, der menschlichen Interessen der wirklichen Menschen in der Gesellschaft gegenüber den Verwertungs- bzw. Profitinteressen der Kapitaleigentümer oder neudeutsch: »der Shareholder«, herzustellen. Das setzt die Fortexistenz und Nutzung der Basisinstitutionen der modernen Gesellschaft voraus, während deren Abschaffung nur wieder die Notdurft der staatssozialistischen – im sozialtheoretischen Sinne *kommunistischen* – Zuteilungswirtschaft reproduzieren würde. Die allerdings war ja 1989 gerade gescheitert.

Nochmals über das kommunistische Selbstverständnis
An dieser Stelle sollen noch einmal die konstituierenden Elemente des kommunistischen Herrschaftssystems rekapituliert werden:
1. Die utopische Verheißung von der schönen neuen Welt, die grundlegend unterschieden sei von der des schnöden Kapitalismus und die hier und jetzt (mit der Ergreifung der Macht durch die Kommunisten und »die Revolution«) begonnen habe, blieb Grundverständnis des kommunistischen Herrschaftssystems bis zum Dahinscheiden. Es war seine unhintergehbare Letztbegründung.
2. Die kommunistische Staatspartei leitete ihr Selbstverständnis daraus ab: a) *gesetzmäßig* vollziehe sich der *Übergang vom Kapitalismus zum Sozialismus*; dies sozial zu tragen sei b) die *historische Mission* der Arbeiterklasse; es politisch zu realisieren sei c) Auftrag der kommunistischen Staatspartei, die sich als der *bewußte und organisierte Vortrupp der Arbeiterklasse und des werktätigen Volkes* (so bis zum Schluß die Formulierung im Statut der SED in der DDR) definierte. Sie war in der Leninschen Tradition d) nach dem Prinzip des *demokratischen Zentralismus* hierarchisch von oben nach unten organisiert. Das hatte zur Folge, daß die Parteiführung auf demokratischem, statuarischem Wege nicht absetzbar war. Politische Kämpfe hatten die Gestalt gleichsam byzantinischer Palastrevolten, in deren Ergebnis – bis auf Chruschtschow – die unterlegene Seite in der Regel erschossen wurde. Später dann verschwanden die Unterlegenen im politischen Nichts: Chruschtschow in seiner Moskauer Wohnung mit Verbot, öffentlich aufzutreten, zuvor Molotow auf dem Posten des sowjetischen Botschafters in Ulan Bator.
3. Die Politik der Partei beanspruchte stets, die einzig wahre Realisation historischer Gesetzmäßigkeiten zu verkörpern. So stand nie Politik als solche zur Debatte, sondern immer nur die Umsetzung des *richtigen Kurses*. Insofern wurde jede Form von tatsächlicher Gewaltenteilung abgeschafft. (Ihre partielle Einführung, etwa in Gestalt von Verwaltungsgerichtsbarkeit in Polen in den 1980er Jahren, war eine Rückzugsoperation, die der Schwäche der Partei im Angesicht von Solidarność geschuldet war.) Das höchste Organ der Partei, das Politbüro, war oberste Exekutive, oberste Legislative, oberste Judikative und oberste Glaubens-Kongregation in einem. Das Politikverständnis blieb

instrumentell. Die Wissenschaft, zumal im Bereich der Geistes- und Sozial-wissenschaften, die nun Herrschaftswissenschaften waren, mit der Philoso-phie an der Spitze, sollte dem Prinzip der *Parteilichkeit der Wissenschaft* subor-diniert sein.

4. In diesem Sinne stellte sich die Partei mit ihrer *führenden Rolle* auch staats-rechtlich verankert über die Verfassungsordnung; in allen Verfassungen der kommunistischen Länder war diese Rolle entsprechend festgelegt. Das moni-stische Herrschaftssystem war mit seinen Staatsorganen um die Partei grup-piert und seinerseits nach dem Prinzip des *demokratischen Zentralismus* aufge-baut, das ursprünglich für die Partei formulierte Prinzip auf die gesamte Staatsverwaltung erstreckt. Auch zum Recht war das Verhältnis instrumentell. Regulative Idee war nicht der Rechtsstaat, die Herrschaft des Rechts, sondern die von Staat und Recht als *Machtinstrument der herrschenden Klasse*, was prak-tisch das des Politbüros war.

5. Da Kapitalismus, und mit ihm der Profit, beseitigt sein sollte, wurden auch Basisinstitutionen der Moderne wie Zins, Kredit usw. abgeschafft, was letztlich dazu führte, daß *sozialistische Planwirtschaft* vordergründig als Zutei-lung von materiellen Ressourcen und Erteilung von Produktionsauflagen der Zentrale (d. h. des Politbüros als des einzig autorisierten Akteurs) an die Be-triebe umzusetzen versucht wurde. Auch dort, wo mit finanziellen Steue-rungsinstrumenten experimentiert wurde wie in Ungarn, verzichtete die po-litische Führung letztlich nicht auf den Zugriff auf die Ressourcen; die Wirtschaftsreformen fanden stets dort ihre Grenze, wo die Betriebe wirklich die Kompetenzen zur Preisbildung, Lohnfestlegung und Entlassung hätten er-halten sollen. Die Unterordnung der Produktion unter die politische Führung hatte schließlich zur Folge, daß niemand eine wirkliche Kosten-Nutzen-Rech-nung der Volkswirtschaft und der einzelnen Wirtschaftszweige bzw. Unter-nehmen anstellen konnte, weil alle Preise, Löhne, Abschreibungen usw. *poli-tisch,* d. h. letztlich willkürlich, außerökonomisch festgelegt worden waren. Technische Innovation wurde so erschwert. In der Konsequenz verschlechterte sich die Weltmarktfähigkeit der Produkte und verengten sich die wirtschafts-politischen Spielräume immer mehr. Westliche Kredite sollten seit den 1970er Jahren die Engpässe ausgleichen. Am Ende stieg die Verschuldung in Größen-ordnungen, die unter den gegebenen Bedingungen nicht mehr zu bewältigen waren. Ceauşescu in Rumänien versuchte es mit Rückzahlung um jeden Preis, auch um den der Wiedereinführung des Hungers, Honecker in der DDR mit weiterer Neuverschuldung bei der BRD. Hier stieg sie von 2 Milliarden »Va-lutamark« (= DM), die Ulbricht hinterließ, auf 38 Milliarden DM 1989, nach Angaben der Plankommission der DDR im Herbst 1989. Das entsprach nach damaligem Kurs etwa 20,6 Milliarden US-Dollar, die später auf etwa 14 Milli-arden US-Dollar korrigiert wurden. Diese Zahl wird inzwischen als Größen-ordnung der Westverschuldung der DDR in etwa bestätigt.

6. Das beschriebene Konstrukt – Anspruch, eine *historische Mission* zu realisieren, eine *führende Rolle* zu spielen, immer recht zu haben, als der eigentliche Besitzer über die gesamte Volkswirtschaft zu verfügen, in der zugleich wirkliche Kosten-Nutzen-Rechnung verunmöglicht war – bestand in jedem kommunistischen Land. Dies wiederum bewirkte, daß sich im kommunistischen Staatengefüge unterschiedliche, in sich geschlossene Staatsgebilde bzw. Nationalwirtschaften gegenüberstanden. Tatsächliche Preisbildung, wirkliche Integration fand nicht statt, weder politisch, noch wirtschaftlich. Bis zum Schluß wurde im Rat für Gegenseitige Wirtschaftshilfe (RGW) bilateral bilanziert, konnten Guthaben Ungarns gegenüber der DDR nicht mit Verbindlichkeiten gegenüber der Sowjetunion verrechnet werden. Wenn weltwirtschaftliche Arbeitsteilung unter der Voraussetzung der Moderne Entwicklungsstimuli freisetzen kann, was schon Marx wußte, so hatte das kommunistische System auch diese abgeschafft. Im Kern war es das Herrschaftssystem, das dem in seiner real existierenden Gestalt entgegenstand.

Erosion der Herrschaft

Die Art und Weise des Zusammenbruchs des kommunistischen Herrschaftssystems 1989/1991 ist nur zu verstehen, wenn die Eigenheiten dieses Systems in den Blick genommen werden. Seine Erosion vollzog sich schrittweise, in einem Wechselspiel zwischen den Herrschenden und den Beherrschten, der Spitzenbürokratie, die sich als *Neue Klasse* (Milovan Djilas) hinter dem Rücken des Volkes konstituiert hatte, und dem herrschaftsunterworfenen Volk. Der Realsozialismus – unter der Voraussetzung der Herrschaft der Partei, die *immer recht* hat, und der Schaffung des staatlichen Eigentums an den Produktionsmitteln sowie unter der dichothomischen Annahme des Klassenantagonismus zwischen Arbeiterklasse und Bourgeoisie – kannte nur gesellschaftliche Organisiertheit im Sinne des realsozialistischen Systems. Faktisch wurde daraus die Herrschaft der Spitzen-Nomenklatura; schon unter der Perspektive der Reproduktion des Mangels durch das geschaffene Planwirtschaftssystem. »Wer Güter verteilt, ist noch nie zu kurz gekommen. So erwächst aus dem sozialen Bedürfnis ein Organ, das über die gesellschaftlich notwendige Funktion weit hinauswächst«, schrieb Trotzki bereits über die Sowjetunion der 1930er Jahre, und er fügte hinzu: »Limousinen für die ›Aktivisten‹, gute Parfums für ›unsere Frauen‹, Margarine für die Arbeiter, ›Lux‹-Läden für die Vornehmen, der Anblick der Delikatessen durch die Schaufensterscheiben für den Pöbel – so ein Sozialismus muß den Massen wie ein gewendeter Kapitalismus erscheinen.« (Trotzki 1990: 125, 131) Das galt im Grunde für alle Gesellschaften des Realsozialismus, wenngleich in unterschiedlicher Ausformung je nach nationaler Besonderheit und historischem Zeitpunkt, bis zu ihrem Ende 1989/1991.

Bereits frühzeitig machte sich die marxistische Kritik an der Heraussonderung dieser Klasse aus der kommunistischen Partei fest. »Der Stalinismus ist die

Geißel der Sowjetunion geworden und die Pest der internationalen Arbeiterbewegung«, schrieb Trotzki im Jahre 1937. »Im Reiche des Geistes ist der Stalinismus ein Nichts. Dafür aber ist er ein grandioser Apparat, der die Dynamik der größten Revolution und die Tradition ihres Heroismus und ihres Sieges ausbeutet. Aus der schöpferischen Rolle der revolutionären Gewalt in einer bestimmten historischen Periode hat Stalin mit der ihn kennzeichnenden empirischen Beschränktheit die Schlußfolgerung gezogen von der Allmacht der Gewalt überhaupt. Unmerklich für ihn selbst ist er von der revolutionären Gewalt der Werktätigen gegen die Ausbeuter zur konterrevolutionären Gewalt gegen die Werktätigen übergegangen. So vollzieht sich unter den alten Namen und Formeln eine Arbeit zur Liquidierung der Oktoberrevolution … Der Sozialismus bedeutet eine absolut klare Gesellschaftsordnung, die auf der Selbstverwaltung der Werktätigen beruht. Stalins Regime basiert auf einer Verschwörung der Regierer gegen die Regierten. Der Sozialismus bedeutet ständiges Wachsen der Gleichheit aller. Stalin hat ein System abscheulicher Privilegien aufgebaut. Der Sozialismus hat die allseitige Entfaltung der Persönlichkeit als Ziel. Wo und wann war die Persönlichkeit so erniedrigt wie in der UdSSR?« (Trotzki 1990a: 323 f.) Die reale Macht liegt in den Händen jener Spitzenbürokratie. Trotzki nennt sie, in Anlehnung an die Entwicklungszyklen der französischen Revolution von 1789, eine *Bonapartistische Macht*. Erwachsen sei sie »aus dem tiefgehenden Gegensatz zwischen Bürokratie und Volk wie aus dem Gegensatz zwischen den Revolutionären und den Thermidorianern innerhalb der Bürokratie. Stalin stützte sich bei seinem Aufstieg vorwiegend auf die Bürokratie gegen das Volk, auf die Thermidorianer gegen die Revolutionäre. Aber in gewissen kritischen Augenblicken war er gezwungen, Unterstützung bei den revolutionären Elementen zu suchen und mit deren Hilfe beim Volk gegen den zu ungeduldigen Angriff der Privilegierten.« (Trotzki 1990a: 326 f.)

Auf die innere Logik dieser Entwicklung werden wir noch zurückkommen. Hier sei zunächst zweierlei vermerkt. Erstens mußte die Errichtung der Macht dieser *Neuen Klasse* hinter dem Rücken des Volkes und im Namen der Revolution und des Kommunismus erfolgen. (Ich setze hier meine sozialwissenschaftliche Terminologie an die Stelle der politischen Trotzkis; wo er *Sozialismus* schreibt, meint er das, was hier die kommunistische Herrschaft genannt wird.) Es war dies Grundbedingung jener Macht überhaupt. Die zuweilen anzutreffenden ideologischen Attacken der stalinistischen Ideologen gegen Djilas und Trotzki während der Breshnewtschina in Sachen *Neue Klasse* waren stets nur grobe verbale Verunglimpfungen, ohne jede Argumentation. In der Sache mühte man sich, eine Debatte zu dieser Problematik zu vermeiden. Erst in der Zeit der Perestroika wurde in der sowjetischen öffentlichen Diskussion das Verhältnis zwischen Regierenden und Regierten offen thematisiert. Es war dies das größte Dilemma der *Neuen Klasse* in der finalen Krise des Herrschaftssystems: sie konnte sich ihres speziellen Eigeninteresses nicht wirklich bewußt werden, und wenn es einzelne ihrer Vertreter denn getan hatten, mußten sie dieses verbergen, es hinter dem allgemeinen Interesse der Gesellschaft zu verschanzen suchen und sich als der Sachwalter dieser allgemeinen Interessen darstellen.

Zweitens ging schon Trotzki davon aus, daß es sich hier um eine Fehlentwicklung handelte, die den eigentlichen Kommunismus entstellt habe. Das heißt, in seiner Vorstellung existierte weiterhin der wirkliche, gute Kommunismus im Sinne von Marx und Lenin, den es gegen die Angriffe der stalinistischen Bürokratie zu verteidigen gelte. Dies war auch die Herangehensweise des XX. Parteitages der KPdSU (Februar 1956) an das Problem des Stalinschen Herrschaftssystems. Es wurde parteioffiziell auf eine Frage des *Personenkultes* um die Person Stalins reduziert. Einige Monate später hieß es, da offensichtlich doch Verunsicherung im In- und Ausland um sich gegriffen hatte, nochmals nachdrücklich in einem Beschluß des Zentralkomitees der KPdSU: »Trotz allem Schaden, den der Personenkult um Stalin der Partei und dem Volke zugefügt hat, konnte er die Natur unserer Gesellschaftsordnung nicht ändern und hat sie auch nicht geändert.« Die Frage nach den systemischen Ursachen sollte ungestellt bleiben, das stalinistische Herrschaftssystem als Entartung, nicht als im Wesen der Ordnung angelegt erscheinen. Lediglich der damals international bekannte Führer der italienischen Kommunisten, Palmiro Togliatti, hatte in seinem *Memorandum* aus Jalta, kurz vor seinem Tode im August 1964 verfaßt, diese Systemfrage sehr, sehr vorsichtig angedeutet: »Die Kritik an Stalin, das darf man nicht verhehlen, hat recht tiefe Spuren hinterlassen. Am schwerwiegendsten ist eine gewisse Portion von Skeptizismus, mit der auch uns nahestehende Kreise Berichte über neue wirtschaftliche und politische Erfolge aufnehmen. Darüber hinaus wird im allgemeinen das Problem der Ursachen des Kultes um Stalin sowie der Art und Weise, wie er entstehen konnte, als ungelöst betrachtet. Man akzeptiert nicht, daß alles nur mit den ernsten persönlichen Fehlern Stalins erklärt wird.« (Togliatti 1977: 778)

Die Frage blieb unbeantwortet, zumindest in Kreisen der herrschenden Kommunisten und der internationalen kommunistischen Bewegung. Der Diskurs, ob und inwiefern die seit Marx gepflegten Annahmen über die schöne kommunistische Welt nach dem Fegefeuer der Revolution tatsächlich umsetzbar waren, blieb aus dieser Perspektive ein bürgerlicher Diskurs, ein fremder, feindlicher, jedenfalls war es nicht der eigene. Selbst in der Programmerklärung des XXVIII. Parteitages der KPdSU (Juli 1990), als im Osten Europas in den meisten Ländern des vormaligen kommunistischen Herrschaftssystems dieses längst gefallen war, wurde noch formuliert: »Der tieferliegende Ursprung der Krise liegt nicht in der Unvollkommenheit der Idee des Sozialismus als solcher, sondern in jenen Deformationen, denen diese Idee in der Vergangenheit ausgesetzt war.« Folgerichtig hieß es dann: »Das Wesen der Umgestaltungspolitik besteht im Übergang von der autoritär-bürokratischen Gesellschaftsordnung zur Gesellschaft eines humanen, demokratischen Sozialismus ... Die

KPdSU ist eine Partei der sozialistischen Wahl und der kommunistischen Perspektive. Wir betrachten diese Perspektive als naturhistorische Ausrichtung der Entwicklung der Zivilisation.« Spätestens dann, als nicht nur die kommunistische Macht, sondern nach dem sogenannten Putsch vom August 1991 auch die Sowjetunion als Staatsgefüge im persönlichen Machtkampf zwischen Jelzin und Gorbatschow zerstört wurde, war historisch klar, daß »sozialistische Wahl« und »kommunistische Perspektive« zu keinem Zeitpunkt naturhistorischen Charakter getragen hatten, sondern immer Ausdruck und Ergebnis politischer Kräftekonstellationen in Rußland und in der Welt waren.

Die entscheidenden Kreise des Übergangs auf der Seite der Systemelite (ich verwende diesen Terminus in einem soziologischen Sinne, nicht als Wertbegriff) handelten ursprünglich nicht unter der Voraussetzung, das kommunistische System aufgeben oder abwickeln zu wollen oder zu sollen, sondern es zu erneuern. Deshalb das große Verwundern, etwa unter den Reformern aus der vormaligen Staatspartei in Ungarn Anfang der 1990er Jahre, daß der Systemwandel zum Systemwechsel geraten war. Bei manchen früheren Akteuren kommt die nachträgliche Rationalisierung dann darin zum Ausdruck, daß erklärt wird, man habe bei Spaziergängen über den Höhen des Kaukasus schon Anfang der 1970er Jahre beschlossen, jenes stalinistische System abzuschaffen. Aus den zeitgenössischen Bekundungen ist derlei nicht zu entnehmen. Bei allem Zynismus, der bei kommunistischen Machthabern zumal in der Spätzeit anzutreffen war: Am Ende blieb ihr Denken im Rahmen des parteimarxistischen Weltbildes. Sie handelten unter der Voraussetzung, daß es nicht um die Abschaffung, sondern um die Erneuerung *des Sozialismus* ging.

Das Debakel
Die tatsächlichen Entwicklungen in den kommunistischen Ländern wiesen in den 1980er Jahren jedoch längst über die Problemlösungskapazitäten des kommunistischen Herrschaftssystems hinaus. Insbesondere vier Grundprobleme traten hervor und entfalteten ihre Wirkung:

1. Die Ursprungsannahme von der naturhistorischen Notwendigkeit des Kommunismus war aus der Marxschen Kapitalismus-Analyse hergeleitet und vermeinte, daß *der Kapitalismus* die von ihm selbst geschaffenen Produktivkräfte von einem bestimmten Entwicklungsniveau an nicht mehr meistern könne und daher neue Produktionsverhältnisse notwendig würden. Nach verschiedenen politischen und intellektuellen Kunstgriffen setzte sich in der kommunistischen Bewegung schließlich Stalins These vom *Sozialismus in einem Land* gegen Trotzkis Annahme, daß der Kommunismus nur vermittels der Weltrevolution realisierbar sei, durch. Da das real existierende Rußland, was jeder sehen konnte, nicht jene höchste Produktivität hatte, die Marx als Voraussetzung für die neue Gesellschaft angesehen hatte, lieferten die herrschenden Kommunisten Rußlands ihre Lesart nach: Man werde die bereits errichte-

te Macht nutzen, um Sowjetrußland an die Spitze der modernen Technik in der Welt zu bringen. Es blieb aber das definitive Diktum Lenins: »Die Arbeitsproduktivität ist in letzter Instanz das allerwichtigste, das ausschlaggebende für den Sieg der neuen Gesellschaftsordnung.« Insofern galt die Industrialisierung der Sowjetunion aus der Sicht der Kommunisten als Bekräftigung der Richtigkeit der kommunistischen Macht. Neben den Arbeitsarmeen von Millionen Strafgefangener war die utopische Kraft dieser Verheißung wesentliche Bedingung für die zunächst erzielten Erfolge, in der Sowjetunion wie nach dem Zweiten Weltkrieg auch in den anderen kommunistischen Ländern. Deshalb war die Bedeutung des ersten Sputniks (1957) und des ersten Menschen im All (1961) für das sozialistische Selbstverständnis so wichtig. Der Westen empfand dies folgerichtig als Niederlage in der Systemkonkurrenz und setzte seinerseits auf den ersten Menschen auf dem Mond, was, nachdem die USA dies geschafft hatten, wiederum die sowjetische Führung als Schlappe betrachtete.

Es war kein Zufall, daß die Abschwächung der Wirtschaftsdaten der osteuropäischen Länder in den 1970er Jahren einsetzt: In der Phase fordistischer Großinvestitionen konnte der Kommunismus sichtbare wirtschaftliche Zuwächse erreichen; als es um Computer, Fax und kleinteilige Serien in der Produktion ging, zeigten alle Daten den Rückgang. Das Herrschaftssystem stand der Produktivität im Wege. Die hohe Zentralisierung der strategischen Entscheidungen, die Dominanz politischer Erwägungen gegenüber wirtschaftlicher Rationalität verhinderten eine Verlagerung der wirtschaftlichen Entscheidungen auf die Produzenten, die Betriebe, und dies angesichts fehlender Kosten-Nutzen-Rechnung. In einem Zeitalter, da Informationen immer drängender Voraussetzung von Produktivität wurden, mußte ein System, das die Zuteilung von Information je nach Loyalität und Platz in der Macht- und Gesellschaftspyramide als Herrschaftsinstrument zur Voraussetzung hatte, immer deutlicher ins Hintertreffen geraten. Es blieb aber Lenins Wort von der Rolle der Arbeitsproduktivität. Es wurde im Parteilehrjahr unablässig wiederholt, aber nicht einmal mehr von den Lehrenden geglaubt. Der utopische Gehalt des Kommunismus war erschöpft. So hat jenes Herrschafts- und Gesellschaftssystem gerade auf diesem Felde *letztlich* seine Niederlage erlitten.

2. Das Herrschaftssystem, das seine Legitimation immer aus den Verheißungen des *Kommunistischen Manifests* zu ziehen versuchte, fragte nicht nach der zahlenmäßigen Zustimmung in der Gesellschaft. Die Auflösung der *Konstituierenden Versammlung* durch die Bolschewiki im Januar 1918 markierte – wie beschrieben – den historischen Verzicht der Kommunisten, in freien Wahlen Mehrheiten erreichen zu wollen. Es bedeutete zugleich die Abschaffung freier Medien und die Beseitigung einer wirklichen Öffentlichkeit. Aufstiegskanäle waren an politische bzw. ideologische Loyalitäten gebunden. Es stimmt nicht, wenn seit 1989 immer wieder behauptet wurde, in den kommunistischen Staa-

ten seien nur ideologische Dummköpfe in leitenden Positionen gewesen, die fachlich inkompetent gewesen seien. Dennoch waren ideologische Kriterien in der Regel Zugangsbedingung für wesentliche Positionen in Staat, Gesellschaft, Wirtschaft und Wissenschaft. Da alle wichtigen Personalfragen über die Staatspartei geregelt wurden, war offene Konkurrenz um Posten weitgehend ausgeschlossen. Im Ergebnis dessen gab es in den 1980er Jahren in allen kommunistischen Staaten Osteuropas ein Eliten-Problem: viele gut qualifizierte, meist jüngere Leute, deren Qualifikation nicht wirklich gebraucht wurde, denen Aufstiegsmöglichkeiten und Selbstverwirklichung innerhalb des offiziellen Rahmens verschlossen waren. Von hier rekrutierten sich dann vor allem die Akteure der Systemopposition, die den Herbst 1989 und die Folgeentwicklungen bestimmen sollten.

3. Dies verband sich zugleich mit einem immer offensichtlicheren Demokratie-Problem: Die kommunistischen Verheißungen hatten sich in den 1980er Jahren zunehmend auch für jene als Illusion erwiesen, die zuvor das System getragen hatten. Damit war die offizielle Legitimationsgrundlage der *führenden Rolle* der kommunistischen Staatspartei, nämlich mit dem *Marxismus-Leninismus* immer alles besser zu wissen als andere Menschen, zerbrochen. Immer mehr Menschen forderten die Einführung der Demokratie als Grundlage politischer Entscheidungsfindung, für die wiederum die persönliche Freiheit und eine unregulierte politische Öffentlichkeit Voraussetzung waren.

4. Der sowjetische Afghanistan-Krieg hatte zunehmend auch die Friedensrhetorik des kommunistischen Systems bloßgestellt. Damit konnten auch Forderungen in Polen und Ungarn, die *Jalta*, d. h. die geopolitische Subordination unter Moskau im Ergebnis des Zweiten Weltkrieges, in Frage stellten, zunehmend offener diskutiert werden. Insbesondere für die ostmitteleuropäischen Länder, Polen, Ungarn und Tschechien, war *Zurück nach Europa* eine zentrale Forderung des Umbruchs. Sie war stets auch kulturell gemeint, nicht nur auf den Wohlstand bezogen.

Stabilitätsprobleme des »realen Sozialismus«

Hier sei noch einmal auf Rosa Luxemburg verwiesen, die ihrerseits die marxistische Position von der »Diktatur des Proletariats« unterstrich, jedoch betonte, daß diese das Werk der Arbeiterklasse »und nicht einer kleinen, führenden Minderheit im Namen der Klasse« sein dürfe, sie müsse »auf Schritt und Tritt aus der aktiven Teilnahme der Massen hervorgehen«. Es sei »historische Aufgabe des Proletariats, wenn es zur Macht gelangt, anstelle der bürgerlichen Demokratie sozialistische Demokratie zu schaffen, nicht jegliche Demokratie abzuschaffen«. Genau dies aber warf sie den Führern der russischen Revolution vor: die Abschaffung der Demokratie, die zu einem »Erdrücken des politischen Lebens im ganzen Lande« und schließlich zu einer Diktatur, nicht des Proletariats, sondern »einer Handvoll Politiker« führt.

In Kronstadt – Seefestung, Hafen und Garnisonsstadt in der Nähe von Petersburg, das bis 1918 Hauptstadt Rußlands war – lebten vor allem Arbeiter und waren Tausende Soldaten und Matrosen stationiert, die seit 1917 aktiv die russische Oktoberrevolution unterstützt hatten. Hier brach im März 1921 der erste Arbeiteraufstand gegen die einseitige Herrschaft der Partei Lenins aus, eben wegen der fehlenden demokratischen Mitwirkungsrechte: Wenn schon Herrschaft der Arbeiter, dann der Arbeiter selbst. Der Aufstand wurde niedergeschlagen, zur »Konterrevolution« erklärt. Später ließ Stalin in der Sowjetunion ein gewaltiges Netz von Gefangenenlagern errichten, in denen bald auch viele sozialistische Revolutionäre verschwanden. Erst seit den 1950er Jahren änderte sich das schrittweise, nach dem XX. Parteitag der Kommunistischen Partei der Sowjetunion (1956). Hier soll nicht die Geschichte der Sowjetunion oder ihrer Kommunistischen Partei nachgezeichnet, sondern nur auf ein Grundproblem aufmerksam gemacht werden: Die Arbeiter spürten schon zu Lenins Zeiten, daß zwar behauptet wurde, in ihrem Namen werde regiert, sie daran aber nicht wirklich beteiligt wurden. So war das von Rosa Luxemburg kritisierte Fehlen demokratischer Verhältnisse die Schicksalsfrage der osteuropäischen Gesellschaften des »realen Sozialismus«.

Der erste Aufstand nach dem Zweiten Weltkrieg brach am 17. Juni 1953 in der DDR aus. Auch hier waren es vor allem die Arbeiter, die aufbegehrten. Da der Sieg über das faschistische Deutschland nur acht Jahre zurück lag, Deutschland gespalten war und unter Besatzungsrecht stand, wurde dieser Aufstand von sowjetischen Truppen niedergeschlagen und als »faschistischer Putsch« bezeichnet. Im Juni 1956 gab es Streiks und Proteste im polnischen Poznań, woraufhin die polnische Partei ihre Politik änderte. In Ungarn brach Ende Oktober 1956 ein Volksaufstand aus, der Anfang November wiederum von sowjetischen Truppen unterdrückt wurde. Im Jahre 1968 machte die Führung der Kommunistischen Partei in der Tschechoslowakei den Versuch, die Gesellschaft demokratisch zu öffnen, der wiederum durch die Moskauer Führung mit dem Einmarsch sowjetischer und anderer Truppen des Warschauer Vertrages beantwortet wurde.

Als dann Anfang der 1980er Jahre Streiks und Unruhen in ganz Polen begannen, getraute sich die sowjetische Führung nicht mehr, militärisch zu intervenieren. Sie hatte international bereits genug Probleme mit dem kurz zuvor erfolgten Einmarsch in Afghanistan und konnte sich nicht sicher sein, wie sich die Lage in Polen entwickeln und ob sie eskalieren würde. Die polnische Regierung versuchte dann, durch Verhängung des Ausnahmezustandes die Lage wieder unter Kontrolle zu bekommen, scheiterte damit jedoch letztlich. Starke Organisationen der Opposition in Polen, die von der katholischen Kirche unterstützt wurden, standen der Partei und dem Staat gegenüber. Die einen konnten die Macht nicht übernehmen, weil die anderen über das Militär und die Waffen verfügten; diese wiederum konnten ihre Macht nicht in der früheren Weise wiederherstellen, weil die Unterstützung in der Bevölkerung dafür fehlte.

In dieser Situation einigten sich die Führer beider Seiten darauf, einen Kompromiß zu schließen. Dieser wurde an einem »Runden Tisch« vereinbart. Nachdem das in Polen funktioniert hatte, wurden ähnliche Vereinbarungen auch in Ungarn und in der DDR geschlossen. Es fanden freie Wahlen statt, in denen unterschiedliche politische Parteien gegeneinander antreten konnten und schließlich eine neue Regierung gebildet wurde, die nicht mehr unter Führung der kommunistischen Partei stand. Michail Gorbatschow hatte zu jener Zeit deutlich gemacht, daß die Sowjetunion in den anderen osteuropäischen Ländern nicht militärisch intervenieren werde. Nachdem dieser Prozeß einmal in Gang gesetzt war, führte er auch in allen anderen osteuropäischen Ländern des »realen Sozialismus« zum Umsturz der Verhältnisse.

Das Problem der Verhandlungsmacht
Die Vereinbarungen des Runden Tisches waren ein echter Kompromiß. Die kommunistische Partei verzichtete auf die in der Verfassung festgeschriebene »führende Rolle« und stimmte der Durchführung von unbeschränkten Wahlen zu. Dazu konnten sich neue politische Parteien ungehindert bilden und an diesen Wahlen teilnehmen. Gleichzeitig konnten sich die früheren kommunistischen Parteien an den Wahlen beteiligen, als gleiche unter gleichen. Zumeist formierten sie sich um und nahmen neue Namen an und gaben sich neue Programme, die Sozialismus und Demokratie vereinigen sollten.

Diese neue Situation hatte mehrere Voraussetzungen. Die sowjetische Führung war auf dem Wege, durch Vereinbarungen das Wettrüsten vor allem im nuklear-strategischen Bereich zu beenden und die internationale Situation zu entspannen. Der wirtschaftliche Abstand zum Westen – bereits Lenin hatte die Arbeitsproduktivität als das letztlich Entscheidende in der Auseinandersetzung zwischen Sozialismus und Kapitalismus bezeichnet – war seit den 1970er Jahren wieder größer geworden, nachdem er sich zuvor verringert hatte. Die ökonomischen Probleme in allen osteuropäischen Ländern, auch in der Sowjetunion, waren gewachsen und sollten vor allem durch eine vertiefte Zusammenarbeit mit dem Westen gelöst werden. Umgestaltung (Perestroika) und geistige Öffnung (Glasnost) sollten in den inneren Verhältnissen der Sowjetunion selbst neue Entwicklungsperspektiven eröffnen. Insofern verbot sich eine militärische Einmischung in die inneren Angelegenheiten der anderen Länder von selbst.

Zugleich war der Einsatz militärischer Gewalt in den früheren Zeiten nicht nur von den jeweiligen Staatsführungen angeordnet, sondern auch von den mittleren Funktionären durchgesetzt worden, weil sie glaubten, damit der künftigen »besseren« Gesellschaft dienen zu können. Diesen Glauben gab es in der Situation der 1980er Jahre in allen osteuropäischen Ländern verbreitet nicht mehr. Die Machtinstrumente blieben stumpf. Die Funktionäre des Staates teilten vielfach den in der Bevölkerung verbreiteten Pessimismus, daß es so wie bisher nicht weitergehen konnte. Neue Lösungen wurden gebraucht.

Zugleich hatte insbesondere in der Sowjetunion das Unglück in dem Atomkraftwerk Tschernobyl im April 1986 die Unfähigkeit der Behörden gezeigt, mit einer solchen Situation umzugehen. Mit dem Voranschreiten der Perestroika wurde die wirtschaftliche Lage nicht besser, sondern schlechter. Streiks und politische Auseinandersetzungen nahmen zu. Insofern wurde in den anderen Ländern, wie vor allem in Polen, wo der »Runde Tisch« erfunden wurde, dieser auch von den Vertretern des Staates (bzw. der Kommunistischen Partei) nicht als Kapitulation, sondern als Chance zu einem gesamt-nationalen Dialog über die anstehenden gesellschaftlichen Probleme angesehen.

Als die Seiten dann am Runden Tisch zusammentrafen, schienen sich zwar die Inhaber der Polizei- und Militärmacht auf der einen und die Oppositionellen, die nichts hatten als ihre Netzwerke, ihre Gesinnung und ihre gesellschaftliche und ausländische Unterstützung, auf der anderen Seite gegenüber zu sitzen. Da jedoch von vornherein klar war, daß die Verhandlungen an diesem Tisch Gewalt ja gerade ausschlossen – und der Ausnahmezustand in Polen, der eine spezische Form von Gewaltanwendung war, hatte eben seine Unwirksamkeit bewiesen – und dies die gemeinsame Grundlage war, hatte dieses Moment für die Vertreter der staatlichen Macht keine besondere Verhandlungsmacht gegenüber der Oppositionsseite zur Folge. Das Prinzip der freien Wahlen schloß zugleich ein, daß auch die höheren Stellen in der Staatsverwaltung künftig anderen offenstehen sollten. Damit boten auch die Verwaltungspositionen keine besondere Verhandlungsmacht der staatlichen Seite mehr.

Blieb das Problem des Eigentums. Das produktive Eigentum war überwiegend in staatlichem Besitz. Da dies jedoch als Eigentum im Dienste des Volkes bzw. des Volkes galt, konnten die Staatsvertreter nicht als dessen Eigentümer auftreten. Insofern war auch das Eigentum der Disposition der politischen Entscheidungen überantwortet, die wiederum von den unterschiedlichen politischen Kräfteverhältnissen abhingen. Zugleich galt, angesichts der wirtschaftlichen Probleme, bei nahezu allen wichtigen Akteuren, des Staates wie der Opposition, das staatliche Eigentum als nicht effizient und gescheitert. Es sollte durch stärker privates Eigentum ersetzt werden. Dafür gab es verschiedene Konzepte: eine »Voucher«-Privatisierung, bei der alle Bürger des Staates Anteilscheine erhalten sollten an dem staatlichen Eigentumsfonds, oder die Privatisierung durch Verkauf seitens des Staates, dies wiederum entweder vornehmlich an inländische Bewerber oder aber von vornherein auch an ausländische Firmen. Da alle osteuropäischen Länder unter Kapitalmangel litten, ergab sich schrittweise ein größeres Gewicht der internationalen Firmen. Die »Voucher« landeten schließlich ebenfalls auf Kapitalmärkten und führten zu einer Konzentration in wenigen Händen.

Am Ende gab es zwei Grundtypen der Verteilung des Produktivvermögens: in der DDR, in der der Wandlungsprozeß in die deutsche Einheit mündete, wurde das Eigentum duch eine von der Bundesregierung eingesetzte Behörde verkauft. 85 Prozent des Produktivvermögens gingen an westdeutsche Bewerber, 9 Prozent kamen an Bewerber aus dem Ausland und 6 Prozent wurden an Bewerber aus der früheren DDR gegeben. Das war gleichsam der eine Pol der Verteilung. Der andere war die Privatisierung in Rußland; hier waren es zunächst überwiegend Menschen aus dem früheren Partei- und Staatsapparat, die zu Kapitaleigentümern wurden. In den anderen Ländern verteilte sich das zwischen den Vertretern beider Seiten, des Staates und der Opposition, je nach politischem Kräfteverhältnis, wobei sich beide in der Regel darin einig waren, ausländisches Kapital ins Land zu holen, weil die eigene Investitionskraft nicht ausreichte.

Sowohl in der Sphäre der Politik als auch in Wirtschaft und Gesellschaft hatte eine Neuformierung der Kräfte stattgefunden. Aus den früheren Partei- und Staatsorganen kommende Personen blieben in den meisten osteuropäischen Ländern Teil dieser Formierung. Das war Moment des friedlichen Systemwechsels.

Das Problem des Perspektivenwechsels
Der Osten Europas wurde schließlich wieder zur Peripherie des Westens, was er vor den sozialistischen Revolutionen bereits war. Die Frage, die in diesem Zusammenhang vielfach gestellt wird, ist, ob dies zwangsläufig so kommen mußte. Hier spielten gewiß unterschiedliche Faktoren eine Rolle. Einer war, daß das kapitalistische Weltsystem wirtschaftlich stets präsent war (Wallerstein, 2002). Wenn die RGW-Länder in den 1980er Jahren Mangelwaren untereinander tauschen wollten, taten sie das auch untereinander unter Zugrundelegung der aktuellen Weltmarktpreise in Dollar. Und manche Ökonomen priesen dies als große Errungenschaft. Die seit den 1950er Jahren betonte Idee, es sei ein eigenes Weltwirtschaftssystem des Sozialismus entstanden, das von dem des Kapitalismus unterschieden sei, war bereits gescheitert, bevor dieser »reale Sozialismus« unterging. Und der »reale Sozialismus« galt auch in den Köpfen vieler Kader der Partei und des Staates als gescheitert. Verstärkt wurde dies durch die Rezeption der Leninschen Idee von der notwendig höheren Arbeitsproduktivität – da sie niedriger blieb, konnte dieser Sozialismus nicht überlegen sein. Es wurden ja nicht andere Kriterien eines alternativen Lebens in Ansatz gebracht. Man wollte den Kapitalismus auf seinem eigenen Feld schlagen, konnte dies unter den gegebenen gesellschaftlichen Bedingungen aber natürlich nicht. Zugleich aber wirkte ja das bereits 1918 von Rosa Luxemburg identifizierte Demokratiedefizit. Weder in der Sphäre der politischen Entscheidungen noch in der der materiellen Produktion selbst waren die Arbeiter Herren der Verhältnisse, die in ihrem Namen gestaltet wurden. Daher sahen sie in jener Krisenphase um 1989 auch keinen Grund, jetzt plötzlich für sozialistische Ziele einzutreten. Im Gegenteil: Vielfach waren es die Arbeiter, die in jenen ersten freien Wahlen konservativ wählten, erwarteten sie doch

von der Marktwirtschaft eine Besserung ihrer Lebensverhältnisse. Und da die Vergleichsebene nicht die Lage der Arbeiter in Rußland vor 1917 oder die der Arbeiter in Indien oder Brasilien war, sondern die in Westeuropa, erhofften sie die dort üblichen Lebensverhältnisse. Daß die sozialen Bedingungen in Westeuropa durch den Kampf der Arbeiter dort und auch durch die Konkurrenz mit dem »realen Sozialismus« erzwungen waren, galt als kommunistische Propaganda. Erst jetzt, da vieles von dem auch in Westeuropa demoliert wird, taucht dieser Gedanke wieder auf, nun aber zunächst eher folgenlos.

Diese Abstinenz der Arbeiter erleichterte es den ehemaligen Funktionären von Partei und Staat, sich zunächst als faktische Verfüger über die Produktivkräfte zu verhalten und mit den Vertretern der Opposition und des internationalen Kapitals entsprechende Übereinkommen über die Verteilung des Produktivvermögens zu treffen (das war überall so, mit Ausnahme der DDR). Weil sie sich im Kopf von der Idee des Sozialismus verabschiedet hatten, taten sie es auch in der Praxis. Und sie taten es vielfach mit dem Eifer des Neubekehrten. Schließlich waren sie stolz darauf, zur neuen Klasse der Kapitaleigentümer zu gehören.

Die Propagandazentralen des internationalen Kapitals gingen im Herbst 1989 ihrerseits dazu über, den Umbruch nicht als Sieg der Demokratie, sondern als »Sieg der Marktwirtschaft« über die zentrale Planwirtschaft zu interpretieren. Damit sollte jede Idee, das Problem der Demokratie von den kapitalistischen Verhältnissen zu lösen, im Keime erstickt und der weltweiten Expansion des Kapitals der Weg bereitet werden. Demokratie als »sozialistische Demokratie« im Sinne Rosa Luxemburgs soll nicht jenseits des Kapitalismus gedacht werden können. Dies aber ist die Herausforderung des 21. Jahrhunderts.

Viele Errungenschaften des Klassenkampfes in Westeuropa – Gewerkschaftsrechte, Tarifrechte, Arbeitsrecht – gelten in Osteuropa als diskreditiert, als Überbleibsel des Kommunismus, während sie doch originäre Arbeiterrechte sind, die immer wieder neu zu verteidigen sind. Es hat nicht nur die Stalinsche Herrschaftsweise die sozialistische Idee in Osteuropa in Verruf gebracht, sondern die anti-sozialistische Interpretation ist auch ein Ergebnis der Umbrüche von 1989/1991.

Die Umwandlung eines autoritären Sozialismus in einen demokratischen Sozialismus ist in Osteuropa 1989/1991 nicht gelungen. Sie ist ein historisch bisher ungelöstes Problem.

Fazit

Das kommunistische Herrschaftssystem, wie es nach der russischen Oktoberrevolution ab 1917 unter spezifischen historischen Umständen entstanden war, hatte sich als eine historische Sackgasse erwiesen. Es war die falsche Antwort auf eine richtige Frage: die nach der Lösung der sozialen Frage, wie sie der Kapitalismus naturnotwendig immer wieder neu produziert, und all ihren Weiterungen in Politik, Kultur, Geschlechterfrage, Ökologie usw. Die Geschichte der Menschheit ist auf eine neue Weise wieder offen. Wir haben es mit neuen sozialen und politischen Kämpfen zu tun, deren Ausgang von den neuen Kräftekonstellationen des 21. Jahrhunderts abhängt.

Zum Weiterlesen:

Salvador Allende (1973): Rede im Nationalstadion von Santiago anläßlich des Amtsantritts, in: Ders.: Reden, Berlin: Staatsverlag der DDR.

August Bebel (1913): Die Frau und der Sozialismus, Stuttgart: Verlag J.H.W. Dietz Nachf.

Milovan Djilas (1957): Die neue Klasse. Eine Analyse des kommunistischen Systems, München: Kindler Verlag.

Francis Fukuyama (1992): Das Ende der Geschichte. Wo stehen wir? München.

Sebastian Haffner (1993): Der Verrat, Berlin: Verlag 1900.

Eric Hobsbawm (1994): Das Zeitalter der Extreme. Weltgeschichte des 20. Jahrhunderts, München und Wien: Carl Hanser Verlag.

W.I. Lenin: Die große Initiative, in: Ders.: Werke, Bd. 29, Berlin: Dietz Verlag.

Karl Löwith (1990): Weltgeschichte und Heilsgeschehen. Die theologischen Voraussetzungen der Geschichtsphilosophie, Stuttgart: Verlag W. Kohlhammer.

Rosa Luxemburg: Zur russischen Revolution, in: Dies.: Gesammelte Werke, Bd. 4, Berlin: Dietz Verlag.

Karl Marx: Ökonomisch-philosophische Manuskripte aus dem Jahre 1844, in: MEW, Bd. 40, Berlin: Dietz Verlag.

Werner Mittenzwei (2001): Die Intellektuellen. Literatur und Politik in Ostdeutschland von 1945 bis 2000, Leipzig: Verlag Faber & Faber.

George Orwell (1975): Rache ist sauer, Zürich: Diogenes Verlag.

Peter Ruben (1993): Realität und Problem der Nation, in: Erhard Crome, Jochen Franzke: Nation und Nationalismus. Aspekte der Annäherung an das Phänomen des Nationalen nach dem Ende des Ost-West-Konflikts, Berlin: Berliner Debatte.

Peter Ruben (1998): Die kommunistische Antwort auf die soziale Frage, in: Berliner Debatte Initial, Heft 1.

Peter Ruben (2002): Grenzen der Gemeinschaft? In: Berliner Debatte Initial, Heft 1.

Joseph A. Schumpeter (1987): Kapitalismus, Sozialismus und Demokratie, Tübingen: Francke Verlag.

Svetozar Stojanovic (1970): Kritik und Zukunft des Sozialismus, München: Carl Hanser Verlag.

Palmiro Togliatti (1977): Memorandum zu Fragen der internationalen Arbeiterbewegung und ihrer Einheit. Jalta. August 1964, in: Ders.: Ausgewählte Reden und Aufsätze, Berlin: Dietz Verlag.

Leo Trotzki (1990): Verratene Revolution. Was ist die Sowjetunion und wohin treibt sie? Essen: Arbeiterpresse Verlag 1990.

Leo Trotzki (1990a): Stalins Verbrechen, Berlin: Dietz Verlag.

Immanuel Wallerstein (2002): Utopistik, Wien: Promedia Verlag.

Stefan Zweig (1985): Die Welt von gestern. Erinnerungen eines Europäers, Berlin und Weimar: Aufbau-Verlag.

Frieden. In einer unfriedlichen Welt

Diese Vernunftsidee einer friedlichen, wengleich noch nicht freundschaftlichen,
durchgängigen Gemeinschaft aller Völker auf Erden, die untereinander
in wirksame Verhältnisse kommen können,
ist nicht etwa philantropisch (ethisch), sondern ein rechtliches Prinzip.
Immanuel Kant

D er Frieden: Traum oder mögliche Wirklichkeit? Die Frage des Friedens ist wieder zu einer entscheidenden Frage der Gegenwart geworden. Und zugleich scheint seine Realisierung schon wieder in weite Ferne, in eine Welt der Illusion gerückt worden zu sein. Alles, was täglich aus den Nachrichten kommt, deutet auf das Gegenteil. Dennoch und erst recht: Über eine Welt des Sozialismus im 21. Jahrhundert nachzudenken, ist nicht möglich, ohne sich Gedanken über eine Welt des Friedens zu machen. Gewiß, die Anhängerschaft, die heute für eine Friedensordnung zu gewinnen ist, ist tendenziell breiter als eine, die Sozialismus bereits jetzt für eine gute Perspektive hält. Auch dies wird sich gewiß ändern. Doch für ein politisches Herangehen in der Gegenwart ist für die Linke ein eigenes friedenspolitisches Herangehen wichtig. Dafür ist zweierlei nötig: Eine klare, sehr realistische Einschätzung der derzeitigen Lage und zugleich die Fähigkeit, die im täglichen Dröhnen verborgenen leisen Töne der Veränderung zu vernehmen.

Fortsetzung einer alten Politik
Der Westen hatte nach 1989 die historische Chance, dauerhaft eine andere Politik zu machen, von einem konfrontativen zu einem kooperativen Typ der internationalen Politik überzugehen (Essay »Zukunft und Vergangenheit – eine Entschlingung?«). Diese Chance hat er jedoch ausgeschlagen. Er zelebrierte den kurz darauf folgenden Zusammenbruch des osteuropäischen Kommunismus und der Sowjetunion als seinen Sieg. Im nachhinein wurde dann auch Reagans Rüstungspolitik als Erfolg bezeichnet, denn diese habe der Sowjetunion den wirtschaftlichen Todesstoß gegeben und die Berliner Mauer zum Einsturz gebracht. Abgesehen davon, daß die tieferen Ursachen des wirtschaftlichen Scheiterns des Realsozialismus in seinen inneren Funktionsproblemen lagen und äußere Faktoren wie das Wettrüsten diese nur mehr oder weniger verstärken konnten, hat dieses Argument eher mit der ideologischen Abfederung der heutigen Rüstungspolitik der USA zu tun als mit der damaligen Weltlage. Tatsächlich zeigte sich dann etwas anderes. Der DDR-Bürgerrechtler Jens Reich hatte in einem Artikel in den 1990er Jahren geschrieben, im Vergleich zum Ende der Sowjetunion seien die jahrhundertelangen Rückzugs-

gefechte des Osmanischen Reiches eine grandiose politische und militärische Leistung gewesen. Das wäre notwendig mit dem Einsatz sowjetischer Panzer verbunden gewesen, den ich mir in der Situation des Herbstes 1989 nicht vorstellen möchte. Ansonsten ist diese Beobachtung insofern richtig, als daß im Kreml offenbar ohne ernsthaftes strategisches Konzept der Politik gearbeitet wurde, es nur eine eher allgemeine, philosophierende Vorstellung vom »Neuen Denken« und der Betonung allgemeiner Menschheitsinteressen gab sowie offenkundig die Absicht bestand, durch die Beendigung des Wettrüstens Mittel freizumachen, die der Sanierung der sowjetischen Volkswirtschaft dienen sollten. Da der politische Zerfallsprozeß des sowjetischen Imperiums in Osteuropa und anschließend innerhalb der Sowjetunion selbst jedoch rascher verlief, als mögliche wirtschaftliche Erholungsmechanismen hätten greifen können, endete das Ganze in einem allgemeinen Wirrwarr, das auch heute noch nur schwer zu entwirren ist und dessen einzelne Komponenten nur unter großen Schwierigkeiten für sich genommen identifiziert werden können. Insofern geht bei Betrachtungen über jene Zeit der positive, zukunftsweisende Gehalt der damaligen Abrüstungspolitik Gorbatschows meist verloren.

Der Ost-West-Konflikt oder, mit einem anderen Wort, die Systemauseinandersetzung zwischen dem Realsozialismus und dem Westen endete so in einer heroischen Illusion. Gorbatschow, Schewardnadse, Jakowlew und andere, die in der zweiten Hälfte der 1980er Jahre in Moskau Verantwortung trugen, hatten mit der von ihnen verantworteten Friedenspolitik der Sowjetunion die USA in eine außenpolitische Defensive gebracht, dies jedoch in erster Linie durch eigene Vorleistungen praktisch bewirkt: den Rückzug aus Afghanistan und anderen Ländern der Welt sowie einseitige Schritte der Rüstungsbegrenzung und Abrüstung. Damit hatten sie faktisch den Kalten Krieg beendet. Der Westen hatte in all diesen regionalen Konflikten jeweils die Gegenseite unterstützt und nahm seinerseits den Rückzug der sowjetischen Seite als Erfolg seiner militärischen Operationen wahr. Das wurde dann auch auf den Bereich der strategischen Rüstungen erstreckt. Hinzu kam, die Moskauer Verantwortlichen waren schließlich davon ausgegangen, daß die systemische Differenz zwischen den beiden Gesellschaftssystemen die eigentliche Ursache der Spannungen und der Kriegsgefahr gewesen sei. Die »Charta von Paris für ein neues Europa« als Erklärung der Staats- und Regierungschefs der Staaten der »Konferenz über Sicherheit und Zusammenarbeit in Europa« (KSZE) vom 21. November 1990 wurde in diesem Sinne als Dokument der Beendigung des Kalten Krieges und der Blockkonfrontation angesehen: Frieden, eine auf Menschenrechten und Grundfreiheiten beruhende Demokratie sowie Marktwirtschaft sollten die gemeinsame Grundlage der weiteren Entwicklung Europas sein.

Tatsächlich jedoch wurde bereits mit dem Golfkrieg von 1990, schon vor der Unterzeichnung jener »Charta von Paris«, etwas anderes deutlich. Die USA mit Präsident Buch I wollten diesen Krieg, um ihre Dominanz in der angestrebten »Neuen Weltordnung« – das heißt der internationalen Ordnung nach dem Ende des Ost-West-Konflikts – deutlich zu machen. Den Kriegsgrund schuf faktisch die US-amerikanische Botschafterin, als sie Saddam Hussein auf Anfrage erklärte, daß die USA bei einer Annexion Kuweits ihre Interessen nicht tangiert sähen, was dieser als Akzeptanz verstand, um anschließend die Botschafterin als desavouiert und sich im Konflikt mit der Weltgemeinschaft zu sehen. Allerdings war die völkerrechtliche Sachlage klar: Saddam Hussein hatte ein souveränes Land überfallen, und der UNO-Sicherheitsrat sanktionierte den Militäreinsatz. Die Linken in verschiedenen Teilen der Welt waren gegen diesen Krieg, nicht weil sie sich mit dem Kriegsverbrecher Saddam Hussein solidarisierten, sondern weil der Kontext des imperialen Krieges allzu deutlich sichtbar war.

Der nächste Krieg war der auf dem Balkan 1999. Hier war der *casus belli* da, als der Abkommenstext von Rambouillet vorlag, der im Anhang die Besetzung des Kosovo durch NATO-Truppen vorsah, die zugleich volle Bewegungsfreiheit in ganz Jugoslawien sowie weitgehende Zugriffsrechte im Lande haben sollten. Die nachgeschobene Erklärung, dies sei nicht Gegenstand der Verhandlungen gewesen und hätte weiter verhandelt werden können, war diplomatiegeschichtlich ein einzigartiger Vorgang: Entweder war der Vertrag unterschriftsreif, dann mußten es auch alle seine Teile sein, oder er war nicht zu Ende verhandelt, dann sind die Bombardements im Gefolge eines abgelaufenen Ultimatums erfolgt, das aus einer nichtgeleisteten Unterschrift unter einen unfertigen Vertrag resultierte. Beobachter verwiesen hier auf das persönliche Wirken der damaligen US-Außenministerin Albright.

Das Scheitern von Rambouillet zum Zwecke des Krieges war die offenkundige Absicht. Die USA, die bereits seit geraumer Zeit darauf hingearbeitet hatten, sich von der Charta und den Gremien der UNO in ihrem außenpolitischen Handeln nicht länger eingrenzen zu lassen, haben die Verbrechen eines regionalen Despoten und seiner Schergen und Henker genutzt, um ein völkerrechtliches Dilemma zu schaffen, das sie auf ihre Weise auflösen wollten. Unter der Perspektive des Schutzes der Kosovaren vor den serbischen Schindern wurde die Fortentwicklung des humanitären Völkerrechts gegen das Staaten-Völkerrecht gewendet, in dem bisher sowohl der Schutz der staatlichen Souveränität und Integrität als auch das Verbot der Androhung und Anwendung von Gewalt Kernbestandteile bilden, die aus den Ergebnissen des Zweiten Weltkrieges und der Nachkriegsentwicklung hervorgegangen sind. Der mit Bedacht placierte Hinweis der westlichen Propaganda auf die Menschenrechtslage in Rußland (Tschetschenien) und China (Tibet) sollte es plausibel machen, beide Ständigen Mitglieder des UNO-Sicherheitsrates aus dem Entscheidungsprozeß bezüglich Kosovo herauszuhalten und im Gefolge dessen auch den UNO-Sicherheitsrat. Das Resultat dessen war das selbstermächtigte Handeln der NATO.

Ist der Damm qua Menschenrechtsproblematik erst gebrochen, können auch andere Interventionsgründe in Ansatz gebracht werden. Im veränderten strategischen Konzept der NATO vom April 1999 zählen zu den sicherheitspolitischen Herausforderungen und Risiken, die ihr Eingreifen zur Folge haben können, beispielsweise auch »unzureichende oder fehlgeschlagene Reformbemühungen«. Wer will entscheiden, wann und nach welchen Gesichtspunkten, etwa im Kontext der komplizierten Wandlungsprozesse im postkommunistischen Osteuropa, Reformprozesse »unzureichend« oder »fehlgeschlagen« sind? In Rußland, weil der Milliardär Chodorkowski vor Gericht gestellt und praktisch enteignet wurde? Als eine andere Herausforderung gilt die »Unterbrechung der Zufuhr lebenswichtiger Ressourcen«. Heißt das, der Zugang der entwickelten Länder des Westens zu den weltweiten Ressourcen rangiert höher als das Gewaltverbot und die Souveränität der Staaten, in denen die Rohstoffe lagern? Und in beiden zitierten Fällen könnte ein militärisches Eingreifen erfolgen, bei dem der UNO-Sicherheitsrat nicht gefragt werden muß?

Das gleichzeitige Herausdrängen Rußlands aus der Balkanregelung 1999 sollte bewirken, es als Großmacht weiter zu deklassieren und zu demütigen, es aus einer Region auszuschalten, in der es seit 200 Jahren lebenswichtige Interessen sieht. China sollte mit dem Balkankrieg spüren, daß es nach wie vor keine weltpolitische Rolle zu spielen hat. So hatte die Bombardierung der chinesischen Botschaft in Belgrad ebenfalls ein Moment der Demütigung. Die Europäer bekamen durch das militärische Eingreifen der NATO unter Kommando der USA ihrerseits präsentiert, daß sie eine von den USA losgelöste weltpolitische Rolle nicht haben.

Die Linken in Europa waren auch gegen diesen Krieg, wiederum nicht aus Solidarität mit dem Kriegsverbrecher Milošević, sondern weil klar war, daß der Westen hier mutwillig einen geopolitischen Ordnungskrieg vom Zaune gebrochen hatte. Wie zeitnah aus einer Reihe von Zeugnissen Beteiligter deutlich wurde, waren auch alle Versuche einer friedlichen Konfliktbearbeitung und -lösung, darunter unter dem Dach der OSZE (der Nachfolgeorganisation der KSZE) absichtsvoll vereitelt worden. Das sah allen Umfragen zufolge auch die Mehrheit der deutschen Bevölkerung so; am Ende fühlten sich die damaligen Minister der Bundesregierung von SPD und Grünen bemüßigt, Milošević mit Hitler und die Vorgänge im Kosovo mit Auschwitz zu vergleichen, um die von ihnen zu verantwortende erstmalige Kriegsbeteiligung Deutschlands zu »begründen«. Aus heutiger Sicht zeigt sich: Nach dem Ende des Ost-West-Konflikts sind wir nicht in eine Epoche allgemeinen Friedens eingetreten, sondern in ein neues Zeitalter imperialer Kriege.

Imperialismustheoretisches
Das sieht heute offenbar auch ein international bekannter angelsächsischer Historiker wie Timothy Garton Ash so. Er verglich vor einiger Zeit die derzeiti-

ge Situation mit der am Beginn des 20. Jahrhunderts. Damals handelte es sich um ein vor allem durch Großbritannien geprägtes internationales System, das von den Konkurrenten USA und Deutschland zunehmend in Frage gestellt wurde. Die beiden Weltkriege des 20. Jahrhunderts waren Folge dessen, und die USA gingen am Ende als Sieger aus diesen Kämpfen hervor. Heute dagegen sind es vor allem China und Indien, die nun das von den USA dominierte System in Frage stellen. Die daraus resultierende Staatenkonkurrenz und Rivalität weist dabei durchaus eine Reihe von Ähnlichkeiten mit der vor einhundert Jahren auf (*Süddeutsche Zeitung*, München, 30. August 2005). So ist es durchaus wieder angezeigt, sich imperialismus-theoretische analytische Zugänge neu zu erschließen.

Während des Ersten Weltkrieges hatte Lenin ein baldiges Ende des Kapitalismus diagnostiziert, das er mit dem »Imperialismus als höchstes Stadium des Kapitalismus« kommen sah. (Lenin, Bd. 22: 189 ff.) Mittlerweile ist die maßgeblich durch ihn initiierte Alternative dahingeschieden und der Kapitalismus scheint stärker und erfolgreicher denn je. Die Diagnose vom am Beginn des 20. Jahrhunderts »sterbenden Kapitalismus« hat sich als falsch erwiesen. Zugleich hatte Lenin fünf Merkmale des »Imperialismus« ausgemacht, die nochmals zu besichtigen wären:

1. *Konzentration der Produktion und des Kapitals, Bildung von Monopolen.* Tatsächliche Monopole sind heute eher nicht anzutreffen, Oligopole jedoch allemal, und der Konzentrationsprozeß, denken wir nur an DaimlerChrysler und ähnliche Groß-Multis, setzt sich transnational, auf globalisierter Ebene weiter fort.

2. *Verschmelzung von Industrie- und Bankkapital zum Finanzkapital.* Seit etwa zwanzig Jahren hat sich eine weitgehende Verselbständigung der Finanzsphäre vollzogen; die frühere Unterstützungsrolle des Finanzkapitals für die Industrie besteht kaum noch. Es ist eine virtuelle Ökonomie entstanden, die sich nationaler staatlicher Kontrolle entzogen hat und vorhandene Ressourcen bedenkenlos abräumt, wenn dies Profit verspricht. Dadurch werden Problemlagen in Gesellschaften der »Peripherie« und in den Unterschichten der Gesellschaften der »Zentren« bedenkenlos verstärkt.

3. *Kapitalexport gewinnt gegenüber dem Warenexport vorrangige Bedeutung.* Charakteristisch für die Gegenwart ist Kapitalimport der USA. Das US-Außenhandelsdefizit ist seit Jahren auf Größenordnungen von über 500 Milliarden US-Dollar jährlich angewachsen. Der größte Teil des ausländischen Kapitals fließt in die Finanzierung dieser Importe, in die Rüstung und in den privaten Konsum in den USA. Insofern haben diese Geldströme, die im Grunde vielen Ländern der Welt Kapital für produktive Zwecke entziehen, eher den Charakter eines imperialen Tributs: Die Armut in den Ländern des Südens und die Arbeitslosigkeit in Westeuropa sind die Kehrseite der wundersamen Profitvermehrung in den Finanzsphären der USA.

4. *Herausbildung internationaler Monopolistenverbände*, die Einflußsphären und Märkte in der Welt unter sich aufteilen. Mit Weltbank, Internationalem Währungsfonds (IWF) und Welthandelsorganisation (WTO) sind internationale, weltweite Organisationen geschaffen worden, die die »Spielregeln« der kapitalistischen Bewegung global festlegen und zunehmend zu kontrollieren sich bemühen.

5. *Die territoriale Aufteilung der Welt* unter die imperialistischen Großmächte ist abgeschlossen; der Kampf um die Neuaufteilung führt zu imperialistischen Kriegen. Das schien bis vor kurzem tatsächlich gestern gewesen zu sein. Das kapitalistische Weltsystem hatte die Entkolonialisierung überstanden, und mit neuerlichen Kriegen zwischen den nordatlantischen Zentren des internationalen Kapitalismus ist weder aus militärischen (siehe die militärische Potenz der USA) noch aus Profitgründen zu rechnen. Zugleich ist die historische Einordnung des klassischen Kolonialismus nochmals zu überdenken. »Die koloniale Phase des Imperialismus war eine Vorstufe und keine Phase des Zerfalls. Der Erste Weltkrieg war eine Abrechnung, die zeigte, daß der Kapitalismus seine Berufung zur weltweiten Herrschaft und Globalisierung noch nicht verwirklichen konnte. Die koloniale Form war noch eine primitive Form der Herrschaft des Kapitalismus über den Weltmarkt.« (Moulian 2003: 81) Insofern verbirgt sich hinter der »Globalisierung« eine erneute Re-Kolonialisierung der Welt außerhalb der kapitalistischen Zentren. Angesichts des raschen Wirtschaftswachstums in China und Indien versuchen nun allerdings diese, sich direkte Roh- und Brennstoffbezüge zu erschließen. Im Kongo und im Sudan sind die USA, unterstützt von Frankreich und anderen westeuropäischen Ländern, derzeit bemüht, genau dies zu verhindern. Damit rückt die Konkurrenz zwischen der imperialen nordatlantischen Welt des weißen Mannes auf der einen Seite sowie China und Indien auf der anderen Seite erneut auf in den Rang eines Kampfes um die Neuaufteilung der Welt – dies nun allerdings in dem durchaus »klassischen« Sinne.

Vor diesem Hintergrund ist die Idee von Karl Kautsky, ebenfalls während des Ersten Weltkrieges formuliert, neu zu bedenken, der Kapitalismus werde zu einem »Ultraimperialismus« führen, so »daß die jetzige imperialistische Politik durch eine neue, ultraimperialistische verdrängt werde, die an Stelle des Kampfes der nationalen Finanzkapitale untereinander die gemeinsame Ausbeutung der Welt durch das international verbündete Finanzkapital setzte«. (Kautsky 1915: 144) Und das ist es ja wohl, womit es die Völker der Welt seit 1945 zu tun haben, nach dem Ende des Staatssozialismus nun tatsächlich in globalem Maßstab. Die USA und EU-Europa sind die Hauptkomponenten dieses »Ultraimperialismus«, neben Japan, und ihr Verhältnis ist eines von Übereinstimmung der Interessen und Konkurrenz innerhalb dieses Gefüges. Die Asienkrise Ende der 1990er Jahre, als etliche der zuvor als »erfolgreich« eingestuften asiatischen Schwellenländer in kurzer Zeit einen beträchtlichen Teil ihres zuvor erarbeiteten Wohlstands verloren, hat gezeigt, daß die Hauptprofiteure dieses Vorganges vor allem im nordatlantischen Raum beheimatet waren.

Bereits an anderer Stelle hatten wir festgestellt (Essay »Kapitalismus und Weltsystem«): Die gegenwärtige Welt ist durch ein imperiales Gefüge im Zentrum geprägt, das die Peripherien wieder in deutlich sichtbare Abhängigkeit gebracht hat. (Diese Vorstellung folgt dem analytischen Konzept von Wallerstein, wonach der Kapitalismus ein Weltsystem geschaffen hat, in dem sich Zentrum und Peripherie gegenseitig bedingen: Der Reichtum im Zentrum hat die Armut der Peripherie zur Voraussetzung.) In diesem Gefüge gibt es in Gestalt der USA eine imperiale militaristische Macht, die jedoch wirtschaftlich mit den anderen Mächten Europas, vor allem der Europäischen Union und Japan, eng verflochten ist. Es herrscht ein Spannungsverhältnis von Kooperation und Konkurrenz. Dabei geht es jedoch nicht nur um unterschiedliche Interessen, sondern Differenzen gibt es auch hinsichtlich der Mittel und Wege der Durchsetzung dieser Interessen.

Der US-amerikanische Analytiker Chalmers Johnson spricht von einem »neuen amerikanischen Imperium«, dessen Wurzeln bis zurück ins frühe 19. Jahrhundert reichen, sowie davon, daß dieses verbunden mit einem spezifischen »Militarismus« ist. Die USA haben über 200 000 Militärangehörige in 140 Ländern stationiert, 26 000 dienen auf US-Kriegsschiffen auf allen Weltmeeren. Die Regierungen der betroffenen Länder haben keine Kontrolle über das Tun der »befreundeten Besatzungsmacht« auf ihrem Territorium. So wurde aus dem Land, das sich als eine Wiege der Demokratie wähnte, ein Imperium, das mit dem gewachsenen Einfluß seine demokratischen Grundwerte über Bord warf. Johnson nennt dies das »Imperium der amerikanischen Militärbasen«. (Johnson 2003: 8, 23)

Ist im Kriege eine Kriegsmaschinerie erst einmal geschaffen, tendiert diese dazu, sich zu verselbständigen. Das Ins-Feld-Ziehen wird selbstverständlich, wofür man ins Feld zieht nebensächlich. Vom Krieg geschaffen, der sie brauchte, beginnt die Maschine die Kriege zu schaffen, die sie braucht. Das hatte Joseph Schumpeter bei seinen Betrachtungen über Imperialismus unter Verweis auf das alte Ägypten bereits kurz nach dem Ende des Ersten Weltkrieges geschrieben (Schumpeter 1953: 89). Es ist offenbar genau dies, was mit den USA im Zweiten Weltkrieg und im Kalten Krieg geschehen ist und was sie nun veranlaßt, am ständigen Ausbau der Kriegsmaschinerie und ihrem Einsatz, wann immer es paßt, festzuhalten.

Johnson geht jedoch noch weiter und betont zu Recht: »Meiner Meinung nach manifestiert sich der Imperialismus in mehreren verschiedenen und sich weiterentwickelnden Formen. Es gibt – mit Ausnahme des Militarismus – keine spezielle, das Phänomen als solches definierende Institution ... Dabei lassen sich mehrere Arten des Imperialismus unterscheiden, die nicht auf den Erwerb von Kolonien abzielen. Die kennzeichnende Institution des sogenannten

Neokolonialismus ist der insgeheim von einer imperialistischen Macht unterstützte multinationale Konzern. Diese Form des Imperialismus erhält im ausgebeuteten Land eine Fassade der nominellen politischen Unabhängigkeit aufrecht und reduziert damit die politischen Kosten und Gefahren des Kolonialismus ... Der multinationale Konzern kopiert in gewisser Weise eine der frühesten Institutionen des Imperialismus: die Handelsgesellschaften. Mit dieser klassisch merkantilistischen Organisationsform gewährte ein imperialistisches Land einer privaten Gesellschaft das Recht, ein überseeisches Territorium auf Monopolbasis wirtschaftlich auszubeuten und gelegentlich auch zu regieren. Im Gegenzug wurden die daraus erzielten Profite zwischen Regierung und Privatinvestoren geteilt.«

Dies verweist darauf, daß in der heutigen globalen kapitalistischen Welt genau dieses Verhältnis bestimmend ist, allerdings nicht in erster Linie zwischen einer einzelnen staatlichen Macht und einer einzelnen Gesellschaft, sondern zwischen den Staaten des Gefüges im Zentrum und den multinationalen Konzernen insgesamt. Unter dieser Perspektive dann sind die USA die letztliche militärische Garantiemacht dieser »neuen Weltordnung«. Dabei gilt zugleich eine Pluralität der Herrschaftsmittel bzw. -formen: »Weder der Kolonialismus der Handelsgesellschaften noch der Neokolonialismus der multinationalen Konzerne erschöpfen die institutionellen Möglichkeiten des Imperialismus. So muß etwa die neokoloniale Beherrschung keineswegs ökonomischer Natur sein. Sie kann auch auf einer Art internationalem Geschäft unter Protektion beruhen – gegenseitige Beistandsabkommen, militärische Berater und in anderen Ländern stationierte Streitkräfte zum ›Schutz‹ gegen häufig kaum definierte, übertriebene oder gar nicht bestehende Gefahren. Daraus entstehen ›Satelliten‹, dem Anschein nach unabhängige Staaten, deren auswärtige Beziehungen und militärische Kapazitäten von einer imperialistischen Macht bestimmt werden.« (Johnson 2003: 46 f.) Politisch-militärische Abhängigkeiten haben ökonomische Konsequenzen und umgekehrt. Im Kern geht es um die »freie Bahn« für die multinationalen Konzerne, die von den Truppen der respektiven Staaten gegebenenfalls freigeschossen wird.

Der Hinweis von Garton Ash auf die neue Großmächtekonkurrenz des 21. Jahrhunderts verweist allerdings nicht nur auf die Analogien zu der Lage am Beginn des 20. Jahrhunderts, sondern macht zugleich auf einen tiefgreifenden Wandel aufmerksam. Die Großmächterivalität vor einhundert Jahren war eine Konkurrenz innerhalb des »Zentrums« des kapitalistischen Weltsystems, zwischen den Großmächten Europas sowie den USA und Japan. Die Konkurrenz heute ist eine zwischen der alten »Welt des weißen Mannes« und China, Indien und weiteren aufstrebenden Ländern Asiens sowie auch anderen regionalen Wirtschaftsmächten wie Südafrika und Brasilien. China und Indien sind nicht in das »ultraimperialistische« Gefüge kooptiert – das zeigt sich etwa darin, daß sie zu dem erlauchten »G-7«-Kreis nicht gehören, und Rußland im »G-

8«-Kreis wurde zwar aus ursprünglich politischen Gründen hinzugebeten, gehört aber nach wie vor nicht wirklich dazu. Damit ist G-7 eher eine Abstimmungsrunde gegen die aufkommenden Mächte als eine Einrichtung weltweiter Spannungsreduzierung. Im Hintergrund steht die Drohung der weitreichenden Verlagerung des Schwerpunktes der Weltwirtschaft nach Asien und damit aller wirtschaftlichen und sozialen Verhältnisse in der Welt.

Imperium und Krieg

Am 22. Juni 1941 wurde im Berliner Olympiastadion das Endspiel der großdeutschen Fußball-Meisterschaft zwischen Schalke 04 und Rapid Wien ausgetragen; obwohl nach einer Stunde Schalke mit 3 : 0 geführt hatte, endete es mit 3 : 4 für Wien. Als ich, Abiturient noch, erstmals davon las, daß am Tage des Überfalls auf die Sowjetunion dieses Spiel stattgefunden hatte, hielt ich dies für einen Gipfelpunkt der Blasphemie. Der Beginn des großen Krieges zwischen den Hauptkontrahenten der Geschichte des 20. Jahrhunderts hätte doch einer anderen Ernsthaftigkeit bedurft. Erst später begriff ich, daß dies die Imperien angemessene Art der Kriegsführung ist. Der »totale Krieg«, in dem es in der Tat um die Existenz geht, ist die Ausnahme. Für das Nazi-Reich begann sie mit dem Scheitern des Blitzkrieges vor Moskau und nach Stalingrad.

In den internationalen Beziehungen – im Grunde seit es aufgeschriebene Geschichte gibt – lassen sich vier Grundkonstellationen von Staatenbeziehungen ausmachen, die jeweils eigene Konstellationen der Friedenssicherung bzw. der Kriegsführung zur Folge haben:

1. Eine historische Möglichkeit wurde in der Nachkriegsordnung 1945 umrissen: eine *demokratische Struktur,* in der alle Staaten unabhängig von ihrer Größe, militärischen Potenz und wirtschaftlichen Macht unter der Herrschaft des Rechts gleichberechtigt und tendenziell gleichgewichtig sind. Eine solche Lage hat realiter noch nie wirklich bestanden, ist idealiter allerdings in der UNO-Charta angelegt. Hier gibt es Militäreinsätze nur zur Abwehr von Aggressoren und zum Schutze des Friedens und unter der Voraussetzung des internationalen Rechts.

2. Einen zweiten Typus stellt die *bipolare Struktur* dar. Sie ist von zwei annähernd gleich starken Mächten bestimmt, die in Konkurrenz zueinander stehen. In der Regel läuft dies auf einen Kampf bis zum Untergang einer der beiden Seiten hinaus: So war es im Verhältnis von Rom und dem Parther-Reich sowie zwischen dem Byzantinischen Reich und dem Perser-Reich und, wie man heute weiß, auch in der Welt der Maya. Der Ausgang des Kalten Krieges im 20. Jahrhundert mit dem Endergebnis des Zerfalls der Sowjetunion entsprach genau dieser Logik. Oder aber eine solche Konstellation endet, dies die Ausnahme, mit einem wirklichen historischen Ausgleich – so geschehen in Gestalt des Friedensvertrages von Ramses II., Pharao von Ägypten, mit den Hethitern im Jahre 1269 v. Chr., der niemals gebrochen werden sollte.

3. Das *Konzert der Mächte* bildet einen dritten Typus. Ein derartiges Staatengefüge bestand in Europa seit dem Beginn der Neuzeit. Es wurde erstmals fixiert im Westfälischen Frieden 1648, dann explizit vom Wiener Kongreß 1815 zur Grundlage der europäischen Staatenordnung gemacht und existierte im Grunde bis zum Ersten Weltkrieg. Hier sind die jeweils anderen Mächte zusammen stets stärker als die mächtigste unter ihnen. Heinrich Mann schrieb in diesem Sinne, noch während des Zweiten Weltkrieges, allerdings rückschauend auf den Krieg von 1870/71: »… die militärischen Auseinandersetzungen mächtiger Nationen sind vergeblich, sie entscheiden nichts, da immer dieselben, wenigen Gegner, soweit man zurückdenkt, aufeinanderstoßen. Die Kriege in Europa hatten bisher – nur bis auf uns – einen begrenzten, einmaligen Zweck – der auch anders zu erreichen war.« (Mann 1947: 9) Am Beginn des 20. Jahrhunderts schien es das deutsche Dilemma zu sein, ähnlich dem des alten Reiches bis zum Westfälischen Frieden von 1648: Deutschland größer und an Ressourcen reicher als jeder andere europäische Staat (abgesehen von Rußland), aber schwächer als die anderen europäischen Staaten zusammen; vermeintlich zu groß, um sich einfach einzureihen in das politische Alltagsgeschäft; nicht groß genug, die anderen Staaten und Völker in der Tat dominieren zu können. Daher Manns Einschränkung »nur bis auf uns«: Die von Deutschland angezettelten beiden Weltkriege des 20. Jahrhunderts fielen heraus aus der zuvor gemeinten Reihung. »Der Anzettler und Führer des letzten Rückfalles der Deutschen in ihre Angriffskriege … hat den vorigen Angriffskrieg noch überboten mit einem zweiten, der nichts mehr zu beweisen hatte. Bewiesen war, daß Deutschland nicht siegen kann.« (Mann 1947: 28) Nicht zufällig taucht in diesem Zusammenhang der Begriff des »totalen Krieges« auf. Er ist nicht propagandistisch sondern analytisch zu verwenden. Der Historiker Gordon A. Craig nennt den Ersten Weltkrieg den ersten totalen Krieg in der neueren Geschichte in dem Sinne, »daß alle Bürger der beteiligten Mächte betroffen werden konnten, wie weit sie auch immer von der Kampfzone entfernt waren«. Er identifizierte drei wesentliche Aspekte: eine »fortschreitende Zentralisierung der politischen Autorität«, »wirtschaftliche Reglementierung«, d. h. Unterordnung der gesamten Wirtschaftstätigkeit unter die Ziele der Kriegsführung, und die »Tendenz zur Gesinnungskontrolle und Einschränkung der bürgerlichen Freiheiten«. (Craig 1989: 371 f.)

4. Eine *imperiale Struktur* ist die nun genauer zu betrachtende. Hier ist eine Macht stärker als alle anderen zusammen und kann so die Bedingungen des Staatengefüges bestimmen. Es ist dies eine Lage, in der jahrhundertelang das Römische Reich im Mittelmeerraum war und China – das »Reich der Mitte«, das nicht zufällig so geheißen wurde – in seinem Umfeld. Die von Seiten des Imperiums geführten Kriege sind in aller Regel Kriege an der Peripherie zur Durchsetzung imperialer Interessen. Sie werden gegen deutlich schwächere Gegner geführt. Es sind – ebenfalls in der Regel – nicht »totale Kriege«, die des

Einsatzes aller Kräfte und Mittel bedürfen, sondern solche, die einem klaren Kosten-Nutzen-Kalkül folgen.

Imperien ist zu eigen, daß sie nicht nur vergleichsweise große Territorien umfassen, sondern es ist ihre potentiell universelle politische, wirtschaftliche und kulturelle Orientierung, die sie treibt, sich auszudehnen, so weit ihre Kraft es zuläßt, und das einmal Eroberte unter Kontrolle zu halten, so lange die Kraft reicht. Die Herrschaft, die den Raum kontrolliert, ist zentral organisiert; dabei ist weniger wichtig, ob ein einzelner diese Kontrolle ausübt, sondern daß das Herrschaftsgebiet als ein Ganzes zusammengehalten und durchherrscht wird.

Insofern ist der »normale« Krieg der an der Peripherie, da es um die Abwehr eines Angriffs der »Barbaren« geht (die Inländer sind immer die Kulturmenschen; das war schon bei den Griechen und beim Imperium Romanum so), um die Unterwerfung dieses oder jenes Barbarenstammes, der der Segnungen der Reichsherrschaft bisher nicht teilhaftig werden wollte, oder um die Niederwerfung von Aufständen, in der Regel auch an den Peripherien. Die Reichsbevölkerung ist gleichzeitig bei Stimmung zu halten – durch »Brot und Spiele« und Krieg zur gleichen Zeit oder eben Krieg und Fußball-Normalität oder einfach dadurch, daß man das »normale« Leben so weiter laufen läßt, wie es immer lief, und den Krieg an der Peripherie als Sache behandelt, die das Reich eben so macht, die mit dem Leben der Bürger aber nicht viel zu tun hat.

Die Logik derartiger Kriegsführung folgt nicht daraus, ob die Reichsordnung im Innern republikanisch oder autoritär verfaßt ist – Rom war in der Zeit der Senatsherrschaft ebenso eine imperiale Macht wie die unzweifelhaft demokratisch verfaßten USA seit dem Krieg gegen Spanien 1898. Es ist die Art und Weise des Peripherie-Krieges, den ein Imperium führt. Der Verbund von dominierenden USA und EU-Europa handelte gegenüber Jugoslawien Ende der 1990er Jahre ganz offen als ein imperiales Gefüge, das angetreten ist, einen »Barbarenstamm« an der Grenze seinem Gesetz des Handelns zu unterwerfen. Gegen den Irak agierte das US-Imperium nicht mit der ganzen EU, sondern nur im Verbund mit hilfswilligen Föderatentruppen. Bei dem derzeit geplanten Kriegsbeginn gegen den Iran kann es durchaus wieder anders sein.

Insofern besteht der tiefste Gegensatz zwischen einer internationalen Ordnung, die auf der Herrschaft des Rechts beruht, und einer Ordnung, in der das »Recht des Stärkeren« dominiert, das in seiner stärksten Ausformung in einer imperialen Ordnung vorliegt. In bezug auf die derzeitige Vorbereitung des Krieges gegen den Iran sind wir bei einer nächsten Stufe der Abschaffung des nach 1945 geschaffenen Staaten-Völkerrechts und seiner Ersetzung durch das Recht des Stärkeren: Dem Iran wird vorgeworfen, den vollen Zyklus der Urananreicherung technisch realisieren zu wollen, wozu er nach dem geltenden internationalen Recht befugt ist, sofern es zu friedlichen Zwecken erfolgt. Und hier wird, wie es im derzeitigen Advokaten-Jargon so schön heißt, »mit

Nichtwissen behauptet«, dies sei nicht so. Die Aufstellung der ideologischen Kriegskulisse geht zugleich mit demokratisch oder menschenrechtlich kaschierter Selbstermächtigung einher – der Krieg sei also »gerecht«. Das ist die Imperien eigene Vorgehensweise. Das Römische Reich ging grundsätzlich davon aus, daß seine Kriege »gerecht« seien (bella iusta), weil die *Pax Romana*, der vom Reich der erreichbaren Welt nach seinem Gusto oktroyierte Friede, die natürliche Ordnung der Welt sei. Deshalb war jeder Krieg gegen das Imperium ein »ungerechter« Krieg (bella iniusta), was die Herren des Reichs auch zu den drastischsten Maßnahmen ermächtigte; am Ende wurde das einst reiche Karthago dem Erdboden gleichgemacht. Durch das christliche Mittelalter geisterte die Idee des »gerechten Krieges« dann als der Krieg, nicht für das Imperium, sondern im Sinne Gottes. (Im Leninismus wurde daraus dann bekanntlich der »gerechte« Krieg im Dienste der Arbeiterklasse, und der jeweilige Generalsekretär entschied, was denn das Gerechte daran sei.) Da hier die Ermessensgründe sich jeweils gegenseitig ausschließen bzw. in die Willkür des Kriegsherrn gegeben sind, schlug Immanuel Kant in seiner berühmten Schrift *Zum ewigen Frieden* vor, eine internationale Rechtsordnung zu schaffen, die den Frieden sichert. Im 5. Präliminarartikel lehnte er die gewalttätige Einmischung in die inneren Angelegenheiten eines anderen Staates ausdrücklich ab: »Kein Staat soll sich in die Verfassung und Regierung eines andern Staates gewalttätig einmischen.«

Dieses Herangehen wurde dann auch die Grundlage der UNO-Charta. Dort heißt es im Artikel 1, daß es Ziel der Vereinten Nationen ist, »den Weltfrieden und die internationale Sicherheit aufrechtzuerhalten« sowie »freundschaftliche Beziehungen zwischen den Nationen zu entwickeln, die auf der Achtung des Prinzips der Gleichberechtigung und des Selbstbestimmungsrechts der Völker beruhen«. Art. 2 umreißt die Grundsätze, um die Ziele aus Art. 1 zu realisieren. Dazu gehören der »Grundsatz der souveränen Gleichheit« aller Staaten sowie die Regelung ihrer »internationalen Streitigkeiten mit friedlichen Mitteln«. Imperiale Politik überhaupt und imperiale Politik des Krieges sind in allem das Gegenteil dessen. Die Verteidigung des Friedens wurde Tagesaufgabe, auch wenn der westlichen Linken das Mullah-Regime zutiefst fremd ist. Immanuel Kant betonte, die rechtliche Ordnung dürfe gerade nicht von der moralischen Besserung der Menschen abhängen, sondern müsse selbst »für ein Volk von Teufeln (wenn sie nur Verstand haben)« als Konsequenz einen Friedenszustand haben. Jetzt wäre nach dem Geisteszustand der beteiligten Teufel zu fragen.

Trotz aller Bedrohlichkeit der Lage: Am Beginn des 21. Jahrhunderts scheint es ein Hauptproblem zu sein, ob die USA in der Lage sein werden, eine von ihnen bestimmte imperiale Struktur real durchzusetzen. Die bipolare Struktur des Kalten Krieges gehört der Vergangenheit an. Doch ob es sich bereits um eine imperiale Struktur handelt, ist nicht ausgemacht. Die Verhinderung einer

Vorab-Resolution des UNO-Sicherheitsrates zugunsten des Bush-Krieges gegen Irak durch Deutschland, Frankreich und Rußland verweist auf Momente eines »Konzerts der Mächte«, ebenso das vorsichtige Taktieren der USA gegenüber Nordkorea im Angesicht Chinas. Der demokratische Protest gegen diese Politik, in den USA selbst und weltweit, deutet auf starke demokratische Elemente in der internationalen Politik hin.

Vielfach wird nun nach den »neuen Kriegen« gefragt, die uns im 21. Jahrhundert bevorstehen. Die Kriege sind technisch »neu«, weil noch nie solch ausgefeilte Waffensysteme mit so vielfältigen Einsatzmöglichkeiten und so hoher Zerstörungskraft eingesetzt worden sind. In einem politik- und sozialgeschichtlichen Sinne aber sind diese Krieg nicht neu. Es sind alte Konstellationen unter neuen historischen Bedingungen. Welches Schicksal die Geschichte des 21. Jahrhunderts uns bereithalten wird, ist ungewiß. Tendenzen und Faktoren jedoch sind sichtbar.

Imperium und Demokratie

Nach der Amtsübernahme als Präsident durch George W. Bush hat die imperiale Kriegspolitik der USA ein wesentlich gesteigertes Maß angenommen, wurde sie zur Hauptlinie der Gesamtpolitik des Landes. Ausgehend von einer Ideologie und Propaganda, die eine Überlegenheit von Gesellschaft, Technik, Militär und Kultur der USA gegenüber der gesamten übrigen Welt predigt, wird die Errichtung einer *Pax Romana* als *Pax Americana* nicht als etwas Fremdes, der Welt Aufzunötigendes angesehen, sondern als notwendige Konsequenz der Geschichte, die Frieden und eine gerechte Weltordnung mit sich bringe, als Auftrag, der von der Geschichte erteilt sei. Die Debatten in den USA und über sie seit dem 11. September 2001 spiegeln in vielem eine solche Sichtweise wider.

Offiziell allerdings leugnet Bush II die imperiale Ambition, doch taucht bei ihm ganz offen eine »historische Mission« auf. So heißt es in seinem Bericht zur Lage der Nation vom 20. Januar 2004: »Dank der amerikanischen Führungskraft und Entschlossenheit wandelt sich die Welt zum Besseren ... Amerika ist eine Nation mit einer Mission. Und diese Mission entspringt unseren tiefsten Grundüberzeugungen. Wir haben nicht den Wunsch zu dominieren, keine Ambitionen eines Imperiums. Unser Ziel ist ein demokratischer Frieden, ein Frieden, der auf der Würde und den Rechten jedes Mannes und jeder Frau fußt. Amerika handelt in diesem Anliegen mit Freunden und Verbündeten an unserer Seite, aber wir begreifen unsere besondere Berufung: Diese große Republik wird in der Sache der Freiheit anführen.«

Das Imperium führt Krieg um Macht, Öl und eine Neuordnung der Welt. Das kann nicht oft genug gesagt werden, auch wenn die Worte inzwischen wie Asche sind. Das Imperium allerdings will nicht zugestehen, daß es darum geht. Der Krieg wird herbeigelogen, die Lüge ist seine Daseinsweise, selbst im

Denken seiner Protagonisten. Einer der nach wie vor einflußreichen Vordenker der imperialen Politik der USA, Zbigniew Brzezinski, hat geschrieben: »Nie zuvor hat eine volksnahe Demokratie internationale Vormachtstellung erlangt.« Demokratie als Staatsform sei zwar »einer imperialen Mobilmachung abträglich«, doch im Falle der USA wäre es erstmals anders, es sei gewissermaßen eine »demokratische« Vorherrschaft. (Brzezinski 2002: 59 f.)

Die erste Grundaussage ist zunächst richtig, aber anders, als es Brzezinski meinte. Als Rom umfassendes Imperium wurde, wurde die Republik abgeschafft und das Caesarentum eingeführt. Und die USA heute? Bush II ist bei der US-Präsidentenwahl im Jahre 2000 bekanntlich nicht von der Mehrheit gewählt worden. Auch die Mehrheit der Wahlmänner hatte er nicht. Nur durch Zuweisung der Wahlmänner des Staates Florida, in dem sein Bruder Gouverneur ist, an ihn, wurde er ins Weiße Haus gebracht. Es war, wie viele Beobachter betonten, »ein rechtsgerichteter Putsch«, mit dem Bush II an die Macht geschoben wurde.

Nun meinten etliche Kommentatoren, wegen dieses Geburtsfehlers seiner Macht bedurfte Bush des Krieges, um seine Wiederwahl auf einer nationalistischen Welle zu sichern. Vielleicht war es aber gerade umgekehrt: Er wurde an die Macht gebracht, um den Krieg zu führen als den ersten einer Reihe US-amerikanischer Neuordnungskriege in der Welt. Zehn Jahre hatten die rechten Vordenker der imperialen Kriegspolitik in ihren Think-Tanks über diesen Plänen gegrübelt, dreimal, wird gesagt, hatten sie Clinton den Irak-Krieg andienen wollen, ebenso oft hatte er abgelehnt. Nun aber war ihr Mann im Weißen Haus.

Und der 11. September 2001? Hat es den nicht wirklich gegeben? Ist nicht ohne ihn das alles jetzt nicht zu erklären? Wir haben all die schrecklichen Bilder doch gesehen! Andreas von Bülow, bis 1982 Minister im Kabinett des deutschen Bundeskanzlers Helmut Schmidt, hatte bereits im Januar 2002 darauf verwiesen, daß die Anschläge von New York geheimdienstliche Handschrift tragen. »Da sind Spuren wie von einer trampelnden Elefantenherde«, sagte er, doch niemand hat sie verfolgt. Lediglich die Bin-Laden-Spur wurde präsentiert. Wo aber ist Bin Laden, ohnehin einer Familie zugehörig, die seit langem Geschäfte mit dem Bush-Clan gemacht hatte, denn mittlerweile geblieben? Oder hat er seine Rolle bereits zu Ende gespielt?

Bekanntlich wissen wir heute, daß Franklin D. Roosevelt vom Angriff auf Pearl Harbor durchaus vorher wußte, aber befahl, nichts zu tun, weil ihm klar war, ohne diesen Angriff würde er das amerikanische Volk nicht in den Zweiten Weltkrieg bringen. Nun war jeder Krieg gegen Hitler-Deutschland eine gerechte Sache, insofern ist dies unvergleichbar. Doch der Vorgang verdient, erinnert zu werden. Ohne 11. September wäre dieses Volk nicht in den permanent gemeinten »Krieg gegen den Terror« und konkret nicht in den Irak-Krieg zu bringen gewesen.

Doch die Ausnutzung des 11. Septembers geht noch weiter. Da wurden in den USA und anderswo innenpolitisch weitreichende Veränderungen durchgezogen, Bürgerrechte abgebaut, neue Kontrollinstitutionen geschaffen. Der Abbau der liberalen Freiheitsrechte und der Krieg sind zwei Seiten einer Medaille. Die Ausrufung des Aggressionskrieges entgegen der UNO-Charta und gegen den UNO-Sicherheitsrat passen dazu ebenso, wie das amerikanische Agieren gegen den Internationalen Strafgerichtshof. Es ist eben doch so: Demokratie und Imperium passen nicht zusammen. Und die größte Lüge im Kontext dieser Kriegspolitik ist, dies für die USA leugnen zu wollen. Entweder wird erstere abgeschafft oder das zweite vom Volk der USA zum Scheitern gebracht.

Bereits vor Ingangsetzung des Irak-Krieges erschien in den USA eine kleine Broschüre »Gegen den Krieg in Irak. Eine Anti-Kriegs-Fibel«, herausgegeben von Michael Ratner, Jennie Green und Barbara Olshansky vom New Yorker »Zentrum für verfassungsmäßige Rechte«. Darin zitieren die Autoren eingangs aus der Erklärung amerikanischer Intellektueller: »Nicht in unserem Namen«, und stellen fest, daß ein Krieg gegen den Irak ohne Unterstützung des UNO-Sicherheitsrates nicht gerechtfertigt und demzufolge illegal ist. Die Informationen, die die US-Regierung über den Irak verbreitet, sind falsch. Es geht um Öl, militärische Macht der USA und Dominanz im Mittleren Osten. Die Doktrin des »Präventivkrieges« verstößt gegen das Grundprinzip des Völkerrechts, gegen das Verbot des Aggressionskrieges, und die UN-Charta stellt Verbrechen gegen den Frieden unter Strafe. Schließlich erörtern die Autoren die Alternativen zum Krieg sowie die Folgen eines Krieges; hier verweisen sie auf die voraussichtlichen Opfer des Krieges, die Risiken einer Ausweitung zu einem größeren Krieg im Nahen und Mittleren Osten, die Gefahr, daß die USA und die ganze Welt weniger sicher sein werden, und schließlich die voraussichtlichen Probleme für die US-Wirtschaft. Die Folgerung der Autoren lautet, die USA sollen ihre Kampagne für den »illegalen Aggressionskrieg gegen den Irak« nochmals überdenken und, statt zur Gewalt zu hasten, sorgfältig alternative Wege zur Lösung des Konflikts suchen. Im abschließenden Abschnitt »Information und Aktion« folgen Vorschläge, was der Einzelne tun kann: zu Friedensdemonstrationen und -aktionen gehen, öffentliche Diskussionen zur Information der Menschen besuchen oder solche selbst organisieren, mit Freunden, Bekannten und der Familie über den Irak und die Politik der US-Regierung reden, Briefe an Kongreß-Abgeordnete schreiben und überhaupt in der Öffentlichkeit Ignoranz und Apathie entgegenwirken. Im Schlußteil werden auf fünf Seiten Webadressen aufgeführt, wo weitere Informationen zu erhalten waren.

Diese kleine Broschüre zeigte: Bush ist nicht Amerika, das amerikanische Volk nicht Bush, und letztlich ist es jene Kraft, die dem Treiben schließlich ein Ende machen kann. Die Broschüre machte Mut, wie umgekehrt die amerikanischen Autoren sich immer wieder auf den Widerstand in Europa beriefen. Globalisierung hat auch eine positive Seite: Hier ist es die Globalisierung der Kriegsgegner. Weltweit demonstrierten bereits vor der Ingangsetzung des angekündigten Krieges gegen den Irak am 15. Februar 2003 Millionen Menschen gegen diesen Krieg, wieder nicht wegen irgendeiner Sympathie für den Kriegsverbrecher Saddam Hussein, sondern weil der Krieg noch viel größeres Leid über die Bevölkerung des Landes bringt. Die Geschichte von Krieg und Besetzung des Irak hat seither alle damals geäußerten Befürchtungen übertroffen; derzeit ist das Land dabei, die seit dem Beginn der Herrschaft der Baath-Partei erreichte Säkularisierung der Gesellschaft zu verlieren und in Chaos und Bürgerkrieg zu versinken. In Deutschland war die PDS die entschiedenste Partei der Kriegsablehnung. Die übergroße Mehrheit der Bevölkerung des Landes lehnte den Krieg ebenfalls ab, Kanzler Schröder erklärte sich dann gegen eine direkte Kriegsbeteiligung und gewann damit die Bundestagswahlen 2002 – auch wenn Deutschland den Krieg der USA faktisch doch unterstützt hatte, wie wir inzwischen sogar aus öffentlichen Quellen wissen.

Heute sind die USA dabei, den nächsten Krieg vorzubereiten und sich die Kriegsgründe gegen den Iran zurecht zu biegen. Großbritannien und die offizielle EU, so auch Deutschland und Frankreich, sind sichtlich entschlossen, ihnen dabei zur Hand zu gehen. Schaut man auf die Karte des Nahen und Mittleren Ostens, so sind der Iran und Syrien die einzigen »weißen Flecken« auf der Karte der westlichen Dominanz zwischen Marokko und der Grenze Indiens. Im Falle Irans wird derzeit vor allem die Karte der atomaren Bedrohung gespielt; gegen beide aber immer auch wieder die der Menschenrechte gezogen.

Begrenztheiten

Im Jahre 1839 hatte Heinrich Heine notiert: »Wer mit Rom Krieg führen will, muß alle möglichen Gifte vertragen können.« Rom, das war Reich und Kirche in einem, Herrschaft mit Legionen oder mit Dogmen, mit Geld, Gift, Diplomaten und ideologischen Bekenntnissen. Auf jeden Fall Herrschaft, die vom Zentrum aus auf die Peripherie greift, imperiale Herrschaft, räumlich tendenziell unbegrenzt. Die Grenze einer imperialen Macht liegt immer nur dort, wo die Soldaten, die finanziellen Reserven oder der Glaube an diese Macht nicht mehr hinreichen.

Heute heißt dieses »Rom« USA. Das in Presse und Politikwissenschaft seit den 1990er Jahren vielbenutzte Stichwort lautet: unilaterale Politik. Die eine Supermacht sei übriggeblieben nach dem Kalten Krieg, militärisch uneinholbar gerüstet, wirtschaftlich außerordentlich, finanzpolitisch mit dem Dollar ausgestattet, der Weltwährung, über die nur in den USA selbst entschieden wird. Die Europäische Zentralbank gilt im Vergleich dazu eher als schwer zu handhaben.

Die Liste, da die USA sich gegen die Mehrheit der Staaten der Welt, auch gegen das EU-Europa einschließlich Deutschlands, stellen, wurde immer länger. Die Auseinandersetzungen um das »Kyoto-Protokoll« zur Reduzierung der Emission von Treibhausgasen waren nur eine Facette. Die Verträge zur Begrenzung der nuklearstrategischen Rüstungen interessieren ebensowenig mehr in Washington wie das Atomteststoppabkommen. Die USA blockieren die Fortentwicklung der internationalen Konvention zum Verbot biologischer Waffen. Sie wollen keine wirksame Begrenzung des Verkaufs und Exports von Kleinwaffen. Die Kinderrechtskonvention mögen sie nicht, schon deshalb, weil sie die Todesstrafe für Personen unter 18 Jahren verbietet. Auch den Internationalen Strafgerichtshof, der in bezug auf Jugoslawien, Stichwort: Milošević, in den Vordergrund rückte, kritisieren die USA, obwohl sie sich einst zu den Förderern internationaler Gerichtsbarkeit zählten; sie befürchten, »voreingenommene« Ankläger könnten amerikanische Staatsbürger vor dieses Gericht bringen. Sie wissen sicher, warum: Kein Imperium konnte je ohne schmutzige Kriege auskommen.

Es ist richtig, die USA sind die einzige, aus dem 20. Jahrhundert hinterbliebene Supermacht. Bedeutet dies aber, daß sie beliebig schalten und walten können, wie sie wollen? Im Jahre 1944, als klar war, daß Hitler-Deutschland und seine Vasallen besiegt sein werden, dies aber nicht ohne die USA zu leisten war, schrieb der Brite D.W. Brogan ein Buch, das den Titel: »Der amerikanische Charakter« erhielt. Es sollte dem englischen Publikum die Eigentümlichkeiten der Amerikaner begreiflich machen, war doch damit zu rechnen, daß diese nun länger in Europa bleiben würden als 1918. Das Buch wurde gleich nach Kriegsende ins Deutsche übersetzt und erschien 1947 mit Lizenz der amerikanischen Militärregierung. Darin wird auch die »amerikanische Art, Krieg zu führen«, beschrieben. Brogan leitet diese aus der Eroberung des amerikanischen Kontinents ab: weite Räume, die Herbeischaffung der Mittel, diese Räume zu überwinden, jeweils vergleichsweise wenige Menschen, die zur Verfügung standen. So entstand die Praxis schrittweisen Vorgehens, ein Krieg der Verbindungslinien, des Nachschubs, der Schaffung einer Überlegenheit an Hilfsmitteln, an Hartnäckigkeit, an Zahl. Auf diese Weise erreichten die Weißen den Pazifik und verdrängten die Indianer. Auf diese Weise führte der Norden im Bürgerkrieg 1861 bis 1865 seine Operationen gegen den Süden. Die Langwierigkeit des amerikanischen Aufmarsches im Ersten Weltkrieg, über die der Chef des deutschen Generalstabes, Erich Ludendorff, zunächst lächelte, folgte ebenso diesem Muster, wie der Aufbau der Zweiten Front im Zweiten Weltkrieg: zunächst das Übergewicht an Menschen und Material, dann der Vormarsch Zug um Zug, unaufhaltsam. Erst mit dem Eintritt in die beiden Weltkriege, das heißt durch deutsche Provokation, sind die USA zu einer global agierenden Militärmacht geworden, und sie haben es bleiben wollen, nunmehr sich als imperiale Vormacht fühlend.

In der Rückschau muß gesagt werden, der Kalte Krieg fand ebenfalls nach jenen amerikanischen Spielregeln statt. Nur an wenigen Punkten gab es eine wirkliche Konfrontation mit der Sowjetunion: in Berlin und in der Kuba-Krise. (Die Niederlage in Vietnam gehört in eine andere Kategorie: in die Reihe der Niederlagen von Kolonialmächten gegen sich befreiende Völker; die Briten in Malaya, die Franzosen in Algerien, die Sowjetunion in Afghanistan machten die gleiche »Erfahrung«.) Ansonsten bauten die USA an ihrer globalen Überlegenheit an Mitteln und Ressourcen. Die sowjetischen Führer ließen sich auf das so bewirkte Wettrüsten ein, sahen am Ende jedoch, daß sie nicht mithalten konnten, und wurden schließlich immer hilfloser. Die kommunistische Kapitulation von 1989 war die historische Konsequenz.

Die jetzige Lage ist davon jedoch völlig verschieden. Die USA sind wirtschaftlich stärker als jede andere Volkswirtschaft in der Welt; die anderen zusammen jedoch immer größer. Bereits die EU tendiert zu einem beträchtlicheren Gewicht. Die USA sind militärisch mächtiger als jeder andere Staat der Welt. Das russische und chinesische Potential aber ist wohl hinreichend, seinerseits die Welt zu zerstören. Es gilt also weiter die alte Weisheit aus der Zeit der nuklearen Konfrontation: Es gibt keine vernünftigen politischen Ziele, die mittels eines Atomkrieges realisierbar wären. Die amerikanische militärische Überlegenheit taugt weder, Rußland oder China wirksam militärisch zu erpressen, noch dazu, die volkswirtschaftliche Entwicklung Europas, Chinas oder Indiens aufzuhalten. Die USA sind deshalb heute in einer Lage, wie in Europa einst Karl V., Napoleon oder Wilhelm II.: Die anderen zusammen sind stärker als die stärkste der Mächte. Die heute bestehende technische Fähigkeit, die Welt militärisch, nuklear-strategisch zerstören zu können, heißt nicht, sie politisch oder ökonomisch zu beherrschen. Die Welt wird multipolarer. Das ist ein amerikanisches Dilemma.

Der schon zitierte Zbigniew Brzezinski geht zwar von der Machtposition der weltweit agierenden Hegemonialmacht aus, hält die Beherrschung Europas und Asiens aber für schwierig. »Die schiere Größe und Vielfalt Eurasiens wie auch die Macht einiger seiner Staaten setzen dem amerikanischen Einfluß und dem Umfang der Kontrolle über den Gang der Dinge Grenzen. Dieser Megakontinent ist einfach zu groß, zu bevölkerungsreich, kulturell zu vielfältig und besteht aus zu vielen von jeher ehrgeizigen und politisch aktiven Staaten, um einer globalen Macht, und sei es der wirtschaftlich erfolgreichsten und politisch gewichtigsten, zu willfahren. Eine solche Sachlage verlangt geostrategisches Geschick, den vorsichtigen, sorgfältig ausgewählten und sehr besonnenen Einsatz amerikanischer Ressourcen auf dem riesigen eurasischen Schachbrett.« (Brzezinski 2002: 58 f.) Hier sieht Brzezinski »fünf geostrategische Hauptakteure«: »Frankreich, Deutschland, Rußland, China und Indien«, während er Großbritannien und Japan für Mächte hält, die sich aus dem politischen Geschehen heraushalten. Großbritannien sei »ein aus dem aktiven

Dienst ausgeschiedener geostrategischer Akteur, der sich auf seinem prächtigen Lorbeer ausruht und sich aus dem großen europäischen Abenteuer weitgehend heraushält, bei dem Frankreich und Deutschland die Fäden ziehen«. Vor diesem Hintergrund sei es die zentrale Aufgabe der USA, nicht nur zu verhindern, daß eine eurasische Macht den Kontinent unter ihre Herrschaft bringen könne, sondern auch zu verhindern, daß die geostrategischen Hauptakteure sich zusammenschließen – gegen die USA. Bediene man sich »einer Terminologie, die an das brutalere Zeitalter der alten Weltreiche gemahnt, so lauten die drei großen Imperative imperialer Geostrategie: Absprachen zwischen den Vasallen zu verhindern und ihre Abhängigkeit in Fragen der Sicherheit zu bewahren, die tributpflichtigen Staaten fügsam zu halten und dafür zu sorgen, daß die ›Barbarenvölker‹ sich nicht zusammenschließen.« (Brzezinski 2002: 65 ff.) Bush II hatte es mit seiner Politik des Irak-Krieges geschafft, daß alle fünf der genannten Staaten ihm politisch gegenüberstanden. Auch wenn dies kein dauerhaftes Bündnis war und ist, bleibt doch allein diese Tatsache bereits von historischer Relevanz.

Stärke oder Schwäche?
Die internationale Debatte zur Zeit der Eröffnung der Kriegshandlungen der USA gegen den Irak sah omnipotente Vereinigte Staaten, die sich scheinbar problemlos über die UNO und ihre Beschlüsse hinwegsetzen konnten. Der französische Historiker und Sozialwissenschaftler Emmanuel Todd dagegen betonte schon vor Kriegsbeginn in seinem auch international vieldiskutierten Buch über die USA: Der Krieg gegen den Irak und die anderen angekündigten Kriege sind nicht Zeichen von Stärke, sondern von Schwäche. Die USA werden zunehmend ein Problem für die Welt. »Zwischen drei medienwirksamen Umarmungen und der Unterzeichnung von zwei Abrüstungsvereinbarungen haben sie Rußland herausgefordert durch Sendungen in tschetschenischer Sprache auf Radio Free Europe, durch die Entsendung von Militärberatern nach Georgien und durch die Einrichtung von Militärbasen im ehemals sowjetischen Mittelasien.« China wurde durch die Bombardierung der chinesischen Botschaft in Belgrad während des Kosovo-Krieges provoziert und dadurch, daß man eine für die chinesische Führung bestimmte Boeing mit leicht zu entdeckenden Wanzen versah. Derweil wurde aus dem Pentagon mitgeteilt, es werde über Nuklearschläge gegen Staaten nachgedacht, die nicht über derartige Waffen verfügen – ein eklatanter Bruch aller in diesem Bereich bestehenden völkerrechtlichen Verträge. Todds Fazit: »Die Regierung in Washington wendet damit eine klassische strategische Denkfigur an, die aber ungeeignet ist für ein Land von der Größe eines Kontinents: die ›Strategie des Verrückten‹, nach der man potentiellen Gegnern möglichst unberechenbar erscheinen sollte, weil sie sie noch stärker einschüchtere.« (Todd 2003: 14) Das gilt übrigens auch für jene, die sich Freunde dünken.

Zwei Gründe sieht Todd. Der erste ist die weltweite Entwicklung zur Demokratie. Er hat hier ein nachdenkenswertes Theorem entwickelt: Die Menschen lernen lesen und schreiben, auch elementares Rechnen, und ergreifen damit die Herrschaft über ihre unmittelbare Umwelt. Das Wirtschaftswachstum in Europa vom 17. bis zum 20. Jahrhundert war seiner Meinung nach Folge der Verbreitung von Bildung. Eben diese Entwicklungen vollziehen sich heute in Lateinamerika und weiten Teilen Asiens. Sobald auch die Frauen lesen und schreiben können, beginnt die Geburtenkontrolle. Die Menschheit befreit sich aus einem Zustand der Unterentwicklung. Dies allerdings ist in aller Regel mit einer Übergangskrise verbunden; die alten Gewißheiten gelten nicht mehr, neue noch nicht. Im Ergebnis dieser Krise kommen die Gesellschaften wieder zur Ruhe und sind demokratisch verfaßt, schon deshalb, weil diese gebildeteren Menschen nicht mehr irgendwelche selbsternannten Herren über sich dulden, sondern politisch mitbestimmen wollen. Nebenbei bemerkt: Mit eben diesem Ansatz hatte Todd bereits im Jahre 1976 den Zusammenbruch der Sowjetunion und die schließliche Errichtung demokratischer Verhältnisse nach dem Kommunismus vorausgesagt.

Und was bedeutet dies für die USA heute? Wenn sich die ganze Welt von sich aus demokratisiert, werden sie als »Vorkämpfer« der Demokratie überflüssig. Zur gleichen Zeit wird in den USA die Demokratie schwächer. Die oberen zwanzig Prozent der Gesellschaft, die über fünfzig Prozent der Wirtschaftskraft verfügen, haben zunehmend Schwierigkeiten, sich den Zwängen des allgemeinen Wahlrechts zu unterwerfen; es findet eine »Oligarchisierung« statt. Und was könnte dies besser belegen als die erschlichene Machtergreifung des George W. Bush im Jahre 2000? Der kenntnisreiche Analytiker totalitärer und autoritärer Herrschaft, Juan Linz, hat vor einiger Zeit betont – nicht explizit auf die USA bezogen, doch gilt es auch hier –, neue wie alte Demokratien seien auch im 21. Jahrhundert vor autoritärer Gefahr nicht sicher. Diese komme aber nicht mit dem Anspruch daher, einen anderen, nicht-demokratischen Typus von Herrschaft zu kreieren, wie vielfach im 20. Jahrhundert, sondern sei bestrebt, »neue Formen nichtlegaler Repression und staatlicher Gewalt« hinter »pseudo-demokratischer Institutionalisierung« zu verstecken. (Linz 2003: LVIII, LXVIII) Oder anders gesagt: Die demokratischen Institutionen bleiben bestehen, werden jedoch ihres Inhalts, ihres demokratischen Gehalts entleert.

Von den amerikanischen Auslandsschulden als Tribut, den das Imperium der ganzen Welt auferlegt hat, war bereits die Rede. Und um dessen stetigen Fluß zu sichern, brauchen die USA ihre Militärmacht, ein ständiges Mindestmaß an Spannungen in der Welt, »Feinde« und die oben beschriebene Unberechenbarkeit. Aus der Perspektive Westeuropas ist so auch die Rolle Rußlands neu zu bewerten. Wenn das Verhältnis der USA zur übrigen Welt, so Todd, »nicht mehr von Schutz, sondern von potentieller Aggression bestimmt wird«, fällt Rußland die Rolle der potentiellen Schutzmacht zu, verfügt es doch nach wie vor über eine entsprechende Zahl strategischer Nuklearwaffen. (Todd 2003: 81) Die »Achse« Paris-Berlin-Moskau gegen den Irak-Krieg lief auf genau diese Verbindung hinaus, auch wenn sie keine Konstante der internationalen Politik sein konnte.

Wirtschaftliches und Militärisches
Wallenstein, dem wichtigsten Feldherrn des Kaisers im Dreißigjährigen Krieg in Deutschland, wird der Satz zugeschrieben, man brauche für das Kriegführen drei Dinge: erstens Geld, zweitens Geld und drittens Geld. Oder, mit den Worten des Historikers Paul Kennedy wissenschaftlich ausgedrückt: »Die Geschichte des Aufstiegs und späteren Falls der führenden großen Mächte seit dem Aufstieg Westeuropas im 16. Jahrhundert … zeigt eine auf lange Frist sehr signifikante Korrelation von Produktionskapazität und Staatseinnahmen auf der einen Seite und militärischer Stärke auf der anderen.« (Kennedy 1989: 13)

Das Schicksal des US-Imperiums und des imperialen nordatlantischen Gefüges des »weißen Mannes« entscheidet sich in den nächsten Jahren, und zwar in Asien. Auf die letzten Arbeiten von Andre Gunder Frank war schon verwiesen worden. Das weltweite Gravitationszentrum ist in den vergangenen Jahrhunderten einmal um die Welt gewandert: von Asien/China nach Westeuropa, von dort über den Atlantik in die USA, dort von der Ost- an die Westküste und nun über den Pazifik zurück nach Ostasien. Die USA sind heute der »Konsument der letzten Instanz«, während Ostasien/China wieder zum Kreditgeber letzter Instanz wird. Die USA versuchen nun, ihre schwächer werdende weltwirtschaftliche Position gegenüber China durch militärischen Druck auszugleichen.

Die chinesische Führung hat jedoch deutlich gemacht, daß sie den Fehler der Sowjetunion, sich in ein ruinöses Wettrüsten manipulieren zu lassen, nicht wiederholen will. Zugleich verfügt China über eigenständige nuklearstrategische Waffensysteme; hier sind auch die inzwischen vorhandenen eigenen Kapazitäten der Raumfahrttechnik zu berücksichtigen, die eine unmittelbare militärische Erpreßbarkeit seitens der USA ausschließen. Es ist die aus dem Kalten Krieg bekannte Logik des »atomaren Patts«. Insofern fällt das Militärische als »Ausgleich« der wirtschaftlichen Schwäche der USA aus. Gleichwohl entstehen in Ostasien neue Spannungsherde. Die japanische Aufrüstungspolitik erfährt in diesem Kontext, eine eigene neu-alte militärische Rolle in der Region zu erhaschen, diesmal als Föderat der USA, ihre eigenständige Bedeutung.

Werden wir es mit weiteren »neuen« Kriegen des 21. Jahrhunderts zu tun haben? So ist nicht nur über die »kleinen« Kriege des Imperiums an seiner Peripherie – derzeit noch Irak und bald möglicherweise gegen den Iran – zu reden, sondern auch über die Gefahr eines »großen« Krieges, der sich möglicherweise in Ostasien zusammenbraut. Es ist durchaus nicht ausgeschlossen, daß der Zusammenbruch der derzeitigen nordatlantisch dominierten Weltordnung »des weißen Mannes« nicht in einem allmählichen Versiegen seiner militärischen und wirtschaftlichen Kräfte, sondern mit einem großen Krieg erfolgt, der die ganze Welt in einen Strudel der Vernichtung reißt.

Perspektiven

Gibt es einen Ausweg oder: Auswege aus dieser Gefahr? Zunächst soll noch einmal Chalmers Johnson zitiert werden: »Leid und Not zerfraßen das Römische Reich im Laufe von mehreren Jahrhunderten. Das amerikanische Imperium wird nicht so viel Zeit haben, sich auf Leid und Not einzustellen. Falls die gegenwärtigen Entwicklungstendenzen andauern, werden sich die USA meiner Ansicht nach in der Zukunft mit vier Hauptproblemen auseinandersetzen müssen. Die kumulative Wirkung dieser Probleme wird zur Folge haben, daß die USA schließlich nichts mehr gemein haben werden mit jenem Land, das in der amerikanischen Verfassung entworfen wurde. 1. Es wird ein permanenter Kriegszustand entstehen, der weitere Terroranschläge auf Amerikaner in allen Teilen der Welt hervorbringen und kleinere Staaten veranlassen wird, sich mithilfe von Massenvernichtungswaffen gegen die Bedrohung durch den imperialen Moloch zu schützen. 2. Die Demokratie und die verfassungsmäßigen Rechte der Bürger in den USA werden weitgehend eingeschränkt oder außer Kraft gesetzt werden ... 3. Das ohnehin schon arg gebeutelte Prinzip der Wahrhaftigkeit und der Wahrheit wird zunehmend verdrängt werden durch ein System der Propaganda, der Desinformation und der Verherrlichung des Krieges, der Macht und des Militärs. 4. Schließlich wird unser Land in den wirtschaftlichen Ruin getrieben, wenn wir immer mehr Ressourcen in immer ehrgeizigere militärische Projekte stecken und dafür die Ausbildung, die Gesundheit und die Sicherheit unserer Bürger vernachlässigen.« (Johnson 2003: 389 f.)

Sein Fazit lautet: »Eine Entwicklung allerdings könnte diesem Prozeß Einhalt gebieten: Das Volk müßte den Kongreß zurückerobern, ihn reformieren und die korrumpierten Wahlgesetze ändern, die ihn zu einem Forum für Partikularinteressen gemacht haben. Das Volk müßte ihn zu einer echten Versammlung demokratisch gewählter Volksvertreter umgestalten und den Geldfluß ins Pentagon und in die verschiedenen Geheimdienste unterbinden. Wir verfügen über eine starke Zivilgesellschaft, die zumindest theoretisch imstande wäre, gegen die machtvollen Interessen der Streitkräfte und des militärisch-industriellen Komplexes vorzugehen. Doch in diesem fortgeschrittenen Stadium ist es schwer vorstellbar, wie der Kongreß, ähnlich wie der römische Senat in den letzten Tagen der Republik, zu neuem Leben erweckt und von all den Verderbtheiten gereinigt werden könnte. Unterlassen wir jedoch diese Veränderungen, wird sich Nemesis, die Göttin der Vergeltung und der Rache, die

Hochmut und Hybris bestraft, voller Ungeduld auf ihre Begegnung mit uns vorbereiten.« (Johnson 2003: 427)

»Die Weißen Tauben sind müde«, teilte ein altes Lied im Radio mit, das wieder gespielt wurde. Sind sie es? Kein Krieg in der bekannten Geschichte traf bereits auf so starken Widerstand, bevor er tatsächlich ausgebrochen wurde, wie der Irak-Krieg. Die vielen Schüler, die so engagiert erstmals in ihrem Leben demonstrierten, sie werden nicht vergessen, daß sie dabei waren. Im September 2002 in Brüssel, es war eigentlich die »Internationale Programmgruppe« für das Europäische Sozialforum von Florenz, stellte jemand plötzlich die Frage, was wir denn tun, wenn die USA diesen angekündigten Krieg führen. Demonstrationen, in jedem Lande extra, zu unterschiedlichen Zeiten, sind den Herrschenden und ihren Gazetten nur ein paar Zeilen wert. Besser ist, es tun alle gleichzeitig, in ganz Europa, wurde dann vorgeschlagen. Also, am Tag X, um 18.00 Uhr. Aber wenn es länger dauert mit der Vorbereitung, sollte vorher ein Zeichen gesetzt werden. Sie werden vor dem Frühjahr nicht anfangen, sagte ein Engländer, schon wegen des Klimas. So wurde der 15. Februar 2003 als der gemeinsame Tag der Friedensdemonstration vorgeschlagen. In Florenz hat die Versammlung der sozialen Bewegungen während des ersten Europäischen Sozialforums 2002 diesen Aufruf beschlossen, in Porto Alegre im Januar 2003 folgten die sozialen Bewegungen aller Kontinente diesem Vorschlag und riefen zur weltweiten Demonstration auf. Natürlich sind die jungen Leute nicht am 15. Februar 2003 zur Demonstration gekommen, weil irgend jemand etwas beschlossen hatte. Durch diesen Beschluß aber war es eine einzige Demonstration, weltweit. Das war neu, und es bleibt, was immer die Herrschenden reden.

Derweil haben die USA und ihre Willigen, die immer weniger werden, ihren Krieg geführt. Sie haben militärisch gesiegt, doch den Frieden nicht gewonnen. Das Land versinkt in Bürgerkrieg, ist nach wie vor unregierbar. Und die Herren des Krieges haben diesen geführt wie nächtliche Diebe. Sie mußten ihre Bombardements stets mit dem Argument versehen, sie würden nur das Regime treffen wollen, nicht die Bevölkerung. Jedes getötete oder verwundete Kind, das in den Medien erscheint, ist ein Argument gegen den Krieg. In den beiden Weltkriegen des 20. Jahrhunderts waren die Kriegsherren stolz auf ihre Bombenkriege; die Deutschen hatten ihn im Ersten Weltkrieg erfunden, dann im Zweiten weiterentwickelt: gegen Guernica und London und viele andere Städte. Und schließlich hatten ihn die Briten und die Amerikaner in Dresden und Hiroshima perfektioniert. Auch im Vietnam-Krieg war noch voller Eifer die Zivilbevölkerung mit »Bombenteppichen« belegt worden. Jetzt trauen sie sich nicht mehr, ihre Kriegsverbrechen als Trophäen vor sich her zu tragen.

Es hat sich etwas gewandelt im Denken über eine friedliche Menschheitlichkeit. Bush II und sein Kriegsminister Rumsfeld erscheinen als Gestalten aus einer anderen Zeit, der Unterwelt entstiegen, um die Menschen zu versuchen. »Selig sind die Friedfertigen …«, heißt es in der Schrift, auf die sich diese Kriegsherren so gern berufen. Und die Friedfertigen sind mehr geworden, mehr denn je. Die Kriegstreiber stehen unter einem Rechtfertigungszwang, wie noch nie in der Geschichte. Ihre Lügengespinste nutzen ihnen nichts. Das ist die vielleicht wichtigste Botschaft aus dem Kriege, der im Falle des Irak noch nicht zu verhindern war.

Es besteht eine große Chance: Wenn diese Herren ihre Kriege schon zu führen gezwungen sind als Lügner und Diebe, dann stehen sie bereits außerhalb von Recht und Sitte. Es kippt bald, und dann ist das Kriegführen geistig unmöglich gemacht – wie heute schon Sklaverei und in zivilisierten Ländern die Todesstrafe. Und dann wird Krieg auch praktisch unmöglich. Wir haben die Chance, das zu erreichen.

Zum Weiterlesen:

Zbigniew Brzezinski (2002): Die einzige Weltmacht. Amerikas Strategie der Vorherrschaft, Frankfurt am Main: Fischer Taschenbuch Verlag.

Gordon A. Craig (1989): Geschichte Europas 1815-1980. Vom Wiener Kongreß bis zur Gegenwart, München: Verlag C.H.Beck 1989.

Chalmers Johnson (2003): Der Selbstmord der amerikanischen Demokratie, München: Karl Blessing Verlag.

Karl Kautsky(1915): Zwei Schriften zum Umlernen, in: Die Neue Zeit, 2. Bd., Berlin.

Paul Kennedy (1989): Aufstieg und Fall der großen Mächte. Ökonomischer Wandel und militärischer Konflikt von 1500 bis 2000, Frankfurt am Main: S. Fischer Verlag.

W. I. Lenin: Der Imperialismus als höchstes Stadium des Kapitalismus, in: Ders.: Werke, Bd. 22, Berlin: Dietz Verlag.

Juan J. Linz (2003): Totalitäre und autoritäre Regime, Berlin: Berliner Debatte Wissenschaftsverlag.

Heinrich Mann (1947): Ein Zeitalter wird besichtigt, Berlin: Aufbau Verlag.

Tomás Moulian (2000): Ein Sozialismus für das 21. Jahrhundert. Der fünfte Weg, Zürich: Rotpunktverlag.

Joseph A. Schumpeter (1953): Zur Soziologie der Imperialismen, in: Ders.: Aufsätze zur Soziologie, Tübingen: J.C.B. Mohr.

Emmanuel Todd (2003): Weltmacht USA. Ein Nachruf, München/Zürich: Piper Verlag.

Kapitalismus und Weltsystem

Die Bourgeoisie reißt durch die rasche Verbesserung aller Produktionsinstrumente,
durch die unendlich erleichterten Kommunikationen alle, auch die barbarischsten
Nationen in die Zivilisation. Die wohlfeilen Preise ihrer Waren sind die schwere Artillerie,
mit der sie alle chinesischen Mauern in den Grund schießt, mit der sie den hartnäckigsten
Fremdenhaß der Barbaren zur Kapitulation zwingt. Sie zwingt alle Nationen, die
Produktionsweise der Bourgeoisie sich anzueignen, wenn sie nicht zugrunde gehn wollen;
sie zwingt sie, die sogenannte Zivilisation bei sich selbst einzuführen, d. h. Bourgeois
zu werden. Mit einem Wort, sie schafft sich eine Welt nach ihrem eigenen Bilde.
Karl Marx, Friedrich Engels

Ein Schriftsteller, Hermann Hesse, war im Jahre 1931 – es war die Zeit der Weltwirtschaftskrise – der Meinung, »der Kommunismus«, worunter er »im wesentlichen die Ziele und Gedanken des alten Marxischen Manifestes« verstand, also nicht Lenin, Stalin und den Kommunismus der Komintern, sei »im Begriff, seine Verwirklichung in der Welt durchzusetzen, die Welt ist reif dafür, seit nicht nur das kapitalistische System so deutliche Zeichen des Verfalles zeigt, sondern namentlich auch seit die ›Mehrheits‹-Sozialdemokratie die revolutionäre Fahne vollkommen verlassen hat.« Die Überschrift des Textes lautet: »Brief an einen Kommunisten«. Es war ein vervielfältigter offener Brief, auf den er bei Bedarf zurückgriff, den er damals allerdings nicht drucken ließ. Man könnte sagen, es war ein Diskussionspapier. Hesse meinte, der Kommunismus werde kommen. »Wer heute auf seiten des Kommunismus steht, der bejaht die Zukunft.« Sein Argument war dann aber kein theoretisch abgeleitetes, sondern Reflexion der sozialen Lage in jener Krisenzeit. »Außer diesem Ja, das mein Verstand zu Ihrem Programm sagt, hat auch, seit ich lebe, eine Stimme in mir für die Leidenden gsprochen, ich bin immer für die Unterdrückten gegen die Unterdrücker, für den Angeklagten gegen den Richter, für die Hungernden gegen die Fresser gewesen. Nur hätte ich allerdings diese mir natürlich scheinenden Gefühle niemals kommunistisch genannt, sondern eher christlich.« Hier können wir nachvollziehen, wie das Mitfühlen dieses großartigen Künstlers mit den Opfern der kapitalistischen Krise war, das ihn zu seinem Urteil kommen ließ. Der Theorie gegenüber blieb er eher skeptisch. »Ich glaube an den Kommunismus als Programm für die kommende Menschheits-Stunde, ich halte ihn für unentbehrlich und unumgänglich. Aber ich glaube deswegen keineswegs daran, daß der Kommunismus auf die großen Lebensfragen bessere Antworten habe als irgendeine frühere Weisheit. Ich glaube ... und hoffe aufrichtig, daß es ihm gelingen werde, den Hunger abzuschaffen und einen großen Alpdruck von der Menschheit zu nehmen. Aber daß damit das geleistet werde, was die Religionen, Gesetzgebungen und Philosophien früherer Jahrtausende nicht leisten konnten, das glaube ich nicht. Daß der Kommunismus über die Verkündigung vom Recht eines jeden Menschen auf Brot und auf Geltung hinaus recht habe und besser sei als irgendeine frühere Glaubensform, das glaube ich nicht. Er hat seine Wurzeln im neunzehnten Jahrhundert, mitten im Boden der dürrsten und dünkelhaftesten Verstandesherrschaft, eines besserwissenden, phantasielosen und lieblosen Professorentums. Karl Marx hat das Denken in dieser Schule gelernt, seine Geschichtsbetrachtung ist die eines Nationalökonomen, eines großen Spezialisten, aber sie ist keineswegs ›sachlicher‹ als irgendeine andre Art der Betrachtung, sie ist außerordentlich einseitig und unelastisch: ihre Genialität und Rechtfertigung liegt nicht in ihrem höheren Rang an Geist, sondern in ihrer Entschlossenheit zur Tat.« (Hesse 2000: 177 ff.)

Diese Lage ähnelt verdächtig der von heute. Der Begriff *Kommunismus* ist nach 1989 weitgehend aus dem Gebrauch gekommen, doch wenn wir statt dessen *Sozialismus* einsetzen, ist der Anspruch Hesses an die grundlegende gesellschaftliche Alternative durchaus sehr zeitgemäß. Bevor nun wieder zu neuen Taten gerufen wird, muß allerdings die Welt neu analysiert und interpretiert werden. »Die Philosophen haben die Welt nur verschieden interpretiert, es kömmt drauf an, sie zu verändern«, lautet Marx' elfte Feuerbach-These aus dem Jahre 1845. Heute müßte man sagen: Die Kämpfe des 20. Jahrhunderts haben die Welt gehörig verändert, es kommt nun darauf an, sie neu zu interpretieren. Hier ist die Untersuchung des Kapitalismus, seiner historischen und »genetischen« Voraussetzungen, seiner Geschichte und seiner aktuellen Strukturen nach wie vor eine notwendige und dringende Aufgabe – ohne dies keine ernsthafte Debatte über Möglichkeiten eines neuen Sozialismus. Hier bleiben methodische Vorgehensweisen wie inhaltliche Deutungen von Marx weiter relevant, auch wenn sie ihrerseits zugleich im Kontext ihrer Zeit und damit ihrer Begrenzungen gelesen werden müssen, was Hesse ja sehr drastisch formuliert hat.

Die bleibende Relevanz des Marxschen Herangehens für die Analyse des Kapitalismus ist allerdings auch anderen klar. In den 1990er Jahren wurde etwas »Globalisierung« geheißen, das bereits Marx und Engels im Kommunistischen Manifest mit den diesem Text vorangestellten Worten beschrieben hatten. In vielen Feuilleton-Beiträgen auch bürgerlicher Zeitungen in Deutschland wurde im Jahre 1998, im 150. Jahr nach dem Erscheinen des Manifestes, genau dieses Zitat verwendet. Das war ganz gewiß Ausdruck des Gefühls dafür, daß die Bourgeoisie weltweit jetzt genau das tut, was die beiden damals beschrieben hatten. Insofern ist erneute Kapitalismus-Analyse, die befreit ist vom Prokrustesbett der Ideologie-Produktion für eine kommunistische Staatspartei, eine zugleich intellektuell höchst anspruchsvolle Herausforderung. Darauf allerdings hatte Peter Ruben bereits Anfang der 1990er Jahre verwiesen: Es »ist zum ersten Male in der Geschichte das weitere Schicksal des Marxismus in die Kompetenz von Personen gelegt, die sich für ihn nicht interessieren, um einer Partei eine geistig vereinende Auffassung des Sinns ihrer Strategie und Taktik zu liefern, sondern um die Struktur und Entwicklung der Gesellschaft zu verstehen, in der sie leben.« (Ruben 1993: 75)

Aber ist über den Kapitalismus nicht alles gesagt? Ganze Bibliotheken wurden gefüllt. Historiker, Ökonomen und Soziologen, Schriftgelehrte aller Couleur und Dilettanten, Moralisten und Unternehmensberater, Politiker und Publizisten haben seit Jahrhunderten den Kapitalismus zu verstehen und sein Wesen wie seine Erscheinungsformen darzustellen sich gemüht. Dennoch sind spätestens seit von »Globalisierung« die Rede ist, nicht nur neue, sondern auch die angeblich längst erledigten, alten Fragen nach dem Kapitalismus wieder aktuell: die nach Mehrwert, Ausbeutung und Akkumulationsregimen, aber auch nach dem Zusammenhang von Kapitalismus, Imperialismus, Krieg und Gewalt. Reden wir heute über den Zustand der Welt als der kapitalistischen »Welt des weißen Mannes«, ist es durchaus sinnvoll, den Blick erneut auch auf die Entstehung der eurozentristischen Weltordnung und der daraus hervorgegangenen Entwicklung des Kapitalismus zu richten.

Die ungewöhnliche Frage
Cajamarca hieß jene Stadt im Hochland von Peru, bei der am 16. November 1532 die historische Begegnung zwischen dem spanischen Konquistador Francisco Pizarro nebst seiner Horde von Abenteurern und dem Inka-Herrscher Atahualpa mit seinem 80 000-Mann-Heer stattfand. Bereits an jenem Tage wurde Atahualpa, absoluter Herrscher über das größte und entwickeltste Staatswesen der »Neuen Welt«, gefangengenommen. Die 62 Reiter und 106 Fußsoldaten der Spanier erschlugen an diesem einen Tage etwa 7000 Kämpfer der Inkas. Am Ende wurden auch der Herrscher ermordet, sein Reich erobert und die indianischen Bevölkerungen jenes Gebietes, sofern sie überlebt hatten, versklavt. Jared Diamond, Entwicklungsbiologe und Physiologe, stellt die folgenreichende Frage, weshalb eigentlich der Abgesandte des spanischen Königs Karl I. (zugleich als Karl V. deutscher Kaiser) Atahualpa festsetzt, und nicht jener nach Spanien kam, um Kaiser Karl gefangenzunehmen? Warum war Pizarro in Amerika und nicht Atahualpa in Europa?

Als das Buch frisch erschien, war im Feuilleton großes Erstaunen über Diamonds Frage anzutreffen. Das zeigt, selbst die Debatte um die ursprünglichen Bedingungen des Prozesses der europäischen Eroberung der Welt und des damit von hier ausgehenden Kapitalismus ist nicht erledigt. So tritt uns Diamond als ein bemerkenswerter Autor auf diesem Feld entgegen, auch wenn Wirtschafts- und Sozialwissenschaftler nicht nur des bürgerlichen Mainstream-Betriebes, sondern auch linke, gern und absichtsvoll Wortmeldungen von Naturwissenschaftlern ignorieren.

Natürliche Voraussetzungen
Die von Diamond untersuchten Faktoren reichen von der Entwicklung der Viehzucht und der Schrift bis zur Ausbreitung von Krankheiten und der Entwicklung von Waffentechnik und Kriegsführung. Die Frage, weshalb Pizarro

Atahualpa in seine Gewalt bringen konnte, beantwortet er mit der militärischen Überlegenheit der Spanier: Sie hatten Schwerter, andere Waffen und Rüstungen aus Stahl sowie Kanonen und Pferde, während die Soldaten Atahualpas lediglich Keulen und Äxte aus Stein, Bronze oder Holz hatten, dazu Schleudern und leichte Rüstungen, und nicht über Tiere für den Ritt in die Schlacht verfügten. Nach der Domestikation des Pferdes um 4000 v. Chr. in den Steppen nördlich des Schwarzen Meeres hatte sich die Kriegsführung in der Alten Welt gründlich gewandelt. Pferde verschafften denen, die über sie verfügten, die Möglichkeit, wesentlich größere Entfernungen zu überwinden, als dies zu Fuß möglich war, Überraschungsangriffe zu unternehmen, beritten zu kämpfen. Kampfwagen spielten bereits in der Antike eine Rolle; Wagen, die von Pferden, Rindern oder anderen großen Tieren gezogen wurden, gaben die Möglichkeit, größere Mengen Nachschub zu transportieren, als dies mit Hilfe von Trägern möglich war. Erst so war auch die Nutzung des Rades wirtschaftlich und militärisch sinnvoll. In der Neuen Welt hatte es vor der Ankunft der Spanier weder große Tiere und Wagen noch Stahlproduktion gegeben. Die menschliche Muskelkraft war die wichtigste und nahezu einzige Energiequelle. Die Azteken kannten zum Beispiel auch das Rad – als Spielzeug für Kinder.

Dies war der Hintergrund, weshalb kleine spanische Einheiten, beritten und mit stählernen Waffen, vergleichsweise riesige Heere der Indianer besiegen konnten; auf dem Wege zur Eroberung der Inka-Hauptstadt Cuzco führten die Spanier noch vier derartige Schlachten wie in Cajamera und schlugen anschließend zwei große Aufstände der indigenen Bevölkerung nieder, wieder jeweils mit Tausenden und Zehntausenden Opfern. Hinzu kam, daß die Inkas nicht über eine Schrift verfügten, mit deren Hilfe Informationen rasch und unkompliziert hätten übermittelt werden können. Kommunikationswege in Amerika in Nord-Süd-Richtung gab es ebenfalls nicht. Obwohl die Spanier bereits 1512 den Isthmus von Panama besetzt und 1519 bis 1521 das Aztekenreich erobert hatten, war die Kunde von deren Existenz bis 1532 noch nicht bis zu den Inkas gedrungen. Vorausgeeilt waren den Spaniern allerdings ihre aus der Alten Welt eingeschleppten Krankheiten: Atahualpa befand sich in Cajamera im Gefolge eines Bürgerkrieges im Inka-Reich, dessen Auslöser war, daß eine Pockenepidemie unter den südamerikanischen Indianern, die von Spaniern nach Panama und Kolumbien eingeschleppt worden war, 1526 den Inka-Herrscher und seinen gesamten Hofstaat und dann auch dessen Nachfolger dahingerafft hatte.

Zur Antwort auf die Frage, weshalb die Spanier nach Amerika gekommen waren, und nicht Atahualpa nach Europa, gehört schließlich auch der Stand des europäischen Schiffbaus. Er ermöglichte den Spaniern die Reise über den Ozean, erst über den Atlantik nach Panama und dann über den Pazifik nach Peru, während Atahualpa nicht über große Schiffe verfügte und einem Expansionsstreben der Inkas über die Ozeane hinweg daher Grenzen gesetzt waren. Die zentralistische politische Ordnung erlaubte es Spanien, die Schiffe zu finanzieren, zu bauen, auszurüsten und die erforderlichen Mannschaften zu rekrutieren. Am Beispiel der Gefangennahme Atahualpas durch Pizarro macht Diamond die Komplexität der Faktoren fest, die bewirkt haben, daß die Herstellung globaler wirtschaftlicher, politischer, sozialer und kultureller Verhältnisse von Eurasien ausging, praktisch dann von Europa.

Den Ausgangspunkt sieht Diamond am Ende der letzten Eiszeit, vor etwa 13 000 Jahren. Damals befanden sich die Menschen auf allen Kontinenten, was die Beherrschung von Technologien anbetraf, etwa auf dem gleichen Stand. Dann zeigte sich jedoch, daß es ein Territorium gab, das menschlichem Leben günstigere Entwicklungsmöglichkeiten gab: das »Fruchtbarer Halbmond« genannte Gebiet von Palästina über Syrien bis Mesopotamien. Hier begann der Ackerbau vor etwa 9 000 Jahren, konnten vier wichtige Planzenarten nutzbar gemacht werden, nämlich Weizen, Gerste, Erbse und Linse, sowie vier wichtige Tierarten domestiziert werden: Rind, Schwein, Ziege und Schaf. Später kamen Pferde und Kamele hinzu, mit den bereits erwähnten Folgen für Wirtschaft, Verkehr und Militärwesen. Diese natürlichen Voraussetzungen ermöglichten es den dort lebenden Menschen, Ackerbau und Viehzucht zu betreiben und so viel früher seßhaft zu werden als in allen anderen Weltteilen. Seßhafte Lebensweise führt zu besserer Ernährung, demzufolge auch zu höherer Kinderzahl, also zu einem Bevölkerungswachstum, das Jäger und Sammler sowie nomadisierende Völker nicht kennen. Damit findet auch eine Heraussonderung sozialer Oberschichten statt, die vielfach zugleich Bildungsschichten sind: Priester, Beamte, Heerführer, Schriftgelehrte; Staatsbildungen haben hier ihre Grundlage, schließlich entstehen immer größer werdende Reiche. Die Gesellschaften finden Zeit und Kraft, Bildung und Schriftgut anzuhäufen sowie immer größere Städte, Bewässerungssysteme und Verkehrswege zu bauen. All diese produktiven und kulturellen Errungenschaften breiten sich nach Westen, bis an den Atlantik, nach Irland und Spanien und nach Osten, bis nach China und auf dem Seewege dann auch nach Japan und Indonesien aus.

Die Menschen in Amerika, Australien und auch in Afrika südlich der Sahara waren dagegen von der Natur weniger begünstigt. Sie konnten in ihren Gebieten fast keine domestizierbaren Tiere und nur wenige nutzbare Pflanzenarten finden. Die Ureinwohner Amerikas und Australiens hatten zudem nach ihrer Einwanderung die dort lebenden großen Säugetierarten ausgerottet, so daß diese später nicht zur Domestikation oder zumindest als Nahrungsquelle zur Verfügung standen.

Zu den, zunächst überraschend scheinenden Folgen der seßhaften Bauernexistenz gehören auch die Krankheiten. So handelt es sich bei den verheerendsten Krankheitserregern der jüngeren Geschichte – Diamond nennt Pocken, Grippe, Tuberkulose, Malaria, Pest, Masern und Cholera – um Erreger, die sich aus Tierkrankheiten entwickelt haben und auf den Menschen übergesprungen sind. Die bäuerliche bzw. Viehzüchter-Lebensweise hatte die Entstehung der

Krankheiten, aber auch der Antikörper bei den so Lebenden bewirkt. Menschen, die mit derlei Krankheiten nie in Kontakt getreten waren, hatten natürlich auch die Abwehrkräfte nicht. Es waren solche Krankheiten, die die Europäer nach Amerika, Australien und auf die Pazifischen Inseln eingeschleppt hatten, und an denen allein in Amerika nach heutiger Kenntnis innerhalb von zwei Jahrhunderten nach Ankunft des Kolumbus etwa 95 Prozent der ursprünglichen indigenen Bevölkerung zugrunde gegangen sind.

Diamond sieht die Zukunft der Geschichte als Naturwissenschaft. Das ist vielleicht etwas verkürzt. Doch er zeigt, daß viele wirtschaftliche und soziale Tatbestände von heute Voraussetzungen haben, deren Wurzeln historisch viel tiefer liegen, als die Geschichte der Neuzeit oder gar des 20. Jahrhunderts vermuten lassen könnte. Vor allem aber beweist er, daß die Ursachen historischer Ungleichheiten zwischen Völkern und Regionen sehr viel mit klimatischen und geographischen Unterschieden am Ende der Eiszeit zu tun haben, aber nicht mit rassischen oder rassistischen Theorieansätzen zu erklären sind. Die von der Natur bevorzugten, reichen Regionen brachten jene Eroberer hervor, die durch ihre Eroberungen noch reicher werden wollten und zugleich über die Mittel dazu verfügten.

Theoretische Annahmen und praktische Entgegnungen
Alles oben Gesagte gilt für den eurasischen Großkontinent im Unterschied zu Amerika, zum subsaharischen Afrika und zu Australien. Warum dann aber Europa, das doch am Beginn der Neuzeit im Vergleich zum China der Ming-Dynastie, zum arabischen Kalifat, zum Osmanischen Reich oder zum nordindischen Mogulreich technologisch und kulturell deutlich unterlegen war? Am Ende rücken politische und kulturelle Faktoren stärker ins Blickfeld.

Irgendwie, am Beginn der Neuzeit, ist Europa, aber nicht einmal ganz Europa, sondern der Westen Europas, vor allem der Nordwesten, aus dem eher gemächlichen Gang der Geschichte der traditionellen agrarischen Gesellschaften ausgetreten und hat einen anderen Weg genommen. Die kapitalistische Produktionsweise bildete sich aus. Karl Marx sah analytisch als wesentlich das *allgemeine Gesetz der kapitalistischen Akkumulation* an: »Wie die einfache Reproduktion fortwährend das Kapitalverhältnis selbst reproduziert, Kapitalisten auf der einen Seite, Lohnarbeiter auf der andern, so reproduziert die Reproduktion auf erweiterter Stufenleiter oder die Akkumulation das Kapitalverhältnis auf erweiterter Stufenleiter, mehr Kapitalisten oder größere Kapitalisten auf diesem Pol, mehr Lohnarbeiter auf jenem. Die Reproduktion der Arbeitskraft, die sich dem Kapital unaufhörlich als Verwertungsmittel einverleiben muß, nicht von ihm loskommen kann und deren Hörigkeit zum Kapital nur versteckt wird durch den Wechsel der individuellen Kapitalisten, woran sie sich verkauft, bildet in der Tat ein Moment der Reproduktion des Kapitals selbst. Akkumulation des Kapitals ist also Vermehrung des Proletariats.« Als Konsequenz betrachtete er, daß der Akkumulation von Kapital eine »Akkumulation von Elend« entspreche. »Die Akkumulation von Reichtum auf dem einen Pol ist also zugleich Akkumulation von Elend, Arbeitsqual, Sklaverei, Unwissenheit, Brutalisierung und moralischer Degradation auf dem Gegenpol, d. h. auf Seite der Klasse, die ihr eignes Produkt als Kapital produziert.« (Marx, Bd. 23: 641 f., 675)

Zugleich betonte Marx den historischen Ausgangspunkt jenes Prozesses, den er die *sogenannte ursprüngliche Akkumulation* nannte. Damit meinte er jene Akkumulation, die »nicht das Resultat der kapitalistischen Produktionsweise ist, sondern ihr Ausgangspunkt«, der im Kern »der historische Scheidungsprozeß von Produzent und Produktionsmittel« ist. Große Menschenmassen werden »plötzlich und gewaltsam von ihren Subsistenzmitteln losgerissen und als vogelfreie Proletarier auf den Arbeitsmarkt geschleudert ... Die Expropriation des ländlichen Produzenten, des Bauern, von Grund und Boden bildet die Grundlage des ganzen Prozesses.« Dies verlaufe in den einzelnen Ländern und Epochen unterschiedlich, besitze jedoch in England seine »klassische Form«. (Marx, ebenda, 741 f., 744) Die stellt er dann auch ausführlich dar. Das Problem allerdings ist, daß die analytisch fruchtbare Darstellung des Profitprinzips und der Perspektiven des kapitalistischen Akkumulationsprozesses zwar erklärt, wie das kapitalistische Wirtschaften denn funktioniert, nicht aber, warum es ausgerechnet in Westeuropa zu der Ausformung dieser Wirtschaftsweise gekommen ist. Die Erläuterung der historischen Voraussetzungen in England wiederum zeigt, auf welche Weise es dort dazu kam, aber ebenfalls nicht, warum gerade England zum »klassischen« Fall emporwuchs.

Werner Sombart, dem die ganze Richtung sozialistischer Kapitalismuskritik nicht paßte, meinte über das »Werden des Kapitalismus«, seine treibenden Kräfte: »Aus dem tiefen Grunde der europäischen Seele ist der Kapitalismus erwachsen.« Es sei der Geist des Faustus (Und damit sehr deutsch? Aber war nicht Deutschland eher ein kapitalistischer Nachkömmling, im Vergleich mit England und Frankreich?): »Erst in diesem und jenem starken Manne Wurzeln schlagend und ihn hinausjagend aus der Masse ruheliebender, bequemer Genossen; dann immer weitere Kreise erfüllend, belebend, bewegend.« Es seien die *Unternehmenden,* »die sich die Welt erobern; die Schaffenden, die Lebendigen; die Nicht-Beschaulichen, Nicht-Genießenden, Nicht-Weltflüchtigen, Nicht-Weltverneinenden«. Dieser Geist durchbreche nun die Schranken »geruhsamer Genügsamkeit« und treibe »die Menschen in die Wirbel der Erwerbswirtschaft hinein. Erobern heißt hier im Gebiete des materiellen Strebens erwerben: eine Geldsumme vergrößern. Und nirgends findet das Unendlichkeitsstreben, findet das Machtstreben ein seinem innersten Wesen so sehr gemäßes Feld der Betätigung wie in dem Jagen nach dem Gelde, diesem völlig abstrakten, aller organisch-natürlichen Begrenztheit enthobenen Wertsymbole, dessen Besitz dann immer mehr auch als Machtsymbol erscheint.« (Sombart 1987: 327 f.)

Der Kapitaleigner als die eigentlich bewegende Figur der Geschichte – nur die heute etwas ältlich gespreizt wirkende Sprache verweist darauf, daß wir es nicht mit einem aktuellen Text aus der Schule des Neoliberalismus zu tun haben. Marx hatte bereits fünfzig Jahre vor Sombarts Lyrik, im *Kapital*, eine solche Interpretation glossiert, als er schrieb: »Diese ursprüngliche Akkumulation spielt in der politischen Ökonomie ungefähr dieselbe Rolle wie der Sündenfall in der Theologie. Adam biß in den Apfel, und damit kam über das Menschengeschlecht die Sünde. Ihr Ursprung wird erklärt, indem er als Anekdote der Vergangenheit erzählt wird. In einer längst verfloßnen Zeit gab es auf der einen Seite eine fleißige, intelligente und vor allem sparsame Elite und auf der andren faulenzende, ihr alles und mehr verjubelnde Lumpen. Die Legende vom theologischen Sündenfall erzählt uns allerdings, wie der Mensch dazu verdammt worden sei, sein Brot im Schweiß seines Angesichts zu essen; die Historie vom ökonomischen Sündenfall aber enthüllt uns, wieso es Leute gibt, die das keineswegs nötig haben. Einerlei. So kam es, daß die ersten Reichtum akkumulierten und die letztren schließlich nichts zu verkaufen hatten als ihre eigne Haut. Und von diesem Sündenfall datiert die Armut der großen Masse, die immer noch, aller Arbeit zum Trotz, nichts zu verkaufen hat als sich selbst, und der Reichtum der wenigen, der fortwährend wächst, obgleich sie längst aufgehört haben zu arbeiten.« In der »sanften politischen Ökonomie« habe stets die Idylle vorgeherrscht, während in der »wirklichen Geschichte« Eroberung, Unterjochung, Gewalt die große Rolle spielen. (Marx, Bd. 23: 741 f.)

Bei Max Weber ging es nicht ganz so idyllisch zu, doch galt ihm die Askese infolge des rechten Glaubens als der eigentliche Entstehungsgrund des Kapitalismus im Sinne von: »rational-kapitalistische Organisation von (formell) freier Arbeit« (Weber 1988: 7). Weber hat die ethische Wendung im Christentum vom (katholischen) Mittelalter zum Luthertum und vor allem zum Calvinismus und zum puritanischen Schrifttum in ihrer Bedeutung für die Entstehung des Kapitalismus zu deuten versucht. Der Besitz sei gleichsam die »Herberge«, die Gott dem Menschen gegeben hat; verwerflich also nicht der Besitz, sondern das »Ausruhen« auf ihm, der Genuß des Reichtums mit den Konsequenzen Müßiggang und Fleischeslust. Die ewige Ruhe des Heiligen liegt im Jenseits, auf Erden aber muß der Mensch wirken, um sich seines »Gnadenstandes« zu vergewissern; der Mehrung des Ruhmes Gottes dienen nicht Muße und Genuß, sondern aktives Tun – Zeitvergeudung ist die erste und schwerste aller Sünden. Von hier ist es nur noch ein kleiner Schritt zu dem berühmten: »Zeit ist Geld«. Der Satz des Apostels Paulus: »so jemand nicht will arbeiten, der soll auch nicht essen« (2. Thess. 3, 10) erscheint nun als der Ursprung christlicher Arbeitsethik. Das innerweltliche Erwerbsstreben wird zum Dankesbeweis für das Heilsgeschehen und so zur selbstverständlichen Pflicht des Christenmenschen. Während bei Thomas von Aquino die Arbeit nur notwendige Bedingung des Lebens ist, so Webers Interpretation der protestantischen Auslegung des Paulus-Satzes, wird sie hier zum Selbstzweck des Lebens überhaupt, zum Ausdruck des Gnadenstandes.

Dieser Terminus ist zentral für das Verständnis dessen, welche Wendungen das theologische Denken vollzogen hat und wie Weber sie als Bedingung des Kapitalismus interpretiert. Als Seinszustand gedacht, ist der Gnadenstand Ausdruck der »Prädestination«, der göttlichen Erwählung des Menschen. Schon bei Paulus galt die Tatsache, daß viele Menschen gegenüber der Offenbarung in Christus in Unglauben verharren, als erklärungsbedürftig. In dem Akt der Erwählung komme einerseits Gottes heilige Liebe zum Ausdruck, andererseits die Glaubensentscheidung des Menschen, diese anzunehmen. Die göttliche Erwählung schließe also das Ja der menschlichen Entscheidung, die Freiheit des Menschen zu entscheiden ein. Bereits Kirchenvater Augustinus machte daraus eine doppelte Prädestination: Gott der Herr hat aus der Menschheit von Anfang an eine bestimmte Zahl ausgewählt, die in die ewige Glückseligkeit einzugehen die Gnade haben, während die anderen der Verdammnis überantwortet sind. Calvin spitzt diese Einteilung zu: Gottes Gnade wirkt unwiderstehlich in den Erwählten, das Gnadenangebot an die Verworfenen dagegen ist nur Schein; die Gnade ist eine doppelte, zuerst die Vergebung der Sünden, dann folgt die heiligende Gnade, die in unseren guten Werken ihren Ausdruck findet.

In diesem Sinne, so Weber, ermahnen die Ethiker des Protestantismus die Menschen, zu gewinnen, was sie können, und zu sparen, was sie können, und das heißt: im Ergebnis reich zu werden. Im Unterschied zu den Reichtums- und Armutsdebatten des Mittelalters brauchte das bürgerliche Leben nicht nur kein schlechtes Gewissen zu haben, sondern der bürgerliche Unternehmer konnte in dem Bewußtsein handeln, »in Gottes voller Gnade zu stehen und von ihm sichtbar gesegnet zu werden«. Doch nicht nur reich zu sein, war Ausdruck seines Gnadenstandes, hinzu kam: »Die Macht der religiösen Askese stellte ihm überdies nüchterne, gewissenhafte, ungemein arbeitsfähige und an der Arbeit als gottgewolltem Lebenszweck klebende Arbeiter zur Verfügung.« Sie gab dem Unternehmer »dazu die beruhigende Versicherung, daß die ungleiche Verteilung der Güter dieser Welt ganz spezielles Werk von Gottes Vorsehung sei, der mit diesen Unterschieden ebenso wie mit der nur partikulären Gnade seine geheimen, uns unbekannten Ziele verfolge«. Das blieb natürlich nicht ohne Folgen. Eine war, wie schon Calvin selbst gesagt hatte, daß das Volk arm gehalten werden müsse, damit es Gott gehorsam bleibe; die Masse der Menschen arbeite nur, wenn die Not sie dazu treibe – woraus dann eine »Theorie von der ›Produktivität‹ niederer Löhne« gemacht wurde. Eine andere Folge war, daß das Betteln im Mittelalter als normal galt, zudem dem Besitzenden Gelegenheit gab, mittels Almosen ein gottgefälliges Werk zu tun, während im Gefolge der puritanischen Askese England eine harte Armengesetzgebung erhielt. (Weber 1988: 198 f.) Soweit Weber. Man könnte heute hinzufügen, daß die in neueren Forschungen zur Kolonialgeschichte hervorgehobene besonders rücksichtslose

Handhabung der Sklaverei durch die Niederländer wohl auch ihre calvinistische Wurzel hatte: Die einen handelten im Gnadenstand, und die anderen hatten es nicht besser verdient, weil sie dessen nicht teilhaftig geworden waren. Allerdings hatten es die reich gewordenen Herren mit der eigenen Askese dann auch nicht mehr so ernstgenommen, was allerdings auch vor allem in den Kolonien praktiziert wurde – da war offenbar die soziale Kontrolle durch Kirche, Klasse und Konvention nicht so groß wie im »Mutterland«.

Der große französische Historiker Fernand Braudel glaubt der Weberschen These, daß die Reformation den Kapitalismus von seiner inneren Unruhe, seinem schlechten Gewissen befreit und ihn letztlich hervorgebracht habe, nicht. Der Westen Europas habe seit dem 11. Jahrhundert zwei Zentren gehabt, eines im Norden und eines im Süden, mit den Niederlanden, der Nordsee und der Ostsee einerseits, Italien und dem Mittelmeer andererseits. Erst im 13. Jahrhundert wurden beide durch die Messen in der Champagne miteinander verbunden. Der nördliche Pol habe nichts erfunden, was die italienischen Republiken »in ihrer Genialität« nicht vorweggenommen hatten: Einkommensteuer, Wechsel, Kredit, Münzprägung, Bankwesen, Terminverkäufe, Staatsfinanzen, Darlehen, Doppelte Buchführung, Kolonialismus, »aber auch: soziale Unruhen, Ausbeutung der Arbeitskraft, Klassenkämpfe, Brutalität der Gesellschaft und politische Greuel«. (Braudel 1990b: 95, 101)

Das reformierte Europa hat in der Tat, so Braudel, »als Block betrachtet, letztlich den Sieg über die äußerst brillante, bereits seit Jahrhunderten vom Kapitalismus gezeichnete Wirtschaft des Mittelmeerraums, vornehmlich Italiens, davongetragen … Doch solche Verschiebungen sind in der Geschichte nichts Außergewöhnliches: Byzanz macht dem Islam Platz; der Islam dem christlichen Europa; die Christenheit des Mittelmeerraums gewinnt das erste Rennen über die sieben Weltmeere, und dennoch schiebt sich um 1590 herum der protestantische Norden in den Vordergrund.« Dennoch gilt, im Gegensatz zu Webers Annahme: »Bis zu diesem Zeitpunkt oder vielleicht auch bis 1610/1620 können wir das Wort *Kapitalismus* trotz Rom, trotz der Kirche, auf den Süden beschränken.« Hinzu kommt, »daß der Norden nichts entdeckt hat, weder Amerika noch den Weg ums Kap der Guten Hoffnung noch die anderen Weltwirtschaftsrouten. Als erste treffen Portugiesen auf der Insulinde, in China, in Japan ein – lauter Rekorde, die aufs Habenkonto des angeblich so faulen Südeuropa gehen.« Dieser letzte Punkt, das sei angemerkt, ist wohl die eigentliche Konsequenz der Weberschen These, und das analog zu Sombarts Faustischem Geist. Bei Braudel ist es die Logik der kapitalistischen Konkurrenz: »Der Sieg des Nordens ist ein Sieg des bescheideneren Konkurrenten – bis zu dem Tag, an dem sie, dem klassischen Schema folgend, nach der erfolgreichen Ausschaltung ihrer Rivalen ihrerseits all die Ansprüche der Reichen stellen.« (Braudel 1990a: 630 ff.)

Mit anderen Worten, der Kapitalismus, einmal entstanden, zieht nicht nur in die Welt hinaus und erobert Region um Region, er verlagert auch sein Zentrum.

Die verschiedenen Zentren stehen stets in Konkurrenz zueinander, und das jeweils dominierende Zentrum wandert: Anfang des 17. Jahrhunderts von Süd- nach Nordeuropa. Wir können ja heute die Linie fortsetzen: dort dann Ende des 17. Jahrhunderts von den Niederlanden nach England, von Amsterdam nach London, mit konkurrierenden Versuchen Frankreichs; und im 20. Jahrhundert nach Nordamerika, in die USA, mit New York als der neuen Weltstadt, hier mit konkurrierenden Versuchen Deutschlands (als kapitalistischer) und Rußlands bzw. der Sowjetunion (als kommunistischer Alternative). Wenn wir heute die Linie in das 21. Jahrhundert weiterziehen, hat die Verlagerung nach China und Indien offensichtlich bereits begonnen. Allerdings kontrolliert die »Welt des weißen Mannes« nach wie vor die Welthandels- und vor allem -finanzströme.

Das »Europäische Wunder«
Nach jahrzehntelangen Recherchen hat Gavin Menzies, ein früherer Seeoffizier der britischen Flotte, ein Buch veröffentlicht, in dem er darstellt, daß chinesische Seefahrer Amerika entdeckt hätten, siebzig Jahre vor Columbus, einhundert Jahre vor Magellan die Erde umsegelten und auch in Australien gelandet seien, 350 Jahre vor Kapitän Cook. Unter den Ming-Kaisern waren riesige Flotten gebaut und ausgesandt worden, um die Ozeane der Welt zu befahren, sie zu kartographieren, die Herrscher der fremden Länder zu beeindrucken und das chinesische Tributsystem weiter auszudehnen. Die Chinesen verfügten zu jener Zeit über jahrhundertelange Erfahrungen in der Hochseeschiffahrt, hatten den Kompaß erfunden, konnten die Zeit und die zurückgelegte Entfernung genau messen und besaßen entwickelte astronomische und nautische Kenntnisse. Ihre größten Schiffe waren 142 Meter lang, 55 Meter breit, hatten eine Wasserver- drängung von 1 500 Tonnen und verfügten über neun Masten mit riesigen Se- geln aus roter Seide. In zeitgenössischen Quellen werden sie als in höchstem Maße beeindruckend geschildert. Die berühmtesten Übersee-Reisen fanden zwischen 1405 und 1433 unter dem Kommando des Admirals Cheng Ho statt, mit Flotten aus Hunderten von Schiffen mit Zehntausenden Mann Besatzung. Die Reisen in die Häfen von Malakka und Ceylon, nach Indien, an die Ostküste Afrikas und zum Eingang des Roten Meeres sind unter Historikern unbestrit- ten. Die Thesen Menzies dagegen werden zum Teil in Frage gestellt. Unstrittig jedoch ist, daß die Portugiesen, als sie ihre Entdeckungsreisen machten, bereits Karten hatten von Gegenden, die sie noch nicht entdeckt hatten, wie auch Ko- lumbus über recht genaue Seekarten verfügte, bevor er lossegelte. Diese Karten mußten von jemandem angefertigt worden sein; die technischen und wissen- schaftlichen Voraussetzungen dafür hatten zu jener Zeit nur die Chinesen.

Auch der Historiker Paul Kennedy verweist darauf, daß die chinesischen Flotten Afrika hätten umsegeln und Portugal »entdecken« können, und das mehrere Jahrzehnte bevor Heinrich der Seefahrer seine Flotten losschickte. Es sollte jedoch anders kommen. Die chinesische Expedition von 1433 war die letzte dieser Art, und drei Jahre später verbot eine kaiserliche Anordnung den Bau hochseetüchtiger Schiffe, später untersagte eine besondere Order sogar Schiffe mit mehr als zwei Masten. Das Marinepersonal hatte fortan in der Binnenschiffahrt auf dem Kaiser-Kanal zu dienen, die großen Kriegsschiffe wurden an die Kette gelegt und abgetakelt, die Navigationsschulen geschlossen. Kennedy wie Menzies verweisen auf die »Was wäre, wenn«-Frage: Die Weltgeschichte hätte anders verlaufen können, wenn China und nicht Europa die Welt erobert hätte. Das beginnt bereits damit, daß die Chinesen nie plünderten. Tributpolitik hieß: Die Herrscher und Würdenträger der anderen Staaten sollten durch die Macht und den Reichtum Chinas beeindruckt werden. Sie sollten freiwillig Tribut zahlende Staaten werden und erhielten im Gegenzug Geschenke, die mindestens gleich wertvoll waren, damit sie in der Schuld Chinas blieben. Das Reich der Mitte verfolgte seine Ziele durch Handel, Bestechung und Einflußnahme. Bei Portugiesen und dann Holländern sowie anderen europäischen Invasoren des Indischen Ozeans dagegen waren Plünderung, Raub und Terror grundlegend für die Errichtung ihrer kolonialen Machtpositionen.

Es war dies bereits die europäische Gewohnheit der Macht. Der britische Historiker Robert Bartlett hat ein höchst lesenswertes Buch über das europäische Hochmittelalter geschrieben und ihm den Titel gegeben: »Die Geburt Europas aus dem Geist der Gewalt«. Die Expansion Europas vollzog sich schon lange vor den »großen Entdeckungen« als kriegerische: der Engländer gegen die Kelten, der Deutschen gegen die Slawen, der Spanier gegen die Mauren. Es folgten die Kreuzzüge und die Reconquista auf der Pyrenäenhalbinsel. Portugiesen und Spanier segelten um die Welt, weil dies gleichsam die Fortsetzung des Kampfes gegen den Islam und die Ungläubigen war; eine Expansionsrichtung nach Europa war ihnen schon geographisch verwehrt, es blieben nur die Länder hinter den Ozeanen. Und die Gewürzinseln mußten sie im unmittelbarsten Sinne des Wortes erobern, weil sie auf der Basis äquivalenten Handels nichts anzubieten hatten. Die Akkumulationsmittel, die den Kapitalismus möglich machten, waren Ergebnis von Raubregimen. Die Gewalt, zwischen den europäischen Staaten und gegen den Rest der Welt, blieb konstitutiv.

Gewiß, für die Entscheidung zum Isolationismus in China nach 1433 ließen sich auch rationale Gründe aufzählen. Im Norden waren wieder die Mongolen aufgetaucht, die Eroberung Assams (Vietnams) war kläglich gescheitert und die Hochseeflotten verschlangen riesige Mittel und Kräfte. Bei genauerem Hinsehen fällt der Blick jedoch auf die Rolle der Mandarine, der hohen Staatsbürokratie. Ihr Konservatismus war der Hauptgrund des Rückzuges, ihr Bemühen, die Vergangenheit zu erhalten, nicht eine auf Expansion und Überseehandel beruhende Zukunft zu schaffen. Das hatte auch eine wirtschaftliche Grundlage: Der chinesische Binnenhandel hatte zu jener Zeit ein größeres Volumen als der gesamte Handel Europas. Gewichtiger aber war wohl, daß in konfuzianistischer Tradition Kriegsführung als erbärmliche Tätigkeit angesehen wurde. Und

Händlern gegenüber war man grundsätzlich mißtrauisch, Akkumulation von Kapital wurde als Diebstahl angesehen, Besitz oft als unredlich erworben beschlagnahmt. Das konnte die Weltgeschichte jedoch nur deshalb in so starkem Maße beeinflussen, weil China ein höchst zentralisierter Staat war und jähe Entscheidungen despotisch durchgesetzt werden konnten.

Das gilt sinngemäß auch für das Osmanische und andere wirtschaftlich und kulturell hochentwickelte sowie militärisch starke Großreiche am Beginn der Neuzeit. Europa dagegen war politisch zersplittert, es gab eine Vielfalt wirtschaftlicher und militärischer Machtzentren. Diese Konkurrenz war Antrieb für wirtschaftliche Entwicklungen und militärische Neuerungen. Das Heraustreten Europas aus dem jahrtausendealten Trott der agrarischen Gesellschaften am Beginn der Neuzeit hat Paul Kennedy deshalb das »Europäische Wunder« genannt. Es besteht seiner Meinung nach in der weltgeschichtlich erstmaligen Entstehung kapitalistischer Industriegesellschaften ausgerechnet in Europa. Er erklärt es vor allem mit der Vielfalt:»Es war eine Kombination von wirtschaftlichem Laisser-faire, politischem und militärischem Pluralismus und intellektueller Freiheit – wie rudimentär jeder Faktor im Vergleich zu späteren Zeitaltern auch erscheinen mag –, die in ständiger Interaktion standen, um das ›Europäische Wunder‹ zu schaffen. Da das Wunder historisch einmalig ist, scheint es plausibel, anzunehmen, daß nur eine Entsprechung aller Komponenten anderswo ein ähnliches Resultat produziert hätte.« (Kennedy 1989: 68)

Weltmarkt und Weltsystem
Europa hat die Welt erobert und dabei den Kapitalismus entwickelt und verallgemeinert. Es sind tatsächlich ein Weltmarkt und ein Weltsystem entstanden, die für die Untersuchung der Welt von heute wesentlich sind. Der Ausgangspunkt, wie er in der oben zitierten Passage im »Kommunistischen Manifest« formuliert ist, war von Marx und Engels bereits zuvor in der *Deutschen Ideologie* mit der Feststellung hervorgehoben worden, daß die Geschichte zur Weltgeschichte wird, je mehr die ursprüngliche Abgeschlossenheit der einzelnen Nationalitäten durch die ausgebildete Produktionsweise, den Verkehr und die dadurch hervorgebrachte Teilung der Arbeit zwischen verschiedenen Nationen vernichtet wird. Vor allem in der großen Industrie sahen sie die Kraft, die dies bewirkte. »Sie erzeugte insoweit erst die Weltgeschichte, als sie jede zivilisierte Nation und jedes Individuum darin in der Befriedigung seiner Bedürfnisse von der ganzen Welt abhängig machte und die bisherige naturwüchsige Ausschließlichkeit einzelner Nationen vernichtete.« (Marx, Engels, Bd. 3: 45, 60) Die Herstellung des Weltmarktes wurde so zu einer wesentlichen Seite kapitalistischer Produktion. Der auswärtige Handel erlaubt es, die Stufenleiter der Produktion zu erweitern und beschleunigt die kapitalistische Akkumulation. In diesem Sinne haben wir es bei der heutigen »Globalisierung« nicht mit einer neuen Erscheinung, sondern mit einer neuen »Stufenleiter« dieses Prozesses zu tun.

Dieses Konzept ist zu verbinden mit der von Marx betonten Auffassung einer Ganzheitlichkeit der modernen bürgerlichen Gesellschaft, die er »Totalität« genannt hat. »Wenn im vollendeten bürgerlichen System jedes ökonomische Verhältnis das andre in der bürgerlich-ökonomischen Form voraussetzt und so jedes Gesetzte zugleich Voraussetzung ist, so ist das mit jedem organischen System der Fall. Dies organische System selbst als Totalität hat seine Voraussetzungen, und seine Entwicklung zur Totalität besteht eben [darin], alle Elemente der Gesellschaft sich unterzuordnen oder die ihm noch fehlenden Organe aus ihr heraus zu schaffen. Es wird so historisch zur Totalität. Das Werden zu dieser Totalität bildet ein Moment seines Prozesses, seiner Entwicklung.« (Marx, Bd. 42: 203) Hier geht es nicht um ein abgeschlossenes, ein für allemal fertiges System, sondern um die Feststellung, daß die Teile des Ganzen sich gegenseitig bedingen und zur Voraussetzung haben. Es ist von einem Kapitalismus die Rede, der in die Breite und in die Tiefe wächst und eine systemische Ganzheit bildet. Nur so ist die globalisierte Welt von heute zu verstehen.

Dies ist nicht nur in den Richtungen fortgedacht worden, die traditionell zum »Marxismus« gerechnet werden, sondern wurde auch fachwissenschaftlich für das geschichtliche Verständnis des Kapitalismus fruchtbar gemacht. Fernand Braudel wies nach, daß dieser Prozeß nicht zu einer allgemeinen Nivellierung der Wirtschafts- und Gesellschaftsverhältnisse führt. Er hat die »Regeln« des Funktionierens von Weltwirtschaftssystemen beschrieben (wobei für ihn, nebenbei bemerkt, Weltwirtschaft nicht erst mit dem Kapitalismus entsteht; Weltwirtschaften stets auf einer kulturellen Grundlage ruhen, nebeneinander existieren, aber in Beziehungen zueinander stehen). Die erste Regel ist die Veränderung des Raumes. Das Weltwirtschaftssystem tendiert zur Ausdehnung. Die zweite Regel lautet: Im Mittelpunkt steht eine dominierende kapitalistische Stadt. »Eine Weltwirtschaft weist im Zentrum ihres Geschäfts- und Versorgungsnetzes stets einen städtischen Pol auf, eine Stadt, in der Informationen, Waren, Kapitalien, Kredite, Menschen, Aufträge und Geschäftsbriefe zusammenströmen und von der sie wieder ausgehen …« (Braudel 1990b: 24) Dabei lösen sich die Städte in dieser Rolle untereinander ab. Nehmen wir das von Europa aus mit dem Beginn der Neuzeit sich über die Welt ausbreitende kapitalistische Weltsystem, so war das zunächst Venedig, dann – nach Zwischenstufen – Amsterdam, schließlich London und jetzt ist es New York. Mit der Verlagerung des erst industriellen, dann finanziellen Zentrums der Weltwirtschaft nach Asien, vor allem nach China, wird dies in den nächsten Jahrzehnten wohl durch Shanghai abgelöst werden.

Die dritte Regel nach Braudel ist die hierarchische Staffelung des Systems in verschiedene Zonen. Hier bezieht er sich auf die »Thünenschen Kreise«. Johann Heinrich von Thünen hatte 1826 das Schema einer einzelnen Stadt in einer Ebene entwickelt. In dem Modell sah er abstrakt von Dörfern, Unfruchtbarkeiten und Industrie ab und ging davon aus, daß die Stadt das Umland dominiert und in ein Austauschverhältnis mit ihm tritt. Danach würden sich um die Stadt konzentrische Kreise bilden: Im ersten würden Gärten, Gemüseanbau und Milchwirtschaft bestimmend sein, im zweiten Getreideanbau und im dritten Viehzucht. Während Thünen jedoch die Ungleichheit des Verhältnisses zwischen der Stadt und dem Umland stillschweigend unterstellt, betont Braudel, daß es gerade die Ungleichheit des Austausches ist, die den Wirtschaftskreislauf in Gang hält. Dieses Modell ist seiner Meinung nach auf viele tatsächliche historische Wirtschaftsgefüge anwendbar.

So vermerkt er, daß im 18. Jahrhundert im Weltwirtschaftszentrum England die Lohnarbeit in Stadt und Land vorherrscht, auf dem westeuropäischen Festland neben der Lohnarbeit aber noch vielerlei Formen vormoderner Handwerksarbeit und ländlicher Hörigkeit anzutreffen sind, in Osteuropa und dem türkischen Balkan die Leibeigenschaft dominiert und in der Neuen Welt seit dem 16. Jahrhundert die Sklaverei »ein sensationelles Come back gefeiert (hat), als sollte dort noch einmal alles beim Nullpunkt beginnen«. Braudel betont: »In all diesen Fällen trägt die Gesellschaft einer jeweils wieder anders gearteten wirtschaftlichen Notwendigkeit Rechnung und bindet sich mit ihrer Anpassung selbst die Hände, unfähig, die einmal gewählten Lösungen rasch wieder aufzugeben.« Die Folgerung ist: »Sklaverei, Hörigkeit, Lohnarbeit stellen historisch und sozial unterschiedliche Lösungen eines im wesentlichen gleichbleibenden allgemeinen Problems dar.« Und weiter: »Die Methoden der Ausbeutung lösen einander ab, ergänzen sich letztlich gegenseitig. Was im Herzen der Weltwirtschaft mit der Überzahl an Menschen, dem regen Geschäftsverkehr und der Bargeldschwemme möglich ist, ist es in den verschiedenen Randgebieten nicht mehr im selben Maß. Insgesamt läßt sich, vom Zentrum des ›Wirtschaftsterritoriums‹ ausgehend, ein historischer Rückschritt von einem Punkt zum anderen beobachten.« (Braudel 1990b: 63 ff.) Das Weltsystem weist also nicht nur ein machtpolitisches, sondern auch ein Entwicklungsgefälle auf.

Rosa Luxemburg beschäftigte sich ebenfalls mit dem Problem der Kapitalakkumulation und schrieb: »Die Kapitalakkumulation schreitet fort und dehnt sich aus auf Kosten der nichtkapitalistischen Schichten und Länder, zernagt und verdrängt sie in immer beschleunigterem Tempo. Allgemeine Tendenz und Endresultat des Prozesses ist ausschließliche Weltherrschaft der kapitalistischen Produktion. Ist diese erst einmal erreicht, dann tritt das Marxsche Schema in Kraft: Die Akkumulation, d. h. weitere Expansion des Kapitals, wird unmöglich, der Kapitalismus gerät in eine Sackgasse, er kann nicht mehr als das historische Vehikel der Entfaltung der Produktivkräfte fungieren, er erreicht seine objektive ökonomische Schranke.« In diesem Sinne käme dann der geschichtliche Expansionsprozeß des Kapitalismus an sein Ende. (Luxemburg: 519 f.)

Ihr Ansatz enthält einen zentralen Hinweis auf den Kapitalismus »in der Welt«: Er verbraucht stets Voraussetzungen und Bedingungen, um seine Akkumulation fortzusetzen, die er nicht selbst schafft oder schaffen kann. Angesichts der anhaltenden weltweiten Stagnation des produzierenden Gewerbes einerseits und der verselbständigten Finanzsphäre andererseits rücken jetzt als Objekt der Begierde die Güter der Versorgung, der Bildung, der Kultur, der Biodiversität in den Vordergrund. Zugleich jedoch vereinheitlicht er nicht die Produktionsverhältnisse, wie Rosa Luxemburg mit Blick auf das Erschöpfen des Akkumulationsprozesses erwartete, sondern reproduziert diese in einer hierarchischen Abstufung, wie das Braudel beschrieben hat. Die Sklaverei, die wir heute noch in Indien und mitunter in der brasilianischen Provinz antreffen, die »modernen« Formen der Hörigkeit, wie wir sie in Maquiladora-Kontrakten oder bei den prekär Beschäftigten in verschiedenen Weltteilen antreffen, und die tarifliche Lohnarbeit in den Großbetrieben der Zentren stellen auch heute historisch und sozial unterschiedliche Lösungen eines im wesentlichen gleichbleibenden allgemeinen Problems dar: der weltweiten kapitalistischen Reproduktion und Akkumulation. In diesem Sinne sind auch China als dynamisch wachsende Volkswirtschaft unter der Voraussetzung der Herrschaft der Partei, die weiter »Kommunistische« heißt, und der Abwesenheit freier Gewerkschaften sowie Rußlands Energie- und Rohstoffkomplexe, ebenfalls unter der Voraussetzung einer autoritären Regierung und fehlender Gewerkschaften, Teile des weltweiten kapitalistischen Wirtschaftssystems.

Das heutige Weltsystem

Die Ansätze von Marx bis Braudel hat Immanuel Wallerstein zu einer Theorie des Weltsystems zusammengefaßt. Das System hat Expansions- und Kontraktionsphasen. Es breitet sich über den Erdball aus, verwandelt alle Gesellschaften der Welt in seine Peripherien. Der Kapitalfluß, der vom Zentrum in die Peripherie geht, dient nur dazu, den Kapitalfluß von der Peripherie ins Zentrum zu organisieren und zu verstetigen. Insofern widersprechen alle Verheißungen des Neoliberalismus, er und die durch ihn bewirkte »Öffnung der Märkte« würden weltweiten Wohlstand bewirken, allen historischen Erfahrungen und der Logik des Kapitalismus. Der ungleiche Tausch liegt im Wesen des Weltsystems.

In diesem Sinne ist »Unterentwicklung« Produkt der Entwicklung des Kapitals und der Kapitalakkumulation. Zentrum, Semiperipherie und Peripherie sind notwendige Bestandteile des Weltsystems und bedingen sich gegenseitig, ganz im Sinne der Marxschen Vorstellung von der Totalität. Zugleich ist das Weltsystem nicht nur ökonomisch zu denken. »Ein Weltsystem ist ein soziales System, das Grenzen, Strukturen, Mitgliedsgruppen, Legitimationsgesetze und Kohärenz hat. Es besteht aus widerstreitenden Kräften, die es durch Spannung zusammenhalten und auseinanderzerren, da jede Gruppe fortwährend danach strebt, es zu ihrem Vorteil umzugestalten.« Es hat »Merkmale eines Organismus«, und das Leben darin, »die dynamischen Kräfte seiner Entwicklung« kommen aus seinem Innern. (Wallerstein 1986: 517)

An dieser Stelle ist eine Anmerkung zu den realsozialistischen Staaten nötig: Sie haben sich immer innerhalb dieses Weltsystems befunden, das der kapitalistischen Logik folgt. Regierungspolitik und das Handeln der staatlichen Betriebe waren, spätestens wenn sie die Grenzen der national-staatlichen Volkswirtschaft überschritten, gezwungen, sich der Logik und den Spielregeln dieses Weltsystems zu unterwerfen. Lenin hatte, kurz nach Revolution und Bürgerkrieg, darauf aufmerksam gemacht, Boykottpolitik des Westens gegen Sowjetrußland werde zum Scheitern verurteilt sein, weil »die allgemeinen Verhältnisse der Weltwirtschaft« dies verhindern würden. Das war richtig. Doch es galt umgekehrt noch mehr: Die Sowjetunion mußte sich ihrerseits diesen unterordnen. Nach dem Zweiten Weltkrieg vermeinte dann Stalin, eine Spaltung der Weltwirtschaft ausmachen zu können, in ein sozialistisches und ein kapitalistisches Weltwirtschaftssystem. Das stimmte von Anfang an nicht, der Ost-West-Handel war nie völlig zum Erliegen gekommen, wurde im Zeichen der Entspannung und friedlichen Koexistenz dann wieder intensiviert, verstärkt dann seit den 1960er Jahren, als der technologische Rückstand der RGW-Länder gegenüber dem Westen wieder größer wurde: um fehlende neue Technologien einzukaufen und aus politischen Gründen, zur Verbesserung der Versorgung der eigenen Bevölkerung.

Die »Endverschuldung« insbesondere Polens und der DDR 1989 war in erheblichem Maße auf die Politik seit Anfang der 1970er Jahre zurückzuführen, das Angebot von Konsumgütern für die eigene Bevölkerung zu verbessern, ungeachtet der eigenen volkswirtschaftlichen Mängel. So waren die sozialistischen Staaten »niemals autonome Einheiten« und operierten stets »innerhalb des Rahmens der kapitalistischen Weltwirtschaft«. Sie konnten deshalb auch »nicht die Funktionsweise eines alternativen historischen Systems« darstellen. (Wallerstein 2002: 80)

Andre Gunder Frank stand dem westlichen Mainstream stets kritisch gegenüber. Er war der Sohn von Leonhard Frank, eines jener deutschen Schriftsteller, deren Werke Goebbels 1933 auf den Scheiterhaufen werfen ließ. Als 1973 der Putsch in Chile wütete, lebte Andre Gunder Frank in jenem Lande seiner Frau und flüchtete erneut. Seine ehemaligen Kommilitonen und Professoren aus Chicago führten dort den Neoliberalismus ein, während Frank einer der schärfsten Kritiker wurde. Doch auch dem Realsozialismus stand er kritisch gegenüber, weil er als Ökonom bereits in seiner Dissertation nachgerechnet hatte, daß die sowjetische Kollektivierung die Landwirtschaft der Ukraine ruiniert hatte. Sein hauptsächliches Lebenswerk aber war die Untersuchung des Nord-Süd-Verhältnisses. Fernand Braudels und Immanuel Wallersteins Analysen des kapitalistischen Weltsystems folgte er zunächst, arbeitete mit Samir Amin und zusammen und wurde zum Vater der »Dependenz-Theorie«, wonach, kurz gesagt, die wesentliche Ursache der Armut des Südens die Ausbeutung durch den Norden ist.

In Auseinandersetzung mit Braudel und Wallerstein entwickelte Frank die Weltsystem-Analyse weiter und begründete, daß die Fokussierung auf Europa als Ursprung des Kapitalismus falsch ist, ebenso wie die auf das Jahr 1492 als des wesentlichen Gezeitenwechsels. Dies ist in dem kürzlich erschienenen Buch »Von der Neuen Welt zum Reich der Mitte« nachzulesen. Ausgangspunkt ist, daß schon Karl Marx und Friedrich Engels wie Max Weber und Werner Sombart in ihrem Denken von Europa ausgegangen waren und den Aufstieg des Westens, die Entwicklung und Ausbreitung des Kapitalismus aus den europäischen Verhältnissen ableiteten. In diesem Sinne wurden wir alle Schüler einer »völlig eurozentristischen Sozialwissenschaft und Geschichte«. Frank dagegen fordert, die Perspektive zu wechseln, und schlägt vier Schritte des Neudenkens vor: den Osten (im Sinne des alten Verständnisses vom Orient, also einschließlich China, Indien, Indonesien) wirklich zu erforschen, den Westen neu zu erforschen, Westen und Osten analytisch in ein Verhältnis zueinander zu setzen und beide schließlich aus der Perspektive der Weltwirtschaft und des Weltsystems zu betrachten.

Gestützt auf eine Reihe empirischer Forschungsergebnisse der vergangenen Jahrzehnte betont Frank, daß im frühen 15. Jahrhundert, nach einer längeren Phase der Stagnation, eine lange Periode ökonomischer Expansion begann, die auch noch das ganze 18. Jahrhundert hindurch anhielt. Sie begann in Ost- und Südostasien und hatte vor allem in Asien ihre Grundlage, obwohl sie durch die neuen Silber- und Goldlieferungen aus Amerika angeheizt wurde. In China, Japan, Südostasien, Zentralasien, Indien, Persien und im Osmanischen Reich äußerte sich diese Expansion als rasches Wachstum von Bevölkerung, Produktion, Handel, Einkommen und Konsum. Die europäischen Bevölkerungen und Ökonomien wuchsen in jener Zeit wesentlich langsamer. Betrachtet man die Handelsbilanzen, die durch die weiträumigen Transfers von Silbergeld ausgeglichen wurden, so wanderte das Silber ostwärts um die Welt, über den Atlantik via Europa und über den Indischen Ozean, aber auch westwärts über den Pazifik. Am Ende landete dieses Geld in China. Dort regte es Produktion und Konsum an. China war letztlich das »Silberdepot« der Welt, weil es stets einen beträchtlichen Überschuß an konkurrenzfähigen Waren hatte, den die anderen durch das aus Amerika stammende Silber ausglichen. Noch um 1750 hatte Asien einen Anteil an der Weltbevölkerung von 66 Prozent, die etwa achtzig Prozent des globalen Bruttosozialproduktes erwirtschafteten. Europas etwa zwanzig Prozent der Weltbevölkerung erwirtschafteten weniger als zwanzig Prozent des globalen Produkts, weil ja aus Amerika und Afrika auch noch etwas kam.

Europa hatte eine Randposition in der Weltwirtschaft, die durch seinen privilegierten Zugang zum amerikanischen Geld weitgehend ausgeglichen wurde. Es erlaubte den Europäern, weltweit reale Konsum- und Investitionsgüter zu erwerben. Franks These, auf der Grundlage der vorhandenen Belege, ist, daß die Weltentwicklung zwischen 1400 und 1800 nicht die Schwäche, sondern die

Stärke Asiens widerspiegelt. Eben weil Europa relativ höhere Löhne und durch die Kolonien reichlich vorhandenes Kapital hatte, kam es hier zur raschen Entwicklung arbeitssparender und energieproduzierender Technologien, während China auf Grund seiner dominanten Position in der Weltwirtschaft und zugleich niedrigen Lohnkosten einen solchen Zwang nicht hatte. Das Gefüge änderte sich, nachdem der britische Kolonialismus einen beständigen Kapitalfluß aus Indien nach Großbritannien organisiert hatte, der dort die Industrialisierung zu finanzieren ermöglichte. Mit den Opiumkriegen im 19. Jahrhundert nutzte Großbritannien dann seine militärischen und wirtschaftlichen Positionen in Indien, um China für den Kapitalismus sturmreif zu schießen.

Betrachten wir die Welt heute, so Frank, ist das weltweite Gravitationszentrum einmal um die Welt gewandert: von Ostasien / China nach Westeuropa, von dort über den Atlantik in die USA, dort von der Ost- an die Westküste und nun über den Pazifik zurück nach Ostasien. Die USA sind heute der »Konsument der letzten Instanz«, während Ostasien / China wieder zum Kreditgeber letzter Instanz wird. Die gegenwärtige Situation der USA in der Weltwirtschaft nennt Frank »das größte Pyramidenspiel der Weltgeschichte«. (Frank 2005: 130) Von den Anfang des Jahrhunderts jährlich etwa 500 Milliarden Handelsbilanzdefizit der USA decken Japan und China jährlich je etwa 100 Milliarden, indem sie ihren Handelsüberschuß in US-amerikanische Finanzanleihen stecken, damit die USA weiter ihre Waren kaufen. Das aber kann nicht auf Dauer funktionieren. Schon wenn China seine Erlöse etwa in Euro stecken würde oder seine Ölkäufe auf den Weltmärkten in Euro fakturieren, würde dieses Pyramidenspiel zusammenrutschen.

Ziehen wir ein Fazit aus den verschiedenen Ansätzen, läßt sich zunächst folgendes feststellen: Die gegenwärtige Welt ist durch ein Zentrum geprägt, das die Peripherien wieder in deutlich sichtbare Abhängigkeiten gebracht hat. Hier gibt es in Gestalt der USA eine dominierende militaristische Macht, die jedoch wirtschaftlich mit den anderen Mächten, vor allem der Europäischen Union, eng verflochten ist. Es herrscht ein Spannungsverhältnis von Kooperation und Konkurrenz, das jedoch nicht nur eines unterschiedlicher Interessen, sondern auch eines um die Mittel und Wege der Durchsetzung dieser Interessen ist.

Fassen wir das zusammen, so zeigt sich: Das moderne kapitalistische Weltsystem ist seit dem 16. Jahrhundert schrittweise entstanden. Es wurde in der zweiten Hälfte des 19. Jahrhunderts geographisch wahrhaft global und erfaßt seit dem Ende des 20. Jahrhunderts auch die entlegeneren Winkel der Welt zunehmend effektiv und umfassend. Damit ergeben sich zunächst vier Folgerungen:

1. Dieses kapitalistische Weltsystem ist dem Wesen nach bisher dominiert durch das nordatlantische Staaten- und Firmengefüge, die »Welt des weißen Mannes«. Sie wurde seit dem Beginn der Moderne schrittweise geschaffen. Daran hat auch das internationale Wirtschaftsgefüge des Realsozialismus

nichts ändern können. Die Firmen der sozialistischen Länder haben am Ende nicht die Kraft gehabt, als ernsthafte Konkurrenten zu denen des Westens zu agieren. Betrachtet man das Nord-Süd-Verhältnis, so blieben die RGW-Länder Teil des »Nordens«, der von ungleichen Austauschbeziehungen zum Süden profitierte, auch wenn im einzelnen vielfach solidarische Leistungen erbracht wurden, und handelten interessengeleitet. Nach dem Ende des Staatssozialismus hat das Expansionsstreben des nordatlantischen Zentrums einen Sprung gemacht: Nicht nur die ehemals kommunistischen Staaten stehen ihm offen, Osteuropa wurde wieder die Peripherie des Westens, ja mehr noch, alle Regionen der Welt und auch die inneren Winkel der Gesellschaften sehen sich im Zeichen der Marktfreiheit seinem Druck gegenüber.

2. Gewalt ist auch heute Moment des Weltsystems. »Dieser Irak-Krieg zeigt«, schrieb Moulian bereits zu dessen Beginn, »daß die von der Globalisierung geschaffene Illusion mit ihrer Symbolik von der Gleichheit der Kapitale auf den Finanzmärkten und der Waren in ihrem virtuellen Fluß zutiefst falsch ist. Ständig wird uns bei den Verhandlungen über die ›freie Wirtschaft‹ die Macht der Reichen über die Mittleren und über die Armen vor Augen geführt. Und wenn der ›Dialog‹ unmöglich wird, also wenn ein Widerstandsnest auftaucht, dann ertönt Kriegsgeschrei. Was der Markt nicht kann, das machen die Waffen, die sich mit den Farben des Guten tarnen.« (Moulian 2003: 13) Vor dem Irak-Krieg wurde dies bereits mit dem Krieg der NATO gegen Jugoslawien 1999 praktiziert.

3. Was passiert mit dieser Welt, wenn immer größere Anteile der Produktion in der Weltwirtschaft aus China, Indien und anderen asiatischen Ländern kommen? Die »Welt des weißen Mannes« könnte damit leben, wenn über die Mechanismen der gegenwärtigen Welt-Finanzordnung dieser »Workshop of the World« von ihr kontrolliert werden könnte, sie der neo-koloniale Eigentümer dieser Produktionskapazitäten sein könnte. Anderenfalls wird sie auf diese Veränderung mit Druck und Erpressungsversuchen antworten.

4. Die schließliche Frage also lautet: Wird sich dieses System verändern, wenn China ein immer größeres Gewicht in der Weltwirtschaft einnimmt? Oder ändert sich China im Sinne der kapitalistischen Logik des Westens?

Brüche im Gefüge

In seiner kleinen Schrift, die er »Utopistik« nannte, hat Immanuel Wallerstein bereits vor einigen Jahren auf die Endlichkeit der Perspektiven des Kapitalismus verwiesen. Seine These lautet: Dieses System kann nicht von Dauer sein. Die Welt befindet sich in einem Zeitalter des Übergangs. Es ist nicht nur eine Krise der imperialen Politik und der neoliberalen Aneignungsstrategien. Eine strukturelle Krise hat zu Beginn des 21. Jahrhunderts die Zentren der Weltwirtschaft erfaßt. Die von der Militärmacht der USA und den Profiteuren der Weltwirtschaft dominierten Beziehungen zwischen Nord und Süd geraten aus dem Gleichgewicht und drohen ins Chaos zu stürzen. Die liberalistische Ideologie und die Wohlfahrtsprojekte in den Zentren verlieren ihre Glaubwürdigkeit. Radikalismen und Fundamentalismen rücken im Norden wie im Süden, in den Zentren wie an der Peripherie in den Vordergrund. Es wird eine neue Ordnung der Welt und der Weltwirtschaft geben müssen. In den Kämpfen der nächsten 25 bis 50 Jahren wird es darum gehen, »zu einem historischen Gesellschaftssystem zu kommen, das eine höhere ›materielle Rationalität‹ aufweist. In dieser Zeit der Auseinandersetzungen aber werden wir »keine einfache, entspannte politische Debatte erleben, keine freundliche Diskussion unter Chorknaben. Es wird einen Kampf auf Leben und Tod geben. Denn es geht darum, die Grundlagen für das historische System der nächsten 500 Jahre zu legen.« (Wallerstein 2002: 95)

In einem weiteren Text über die »geopolitischen Brüche im 21. Jahrhundert« identifizierte er drei grundlegende Brüche, die die Welt im 21. Jahrhundert bestimmen. Daß er einen Bruch »innerhalb der Triade«, insbesondere zwischen Welteuropa und den USA, ausmacht, kann nach den Turbulenzen um den Irakkrieg des Bush II nicht verwundern, ebensowenig das Konstatieren des Bruches »zwischen Nord und Süd«, doch die Feststellung, daß es einen »Davos-Porto Alegre-Bruch« gibt, ist in dieser Weise bemerkenswert. (»Porto Alegre« steht hier nicht für den realen Ort, sondern als Synonym für die Bewegung der Weltsozialforen; »Davos« für den Ort der Weltwirtschaftsforen, auf denen sich die Reichen und Mächtigen alljährlich treffen.) Sowohl in dem »Geist von Davos« als auch in dem von »Porto Alegre« stecken Transformationsbewegungen, die beide auf die Veränderungen in der Welt, die »strukturelle Krise des Weltsystems« reagieren, allerdings grundsätzlich verschieden, entgegengesetzt. Es sind die beiden Pole, zwischen denen die politischen und moralischen Grundentscheidungen über die Zukunft getroffen werden: Ist der Mensch, sind seine Bedürfnisse und Interessen das Maß aller Dinge oder aber ist dies eine entgrenzte Profitwirtschaft. Das sagt Wallerstein nicht mit diesen Worten. Aber er betont: »Der Bruch zwischen dem Geist von Davos und dem von Porto Alegre läßt sich geographisch nicht lokalisieren. Er ist aber der grundlegendste unter den dreien. An seinen Rändern wird nicht um die Zukunft der nächsten 25 bis 50 Jahre gerungen, sondern der nächsten 500 Jahre.« (Wallerstein 2003: 109)

Unter einer sozialistischen Perspektive gilt jedoch, was Tomás Moulian so formuliert hat: »Unter den heutigen Bedingungen der Globalisierung ist es völlig unmöglich, an einen Frontalangriff auf das kapitalistische Weltsystem oder auf den Kapitalismus in einem einzelnen Land zu denken. Man muß sich den Kampf als einen langen Prozeß vorstellen.« (Moulian 2003: 214) In diesem stehen die Bewegung der Weltsozialforen und viele andere globalisierungskritische, linke und andere nach Alternativen suchende Kräfte und Bewegungen bereits. Es keimt neue Hoffnung. Eine andere Welt ist nicht nur nötig, sondern auch möglich.

Zum Weiterlesen:

Robert Bartlett (1996): Die Geburt Europas aus dem Geist der Gewalt. Eroberung, Kolonisierung und kultureller Wandel von 950 bis 1350, München: Kindler Verlag.

Fernand Braudel (1990a): Sozialgeschichte des 15.-18. Jahrhunderts, Bd. 2: Der Handel, München: Kindler Verlag.

Fernand Braudel (1990b): Sozialgeschichte des 15.-18. Jahrhunderts, Bd. 3: Aufbruch zur Weltwirtschaft, München: Kindler Verlag.

Jared Diamond (1998): Arm und Reich. Die Schicksale menschlicher Gesellschaften, Frankfurt a. M.: S. Fischer Verlag.

Andre Gunder Frank (2005): Von der Neuen Welt zum Reich der Mitte. Orientierung im Weltsystem, Wien: Promedia Verlag.

Hermann Hesse (2000): Die Antwort bist Du selbst. Briefe an junge Menschen, Hrsg. Volker Michels, Frankfurt a.M. und Leipzig: Insel Verlag.

Paul Kennedy (1989): Aufstieg und Fall der großen Mächte. Ökonomischer Wandel und militärischer Konflikt von 1500 bis 2000, Frankfurt a. M.: S. Fischer Verlag.

Rosa Luxemburg: Die Akkumulation des Kapitals oder Was die Epigonen aus der Marxschen Theorie gemacht haben, in: Dies.: Gesammelte Werke, Bd. 5, Berlin: Dietz Verlag.

Karl Marx: Das Kapital, Bd. 1, in: MEW, Bd. 23, Berlin: Dietz Verlag.

Karl Marx: Grundrisse der Kritik der Politischen Ökonomie, in: MEW, Bd. 42, Berlin: Dietz Verlag.

Karl Marx, Friedrich Engels: Die deutsche Ideologie, in: MEW, Bd. 3, Berlin: Dietz Verlag.

Karl Marx, Friedrich Engels: Manifest der Kommunistischen Partei, in: MEW, Bd. 4, Berlin: Dietz Verlag..

Gavin Menzies (2004): 1421. Als China die Welt entdeckte, München: Knaur Taschenbuch Verlag.

Tomás Moulian (2000): Ein Sozialismus für das 21. Jahrhundert. Der fünfte Weg, Zürich: Rotpunktverlag.

Peter Ruben (1993): In der Krise des Marxismus. Versuch einer Besinnung, in: Berliner Debatte Initial, Heft 3.

Werner Sombart (1987): Der moderne Kapitalismus, Bd. I.1, München: Deutscher Taschenbuch Verlag (Unveränderter Nachdruck der 2., neugearbeiteten Auflage von 1916).

Immanuel Wallerstein (1986): Das moderne Weltsystem: Kapitalistische Landwirtschaft und die Entstehung der europäischen Weltwirtschaft im 16. Jahrhundert, Frankfurt am Main: Syndikat-Verlag.

Immanuel Wallerstein (2002): Utopistik. Historische Alternativen des 21. Jahrhunderts, Wien: Promedia Verlag.

Immanuel Wallerstein (2003): Wohin steuert die Welt? Geopolitische Brüche im 21. Jahrhundert, in: WeltTrends, Nr. 40.

Max Weber (1988): Die protestantische Ethik und der Geist des Kapitalismus, in: Ders.: Gesammelte Aufsätze zur Religionssoziologie I, Tübingen: J.C.B.Mohr (Photomechanischer Nachdruck der 1920 erschienenen Erstauflage).

Lohnarbeit und das Recht auf Faulheit

*Eine seltsame Sucht beherrscht die Arbeiterklasse aller Länder, in denen die
kapitalistische Zivilisation herrscht, eine Sucht, die das in der modernen Gesellschaft
herrschende Einzel- und Massenelend zur Folge hat. Es ist dies die Liebe zur Arbeit,
die rasende, bis zur Erschöpfung der Individuen und ihrer Nachkommenschaft gehende
Arbeitssucht. Statt gegen diese geistige Verirrung anzukämpfen, haben die Priester,
die Ökonomen und die Moralisten die Arbeit heiliggesprochen.*
Paul Lafargue

Für Kritiker seiner Politik des Sozialabbaus in Deutschland hatte der frühere Bundeskanzler Gerhard Schröder nur die Bemerkung übrig, es gäbe »kein Recht auf Faulheit«. Das unterstellte allen Arbeitslosen, sie seien arbeitsscheu, faul und wollten sich von der Gesellschaft absichtsvoll alimentieren lassen, während es doch gesellschaftliche Regel sei, von seiner Arbeit zu leben. Tat-sächlich hatte Deutschland in dieser Zeit bereits zwischen fünf und sechs Millionen Arbeitslose. Und für jeden einigermaßen klar sehenden Betrachter war klar, daß es Vollbeschäftigung nie wieder geben wird, einesteils der technischen Entwicklung wegen, anderenteils, weil der Anteil Europas an der Weltwirtschaft sich gegenüber China und Indien tendenziell verringert – was derzeit aber nur zum Teil ein plausibles Argument ist, immerhin gilt Deutschland nach wie vor als »Exportweltmeister«.

Kenner der einschlägigen Literatur allerdings wußten, daß in der alten marxistischen Literatur genau das Gegenteil begründet worden war. Paul Lafargue, Schwiegersohn von Karl Marx, hatte 1883 in Frankreich eine kleine Schrift unter dem Titel: »Das Recht auf Faulheit« veröffentlicht, die dann 1891 in Deutschland erschien. Darin geißelte Lafargue nicht nur das verlogene bürgerliche, christlich bemäntelte Arbeitsethos, sondern auch den Eifer, mit dem sich das euroäische Proletariat darauf eingelassen hatte. »Dadurch, daß die Arbeiter den trügerischen Redensarten der Ökonomen Glauben schenken und Leib und Seele dem Dämon Arbeit verschreiben, tragen sie selbst zu jenen industriellen Krisen bei, wo die Überproduktion den gesellschaftlichen Organismus in krankhafte Zuckungen versetzt. Dann werden wegen Überfluß an Waren und Mangel an Abnehmern die Fabriken geschlossen, und mit tausendsträhniger Geißel peitscht der Hunger die Arbeiterbevölkerung. Betört von dem Dogma der Arbeit sehen die Proletarier nicht ein, daß die Mehrarbeit, der sie sich in der angeblich guten Geschäftszeit unterzogen haben, die Ursache ihres jetzigen Elends ist«. (Lafargue 1891: 14) Hier sind zunächst drei Fragen aufgeworfen: 1. wie der kapitalistische Produktions- und Reproduktionsprozeß den gewollten Reichtum der einen und die Armut der anderen schafft; 2. wie die historische Zurichtung zur Lohnarbeit erfolgte und 3. wie und warum die Arbeit zu einer »entfremdeten« wurde, und was das bis heute bedeutet.

Kapitalismustheoretisches

Absichtsvoll hatte ich im vorangegangenen Text die Weltordnung des Kapitalismus als Gesamtgefüge, zunächst als Eroberungs- und Herrschaftssystem dargestellt. Das Überwölbende und seit Jahrhunderten auf Expansion Orientierte ist das offensichtlich Konstante, dem auch die Protagonisten und Erben der russischen Oktoberrevolution nicht entrinnen konnten; trotz der jahrzentelangen Rhetorik von der grundsätzlich anderen Welt entschlossen sich die höheren Staats- und Parteibürokraten in der Sowjetunion, die im Gefolge der Kader-Entwicklungspolitik der kommunistischen Partei Ende der 1980er Jahre zufällig an den relevanten Schalthebeln saßen, selbst Kapitalisten zu werden, womit sich die Geschichte im Kreis bewegt hatte und wieder dort anlangte, wo sie hergekommen war. Auch wenn sich Etliches in den Jahrzehnten zuvor verändert hatte. Hier soll nun nicht der Versuch unternommen werden, die verschiedenen Facetten der Kapitalismus-Analyse seit Marx zu referieren. (Da muß man sich denn schon der Mühe unterziehen, und bei Karl Marx, Max Weber, Werner Sombart und Georg Simmel die ursprünglichen Originaltexte nachlesen, oder auch bei Rosa Luxemburg, Rudolf Hilferding und Joseph A. Schumpeter, um nur einige zu nennen; unter den neueren deutschsprachigen Autoren wären das bespielsweise Elmar Altvater, Georg Fülberth oder Michael Krätke.) Hier kann nicht der Ort dafür sein. Gleichwohl kommen wir bei der Beantwortung der Frage nach der Lohnarbeit und ihren Perspektiven – und nach dem »Recht auf Faulheit« – nicht darum herum, einige Eigenheiten der Funktionsweise des Kapitalismus in den Blick zu nehmen.

In seiner vergleichenden Betrachtung Chinas zur Ming-Zeit und Europas am Beginn der Moderne nennt der Historiker Paul Kennedy in bezug auf die Händler jener Zeit, die in China unterdrückt wurden und sich in Europa entfalten konnten, drei Momente: die »Akkumulation von Privatkapital«, »das Verfahren billig einzukaufen und teuer zu verkaufen« und »die Protzerei der ›neureichen‹ Kaufleute«. Die Protzerei, mit der wir es in der Gegenwart auch verstärkt zu tun haben, ist zunächst nur Ausdruck des Unterschiedes zwischen arm und reich, der moralisch zu bewerten ist, traditionell negativ bewertet ist: »Es ist leichter, daß ein Kamel durch ein Nadelöhr gehe, denn daß ein Reicher ins Reich Gottes komme.« Das wird über Jesus Christus überliefert (Mark. 10, 25) Auch wenn der Calvinismus versucht hat, die Bewertung umzudrehen, dies ist die eigentliche christliche Tradition wie auch die der anderen großen Religionen. Die Protzerei, der individuelle Reichtum sind jedoch nur das Ergebnis der wirtschaftlichen Verhältnisse, die das ermöglichen. Das bleibt gleichsam konstant, von den ersten Gesellschaften im Zweistromland oder im alten Ägypten, die ein gesellschaftliches Mehrprodukt kannten, das die Heraussonderung von Priestern, Heerführern und Verwaltungsbeamten ermöglichte, die nicht mehr mit ihren Händen arbeiten mußten, über das alte Rom, das mittelterliche Europa und den heraufziehenden Kapitalismus bis in die Gegenwart. Den Unterschied macht, ob dieser Reichtum durch Sklavenarbeit, die Fron leibeigener Bauern oder durch kapitalistische Lohnarbeit entsteht. Hierfür stehen die Hinweise auf Akkumulation und »billig einkaufen – teuer verkaufen«.

Diesen Blickwinkel gibt es auch bei Marx: Man nehme Geld (G), kaufe dafür eine Ware (W), verwandle diese in eine teurere Ware (W'), und verkaufe diese für mehr Geld als das ursprünglich eingesetzte (G'). Die Differenz zwischen G und G' macht den Gewinn aus, von dem ein Teil für den persönlichen Bedarf des Eigners eingesetzt wird, der andere jedoch wieder als G eingesetzt wird, und der Prozeß beginnt von neuem. Geld, das so eingesetzt wird, fungiert als Kapital – also nicht jedes Geld, das jemand irgendwo ausgibt, etwa um sich ein Paar neue Schuhe zu kaufen –, und dieses vergrößert sich im Idealfall von Vorgang zu Vorgang. Dieser Prozeß wird Akkumulation genannt; er ist tendenziell unendlich.

Würde es dabei lediglich um den Kauf und Verkauf von Waren gehen, die auf dem Markt erscheinen, müßte man davon ausgehen, der Gewinn entstünde lediglich auf diesem Markt. Dann wäre jedoch der Zugewinn des einen Händlers der Verlust des anderen, der wiederum auf die Idee kommen könnte, seine Ware ebenfalls teurer zu verkaufen, wodurch ein Ausgleich stattfinden würde. Nun kann dagegen eingewandt werden, daß es eine größere Nachfrage gibt, zum Beispiel nach Schuhen, während die Nachfrage nach Baumwollstoffen gerade geringer ist. Dann kann der Anbieter der Schuhe die Preise erhöhen und erzielt einen größeren Gewinn, während der der Stoffe seinen Preis senken müßte, was seinen Gewinn verringert. Darauf wird in der Regel mit einer Vergrößerung des Angebots an Schuhen und eine Verringerung des Angebots an Stoffen reagiert, oft treten dann auch neue Anbieter des gleichen oder eines ähnlichen Produkts auf, so daß nun der Preis für Schuhe sinkt, der für Stoffe steigt, und das Ganze gleicht sich wieder aus.

Die Idee von Marx war nun, daß der »betrügerische Aufpreis« nicht funktioniert, Gewinn eigentlich nicht auf dem Markt, in der Sphäre der Zirkulation, entsteht, sondern vorher, in der Phase der Produktion. Der Eigentümer des Kapitals, der Kapitalist, nimmt sein Geld G und kauft damit nicht nur Waren, die er irgendwo wieder verkauft, sondern er kauft oder mietet eine Werkhalle, dazu Maschinen und die notwendigen technischen Geräte, um, bleiben wir bei dem Beispiel, Schuhe zu produzieren. Dann kauft er Leder, Material für die Sohlen und die Innenbezüge, Leim und was man sonst noch so braucht und beginnt mit der Schuhproduktion. Wenn nur er selbst dort arbeitet oder seine Familienangehörigen, reicht das Geld kaum zum Leben, er muß ja zwischendurch auch noch die produzierten Waren verkaufen, neues Material einkaufen usw. Allein arbeitende Schuhmacher werden nicht reich, das war auch schon zu Christus' Zeiten so. Es lohnt sich also nur, wenn der Kapitalist nicht selbst Schuhe produziert, sondern Arbeiter einstellt, die das tun.

Diese allerdings setzen in der Zeit der Produktion den Waren Wert zu. Jedes Paar Schuhe ist am Ende wertvoller als das Leder und die anderen Materialien, die dafür eingesetzt werden. Außerdem muß der Firmenbetreiber natürlich die Maschinen von Zeit zu Zeit erneuern, also Geld dafür zurücklegen, das jeweils aus den verkauften Schuhen kommen muß, die Fabrikhalle erhalten, im Winter heizen usw. Alle diese Kosten müssen ersetzt werden, gehen also in vollem Maße in die Gesamtkosten der Schuhe ein. Mit der Lohnarbeit ist es etwas anderes. Die eingestellten Arbeiter produzieren während ihres Arbeitstages mehr oder anders: Sie setzen den Schuhen im Vergleich zu den Ausgangsmaterialen usw. mehr Wert zu, als sie selbst an dem Tag Lohn erhalten; oder aus Sicht des Kapitalisten: als sie Kosten verursachen. Dies hat Marx »Mehrwert« genannt. Der Warenwert zum Verkauf, der oben W' genannt wurde, setzt sich dann zusammen aus dem konstanten Kapital c, dem variablen Kapital v (das ist der »Lohnkostenanteil«) und dem Mehrwert m. Das Verhältnis zwischen m und v ergibt eine »Rate des Mehrwerts«, die das Maß der Ausbeutung der Arbeitskräfte angibt. In diesem Sinne ist der Begriff »Ausbeutung« ein wesentlicher Bestandteil der marxistischen Mehrwerttheorie; sie ist gebunden an die unentgeltliche Aneignung des in der Mehrarbeit geschaffenen Mehrprodukts, die auch dann stattfindet, wenn der Kapitalist seine Arbeiter vergleichsweise »ordentlich« bezahlt, die Toiletten in der Fabrikhalle sauber sind und es menschenwürdige Pausenregime gibt. Dieser wissenschaftliche Ausbeutungsbegriff ist nicht identisch mit dem alltagssprachlichen Gebrauch des Wortes, der meist eine Situation meint, in der der Kapitalist das alles nicht tut, weil ihm das zusätzlichen Gewinn verschafft, er also den Stundenlohn drückt, nicht pünktlich bezahlt – wodurch die Zinsen auf der Bank zu seinen Gunsten laufen – oder am Fließband den Toilettengang einschränkt.

Insofern ist diese von Marx begründete wissenschaftliche Position eine zutiefst politische. Lenin nannte die Lehre vom Mehrwert den »Grundpfeiler der ökonomischen Theorie von Marx«. Umgekehrt hat die Bourgeoisie einen Horror davor, diese Problematik zu debattieren. So wurde mit dem Urteil des Bundesverfassungsgerichts zum KPD-Verbot vom 17. August 1956 diese Position schlicht »auf den Index gesetzt« und für verfassungswidrig erklärt. Es heißt dort, die freiheitliche demokratische Grundordnung entnehme »dem Gedanken der Würde und Freiheit des Menschen die Aufgabe, auch im Verhältnis der Bürger untereinander für Gerechtigkeit und Menschlichkeit zu sorgen. Dazu gehört, daß eine Ausnutzung des einen durch den anderen verhindert wird. Allerdings lehnt die freiheitliche Demokratie es ab, den wirtschaftlichen Tatbestand der Lohnarbeit im Dienste privater Unternehmer als solchen allgemein als Ausbeutung zu kennzeichnen.« Höchstrichterlich zugelassen wäre damit nur das schlichte Alltagsverständnis.

Die Frage nach dem Mehrwert bleibt politisch brisant. Sie ist wissenschaftlich jedoch nicht abschließend gelöst. Im Band 1 des »Kapitals« hat Marx die

Bestimmung des Wertes der Waren im Produktionsprozeß unter Berücksichtigung von Lohn für die Arbeiter und Mehrwert für die Kapitaleigner schlüssig gelöst, im Band 3 jedoch, wenn es um die Realisation des Wertes über den Preis geht, bleibt unbeantwortet, was denn nun eigentlich auf dem Markt passiert. Hier springen dann andere Theorieansätze ein: Die Grenznutzenschule will nur dort Gewinn entstehen sehen, wo die Nachfrage höher ist als das Angebot, der Markt also nicht im Gleichgewicht ist. Bei Schumpeter entsteht der Gewinn durch Innovation, wenn der eine Unternehmer ein neues Produkt auf den Markt bringt und hier den Preis so hoch wie möglich, fast beliebig festlegen kann, oder wenn er ein vorhandenes Produkt durch technische Innovation deutlich wohlfeiler herstellt als die Konkurrenten. Ansonsten gibt es noch den Verweis auf Monopole auf dem Markt oder Extra-Gewinne durch Beschränkung des Marktzugangs. Georg Fülberth spricht sich nun für einen »vernünftigen Eklektizismus« aus, d. h. all diese verschiedenen Gewinnquellen existieren tatsächlich, man darf nur nicht eine zur alleinigen Quelle erklären. Das beginnt damit, daß der »betrügerische Aufpreis« nicht möglich sei bei universellem Tausch auf transparenten Märkten. Wir wissen heute aus der Praxis, daß es völlig transparente Märkte auch heute – trotz Computer und Internet – nicht gibt, auf vermachteten bzw. intransparenten Märkten der Aufpreis jedoch durchaus erzielt werden kann. Die Lehre vom Grenznutzen hat insoweit ihren Platz, als die Märkte in der Regel nicht im Gleichgewicht sind, und Innovationen wie Monopole können zu Sondergewinnen führen. Sie alle haben jedoch zur Grundlage, daß in der Produktion der Waren der Mehrwert anfällt und das Privateigentum an den Produktionsmitteln dessen private Aneignung ermöglicht. Es handelt sich um ein »Ensemble« der unterschiedlichen Gewinnentstehungen, das mit dem Begriff der Ausbeutung durchaus vereinbar ist: »… immer verfügen die Eigentümer über Nichteigentümer«. (Fülberth 2006: 722 f.)

Mit »Kapitalismus« wird demzufolge eine Gesellschaft bezeichnet, die auf dem privaten Eigentum an den wichtigsten Produktionsmitteln und der privaten Aneignung der Ergebnisse der Produktion beruht, damit auf der Ausbeutung der Lohnarbeiter. Voraussetzung dafür ist die Auflösung und Zerstörung der traditionellen Einbindungen der Gewerbetätigkeit und der Arbeitskräfte in feudale Formen der Agrarproduktion und zunftmäßig organisierte Formen des Handwerks. Diese Auflösung wird durch das Vordringen der Geldwirtschaft in Europa und die kolonialen Eroberungen sowie den damit verbundenen Fluß von Silber und Gold beschleunigt. Die Banken und Handelshäuser Norditaliens am Ausgang des Mittelalters haben diesen Prozeß ebenso beschleunigt wie das auch aus Oberitalien kommende Söldnerwesen. Unternehmer in jenem ursprünglichen Sinne waren die Handelshäuser Venedigs und Genuas wie Süddeutschlands, die norditalienischen Söldnerführer »Condottieri«, koloniale Eroberer wie Heinrich der Seefahrer und

Pizarro, die englischen Seeräuber, die mit einem »Patent« ihrer Königin spanische Silberschiffe kaperten, die Kaufleute aus Amsterdam und London, die mit kolonialem Gewürz- wie Sklavenhandel ihren Reichtum vermehrten und sich dann von Rubens und Rembrandt malen ließen. Zu den Figuren des Frühkapitalismus gehörten neben privaten Gründern und Betreibern von Manufakturen auch die europäischen Königshäuser, die ihrerseits Manufakturen betrieben, nicht nur zur Versorgung ihrer Armeen, sondern auch als Profiteure, die als Landesherrn ihr eigenes Monopol sicherten. Die Epoche der biederen Ingenieure und Techniker, die dann für den aufkommenden Industriekapitalismus typisch wurden, begann am Ende des 18. Jahrhunderts. Zugleich wandelten sich die feudalen Grundbesitzer in ebenfalls unternehmerische Figuren, etwa als Zulieferer von Wolle für die englische Textilindustrie in Irland, auch um den Preis der Auslösung einer Hungersnot, oder als Gründer und Betreiber von Fabriken wie die preußischen Junker, und seien es auch nur Schnapsbrennereien gewesen. Der Prozeß der Merkantilisierung und der Kapitalisierung veränderte die europäischen Gesellschaften, nicht nur in Gestalt von revolutionären Auseinandersetzungen zwischen Adel und Bourgeoisie, wie es idealtypisch gern dargestellt wird.

Die Zerstörung der feudalen Bindungen und der Zunftorganisation des Handwerks hatte, in den einzelnen europäischen Ländern in unterschiedlichemn Maße und Tempo, zweierlei zur Folge: die »Gewerbefreiheit« für Unternehmer, Firmen zu gründen und zu betreiben, ohne dabei der Willkür örtlicher Feudalherren oder korrupter Beamter und Richter ausgesetzt zu sein, und die Freiheit der Arbeiter, sich ihre Arbeit zu suchen. Es entstand der »doppelt freie« Lohnarbeiter, der frei war von den Bindungen des Leibeigenen an die Scholle, aber auch »frei« von eigenen Produktionsmitteln, wie sie der Handwerker noch zur Verfügung hatte. Dieser »freien« Lohnarbeit entsprach die Vertragsfreiheit. Wenngleich der Marxismus immer die Unfreiheit geißelte, die in der Verdingung als Arbeitskraft lag, die rechtliche Gleichheit des entstehenden bürgerlichen Rechts war ein Fortschritt gegenüber der feudalen Ständeordnung. Der mit dem Kapitalismus einsetzende Akkumulationsprozeß des Kapitals setzte eine wirtschaftliche Entwicklungsdynamik in Gang, wie sie die Menschheit zuvor nicht kannte. Ein rascher technischer Fortschritt war die Folge, der bei entsprechenden politischen Voraussetzungen auch sozialen Fortschritt im Sinne einer allgemeinen Verbesserung der Lebenslage mit sich brachte. (Darüber wird an anderer Stelle noch zu reden sein.) Gleichzeitig vollzog sich eine deutliche soziale Polarisierung zwischen Kapitaleignern und Lohnabhängigen, zwischen Arbeit und Kapital.

Der Wirtschaftswissenschaftler Karl Georg Zinn hat bereits vor zwanzig Jahren eine interessante »Periodisierung des Kapitalismus unter dem Gesichtspunkt der Akkumulation« vorgelegt. Die erste Periode ist demnach die des *Handelskapitalismus* des 13. bis 18. Jahrhunderts, mit dem Schwerpunkt

Westeuropa und den Kolonien in Amerika und Asien. Die Motivation der Akteure ist eher subjektiv gewinnorientiert: Kapital vermittelt Macht, sozialen Aufstieg und Gleichrangigkeit mit dem Geburtsadel. Handelsmonopole, frühkoloniale Ausbeutung und Sklaverei sind Momente dessen. Die begrenzte Produktionstechnik und die stagnierende landwirtschaftliche Produktion, die nach wie vor der Haupterwerbszweig in der Gesellschaft ist, setzen der Entwicklung Grenzen.

Die zweite Periode sieht er im *Industriekapitalismus* des 19. und 20. Jahrhunderts. Regionale Schwerpunkte sind Europa und Nordamerika, verbunden mit der imperialen Durchdringung der »DrittenWelt«. Die fortschreitende Produktionstechnik ist Grundlage der Wertschöpfung, gestützt durch die imperialistische Einbeziehung der Rohstoffproduktion der Kolonien. Begrenzungen ergeben sich vor allem durch Überakkumulation und Absatzkrisen. Die Akkumulation selbst folgt Gesetzmäßigkeiten der Produktionsentwicklung; Marktexpansion und die Übernahme staatlicher Reproduktionsleistungen stützen die Entwicklung.

Für das 20. Jahrhundert nach dem Zweiten Weltkrieg macht Zinn einen *Organisierten Raubbau-Kapitalismus* aus. Dieser sei weltweit zu beobachten. Zu seinen Bewegungsmomenten gehören Staatsinterventionismus, Rüstung, staatliche Innovationsförderung, sozialpolitische Umverteilung, Konzentration des Kapitals und imternationale Großunternehmen sowie eine Tendenz zu längerfristiger Akkumulationsplanung. Das Akkumulationsregime bewirkt auch Raubbau an der Natur, Umverteilung von Süd nach Nord und verstärkte finanzkapitalistische Abhängigkeiten des Südens. Der Massenkonsum führt zu verbrauchswertorientierten Innovationen. Mit Blick auf das 21. Jahrhundert sieht er eine *neue Phase* heraufziehen, der er nur den Namen »Zukunft« gibt. Sie sei bestimmt durch den Übergang zu Stagnation und Schrumpfung, »Ende der Akkumulation«. Auf der Tagesordnung stehe eine »einzelwirtschaftliche Akkumulation wie im Handelskapitalismus zu Lasten anderer«. Arbeitszeitverkürzung, Regeneration der Natur und eine Verlagerung des Konsums auf die Befriedigung immaterieller Werte könnten neue Impulse liefern. Ansonsten aber handele es sich um eine Scheideweg-Situation: entweder »Sozialismus oder Industriefeudalismus«, entweder »soziale Gleichheit oder repressive Hierarchisierung«. (Zinn 1986: 289) Hier haben wir eine analytische Aussage, die bereits zwölf Jahre früher als Wallerstein das Ergebnis hatte: Die Akkumulationsfähigkeit des Kapitalismus nähert sich ihrem Ende, auf die Tagesordnung rückt eine sozialistische Alternative.

Der Kapitalismus aber hat die Eigenart, auch in die entferntesten Regionen der Welt und die hintersten Winkel der Gesellschaften einzudringen. Nach 1989/1991 konnte er das ungestörter als zuvor und damit nachdrücklicher tun. Seine historische Tendenz ist es, alles in Waren zu verwandeln, auch alle Dinge, die es zuvor nicht waren. Die Bestrebungen zur Patentierung der menschlichen DNS oder jahrtausendealter Reissorten, die plötzlich für herrenlos und also aneigenbar erklärt wurden, haben das nur schlaglichtartig gezeigt. Der Marktverkehr wurde erstmals zur allumfassenden Form der ökonomischen Beziehungen. Um die von Zinn ausgemachte Alternative gegen den Sozialismus zu entscheiden und im Zweifel lieber einen neuen feudalistischen Kapitalismus zu etablieren, der eine neue Hierarchie schafft, wurde seit den 1980er Jahren alles nur mögliche unternommen. Dabei wurden – abgestützt von der Ideologie des Neoliberalismus – neue Varianten kreiert, aber auch vorhandene Formen verstärkt und weiter ausgeprägt. Michael Krätke beschreibt das wie folgt: »Erst im Kapitalismus werden eine ganze Reihe von merkwürdigen und stets umkämpften Quasi-Waren oder fiktiven Waren alltäglich und so gewöhnlich, daß ihre ›extreme Künstlichkeit‹ darüber fast vergessen wird. Unter den fiktiven Waren, die den Kapitalismus auszeichnen, sind so wichtige wie die ›Ware Geld‹, die ›Ware Kapital‹, nicht zu vergessen die ›Ware Arbeitskraft‹ und, last not least, die ›Ware Boden‹ (oder die ›Ware Natur‹ – zerlegt in vielerlei besondere Boden- bzw. Naturschätze, die sich privat aneignen und vermarkten lassen). Die werden jeweils auf speziellen Märkten gehandelt, mit jeweils eigentümlichen ›Preisen‹ (der ›Zins‹ ist bzw. gilt als der ›Preis des Geldes‹, der Lohn gilt als der ›Preis der Arbeit‹ usw.), Märkten, die jeweils sehr unterschiedlich organisiert sind und die untereinander eine regelrechte Hierarchie bilden. Mit den künstlichsten Gebilden, den Kapital- und Geldmärkten an der Spitze, dem Arbeitsmarkt und dem Markt für Naturschätze/Boden in der Mitte und den Märkten für den gewöhnlichen Warenpöbel als Basis. Die Finanzmärkte dominieren die Gesamtbewegung der Märkte, von ihnen gehen die großen Krisen aus.« (Krätke 2006: 729.

Zurichtung zur Lohnarbeit
Dieser Kapitalismus brauchte und braucht nicht nur Märkte und Waren, die auf diesen Märkten verkauft werden, sondern auch Arbeitskraft, also Menschen, die geködert oder gezwungen werden, die Waren zu produzieren, die zu einem Preis verkauft werden, der höher liegt als die Kosten des Verkäufers. Und er braucht am Ende Menschen, die diese Waren und Dienstleistungen kaufen. Das so konstituierte Profitprinzip brachte von Anfang an auch die soziale Frage des Kapitalismus hervor, nämlich die nach dem menschenwürdigen Leben und den Lebensbedingungen jener, die diese Waren produzieren.

Hier ist die Zurichtung zur Lohnarbeit historisch eingeordnet. Im Ersten Band des »Kapitals« von Marx finden sich unzählige Beispiele – viele aus England, Schottland und Irland – unglaublicher Vorgänge der »Schaffung« des Privateigentums. »Der Raub der Kirchengüter, die fraudulente Veräußerung der Staatsdomänen, der Diebstahl des Gemeindeeigentums, die usurpatorische und mit rücksichtslosem Terrorismus vollzogne Verwandlung von feudalem und Claneigentum in modernes Privateigentum, es waren ebenso viele idyllische Methoden der ursprünglichen Akkumulation. Sie eroberten das Feld für die kapitalistische Agrikultur, einverleibten den Grund und Boden dem Kapital und schufen der städtischen Industrie die nötige Zufuhr von vogelfreiem Proletariat.« Die so »freigesetzten« und aus ihrer gewohnten Lebensbahn geworfenen Menschen, konnten gar nicht so schnell in entstehenden Manufakturen beschäftigt werden und verwandelten sich massenhaft in Bettler, Räuber und Vagabunden. Die Gesetzgebung verwandelte sie jedoch in »freiwillige« Verbrecher, die dies aus freiem Willen geworden wären, und verordnete einen harten Arbeitszwang. (Marx, Bd. 23: 760 ff.)

Damit waren die sozialen Bedingungen für die Heranziehung des künftigen Proletariats zur kapitalistischen Produktion geschaffen, noch nicht aber die lebensweltlichen. André Gorz, der Philosoph und Kritiker der Arbeitsgesellschaft, verweist, unter Bezugnahme auf Max Weber und unterschiedliche Autoren des 18. Jahrhunderts, darauf, daß der Arbeiter am Ende des 18. Jahrhunderts die Arbeit noch immer in seinen überlieferten Lebensrhythmus eingeordnet sah; er fragte nicht, »wieviel kann ich am Tag verdienen, wenn ich ein Maximum an Arbeit leiste«, sondern »wieviel muß ich arbeiten, um den Betrag zu verdienen, den ich zum Leben brauche, den ich auch bisher einnahm und der meine traditionellen Bedürfnisse deckt?« Auch die mittelalterliche Fron muß man sich ja nicht so vorstellen, daß die Fronbauern Tag für Tag von Sonnenaufgang bis Sonnenuntergang arbeiten mußten, sondern sie hatten unentgeltlich eine bestimmte Zahl von Tagen im Jahr bestimmte Arbeiten für den Herrn zu verrichten. Der Widerwillen der Arbeiter, Tag für Tag den ganzen Tag zu arbeiten, hatte bei den ersten Fabriken den Bankrott zur Folge. Die Bourgeoisie sprach von »Faulheit« und »Trägheit« und ging dazu über, derartig niedrige Löhne zu zahlen, daß mindestens zehn Stunden Arbeit am Tag nötig waren, um den Lebensunterhalt bestreiten zu können. Das wurde wieder moralistisch begründet und als Fortschritt interpretiert. Gorz zitiert einen britischen Autor von 1747: »Es ist eine wohlbekannte Tatsache, daß ein Arbeiter, der seine Lebenserfordernisse mit drei von sieben Wochentagen Arbeit bestreiten kann, sich für den Rest der Woche dem Müßiggang und der Trunksucht hingeben wird ... Die Armen werden niemals eine größere Anzahl von Stunden arbeiten, als sie müssen, um sich ernähren und ihre Ausschweifungen befriedigen zu können ... Wir können furchtlos sagen, daß eine Minderung der Löhne in der Manufaktur eine Segnung und eine Wohltat für die Nation sein und den Armen keinen wirklichen Schaden zufügen wird.« Gorz 1990: 39) So ist die geschaffene Maschinerie nicht nur dazu geschaffen, Produktionsvorgänge effektiver zu gestalten, sondern den Widerstand der männlichen Arbeiter zu brechen; dazu dient dann auch der Einsatz von Frauen- und Kinderarbeit. (Marx, ebenda: 424)

Am Ende gilt, im Hinblick auf die Arbeit im Kapitalismus: »Die ökonomische Rationalisierung der Arbeit bestand also nicht einfach darin, bereits existierende Produktionstätigkeiten methodischer und zweckmäßiger zu machen. Sie war eine Revolution, eine Umwälzung der Lebensweise, der Werte, der sozialen Beziehungen und der Beziehung zur Natur; sie war im vollen Wortsinn eine Erfindung von etwas vorher noch nie Dagewesenem.« (Gorz 1990: 40)

Die gesamte Geschichte kapitalistischer Produktion war auch eine Geschichte des Kampfes um die Länge des Arbeitstages zwischen den Arbeitern eines Betriebes und dessen Besitzer, oder, wenn wir diese Personenkreise soziologisch fassen, zwischen der Arbeiterklasse, die Marx meist »Proletariat« nennt, und der Kapitalistenklasse, hier »Bourgeoisie«. Wir haben oben gesehen, daß die Senkung des Stundenlohnes Bedingung der Verlägerung des Arbeitstages war: Eine übliche Geldsumme wurde unterstellt, um den Lebensunterhalt des Arbeiters und seiner Familie zu bestreiten, und dann der Stundenlohn so weit abgesenkt, daß er am Ende den ganzen Tag dafür schuften mußte, und dies an sechs Tagen die Woche, bzw. die Absenkung wurde so weit getrieben, daß auch die Frau und die Kinder arbeiten mußten. Dadurch, daß der Arbeiter nicht mehr drei Stunden pro Tag arbeiten mußte, um seinen Lebensunterhalt zu verdienen, sondern zehn oder zwölf Stunden, arbeitete er also sieben oder neun Stunden zusätzlich für den Kapitalisten. Insofern läßt sich die Mehrwerttheorie auch in der Länge des Arbeitstages darstellen: die »notwendige Arbeitszeit« als Äquivalent für den allgemein als erforderlich angesehenen Lebensunterhalt und die »Mehrarbeit« für die Zeit, in der er den Mehrwert für den Kapitalisten schafft. Den gleichbleibenden Gesamtlohn und auch gleichbleibende Produktionsbedingungen unterstellt, erhöht sich der Mehrwert für den Kapitalisten, wenn der Arbeitstag verlängert wird. Das nennt Marx die »Produktion des absoluten Mehrwerts«. Da der Tag nur 24 Stunden hat und irgendwann auch Ruhezeiten sein müssen und der Kirchgang sein soll, waren dem von Anfang natürliche Grenzen gesetzt. Natürlich kann versucht werden, den Mehrwert durch Lohndrückerei zu erhöhen – damit haben wir es in Deutschland und anderen westlichen Ländern ja gegenwärtig wieder zu tun –, doch dies hängt im Endergebnis von der Organisationsfähigkeit der Arbeiter und ihrer Gewerkschaften einerseits und der der Bourgeoisie andererseits ab und wird gegebenenfalls in sozialen Kämpfen, Streiks usw. ausgekämpft, deren Ausgang historisch offen ist.

So wurde eine andere, wirksamere Form der Steigerung des Mehrwertes gefunden, nämlich die der Steigerung der Arbeitsproduktivität. Wenn neue Produktionsverfahren entwickelt werden, neue technische Lösungen gefunden werden, um die bisherigen Produkte schneller, wirksamer und preiswerter herzustellen oder neue, preiswertere Produkte entwickelt werden, die an die Stelle früherer treten, dann schafft der Arbeiter mehr in der Stunde und es reduziert sich die notwendige Arbeitszeit, die er für sich arbeitet. Das heißt bei Marx »Produktion des relativen Mehrwerts«. Hier sind wir bei der entscheidenden Neuerung, die der Kapitalismus in der Menschheitsgeschichte mit sich gebracht hat: die Produktion um des Mehrwerts oder, bezogen auf die Rendite des eingesetzten Gesamtkapitals, des Profits willen erzeugt einen ständigen Drang zur technischen Neuerung. Unter den Bedingungen der Konkurrenz zwischen den verschiedenen Kapitalisten wird daraus ein Zwang, dem sich keiner der Kapitaleigner bei Strafe seines Untergangs entziehen kann. Wir haben es mit einer Gesellschaft zu tun, die ihre eigenen materiellen Grundlagen ständig revolutioniert. Akkumulation in einem ursprünglichen Sinne kannten auch die früheren Gesellschaften. Die meisten Kaiser des oströmischen Reiches trugen Sorge, daß sich durch eine kluge Steuer- und Handelspolitik und ein ausgeklügeltes Verwaltungssystem in den Schatzkammern von Byzanz größer werdende Goldschätze ansammelten, um – wenn es drauf ankam – genügend Geld zu haben für die Aufstellung neuer Armeen oder das Anwerben von Söldnern. Die Akkumulation im Kapitalismus ist etwas anderes: Sie ist immer wieder neu auf die Verwertung als Kapital gerichtet. Dieser Prozeß ist seinem Charakter nach unendlich und damit auch der Prozeß der ständigen Erneuerung der Produktionsapparate.

Die Verteilung des so geschaffenen Mehrwertes erfolgt dabei in sozialen Auseinandersetzungen. Als die westeuropäische Bourgeoisie die kommunistische Gefahr für eine reale Bedrohung hielt, war sie zu Lohnsteigerungen für die Arbeiter und zur Verkürzung der Arbeitszeit bereit, um die Arbeiterklasse durch eine spürbere Besserung ihrer Lage unter den gegebenen Bedingungen von revolutionären Ideen abzuhalten. Folgerichtig konnten die politisch starken kommunistischen Parteien Italiens und Frankreichs in freien Wahlen zu keiner Zeit zwischen Kriegsende und 1989 eine Mehrheit für sich oder ein von ihnen geführtes politisches Bündnis erringen.

Seit dem Ende des Realsozialismus dagegen haben wir es in Europa mit einer neuen Offensive der Kapitaleigner gegen die Arbeiter zu tun, um die Rate des Mehrwerts wieder zu Lasten der Arbeitseinkommen zu erhöhen. Im Jahre 2004 haben die deutschen Großfirmen, die im Frankfurter Börsenindex DAX notiert werden, sechzig Prozent mehr verdient und vierzig Prozent mehr Dividenden gezahlt. Gleichzeitig begannen diese Konzerne, erst *Deutsche Bank* und *Telekom*, dann auch *DaimlerChrysler*, trotz zum Teil herausragender Bilanzen drastisch Stellen abzubauen. Die Versicherungsgesellschaft *Allianz* gab Ende Juni 2006 für 2005 einen Rekordgewinn von 4,4 Milliarden Euro an und kündigte zugleich die Streichung von 7 500 Stellen an. Die Bourgeoisie hat den früheren Gesellschaftsvertrag aufgekündigt, der darin bestand, daß bei wirtschaftlicher Aufwärtsbewegung alle etwas davon haben sollen. Jetzt wird die Beschäftigung von der Profitentwicklung abgekoppelt und werden die Löhne tendenziell gesenkt, die Zahl der Beschäftigten absolut gesenkt bzw. es werden ordentliche Beschäftigungsverhältnissse, die steuer- und sozialabgabenpflichtig sind, in prekäre Beschäftigungen und Minijobs umgewandelt. Wir haben es mit einer Neu-Zurichtung zur Lohnarbeit zu tun, die mit Armut und ständiger Unsicherheit droht. Die Ideologen des Kapitals reden von Flexibilisierung und meinen eine neuerliche Unterordnung unter das Kapitalinteresse. Der Übergang zum »Industriefeudalismus« und zu »repressiver Hierarchisierung« (Zinn) hat die Welt der Lohnarbeit wieder zurückentwickelt. Verbreitet entstehen nicht nur einzelne prekäre Arbeitsverhältnisse, sondern prekäre Lebenssituationen, die vor einigen Jahren noch vielleicht der Nebenjob-Situation von Studenten entsprach: morgens Umzugshilfe, am Nachmittag Nachhilfeunterricht für schwierige Schüler wohlhabender Eltern und abends Kellnern in einer Gaststätte oder Taxi fahren. Das wäre eine Überlebensvariante für gelernte Intellektuelle. Im Arbeiter-Milieu wäre das dann: morgens als Aushilfsanstreicher bei einer Malerfirma arbeiten, abends bei einer Tiefbau-Bude Kabelgräben ausbaggern und am anderen Morgen eine Schicht bei einer privaten Sicherheitsfirma machen – alles für Minilöhne und gegebenenfalls ohne Steuern und Sozialversicherungsbeiträge.

Ein Problem allerdings hat der Kapitalismus dabei: Bill Gates allein in seiner Garage beim Basteln von Computer-Programmen wäre eine nicht viel andere Figur als der oben beschriebene Schumacher. Der Welt reichster Mann wurde er erst dadurch, daß er tausende Programmierer und Techniker einstellte, die seine Programme weiterentwickelten, tausende Verkäufer, die für die weltweite Vermarktung seiner Produkte sorgen, dazu Hilfskräfte in den Büros, Anwälte für die Prozesse gegen die Konkurrenz und gegen die Regierung und Steuerberater zwecks Minimierung der Steuerbeiträge. Der Mehrwert kommt aus der Ausbeutung von Menschen, nicht aus der Anwendung neuer Technik allein. Die neue Technik dient dazu, die Nutzung der Menschen effektiver zu gestalten.

Entfremdung

Die von Gorz beschriebene revolutionäre Umwälzung der Arbeit als »Erfindung« des Kapitalismus hat allerdings eine Kehrseite. »Die produktive Tätigkeit wurde von ihrem Sinn, ihren Motivationen und ihrem Gegenstand abgeschnitten, um statt dessen bloßes Mittel zum Geldverdienen zu werden. Sie hörte auf, Teil des Lebens zu sein, um statt dessen Mittel zum ›Lebensunterhalt‹ zu werden. Arbeitszeit und Lebenszeit wurden voneinander getrennt.« (Gorz 1990: 40) Die marxistische Gesellschaftsanalyse machte hier einen grundlegenden Widerspruch aus: Die Produktion vergesellschaftet immer mehr, eine immer größere Zahl von Arbeitern arbeitet zusammen, um die modernen Produkte herzustellen, die ihrerseits gesellschaftlichen Charakter tragen, weil sie aus immer breiteren Kooperationen entspringen und für einen immer größeren Markt produziert werden, doch die Aneignung erfolgt privat. Dies hat seine tiefe Ursache in der Produktion selbst. Die Arbeit, ihre Instrumente und Produkte bekamen eine dem Arbeiter entfremdete Realität und hingen von fremden Entscheidungen ab. Marx nannte das »Entfremdung«: »Der gesellschaftliche Charakter der Tätigkeit, wie die gesellschaftliche Form des Produkts, wie der Anteil des Individuums an der Produktion, erscheint hier als den Individuen gegenüber Fremdes, Sachliches; nicht als das Verhalten ihrer gegeneinander, sondern als ihr Unterordnen unter Verhältnisse, die unabhängig von ihnen bestehn und aus dem Anstoß der gleichgültigen Individuen miteinander entstehn. Der allgemeine Austausch der Tätigkeiten und Produkte, der Lebensbedingung für jedes einzelne Individuum geworden, ihr wechselseitiger Zusammenhang, erscheint ihnen fremd, unabhängig, als eine Sache.«

Die Abstreifung der Herrschaft der Sachen über die Menschen sah er dann auch als die Aufgabe der kommenden sozialistischen oder kommunistischen Gesellschaft an. Die Menschen sollten die Gesetze ihres Tuns, die Resultate ihrer Vergesellschaftung selbst beherrschen können. In diesem Sinne formulierte Marx dann weiter: »Jedes Individuum besitzt die gesellschaftliche Macht unter der Form einer Sache. Raubt der Sache diese gesellschaftliche Macht, und ihr müßt sie Personen über die Personen geben. Persönliche Abhängigkeitsverhältnisse (zuerst ganz naturwüchsig) sind die ersten Gesellschaftsformen, in denen sich die menschliche Produktivität nur in geringem Umfang und auf isolierten Punkten entwickelt. Persönliche Unabhängigkeit, auf *sachlicher* Abhängigkeit gegründet, ist die zweite große Form, worin sich erst ein System des allgemeinen gesellschaftlichen Stoffwechsels, der universalen Beziehungen, allseitiger Bedürfnisse und universeller Vermögen bildet. Freie Individualität, gegründet auf die universelle Entwicklung der Individuen und die Unterordnung ihrer gemeinschaftlichen, gesellschaftlichen Produktivität als ihres gesellschaftlichen Vermögens, ist die dritte Stufe. Die zweite schafft die Bedingungen der dritten.« (Marx, Bd. 42: 91) Der Realsozialismus hatte die dritte Stufe nicht gebracht, sondern mit der Abschaffung der Herrschaft der Sachen auf vorher unbekannte Weise persönliche Abhängigkeitsverhältnisse wiederhergestellt, die über die kommunistische Staatspartei und den Staatsapparat vermittelt und über ideologische Schlüssel kommuniziert wurden. Das ändert jedoch nichts daran, daß die Abschaffung der Herrschaft der Sachen, die Beseitigung der Entfremdung, die Durchsetzung des Prinzips, daß der Mensch des Menschen höchstes Wesen sein soll, die einzulösende Aufgabe eines Sozialismus im 21. Jahrhundert sein muß.

Damit kommen wir auf Lafargues »Recht auf Faulheit« zurück. Wie wir gesehen haben, irrte er, indem er der Arbeiterklasse eine Liebe zur Arbeit zuschrieb. Diese war ihr vielmehr mit Hunger und Knute eingezwungen worden. Unter den gegebenen Bedingungen, da für die Vermögenslosen Arbeit die einzige Möglichkeit ist, am gesellschaftlichen Reichtum und am öffentlichen Leben teilzunehmen, ist die Forderung nach einem Recht auf Arbeit rational und sachlich begründet.

Zugleich bleibt die Forderung nach Verkürzung der Arbeitszeit aktuell. Wenn im gesellschaftlichen Maßstab, mit der geschilderten Akkumulationsmaschine und der aus ihr folgenden ständigen Steigerung der Produktivität der Arbeit, die gesellschaftlich notwendige Arbeit sinkt, gibt es zwei Möglichkeiten, darauf zu reagieren. Entweder steigt die Massenarbeitslosigkeit tendenziell und dauerhaft immer weiter an, während die im Arbeitsprozeß Verbleibenden stets größerer Arbeitshetze ausgesetzt werden, oder die Arbeitszeit für die Beschäftigten wird allgemein verringert, um auf der Grundlage verkürzter Arbeitszeit eine tendenzielle Vollbeschäftigung wiederherzustellen. Letzteres war Element des Kompromisses zwischen Kapital und Arbeit in der Nachkriegszeit und wäre ein Grundelement der Lösung des derzeitigen Problems der Massenarbeitslosigkeit, im Sinne von sozialer Gleichheit und Festigung des sozialen Zusammenhalts der Gesellschaft. Ersteres dagegen ist ein Hauptmoment des derzeitigen Angriffs des Kapitals; das größer werdende Heer der Arbeitslosen drückt auf die Lohnbedingungen der »Noch-Beschäftigten«, kann doch jeder bei Entlassung sofort durch hunderte andere ersetzt werden, die dann eifriger sind und für weniger Geld zu arbeiten bereit sind – womit der Anteil des Mehrwerts weiter steigt. Tatsächlich jedoch könnte die Normal-Arbeitszeit deutlich gesenkt werden. Und da dies angesichts steigender Produktivität geschieht, müßte dies nicht nur, sondern könnte ohne Einkommensverlust für die Arbeitenden erfolgen – was André Gorz Ende der 1980er Jahre begründet hatte. (Gorz 1990)

Denn dies ist die Pointe bei Lafargue: Es solle jedermann verboten werden, länger als drei Stunden am Tag zu arbeiten. Die übrige Zeit sei zum Feiern und für die Bildung und das Theaterspielen, die Faulheit – die er meint – ist die »Mutter der Künste und der edlen Tugenden« (Lafargue 1891: 28) und damit etwas grundsätzlich anderes als Müßiggang und Lasterhaftigkeit, was die Moralisten auch heute gern unterstellen.

Allerdings gibt es hier heute ein Problem, um das Lafargue noch nicht wußte. Die Entfremdung der Arbeit bringt eine Verlagerung des Lebensinteresses in die Zeit der Nicht-Arbeit, in die Freizeit mit sich. Das Mehr-Geld-Verdienen setzt sich in mehr Konsumieren um. Wenn der Gelderwerb ohne enge Grenze ist, kann es auch der Einsatz des Verdienten in der Freizeit sein: Wer das größere, teurere Auto hat, *ist* mehr. Mit der Steigerung der Produktion überschreitet »der Konsum die Grenze der tatsächlich empfundenen Bedürfnisse« und wird »in den Dienst der Produktion, d. h. der ›Bedürfnisse‹ des Kapitals gestellt«. (Gorz 1990: 173) Teure Fahrräder, mit denen man im Hochgebirge zu Tal rasen kann, andere »Extremsportarten«, die die sie Ausübenden bis an den Rand der physischen Existenz jagen, vielerlei Feizeitvergnügungen auch für die Kleinverdiener, die nur gegen Entgelt zu haben sind, haben zu seinem passiven Konsumieren geführt, das seinerseits fester Bestandteil des Produktionskreislaufes geworden ist. All das ist auch eine Entfremdung im Konsum-, im Freizeitbereich. Eine allseitige Entwicklung der Persönlichkeit in einem zutiefst humanistischen Sinne ist nicht zu haben, ohne daß auch diese Entfremdung aufgebrochen wird.

Kapitalverwertung und Kapitalismus

Fernhandel gab es bereits in der Antike. In den alten Märchen von Sindbad dem Seefahrer wird bereits berichtet, wie die Schiffe ausgerüstet und mit Waren vollgeladen wurden, um dann von Basra aus in See zu stechen. Die riesigen chinesischen »Schatzschiffe« haben selbstredend einen Überseehandel betrieben, der Gewinne brachte. Für die Vermittlung des Handels hatten die Chinesen das Papiergeld erfunden. Von den Innovationen der oberitalienischen Handelsstädte wie Wechsel, Kredit und doppelte Buchführung war bereits die Rede. Braudel betont, daß es Welthandelssysteme auf dem eurasischen Großkontinent bereits lange vor der Moderne gab. Auch Bodenpacht, Immobilienpreise, Banken und Spekulation sind älteren Datums. Das gilt auch für Märkte, Kapital und Lohnarbeit, die es ebenfalls bereits in der Antike gab. Sie ergeben aber noch keinen Kapitalismus. »Erst wenn sie sich als Teile zu einem alles umfassenden System, einem Gesamtzusammenhang [oder, wie Marx in Hegelscher Sprache sagte, zu einer »Totalität«] fügen, kann von Kapitalismus die Rede sein.« (Krätke 2006: 733) Das ist es, womit wir es heute zu tun haben: die Totalität als Weltsystem und als Gesellschaftssystem.

Markt und Ware-Geld-Beziehungen haben allerdings die Eigenart, daß sie auch dort auftauchen, wo man sie (eigentlich) nicht haben will. In der realsozialistischen Planwirtschaft haben sie im großen wie im kleinen Wirtschaftsgefüge immer dann eine Rolle gespielt, wenn das System der Leitung und Planung nicht klappte. Am Ende wurden innerhalb des RGW zwischen den Ländern Mangelwaren, die im staatlich fixierten Jahresaustausch nicht vorgesehen waren, zu Weltmarktpreisen auf Dollar-Basis gehandelt, beispielsweise zwischen der Sowjetunion und Ungarn. Auch das »Direktgeschäft« zwischen staatlichen Betrieben, so der DDR, außerhalb der Plan-Zuteilung Mangelwaren – notwendige, aber derzeit offiziell nicht beziehbare Maschinen, Ersatzteile oder Materialien – naturalwirtschaftlich zu tauschen, hatte eine marktwirtschaftliche Form, weil der »Preis« der Waren, den beide Seiten dem Tausch zugrunde legten, von einem realistischen Verständnis von Angebot und Nachfrage und des Tauschwertes ausging. Wenn die Bauern private Erzeugnisse, die sie auf ihren Höfen und nicht in der Produktionsgenossenschaft produziert hatten, staatlich genehmigt verkaufen konnten – also nicht nur illegal, unter der Hand –, besserte sich stets die Versorgungslage der Bevölkerung, und die Bauern verdienten zusätzlich Geld. Das war in allen osteuropäischen Ländern des Sozialismus so. Wurde dies verboten, verschlechterte sich die Lage, weil die staatlich organisierte Großproduktion stets Lücken ließ, die sie selbst nicht schließen konnte. Ein beträchtlicher Teil von Mangelwaren und Dienstleistungen wurde innerhalb der späten DDR der 1980er Jahre in D-Mark der Bundesrepublik Deutschland bzw. in »Forum-Schecks« gehandelt – das waren in DM bezahlte Schecks mit Bargeldcharakter, mit denen man in den Spezialläden in der DDR einkaufen konnte, in denen es Waren aus der BRD und der Europäischen Union gab. Das heißt, hinter dem Rücken der Planwirtschaft des Realsozialismus stellten sich immer dann und dort quasi-marktwirtschaftliche Formen ein, wo diese nicht oder nur unvollkommen funktionierte. In der Gründungszeit, etwa der Sowjetunion, aber auch der DDR, wurden solche Geschäfte stets als ideologisches Problem behandelt oder gar als kriminelle Tat, die gerichtlich streng geahndet wurde. Später gingen die Herrschenden damit unterschiedlich um, diese marktlichen Vorgänge wurden in bestimmten Formen geduldet, die staatliche Planwirtschaft stellte sich stillschweigend auf sie ein, oder sie wurden sogar gefördert. Die »Forum-Schecks«, die in der DDR dann »zweite Währung« waren, wurden in der Regel für DM gekauft, die Bürger der BRD ihren Verwandten in der DDR gegeben hatten, die damit in den einschlägigen Läden Westwaren kaufen konnten oder aber damit Mangelwaren bzw. defizitäre Handwerkerleistungen erstanden. Die Menschen sind, wie Marx einst schrieb, immer von sich ausgegangen. Insofern ist den Bürgern eines Landes nicht zu verdenken, daß sie Dinge haben wollen, die Mangelwaren sind, und sie dann nach Wegen suchen, diese zu erhalten, wenn sich denn solche Wege auftun. Dies als ideologisches Problem zu fassen, war stets nur ein verkehrter Ausdruck der materiellen Schwächen der jeweiligen Volkswirtschaft.

Dies jetzt zu erörtern, hat aktuellen Anlaß. Einer davon hängt mit Kuba zusammen. Der Imperator hat schon mal einen »Koordinator für die Transition auf Kuba« einsetzen lassen. Der Coup soll am Tage nach Fidel Castros Tod starten. Wie immer die Kubaner in ihrer Mehrheit zu Castro stehen, sie sollen keine Möglichkeit haben, über ihr künftiges Schicksal selbst zu bestimmen. Das Imperium hat schon alles vorbereitet: Es will seine politische und wirtschaftliche Herrschaftsposition von vor 1959 wiederherstellen.

Fidel Castro sieht das anders. Er hat auf einer »Festveranstaltung anläßlich des 60. Jahrestages seiner Aufnahme an die Universität« am 17. November 2005 in Havanna eine ausführliche Rede gehalten zu diesem Thema, die ins Deutsche gebracht und publiziert wurde. Man könnte natürlich über den Gehalt an symbolischer Politik und das Autoritative räsonieren, die in solcher Datierung stecken. Das soll uns hier nicht weiter beschäftigen. Wer hat nicht schon alles eine Rede zu seinem eigenen runden Geburtstag gehalten! Auch ist die Rede als solche einfach und schlicht übersetzt, für westliche, auch linke Leser etwas »nicht-rational«. Wer sich allerdings mit lateinamerikanischer Redekultur schon früher näher befaßt hat, Fidel-Begeisterter seit 1959 ist oder Chávez-Reden liebt, der findet nichts Ungewöhnliches. Es ist eine etwas langatmige, zuweilen abschweifende, eher spiralförmig aufgebaute rhetorische Arbeit. Als vormaliger Jesuitenschüler hätte er es besser wissen müssen, aber er macht das ja schon immer so.

Wichtiger ist der Inhalt dieser Castro-Rede. Er stellt die Frage, ob der revolutionäre, sozialistische Prozeß in Kuba umkehrbar ist. Oder, was getan werden müßte, dies zu verhindern. Sein Fazit ist, »die Revolution« sei nicht von außen, von Seiten der USA zu zerstören, das könne sie nur selber tun, »nur durch ihre eigenen Fehler«. Mit Blick auf die Sowjetunion sagt er, sie hätte in Ordnung gebracht und nicht zerstört werden sollen, und mit einem Seitenhieb auf China, man könne »den Sozialismus« nicht mit kapitalistischen Methoden aufbauen.

Wer aber ist »der Sozialismus«? Castro zieht sich darauf zurück, »daß unter den vielen Fehlern, die wir alle gemacht haben, der bedeutendste Fehler war zu glauben, daß irgend jemand etwas vom Sozialismus verstand oder daß jemand wußte, wie der Sozialismus aufgebaut wird«. Wo er recht hat, hat er recht, nur in bezug auf seine Frage über die Zukunft Kubas ist er damit keinen Schritt weiter. Schließlich kommt er auf etwas gleichsam Urchrichtliches: ohne ethische Werte keine revolutionären Werte. Am Ende soll die revolutionäre Erziehung es richten. Da das Eigentum des Volkes überall »gestohlen« wird, aber alles dem Volk gehöre, müsse dem Einhalt geboten werden, die Reichtümer egoistisch und unverantwortlich zu verschwenden. Die Mangelwirtschaft gebiert auch in Kuba jene Tendenzen der »Privatisierung«, die aus dem sozialistischen Osteuropa wohlbekannt sind, zumal Castro vor nicht allzu langer Zeit den US-Dollar als faktische Zweitwährung hat verbieten lassen und die Bauernmärkte ebenfalls wieder restriktiv behandelt werden. Nur werden diese Probleme wieder nicht als wirtschaftliche oder soziale, sondern als politische behandelt. Die kubanische Gesellschaft der Zukunft solle »eine vollkommen neue Gesellschaft sein«, sagt Fidel Castro. Um den »Diebstahl« zu unterbinden, wurden tausende junge Kontrolleure ausgebildet und im Land herumgeschickt. In der Übersetzung heißen sie »Sozialarbeiter«.

Felipe Pérez Roque, früherer Privatsekretär Fidel Castros und seit 1999 Außenminister Kubas, hielt am 23. Dezember 2005 in der Nationalversammlung eine Rede, in der er im Schlußteil explizit auf die Castro-Rede vom November Bezug nahm. Kuba sei militärisch »unverletzbar geworden« in dem Sinne, daß die USA für die Besetzung der Insel Opfer bringen müßten, die die US-Bevölkerung nicht tragen würde. Es ginge jetzt darum, »wirtschaftlich unverletzbar zu sein«. Entscheidend werde aber sein, »eine politische und ideologische Unverletzbarkeit« zu erreichen. Nach Fidel müsse das Volk »diese Lücke … füllen«. Es seien drei Maßnahmen nötig, die Revolution zu retten: Die Revolutionsführer müßten »mit eigenem Beispiel« der Bescheidenheit und Lauterkeit vorangehen; die Unterstützung des Volkes müsse »auf der Basis von Ideen und Überzeugungen« beruhen, »nicht auf der Basis materiellen Konsums«; es dürfe keine neue Bourgeoisie in Kuba geben, denn die würde immer auf Seiten der Yankees stehen, nicht auf der der kubanischen Nation.

Wer Havanna besucht hat, weiß, daß das mit der staatlich geforderten Askese im wirklichen Leben nicht funktioniert. In Osteuropa hatten die regierenden Kommunisten ein, zwei Dekaden nach der Errichtung ihrer Macht versucht, mit diesem Argument die sozialistische Akkumulation zu begründen; das Argument war jedoch stets mit einem zweiten verbunden: Es werde danach allen besser gehen. Alle historische Erfahrung spricht dagegen, daß das Askese-Argument nach fast fünfzig Jahren noch trägt. Allein die historisch einzigartige Situation der USA-Blockade gegen Kuba, die derzeit gerade wieder verstärkt wird, verleiht ihm Plausibilität. Auch das Argument mit der »Bourgeoisie« ist fragwürdig. Die wirkliche sitzt in Florida und könnte nur im Troß der US-Interventionsarmee kommen. Über die muß nicht gesondert geredet werden, ohne zuvor über die Chancen einer solchen Aggression der USA zu sprechen. Da aber dauernd von inneren Gründen eines Scheiterns die Rede ist, dem »Stehlen« und einer sich bereichernden Minderheit, kann nur eine inländische »Bourgeoisie« gemeint sein, die aber eigentlich nur ein Kleinbürgertum ist. Auch hier spricht alle historische Erfahrung gegen die Stichhaltigkeit eines solchen Arguments. Die Kleinbauern, die zu sozialistischen Zeiten in Ungarn oder der Sowjetunion ihre Produkte auf den Bauernmärkten verkauften und dabei relativ wohlhabend wurden, waren nicht diejenigen, die in ihren Ländern den Kapitalismus einführten, das waren in erster Linie Funktionäre aus der Partei und dem Staatsapparat. Und die Bauern gehörten in ihrer großen Mehrheit zu den Verlierern des Systemwechsels. In Wahrheit handelt es sich jetzt in Kuba um einen Wiedergänger des alten kommunistischen Streits um den Charakter des Kleinbürgertums, der schließlich darin mündete, dieser sei »reaktionär« und es würde, wenn es denn könnte, den Kapitalismus einführen. Diese Debatte hatten Lenin und Stalin bereits in den 1920er Jahren geführt, und sie tauchte in dem meisten realsozialistischen Ländern immer mal wieder auf. Sie zeugte stets von dem mangelnden Selbstvertrauen der Machthaber und sagte nie etwas über das wirkliche »Kleinbürgertum«.

Heinz Dieterich, der bereits als der Beschreiber des »Sozialismus des 21. Jahrhunderts« von sich hatte reden machen lassen, hat nun diese beiden Reden ins Deutsche gebracht und veröffentlicht. (Castro, Pérez Roque, Dieterich 2006) Nicht ohne es zu versäumen, die Dramatik der Fragestellung hervorzuheben. Wer das unstrukturierte Gerede Gorbatschows bis Anfang der 1990er Jahre über die angeblich unwiderrufliche »historische Entscheidung für den Sozialismus« in der Sowjetunion oder ähnliche Auslassungen Honeckers über die Mauer in fünfzig Jahren noch nicht ganz vergessen hat, vermag die historische Größe Castros, allein diese Frage gestellt zu haben, nachzuvollziehen. Dieterich nennt es eine »transzendentale Rede«. Meint er das theologisch, die Rede sei »übersinnlich«, oder philosophisch, also sie sei apriorisch für das Sein – der Revolution oder dieses Buches?

Der Titel suggeriert, es hätten drei Autoren an diesem Buch gearbeitet: Castro, Pérez Roque und Dieterich. Bei genauerem Hinsehen jedoch zeigt sich: Dieterich hat die beiden Reden genommen, ihre Rolle dramatisiert und anschließend die Übersetzungen mit seinen Kommentaren versehen. In etlichen

Punkten widerspiegeln seine Positionen den Stand auch der relevanten linken Diskussionen: Ohne Demokratie wird es keinen weiteren Sozialismus geben; der Realkapitalismus des 20. Jahrhunderts hatte eine größere »kognitive Kybernetik« als Lenins Einheitspartei; letztere und der bolschewistische Staat haben sich am Ende »von Protagonisten der Transformation im Dienste der Avantgarde zu Inkubatoren der Konterrevolution« entwickelt. Die Frage, welche Rolle die selbsternannte Avantgarde überhaupt zukäme, stellt er allerdings nicht, weshalb auch seine Demokratie-Position eigenartig unscharf bleibt. Dieterich spricht vielen Menschen sicherlich aus dem Herzen, wenn er in bezug auf das angekündigte Ableben Castros schreibt, es sei vorzuziehen, »sich mit Spartakus und Che Guevara zu irren, als mit Rom und Bush recht zu haben«.

Des Pudels Kern jedoch ist die Mitteilung, Kubas Revolution werde nicht überleben, wenn sie nicht »den Schritt zur Konstruktion des Sozialismus des 21. Jahrhunderts geht«. Es bleibt das schale Gefühl, Dieterich hat die Castro-Frage nur wiedergegeben, um sich als die Antwort zu präsentieren. Im Originalton: Es sei »natürlich nicht hilfreich, an der erkenntnistheoretischen Fiktion festzuhalten, daß auch heute niemand weiß, wie der Sozialismus des 21. Jahrhunderts zu konstruieren ist«. Nein! Natürlich nicht! Heinz Dieterich weiß das alles! Kauft nur sein Buch über den »Sozialismus des 21. Jahrhunderts«! So sind Castro und Pérez Roque die PR-Figuren für Dieterichs kybernetische Weltrevolution, das zweite Buch die PR-Maßnahme für das erste.

Jenseits dieses Buches steht das Problem, welches Schicksal dem kubanischen Volk zuteil werden wird. In gewissem Sinne bedingen sich die aggressive USA-Politik gegen Kuba und die enge Innenpolitik Castros gegenseitig. Sie liefern sich wechselseitig die Argumente. Unabhängig von der USA-Politik gibt es die Chance auf eine Perspektive ohne Krieg oder Bürgerkrieg nur, wenn erstens sich das politische System Kubas demokratisch öffnet, nicht im Sinne der vom Westen alimentierten Dissidenten, sondern im Sinne Rosa Luxemburgs für die Werktätigen des Landes – in einem wirklichen Sinne, nicht in dem fingierten, den wir aus der DDR oder der Sowjetunion so gut kennen: wo die Staatspartei das doch alles so gut fügt. Und zweitens kann man den privaten, kleinbürgerlichen Wirtschaftssektor doch einfach laufen lassen und trotzdem die größeren Industriebetriebe und den Außenhandel unter staatlicher Aufsicht halten. Der marktliche Bereich entwickelt sich von ganz allein, man muß ihn nur lassen, und mit ihm verbessert sich dann auch die Versorgungslage der Bevölkerung. Askese widerspricht der menschlichen Natur, sie ist etwas für Mönche und Priester, nicht für das gemeine Volk, das eher deftiges Essen und einen kräftigen Schnaps liebt.

Es gibt auch noch einen zweiten Anlaß, sich näher mit der Frage Kapitalismus und Marktformen zu befassen. Der hängt mit Venezuela und wiederum mit Heinz Dieterich zusammen. Es wird berichtet, er unternehme verstärkt Bemühungen, die Idee von Hugo Chávez von einem Sozialismus des 21. Jahrhunderts so zu interpretieren, daß nunmehr eine Einführung seiner kybernetischen Äquivalenz-Ökonomie praktisch erforderlich sei. Dabei gehe es um eine schöne neue Zivilisation, und die Ökonomie sei deren Kern. Der erste Schritt zur Implementierung einer sozialistischen Wirtschaft sei das Wissen um den Unterschied zur kapitalistischen Marktwirtschaft, unter der wir heute leiden. Zu diesem Unterschied werden sechs Punkte gerechnet, vier, die zur Wirtschaftsdemokratie gehören, und zwei, die gleichsam als Politische Ökonomie des Wertes angesehen werdem können. In der ersten Gruppe geht es um reale Bürgerbeteiligungen an den makroökonomischen und mikroökonomischen Entscheidungen, das meint auf gesamtvolkswirtlicher und auf Betriebsebene, dazu auf kommunaler Ebene, so beim Beteiligungshaushalt der Gemeinden, und schließlich die Gestaltung einer Wirtschaftsplanung auf der Grundlage jener Bürgerbeteiligungen. Diese Elemente sind recht übersichtlich, weder neu noch besonders orginiell und »der Teufel liegt – wie immer – im Detail«, aber das ist eine andere Sache. Die beiden Punkte zur Wertökonomie sind schon problematischer. Die Buchführung und die Wirtschaftsabläufe sollen sich nach dem »objektiven Wert« im Sinne des Zeitaufwandes richten, und nicht nach dem Marktpreis, und der Warenaustausch solle auf der Basis gleicher Werte erfolgen, die sich aus dem »Äquivalenzprinzip« ergeben würden. Daß die »von der bürgerlichen Ökonomie verwendeten Konzepte Preis und Wert« einen »subjektiven Charakter« hätten, ist ja in seinem Sozialismus-Buch nachzulesen (Dieterich 2006: 145).

Im gehabten Staatssozialismus wurden die Produktionsmittel in staatliche Verfügung genommen und der Staat nahm auch die Regulierung der Preise für sich in Anspruch. Die Akkumulation des Kapitals durch private Unternehmer wurde wirksam blockiert, doch gelang es nicht, die Wirtschaftsflüsse zu optimieren. Die ursprüngliche marxistische Annahme war ja, daß das private Eigentum an den Produktionsmitteln in Verbindung mit der Konkurrenz zwischen den Kapitaleignern nicht nur die Ausbeutung der Arbeiter hervorbringt, sondern auch eine »Anarchie der Produktion«, die zu Überproduktionskrisen, Außer-Wert-Stellung von Produktionsmitteln und Produkten in Krisenzeiten, das heißt vielfach ihrer physischen Vernichtung, und zu Massenentlassungen führt. »Während die kapitalistische Produktionsweise in jedem individuellen Geschäft Ökonomie erzwingt, erzeugt ihr anarchisches System der Konkurrenz maßloseste Verschwendung der gesellschaftlichen Produktionsmittel und Arbeitskräfte.« (Marx, Bd. 23: 552) Diese Krisen treten zyklisch auf und entspringen dem Wesen der kapitalistischen Produktionsweise selbst, d. h., sie sind im Kern unvermeidbar, auch wenn im Laufe der Zeit Mittel und Wege gefunden wurden, ihre Folgen abzumildern. Das veranlaßte Lafargue zu der oben zitierten Aussage, daß die Mehrarbeit in Zeiten guter Geschäfte die Ursache für die Entlassung, das heißt Nicht-Beschäftigung und Armut, der Arbeiter in Krisenzeiten ist. Die Idee, das Problem durch die Enteignung der Kapitalisten und die Herstellung einer gesamtgesellschaftlichen Leitung und Planung der Volkswirtschaft zu lösen, zieht sich daher seit Marx und Engels durch die Debatten um Strategie und Taktik der sozialistischen Bewegung. Dabei wurde stets von zwei Voraussetzungen ausgegangen. Die eine war, daß die Etablierung eines solchen Systems der Leitung und Planung gesamtvolkswirtschaftlicher Prozesse organisatorisch und technisch möglich sei, und die zweite, daß der Nutzen eines solchen Systems – nämlich die Überwindung jener »Anarchie der Produktion« – ihre gesellschaftlichen Kosten übersteigen würde.

In bezug auf erste Schritte zu einer sozialistischen Wirtschaft in Lateinamerika wird nun heute betont, es stünde nicht eine allgemeine Verstaatlichung des Privateigentums auf der Tagesordnung, sondern eine Ersetzung des Systems der Marktpreise durch die Berechnung des Wertes nach dem sogenannten Äquivalenz-Prinzip. Da alle Produktionsprozesse auf dem Faktor Zeit beruhen, sei es ein leichtes, alle internen und externen Transaktionen auf dieser Grundlage zu registrieren. Das würde verhindern, daß Unternehmer sich den Reichtum der anderen aneignen. Auch wenn wieder so getan wird, als sei dies vor allem ein technisches Problem, man brauche nur die entsprechenden Computer, es müßte die richtige Software entwickelt werden und man brauche engagierte junge Leute, die das alles tun, so hatte Dieterich doch in seinem Buch betont, die Durchsetzung dieses Äquivalenz-Prinzips sei »ein Problem der Macht«.

Hier wird zunächst einmal die Frage nach dem Eigentum und die nach dem gesamtwirtschaftlichen Regulierungssystem durcheinandergebracht. Die Aussage, man wolle in Lateinamerika nichts verstaatlichen, nur das Abrechnungs- bzw. Regulierungssystem verändern, vermengt zwei unterschiedliche Dinge. Es gab in einer Reihe westeuropäischer Länder – zumal unter dem Einfluß sozialdemokratischer Parteien, die den Ausbau der Schutzfunktion des Staates gegenüber den Arbeitern und den sozial Schwachen im Sinn hatten – in den Jahrzehnten der Nachkriegszeit bis zum Vorherrschen des Neoliberalismus mehr oder weniger große Staatsbetriebe. Diese agierten jedoch alle in einem marktwirtschaftlich geordneten makroökonomischen Umfeld. Das heißt, sie waren Staatsbetriebe, ihre Erlöse flossen am Ende dem Staat oder besonderen Stiftungen zu, doch sie agierten in einer Marktwirtschaft.

Umgekehrt gab es beispielsweise in der DDR bis 1972 private Betriebe in Industrie und Handel, die allerdings in das insgesamt planwirtschaftliche Gesamtgefüge eingeordnet waren. Hier erzielten die Besitzer, auch nach Steuern, für DDR-Verhältnisse vergleichsweise hohe Einkommen, eben als private Eigentümer, konnten als Betriebsleiter in bestimmtem Maße eigenständiger agieren als die Direktoren der sozialistischen Betriebe, mußten aber in ihren wirtschaftlichen Entscheidungen die planwirtschaftlichen Auflagen berücksichtigen und erfüllen, wie sie zugleich auf die Zuweisung von Maschinen,

Werkzeugen und Material angewiesen waren. Diese Betriebe stellten zeit ihrer Existenz ein bestimmtes »Polster der Flexibilität« dar, das in der Lage war, Engpässe in der Gesamt-Volkswirtschaft auszugleichen. Erich Honecker ließ diese Betriebe dann verstaatlichen, ohne daß etwas Vergleichbares volkswirtschaftlich an ihre Stelle gesetzt werden konnte.

Die Debatten, etwa in Ungarn seit den Wirtschaftsreformen der 1960er Jahre, drehten sich nie um die Eigentumsfrage, sondern immer um die Verfügungsrechte und das marktliche Agieren, mit dem Ziel, über die Schwerfälligkeiten der bestehenden Planungs- und Leitungssysteme sowjetischen Typs hinwegzukommen und die Mangelwirtschaft zu überwinden. Selbstverständlich ist eine Marktwirtschaft vorstellbar, in der die meisten Firmen und Betriebe in staatlichem oder genossenschaftlichem Eigentum sind. Das geht auch mit den im Westen eingeführten juristischen Formen: eine GmbH, die einer Aktiengesellschaft gehört, die einer Bank gehört, die der Staatsbank gehört. Das war gleichsam der Schlußstand der Debatten um sozialistische Marktwirtschaft in Ungarn, bevor der Systemumbruch kam. Das marktliche Agieren und den Privatbesitz im Sinne des Eigentums privater Personen oder Firmen in eins zu setzen, war eine ideologisch-politische Operation, die die Abgesandten der Zentren des Neoliberalismus aus Westeuropa, insbesondere der Bundesrepublik Deutschland, in Osteuropa vollzogen, um sich dort die bisherigen Staatsbetriebe anzueignen. Sie machten es ja auch in der DDR so. Die vom Neoliberalismus behauptete Identität von selbständigem Agieren auf dem Markt und dem Eigentum privater Personen ist weder logisch begründet noch historisch richtig.

Andererseits waren die Kriegswirtschaften, insbesondere Deutschlands, im Ersten und Zweiten Weltkrieg keine Markt-, sondern Plan-, oder besser: Zentralverwaltungswirtschaften. Auch dort bestimmte der Staat in hohem Maße die wirtschaftlichen Abläufe und Entscheidungen, ausdrücklich ohne die gesamte Wirtschaft zu verstaatlichen. Das zeigt: Die Geschichte kennt sozialistische Marktwirtschaft ebenso wie nicht-sozialistische Zentralverwaltungswirtschaft. Das entscheidende Kriterium hier ist, ob es eine Wirtschaftsordnung mit dezentraler Planung und Lenkung der wirtschaftlichen Prozesse gibt, die über Märkte mittels Preis-Mechanismus koordiniert werden. Gemeint sind hier Preise, die sich über den Markt ausbilden. Das sieht jetzt – wie weiter oben diskutiert – völlig davon ab, ob es sich um transparente Märkte handelt, ob Monopole bestehen, ob Innovationsgewinne in die Preise einfließen, wie es um das Verhältnis von Angebot und Nachfrage steht. Diese Preise bilden sich tendenziell und letztlich hinter dem Rücken der Akteure aus. Für die Plan- oder Zentralverwaltungswirtschaft typisch sind dagegen Preise, die sich nicht am Markt ausbilden, sondern über den Staat oder eine von ihm speziell eingesetzte Behörde bzw. einen von ihm veranlaßten Verwaltungsmechanismus festgesetzt werden.

Bereits Schumpeter hatte grundlegende Funktionsprobleme eines Sozialismus (der als planwirtschaftlicher gedacht ist) deutlich beschrieben: Wenn die Produktionsmittel keine Marktwerte sind, weil die Prinzipien des Sozialismus dies nicht gestatten, können diese auch nicht zum Kriterium der Verteilung werden. Dann fehlt der kommerzielle Verteilungsmechanismus, und die entstehende Lücke muß durch einen politischen Akt geschlossen werden, am Ende durch eine entsprechende Behörde. Das ist das erste Problem. Das zweite besteht darin, daß das System statisch möglicherweise denkbar ist, mit der Dynamik des Wirtschaftens jedoch schwierig wird. »Wenn zu einer Zeit, da die verfügbaren Produktivkräfte der Gesellschaft mit der Aufgabe, ein gegebenes Konsumniveau zu versorgen, voll beschäftigt sind, sich eine Verbesserung aufdrängt – zum Beispiel eine neue Brücke oder eine neue Eisenbahn –, die die Verwendung zusätzlicher Faktoren oder, wie wir auch sagen können, zusätzliche Investition erfordert, dann müßten die Genossen entweder über die Arbeitszeit hinaus arbeiten … oder sie müßten ihren Konsum einschränken, oder beides.« (Schumpeter 1987: 286) Das zieht dann eine Reihe weiterer Fragen nach sich: wie kompliziertere Arbeit im Vergleich zu einfacherer bezahlt wird, wie Überstunden vergütet werden usw. Am Ende bedeutet dies: Wenn ein einheitlicher Bemessungsmaßstab die politische Absicht war, muß diese vor der Wirklichkeit der Produktion kapitulieren.

In der Tat war ja auch, wenn wir alles, was wir bisher über die inneren Gründe des wirtschaftlichen Scheiterns des gewesenen Realsozialismus wissen, nochmals zuspitzen, das Hauptergebnis der Schaffung der gehabten Planwirtschaft – nicht der Verstaatlichung, sondern der Einführung des zentralen staatlichen Leitungs- und Planungssystems – die »Ausschaltung« der Akkumulationsmaschine, die der Kapitalismus in den Jahrhunderten geschaffen hatte. Damit wurde aber, bildlich gesprochen, nicht nur der Teil der Maschine abgeschaltet, der den Profit generiert, sondern zugleich der, der die Innovationen hervorbringt, d. h. den ständigen Drang zur Steigerung der Arbeitsproduktivität.

Technische Verbesserungen waren im früheren Sozialismus immer ein Kraftakt, der auf den Widerstand nicht nur der staatlichen Planungsbürokratie, sondern auch der Betriebsleitungen traf, weil sie die Planungsgrundlagen für die Fünfjahrplanperiode durcheinanderbrachten, außerplanmäßige Anträge an die Zentrale nötig machten, zusätzliche Investitionen erforderten, die bei den Zulieferern nicht bilanziert waren usw. Das waren zumindest die Befunde der wirtschaftswissenschaftlichen Debatten in der Akademie der Wissenschaften der UdSSR in der zweiten Hälfte der 1980er Jahre. Das historische Endergebnis war das tatsächliche Zurückbleiben in der Entwicklung der Arbeitsproduktivität im Vergleich mit dem Westen.

Oben haben wir gesehen, daß der Mehrwert im Verhältnis zu den Aufwendungen für die Löhne in bezug auf eine konkrete Produktion in einem bestimmbaren Zeitraum genau berechnet werden kann. Sobald die so errechneten Werte der Waren aber auf dem Markt über die Preise realisiert werden sollen, wirken sehr viele verschiedene Faktoren auf die Preisbildung ein, und diese zuvor ermittelten Werte können in der Regel nicht linear erzielt werden. Dazu schlüssige Berechnungen vorzulegen, ist bisher niemandem gelungen. Wenn man dies nun zu vermeiden sucht, indem man fixierte Preise, oder anders benannte Berechnungsgrundlagen, als Basis nimmt, ignoriert man die regulierende Funktion von Angebot und Nachfrage. Das Ergebnis sind unverkäufliche Lagerbestände auf der einen und Mangel an vielen Waren und Dienstleistungen auf der anderen Seite. Davon konnten alle realsozialistischen Leitungsbehörden ein Lied singen. Wenn nun behauptet wird, das könne das Computernetzwerk alles machen, so ist darauf zu antworten: Alle bisherige Erfahrung spricht dagegen, schon weil die Zahl der Variablen, der zu berücksichtigenden Faktoren, zu hoch ist.

Daß Konrad Zuse an eine technische Lösbarkeit dieses Problems glaubte, ist biographisch sicherlich nachvollziehbar (siehe Essay »Sozialismus: Eine neue Lage und Ergebnisse einer neuen Suche«), doch wer ökonomisch und soziologisch einigermaßen gebildet ist, sollte wissen, daß es nicht geht. Und wenn wir ehrlich sind, müssen wir zugeben: Der Mensch ist weder in erster Linie *homo oeconomicus,* wie uns die Neoliberalen weismachen wollen, wenn wir die Aktien von irgendwelchen Schwindelfirmen kaufen sollen, noch vor allem *homo politicus,* wie die politikwissenschaftlichen Moralisten uns einzureden bestrebt sind, sondern *homo ludens,* der zum Spiel und zur Zerstreuung neigende Mensch. Wir freuen uns, wenn wir in eine Kaufhalle kommen und viele bunte Waren antreffen, von denen wir, bei gleicher oder ähnlicher Funktion bzw. »Gebrauchswert«, wie Marx das nannte, oft nicht die praktischste oder preiswerteste nehmen, sondern die, die uns aus irgendwelchen irrationalen Gründen am besten gefällt. Und oft entscheiden wir das spontan, wenn wir vor dem Regal stehen.

Daß alle die gleiche Drei-Raum-Wohnung haben, die ihnen mit einem Kind zusteht, mit den gleichen Möbeln und einer Auswahl zwischen drei verschiedenen Typen von Fernsehapparaten – das war die lebensweltliche Realität der praktizierten Planwirtschaft, nicht weil die kybernetischen Apparate nicht da waren, es anders zu machen, sondern weil es der inneren Logik der Zentralverwaltungswirtschaft entsprach. Die ist historisch gut geeignet, riesige Mengen von Kanonen und Munition der festgelegten Qualität zu liefern; deshalb war die sowjetische Kriegsindustrie im Zweiten Weltkrieg ja auch der deutschen am Ende überlegen. Sie ist aber nicht dazu da, viele verschiedene bunte Produkte herzustellen, die schon als Waren auf dem Markt untereinander konkurrieren, nicht erst, weil die Anbieter dieser Produkte Konkurrenten sind. Das hat der Kapitalismus bisher immer besser gekonnt als alle anderen Wirtschaftsordnungen, die an seine Stelle treten wollten; welche Überwältigung da drin steckt, wieviel Betrug, Erpressung und Ausbeutung, ist eine andere Frage, die uns an dieser Stelle nicht beschäftigt. Auch nicht jene andere Tatsache, daß der Kapitalismus mit der weiteren Konzentration von Kapital und Produktion heute seinerseits zu immer größerer Uniformierung des Angebots neigt. Dem Wesen des Menschen entspricht das bunte Gewimmel, das uns in seiner beeindruckendsten Form auf dem orientalischen Basar entgegentritt. Und wimmeln tun die Menschen stets von allein. Gleichschritt und Uniform dagegen müssen befohlen und eingeübt werden.

Am Ende zeigt sich: Die am Markt sich ausbildenden Preise haben ein höchstmögliches Maß an Objektivität (in diesem Sinne sind Erdölpreise und in Europa Strompreise keine Markt-, sondern Monopolpreise, was aber nicht gegen die zuvor gemachte Aussage spricht), während die durch eine staatliche Behörde festgelegten Preise die subjektiven sind. Weshalb in der Schlußphase der DDR bis hin zum Politbüro niemand wußte, was die Produkte wirklich kosteten. Alle Preise seit 1945 waren durch politische Entscheidungen beeinflußt. Es ist also das Gegenteil von dem der Fall, was Dieterich behauptet. Das betrifft auch seine schlichte Vorstellung von den arbeitszeitbezogenen »Äquivalenz-Preisen«. Gewiß, bereits Marx hat hervorgehoben, daß je weniger Zeit die Gesellschaft braucht, um Weizen, Vieh usw. zu produzieren, sie um so mehr Zeit gewinnt für andere Produktionen, materielle und geistige. Es gibt so etwas, wie ein gesellschaftliches Gesetz der »Ökonomie der Zeit, darin löst sich schließlich alle Ökonomie auf«. (Marx, Bd. 42: 105) Das war jedoch in einem übergreifenden analytischen Sinne gemeint, nicht als Anleitung zum Handeln, mit der Stoppuhr am Arbeitsplatz von Maragarita Lopez zu stehen. Dann treten nämlich die alten praktischen Fragen auf: Rechnet die Stunde der Hilfsarbeiterin genauso wie die des Ingenieurs, die des Straßenfegers wie die des Computerspezialisten? Erhält der Langsamere genau so viel, wie der Eifrige, der Unbeholfene so viel, wie der Geschickte? Führt das nicht schließlich zu einer allgemeinen Faulheitskonkurrenz, nicht im Sinne von Lafargue, sondern im Sinne des alten deutschen Beamtenwitzes: »Büromikado heißt, wer sich zuerst bewegt, hat verloren«?

All das sind Fragen, die unter Ökonomen, Moralisten und Erdenkern von Utopien seit Jahrhunderten debattiert werden. Dieterich beantwortet sie nicht. Und der Hinweis auf die jungen Leute an den Computern kann nur dürftig verdecken, daß letztlich doch »die Macht« den Systemwechsel in der Regulation der Wirtschaft erzwingen müßte.

Die Konsequenz des Vorgeschlagenen wäre, auch für Venezuela die Akkumulationsmaschine auszuschalten und die Notdurft der Plan-Mangelwirtschaft herzustellen. Das kann dieses Land vielleicht eine Zeitlang durch Importe auf Grund seiner Erdöleinkünfte kompensieren. Aber es hieße zugleich: Das ist keine alternative, erst recht keine sozialistische Antwort auf die Probleme der heutigen kapitalistischen Welt.

Alternativen

Die internationalen Großfirmen und die wenigen Personen, denen der Hauptteil des Produktivvermögens des »Nordens« bzw. des »Westens« gehört, haben seit 1989 den Druck auf die Menschen dieser Welt erhöht, um noch mehr aus ihnen herauszuholen. So ist die Suche nach Alternativen auch in bezug auf die Wirtschaft erneut zu einem drängenden Streben geworden, die Frage einer sozialistischen Verfaßtheit der Wirtschaft steht wieder neu. Doch handelt es sich hier um eine wirkliche Suchbewegung, nicht darum, auf den neuen Guru zu warten, der über das Wasser gelaufen kommt, um uns seinen Stein des Weisen zu zeigen. Insofern sind nur Richtungen der Suche anzugeben, nicht fertige Lösungen. Aus meiner Sicht sind derzeit fünf wichtige Richtungen hervorzuheben.

1. Das »Wertgesetz«, wonach sich Waren gemäß der zu ihrer Produktion notwendigen Menge gesellschaftlich notwendiger Arbeit, also entsprechend ihren Wertgrößen austauschen, ist nicht »außer Kraft zu setzen«. Es setzt sich nicht anders um als über Märkte, auf denen das Verhätnis von Angebot und Nachfrage wirkt, und über Ware-Geld-Beziehungen. Produktion, Verteilung, die Sphäre der Warenzirkulation und der Konsum der breiten Masse der Bevölkerung können nur angesichts der dafür vorhandenen Institutionen des Marktes und auf dem Markt reguliert werden, nicht indem man intellektuell andere Systeme auszutüfteln versucht, die nur mit »der Macht« und nicht mit der Logik der wirtschaftlichen Verhältnisse durchzusetzen wären.

Das internationale Kapital hat nach 1989 vor allem die Aufblähung der internationalen Finanzsphäre genutzt und das Netz der dafür geschaffenen supranationalen Institutionen, wie Weltbank, Internationaler Währungsfonds (IMF), Welthandelsorganisation (WTO), ausgebaut, um die wirtschaftliche Regelungskompetenz der Nationalstaaten, vor allem ihre wohlfahrtsstaatliche Ausrichtung zu demontieren. Insofern ist eine der ersten Forderungen, die Rolle dieser Finanzsphäre wieder zu verringern und die nationalstaatliche Kompetenz für Wirtschafts- und Sozialpolitik zurückzugewinnen. Mit anderen Worten: Die Marktinstitutionen müssen nicht abgeschafft, sondern in ihrer Wirkungsweise verändert werden.

2. Joseph Schumpeter wurde bereits vor dem Ersten Weltkrieg international bekannt, weil er eine Theorie der wirtschaftlichen Entwicklung vorgelegt hatte. Den stationären Modellen der bürgerlichen Nationalökonomie stellte er eine dynamische Sicht entgegen, die nicht nur den Kreislauf der Wirtschaft, sondern ihre Entwicklung, die Konjunkturen und Krisen, den historischen Trend erklärte. Dabei spielen die Unternehmer als treibende Kräfte des Fortschritts eine wesentliche Rolle. Es sind sozusagen Pionierunternehmer, die neue technische Entwicklungen oder organisatorische Lösungen von technischen oder wirtschaftlichen Problemen finden und diese in neue Konsumgüter, neue Produktions- oder Transportmethoden, in neuen Märkten oder in

neuen Formen der industriellen Organisation umsetzen. (Schumpeter 1987: 136 ff.) Derlei Vorstellung wird in kapitalismuskritischen Kreisen gern belächelt, und in den Klatschspalten der Boulevardpresse finden sich stets genügend Beispiele von reichen Gestalten, die nicht-selbstverdientes Geld verprassen und nicht den Hauch einer Idee in ihrem gesamten Leben zu entwickeln vermögen. Das Bild vom protzenden dummen Reichen ist bei näherem Hinsehen jedoch nicht aussagekräftiger als das von den faulen, arbeitslosen Armen, die an ihrem Schicksal selbst schuld seien, wie es die neoliberal gelenkte Presse uns täglich einzureden vesucht.

Wenn wir die Geschichte der Unternehmerschaft, etwa Berlins am Ende des 19. Jahrhunderts nehmen, finden wir eine ganze Reihe von Personen, die tatsächlich neue technische oder wirtschaftsorganisatorische Ideen hatten, und diese dann umsetzten, nicht zuletzt zum eigenen Gewinn. Und wenn wir ehrlich sind, müssen wir zugeben, daß Leute wie Bill Gates im 20. Jahrhundert nicht viel anders waren. Das bedeutet: Der Kapitalismus hat eine ununterbrochene Umwälzung der Produktion hervorgebracht – und es war zuerst Marx, der diese ständige Veränderung als natürliche Daseinsweise des Kapitalismus dargestellt hat. Auf ihn bezieht sich Schumpeter ausdrücklich. Doch dieses Umwälzen vollzieht sich nicht durch einen blinden Mechanismus, es braucht Akteure, eben Leute, die etwas unternehmen, das Risiko auf eigene Kappe nehmen und deshalb auch zusätzlichen Gewinn für sich beanspruchen. (Das war, wenn wir die Geschichte des Industriekapitalismus in Deutschland ansehen, vielfach durchaus etwas anderes, als wenn sich heute Hedge-Fonds-Manager und ihre Beratungsagenturen hinstellen und sagen, das gleiche Gesamtprodukt der Firma solle künftig von der Hälfte der Belegschaft bewältigt werden, und die anderen sollen nach Hause gehen.) Dieses Unternehmertum in seinem ursprünglichen Sinne war in der sozialistischen Planwirtschaft gleichsam systemisch beseitigt worden.

In einer seiner ersten öffentlichen Äußerungen, noch während der »Wende« in der DDR, hat Peter Ruben diesen Gedanken, angelehnt an Schumpeter, wie folgt entwickelt: »Warum ist die ökonomisch souveräne Person (und sie ist souverän als Vertragspartner sowohl anderer Personen als auch gegebener Gemeinschaften) für eine Volkswirtschaft so wesentlich? Das ist deshalb der Fall, weil alle Erfindungen und Entdeckungen durch Individuen, durch persönliche Tätigkeit in reelle Existenz treten. Gemeinschaften haben wohl Gemeinsinn, common sense, aber Gemeinschaften denken nicht, sondern sind zur Entwicklung ihres Bewußtseins auf das individuell realisierte Denken und daher Erkennen angewiesen. Erfindungen und Entdeckungen unterstellen Denken und Erkennen und gehen ebendeswegen von den Individuen aus. Daher ist das Innovationspotential einer Volkswirtschaft in eben dem Maße gebildet, in dem individuelle Erfindungen und Entdeckungen zum Zuge kommen können. Das bedeutet insbesondere die reale Möglichkeit für Entdecker und Erfinder, ihre Ideen und Erkenntnisse durch sofortigen Zugriff auf materielle Produktionsmittel der Kritik des gesellschaftlichen Austauschs, d. h. des Weltmarkts, unterwerfen zu können. Das Risiko dieser Unterwerfung trägt natürlich der Eigentümer der zur ökonomischen Realisierung (d. i. die Innovation im Sinne Schumpeters) verwendeten und verbrauchten Produktionsmittel, im Falle der Eigentumslosigkeit des Erfinders also der Kreditgeber. Aber das Risiko ist Kennzeichen jeder versuchten Neuerung, muß daher unter allen sozialökonomischen Bedingungen getragen werden. Und es gibt gute ökonomische Lehren über Risikominderung genug, so daß hier dazu weiter nichts zu sagen ist. Wichtig ist mir allein die These, daß das volkswirtschaftliche Innovationspotential mit der ökonomischen Anerkennung der Persönlichkeit des Menschen steht und fällt.« (Ruben 1990: 118) Das war übrigens bereits damals von Ruben nicht als Erklärung für das Nicht-Funktionieren der DDR-Wirtschaft gemeint, sondern als Anregung zum Nachdenken darüber, wie ein Sozialismus, der diesen Namen verdient, funktionieren könnte.

3. Der Kredit, den der Innovateur braucht, muß nicht unbedingt von einer privaten Bank kommen. Es ist eine neoliberale Verkürzung, umgekehrt zu der früheren marxistisch-leninistischen, das Privateigentum stets als verallgemeinert oder als abgeschafft zu sehen. Das heißt: Dort, wo es um die »Innovationsmaschine« der Volkswirtschaft und damit der Gesellschaft geht, bedarf es der ökonomisch souveränen Person, dort, wo es um die private Aneignung von Zins, Grundrente usw. geht, nicht. Diese Differenzierung hat übrigens auch schon Schumpeter gesehen. Bei seinen Überlegungen zum Sozialismus sammelt er nicht nur Argumente, was alles nicht gehen kann, sondern stellt auch Betrachtungen über Funktionalitäten an. In seinem Gedankenexperiment von 1942 läßt er die Schaffung von Gemeineigentum sich in Großbritannien durchsetzen, und stellt fest: »Folgende Gebiete des Wirtschaftslebens könnten sozialisiert werden, ohne ernstliche Einbuße an Leistungsfähigkeit oder ernsthafte Rückwirkungen auf die Gebiete, die der privaten Führung zu belassen sind.« Und dann nennt er a) das Bankwesen, b) das Versicherungswesen, c) die Eisenbahn und das zentrale Transportwesen, d) die »Nationalisierung der Bergwerke«, e) die Nationalisierung der Erzeugung, Übertragung und Verteilung der elektrischen Energie, f) die Eisen- und Stahlindustrie und g) die Bau- und Baumaterialienindustrien. (Schumpeter 1987: 366 ff.) In gleichem Sinne nennt Ruben auch das Gemeineigentum an Grund und Boden; alle Fragen der Bodennutzung können durch Pachtverträge ausgestaltet werden.

Hier soll jetzt nicht das Für und Wider von Gemeineigentum in den einzelnen Wirtschaftsbereichen diskutiert werden. Wichtig ist, daß unter Berücksichtigung einer sachdienlichen Lösung des Innovationsproblems auch die Frage der Schaffung von Gemeineigentum wieder neu steht und von den Sozialisten zu stellen ist. Interessant in diesem Zusammenhang ist zudem, daß im Zuge der neoliberalen Privatisierungen ja gerade Bereiche angeeignet werden, die nie oder nur punktuell privat betrieben wurden (Wasser, Stromversorgung, öffentlicher Nahverkehr, Rentenvorsorge, Bildungswesen usw.), d. h. vor allem Gebiete, die der Daseinsvorsorge der Menschen dienen. Vielfach ist dies Aneignung durch Enteignung – der Kommunen, der regionalen Gemeinschaften, in Lateinamerika oder Indien indigener Gemeinschaften, z. B. durch Patentierung traditioneller Getreidesorten usw. Diese Privatisierungen bringen in der Regel keine Verbesserung der Erzeugnisse und Leistungen mit sich, statt dessen Verschlechterungen und Preissteigerungen für die Konsumenten sowie Verschlechterungen der Arbeitsbedingungen und Lohnsenkungen für die dort Tätigen. Das alles hat mit Innovationserfordernissen nichts zu tun. Das Plädoyer für die Ermöglichung des privaten Risikos dort und die Frage von Enteignungen in anderen Bereichen, die mit der öffentlichen Daseinsvorsorge und Erfordernissen einer gesamtvolkswirtschaftlichen Rationalität anstelle einer rein betriebswirtschaftlichen zu tun haben, sind zwei völlig verschiedene Angelegenheiten und für Überlegungen für eine sozialistische Ökonomie grundsätzlich voneinander zu trennen.

4. Sozialistische Wirtschaft der Zukunft wird notwendig und dauerhaft eine gemischte Wirtschaft sein müssen. Gemeineigentum ist hier nur in sehr engen Grenzen als staatlich geleitete oder kontrollierte Wirtschaft zu denken, die in bestimmten Bereichen sicher notwendig bleibt (Elektroenergie, Transportwesen), ansonsten wird es vielfältige, oft genossenschaftlich organisierte Produktionsweisen geben müssen, in einer uns vielfach heute noch nicht vorstellbaren Breite.

5. Die in der Gesellschaft insgesamt sich qualitativ verstärkende Demokratierung wird auch in der und in bezug auf die Wirtschaft weiter um sich greifen. Das heißt breiteste Teilhabe aller Betroffenen an allen Entscheidungen. Das übergeordnete Ziel muß die gleichberechtige und reale Teilhabe aller Menschen der Gesellschaft an dem von ihr produzierten Reichtum und den jeweils gegebenen Möglichkeiten der Selbstentfaltung und Selbstverwirklichung sein. In diesem Sinne gilt es, das Recht auf Arbeit wie das Recht auf Faulheit gleichermaßen und für alle gerecht zu verwirklichen. Das ist kein Schlaraffenland, sondern die Voraussetzung von Freiheit.

Zum Weiterlesen:
Fidel Castro, Felipe Pérez Roque, Heinz Dieterich (2006): Kuba – nach Fidel. Kann die Revolution überleben? Berlin: Kai Homilius Verlag.
Heinz Dieterich (2006): Der Sozialismus des 21. Jahrhunderts. Wirtschaft, Gesellschaft und Demokratie nach dem globalen Kapitalismus, Berlin: Kai Homilius Verlag.
Georg Fülberth (2006): Fragen zum Kapitalismus, in: UTOPIE kreativ, Berlin, Heft 189/190, Juli/August 2006.
André Gorz (1990): Kritik der ökonomischen Vernunft. Sinnfragen am Ende der Arbeitsgesellschaft, Berlin: Rotbuch Verlag.

Michael R. Krätke (2006): Neun vorläufige Antworten auf neun schwierige Fragen, in: UTOPIE kreativ, Berlin, Heft 189/190, Juli/August 2006.

Paul Lafargue (1891): Das Recht auf Faulheit, Berlin: Verlag der Expedition des »Vorwärts«.

Karl Marx: Das Kapital, Bd. 1, in: MEW, Bd. 23, Berlin: Dietz Verlag.

Karl Marx: Grundrisse der Kritik der Politischen Ökonomie, MEW, Bd. 42, Berlin: Dietz Verlag.

Peter Ruben (1990): Was ist Sozialismus? Zum Verhältnis von Gemein- und Personeneigentum an Produktionsmitteln, in: Initial. Zeitschrift für Politik und Gesellschaft, Berlin, Heft 2.

Joseph A. Schumpeter (1987): Kapitalismus, Sozialismus und Demokratie, Tübingen: Francke Verlag.

Karl Georg Zinn (1986): Stichwort »Kapitalismus«, in: Lexikon des Sozialismus, Köln: Bund-Verlag.

Aristokratisierung oder Freiheit

Das Leben der Vornehmen ist ein langer Sonntag: sie wohnen in schönen Häusern,
sie tragen zierliche Kleider, sie haben feiste Gesichter und reden eine eigne Sprache;
das Volk aber liegt vor ihnen wie Dünger auf dem Acker. Der Bauer geht hinter dem
Pflug, der Vornehme aber geht hinter ihm und dem Pflug und treibt ihn mit dem
Ochsen am Pflug, er nimmt das Korn und läßt ihm die Stoppeln. Das Leben des Bauern
ist ein langer Werktag; Fremde verzehren seine Äcker vor seinen Augen, sein
Leib ist eine Schwiele, sein Schweiß ist das Salz auf dem Tische des Vornehmen.
Georg Büchner

Gegenüber dem Jahr 2004 ist die Zahl der Milliardäre in der Welt im Jahre 2005 um 104 auf 691 angestiegen. Das US-amerikanische Wirtschaftsmagazin *Forbes* veröffentlicht eine derartige Jahresliste seit 1987. Das Vermögen dieser Leute stieg 2005 um 300 Milliarden US-Dollar auf nunmehr 2,2 Billionen Dollar. Die reichste Einzelperson ist wiederum Bill Gates, der Herr des Softwareunternehmens Microsoft, mit 46,5 Milliarden Dollar. Allerdings bringen es die Eigentümer des US-amerikanischen Einzelhandelsgiganten Wal-Mart, die Familie Walton, insgesamt auf über 90 Milliarden, nur verteilt sich das hier auf fünf Personen, die auf den Rängen 10 bis 14 der Weltliste zu finden sind. Die Liste ist etwas verzerrt: Diktatoren und Königshäuser kommen nicht vor, also auch nicht jene von Saudi-Arabien und Brunei. Dennoch lassen sich Rückschlüsse ziehen. Die größte Gruppe, nach Ländern betrachtet, sind die 277 Milliardäre aus den USA. Auf Platz zwei die Deutschen mit 52 Milliardären, darunter auf Rang acht der Gesamtliste Karl Albrecht, einer der Inhaber von Aldi, mit 18,5 Milliarden; auf Platz drei folgen die russischen Milliardäre. Dort gibt es 36 Milliardäre, in US-Dollar ausgewiesen. Der Unterschied ist nur: Die 277 Superreichen der USA kommen auf einen Anteil am Bruttoinlandsprodukt ihres Landes von sechs Prozent, während die russischen über einen Anteil ihres Landes von 24 Prozent verfügen. Offenbar hat die Privatisierung aus der kommunistischen Nomenklatura heraus zu einem höheren Grad der Konzentration des Kapitals geführt, als dies bei der Entwicklung eines »gewöhnlichen« Kapitalismus der Fall ist, selbst unter Berücksichtigung der imperialen Extra-Profite, die in den USA seit Jahrzehnten anfallen; der Konzentrationsgrad des russischen Kapitals dürfte damit auch über dem vor 1917 liegen. Auf Rang 35 der russischen Liste rangiert übrigens Jelena Baturina, Inhaberin des Baukonzerns *Inteko*, mit einem Vermögen von 1,1 Milliarden Dollar. Sie ist die Ehefrau des Moskauer Oberbürgermeisters Juri Luschkow.

Die 2,2 Billionen Dollar, die diese Milliardäre besitzen, sind mehr als das Bruttoinlandsprodukt der Volksrepublik China, das 2004 bei etwa 1,7 Billionen lag. Während in den zusammengefaßten Datensätzen über die Armutsentwicklung in der Welt ausgerechnet wird, die Armut sei insgesamt zurückgegangen, zeigt sich, wenn man China herausnimmt, daß sie tatsächlich gestiegen ist: Die

Zahl der Menschen, die von weniger als einem Dollar pro Tag leben müssen, stieg von 1990 bis 1999 von 917 Millionen Menschen auf 945 Millionen. Zur Weihnachtszeit 2004 war die Weltöffentlichkeit Augenzeuge der verheerenden Tsunami-Katastrophe im Indischen Ozean, und es begann eine der größten Hilfsaktionen der Geschichte. Bei dem Tsunami kamen 300 000 Menschen ums Leben. Fernab der Beachtung durch die Medien sterben weltweit in jeder Stunde 1 200 Kinder. Das ist, als würden in jedem Monat drei solcher Flutwellen über den schutzlosesten Menschen der Welt zusammenschlagen, 36 Flutwellen im Jahr. Darauf hat der »Bericht über die menschliche Entwicklung« des Jahres 2005 aufmerksam gemacht, ein Bericht, der seit 15 Jahren vom Entwicklungsprogramm der UNO (UNDP) jährlich vorgelegt wird. Die Todesursachen, an denen diese zehn Millionen Kinder – in der Sprache der Statistik heißt dies: »Todesfälle, die vermeidbar sind« – im Jahr sterben, sind unterschiedlich. In ihrer übergroßen Mehrheit jedoch sterben sie an einer Krankheit, die Armut heißt. Noch immer können 115 Millionen Kinder im entsprechenden Alter nicht zur Schule gehen. 2,5 Milliarden Menschen in der Welt müssen von weniger als zwei Dollar am Tag leben. Das sind 40 Prozent der Weltbevölkerung, die damit einen Anteil von fünf Prozent des weltweiten Einkommens haben. Zum Vergleich: Die reichsten zehn Prozent der Weltbevölkerung verfügen dagegen über 54 Prozent. Eine Milliarde Menschen hat keinen Zugang zu sauberem Wasser, 2,6 Milliarden haben keinen Zugang zu sanitärer Versorgung. Jemand, der heute in Sambia lebt, hat eine geringere Chance, 30 Jahre alt zu werden, als jemand, der 1840 in England geboren wurde.

Das größte Problem der Welt, in der wir heute leben, ist die anhaltende soziale Polarisierung. Sie ist trotz aller Anstrengungen der UNO und der staatlichen Entwicklungspolitik der reichen Länder des Nordens/Westens nicht verringert worden und tendiert dazu, sich weiter zu vergrößern. Es gilt für die soziale Frage in der Welt, was wir in bezug auf das Verhältnis von Zentrum und Peripherie im kapitalistischen Weltsystem an anderer Stelle festgestellt haben: Der sichtlich wachsende Reichtum der einen hat die Armut der anderen zur Voraussetzung. Der Sozialwissenschaftler Sven Papcke nennt die Superreichen »Neue Nobilität«, in Anlehnung an den einstigen Adel des Römischen Reiches.

Das Grundproblem
Ende September 1995 trafen sich im Fairmont-Hotel von San Francisco etwa fünfhundert führende Politiker, Wirtschaftsleute und Wissenschaftler von allen Kontinenten, um sich als selbsternannte Weltelite über die neue Zivilisation des 21. Jahrhundert zu verständigen.

Zwanzig Prozent der erwerbsfähigen Bevölkerung werden in diesem Jahrhundert ausreichen, um die Weltwirtschaft am Laufen zu halten, hat der US-Autor Jeremy Rifkin gemeint. Deren Qualifikation werde schon gesichert werden. Die anderen würden »gewaltige Probleme bekommen«. Für den Rest sei »tittytainment« angesagt, setzte Zbigniew Brzezinski hinzu. Dies sei eine Kombination von »entertainment« und »tits«, dem amerikanischen Slangwort für die weibliche Brust (»Titten«). Dabei dachte er weniger an Sex als daran, daß eine Mischung aus betäubender Unterhaltung und ausreichender Mindestversorgung (das Wort kann auch mit »Zitzen« übersetzt werden) die frustrierte Bevölkerung bei Laune halten müsse. (Martin, Schumann 2000: 12 f.) Das ist sie, die Welt von *Fahrenheit 451* – ein Buch des amerikanischen Altmeisters der Science Fiction, Ray Bradbury, aus dem Jahre 1953. Fahrenheit 451, das sind 232 Grad Celsius, der Hitzegrad, bei dem das Papier von Büchern Feuer fängt und verbrennt. In der Welt, die da beschrieben wird, sind Bücher verboten. Wer bei jemandem welche sieht, ist verpflichtet, dies zur Anzeige zu bringen. Dann kommt die Feuerwehr, die nicht mehr Brände zu löschen hat, weil die Häuser längst feuerfest sind, sondern die Büchervernichtung zu vollziehen. Die beschlagnahmten Bände werden aufgehäufelt, möglichst auf der Straße, damit es alle sehen, zur Abschreckung, dann mit Kerosin begossen und verbrannt.

Es begann damit, daß die Zeit gerafft wurde. Bücher wurden gekürzt, Abriß, Überblick, Zusammenfassung, das Beste in Bildern. Entscheidend ist die überraschende Pointe. Klassiker wurden zu viertelstündigen Hörspielen, das Buch auf eine zwölfzeilige Inhaltsangabe zusammengestrichen. Das Karussell der Bestseller drehte sich immer schneller, aber zugleich sollte niemand dem anderen überlegen sein, intellektuell, wo doch alle gleich sind. Also wurden die Bücher verboten. Für das Glück reicht, Bildergeschichten zu lesen, Lebensbeichten oder Publikumszeitschriften zu Fachthemen, etwa: Wie installiere ich am besten meine Fernsehanlage. Das Ideal ist der großflächige Fernsehbildschirm, der die ganze Wandfläche einnimmt, möglichst, nach entsprechendem Ansparen, an allen vier Wänden, dann ist das Fernsehen dreidimensional, man selbst mittendrin. Gesendet werden Unterhaltungssendungen und Sport. Das reicht. »Ein Buch im Haus nebenan ist wie ein scharfgeladenes Gewehr. Man vernichte es«, sagt Feuerwehrhauptmann Beatty. »Wer weiß, wen sich der Belesene als Zielscheibe aussuchen könnte!«

Den Feuerwehrhauptmann läßt Bradbury auch sagen, wie es dazu kam. »Einst hatten die Bücher nur zu wenigen gesprochen, die da und dort und überall verstreut waren. Sie konnten es sich leisten, voneinander abzuweichen. Die Welt war geräumig. Aber dann begann es in der Welt von Augen und Ellbogen und Mäulern zu wimmeln. Die Bevölkerung verdoppelte sich, sie verdreifachte und vervierfachte sich. Film und Rundfunk, Zeitschriften und Bücher mußten sich nach dem niedrigsten gemeinsamen Nenner richten … Weniger Schule, der Lernzwang gelockert, keine Philosophie mehr, keine Geschichte, keine Sprachen. Der muttersprachliche Unterricht vernachlässigt, schließlich fast ganz aufgehoben. Das Leben drängt, die Berufsarbeit geht vor, an Vergnügungen nachher ist kein Mangel. Wozu etwas lernen, wenn es genügt, auf den Knopf zu drücken, Schalter zu betätigen, Schrauben anzuziehen?«

Bereits Bradbury sah einen Zusammenhang, der sich erst jetzt, ein halbes Jahrhundert später wirklich entfaltet, den Zusammenhang von Markt, Technik und Massenkultur, verstärkt durch den Druck von Minderheiten. »Nehmen wir jetzt die Minderheiten unseres Kulturlebens dran. Je größer die Bevölkerung, um so mehr Minderheiten. Sieh dich vor, daß du den Hundefreunden nicht zu nahe trittst oder den Katzenfreunden, den Ärzten, Juristen, Kaufleuten, Geschäftsleitern, den Mormonen, Baptisten, Quäkern, den eingebürgerten Chinesen, Schweden, Italienern, Deutschen, Iren, den Bürgern von Texas oder Brooklyn, von Oregon oder Mexiko. Die Gestalten in diesem Stück, diesem Fortsetzungsroman sind frei erfunden; jede Ähnlichkeit mit lebenden Malern, Kartographen, Mechanikern ist reiner Zufall. Je größer der Markt, um so weniger darf man sich auf umstrittene Fragen einlassen! Auch die mindeste Minderheit muß geschont werden. Schriftsteller, voller boshafter Einfälle, schließt eure Schreibmaschinen ab! Und das taten sie denn auch. Die Zeitschriften brachten allerliebsten süßen Kitsch. Nur die Bildergeschichten ließ eine Leserschaft, die auf ihrem Geschmack bestand, gnädig am Leben. Und die dreidimensionalen Schönheitsmagazine.« Bei der Ausdehnung des Kulturlebens kann keine Beunruhigung geduldet werden. »Sag selber, was ist unser aller Lebensziel? Die Menschen wollen doch glücklich sein, nicht? Ich will glücklich sein, sagt ein jeder. Und ist er es nicht? Sorgen wir nicht ständig für Unterhaltung und Betrieb? Dazu sind wir doch da.«

Soweit Bradbury. Als wäre das Buch gestern geschrieben. Dargestellt ist natürlich nur das Leben der »kleinen Leute« in dieser schönen neuen Welt. Er hat sie geahnt, wir können sie jetzt mit Händen greifen. Das ist die »positive Variante« des Lebens jener achtzig Prozent »Überflüssiger«, die die kapitalistische Produktion nicht braucht. »Tittytainment« ist das, was im alten Rom »Brot und Spiele« hieß: Die Menschen erhalten vom Staat eine minimale Grundversorgung, damit sie nicht hungern und aufmüpfig werden – in Deutschland also das, was jetzt das »Arbeitslosengeld II« ist, verbunden mit Arbeitszwang zu solchen Tätigkeiten, die sich für die kapitalistische Produktion nicht lohnen – und dazu das ausufernde, seichte Unterhaltungsgewerbe, das »Entertainment«, in dem von Politik über Religion, Sexualverhalten und Kunst bis hin zu Börsendaten und Wissenschaft alles als Unterhaltung zelebriert wird. Eine »negative Variante« dieser Welt gibt es ebenfalls. Sie schaut zuweilen bereits aus einigen lateinamerikanischen Gesellschaften heraus, wenn von Todesschwadronen berichtet wird, die losgeschickt werden, nicht um wie früher politische Gegner, sondern um Straßenkinder umzubringen, einfach so, weil es sie gibt, und sie die »Kreise« stören könnten. Das ist eine Variante des faschistischen Mordes, die nun nicht mehr rassistisch codiert ist, sondern sozialdarwinistisch: Die zwanzig Prozent, die sich an den »Reichen und Schönen« orientieren, fühlen sich durch »den Pöbel« der achtzig Prozent gestört. Dazwischen gibt es natürlich noch die verschiedenen Zwischenvarianten; auch ohne staatlich geduldeten Terror kann die einfache »Tittytainment«-Variante unterschiedliche Ausformungen autoritärer Herrschaft mit mehr oder weniger ausgeprägten administrativen und ökonomisch-sozialen Schikanen gegen die Armen mit sich bringen.

Der Prozeß der Produktionsentwicklung, der dieser Situation zugrunde liegt, ist unumkehrbar. Die von Marx ausgemachte »unendliche Vermehrung« der Produktivkräfte hat zur Folge, daß die Gesellschaft mit der Entwicklung der Produktivkräfte immer weniger gesellschaftlich notwendige Arbeitszeit braucht, um ihre grundlegenden Bedürfnisse zu befriedigen. »Die Freiheit in diesem Gebiet kann nur darin bestehen, daß der vergesellschaftete Mensch, die assoziierten Produzenten, diesen ihren Stoffwechsel mit der Natur rationell regeln, unter ihre gemeinschaftliche Kontrolle bringen, statt von ihm als von einer blinden Macht beherrscht zu werden; ihn mit dem geringsten Kraftaufwand und unter den ihrer menschlichen Natur würdigsten und adäquatesten Bedingungen vollziehn.« (Marx 1968: 828) Die Rede ist hier von der gesamtgesellschaftlichen Produktivkraft im Verhältnis des Menschen zur Natur bzw. zu den materiellen Voraussetzungen der Produktion. Der Kraftaufwand ist um so geringer, je größer die gesellschaftliche Produktivkraft der Arbeit ist. Das Resultat der bisherigen Entwicklung also ist, daß – rein rechnerisch betrachtet – zwanzig Prozent der Arbeitsfähigen der Menschheit ausreichen, um die gesamte Menschheit mit den notwendigen Produkten zu versorgen. Das jedenfalls war der Befund jener illustren Runde in San Francisco vor zwölf Jahren. Daraus sind zwei Folgerungen möglich: die eine ist, daß man tatsächlich jene »Fahrenheit 451«-Gesellschaft schafft, in der die achtzig Prozent draußen bleiben. Die andere wäre, die verbleibende Arbeit auf alle zu verteilen und demgemäß die individuelle Arbeitszeit allgemein zu verringern. Die Herrschenden scheinen der ersten zuzuneigen. Nennen wir diese Möglichkeit der gesellschaftlichen Entwicklung die aristokratische; die andere, um die die weitere Auseinandersetzung zu führen ist, wäre die demokratische.

Entwicklungsstadien

In ihren Arbeiten zur Geschichte der Weltwirtschaft gingen sowohl Fernand Braudel als auch Immanuel Wallerstein davon aus (dazu Essay »Kapitalismus und Weltsystem«), daß es langandauernde, wellenförmige Bewegungen der Entwicklung gibt, die das gesamte Wirtschaftsleben der Völker und Staaten, die Teil des jeweiligen Weltwirtschaftssystems sind, beeinflussen. Der sowjetische Wirtschaftswissenschaftler Nikolai Kondratieff hatte sich intensiv mit diesem Problem beschäftigt und 1926 seine Theorie erstmals in deutscher Sprache vorgestellt. Da die Auffassungen Kondratieffs nicht in Stalins Konzept paßten, weil so der Plan der volkswirtschaftlichen Entwicklung anderen Einflußfaktoren unterliegen mußte, als nur ein »Ausschnitt des Parteiprogramms des revolutionären Proletariats« zu sein, wurden seine Forschungsergebnisse unterdrückt. Joseph Schumpeter, der sich in den 1930er Jahren mit den industriellen

Revolutionen befaßte, in denen die kreativen Unternehmer und die von ihnen vorangetriebenen Basisinnovationen eine wichtige Rolle spielen, hat 1939 die Schwingung dieser Langen Wellen seinerseits bestätigt und nach Kondratieff benannt. Zugleich hat er diese mit anderen Zyklen verbunden, darunter denen nach Clément Juglar benannten. Letzterer hatte 1860 erstmals den Zusammenhang zwischen Wirtschaftsaufschwung und -abschwung als einen Prozeß von neun bis zehn Jahren Dauer beschrieben, der dann bei Marx als »Krisenzyklus« wieder auftaucht. In diesem Verständnis umfaßt der Kondratieff-Zyklus sechs Juglar-Zyklen und dauert durchschnittlich 55 Jahre bzw. zwei Generationen. Bei näherem Hinsehen ist diese »Grundschwingung« nicht nur eine der volkswirtschaftlichen Entwicklung, sondern der Gesellschaft insgesamt. (Peter Ruben hat beispielsweise anhand der DDR-Geschichte gezeigt, daß an den Scheitelpunkten zweier Juglar-Zyklen jeweils auch politische Krisen auftraten oder politische Einschnitte zu verzeichnen waren. Das soll hier nicht weiter diskutiert, sondern nur festgehalten werden, daß die historische Relevanz dieser Wellenbewegungen über die wirtschaftliche Entwicklung im engeren Sinne weit hinausgeht. Ruben 1998: 26 ff.)

Demgemäß beginnt der *erste Kondratieff-Zyklus* Ende des 18. Jahrhunderts mit der frühen Maschinerie und fällt in seinem Beginn mit der französischen Revolution zusammen. Der zweite, nach Schumpeter »bürgerliche«, Kondratieff-Zyklus ginge dann von 1843 bis 1897, der dritte bis 1952 und der vierte von 1953 bis 2007. Daß wir derzeit in einer Phase des Umbruchs sind, ist nicht zu bestreiten. Ob man es jedoch so genau auf das Jahr festmachen kann, müßte nochmals genauer debattiert werden und kann hier nicht Gegenstand sein. Wichtiger ist etwas anderes. Diese langwelligen Zyklen gehen mit unterschiedlichen Regulationstypen einher, die jeweils deutlich voneinander zu unterscheiden sind. (Die folgenden Ausführungen sind erheblich von früheren, unveröffentlichten Arbeitspapieren Rainer Lands angeregt; Verkürzungen oder Vereinseitigungen der Darstellung sind jedoch allein mir zuzuschreiben.) Die zeitlichen Einschnitte können vielleicht etwas flexibler angesetzt werden; vielleicht sind es ja auch nicht immer genau 55 Jahre, sondern diese ergeben sich als Durchschnittsdauer mehrerer Zyklen. Wie dem auch sei: Bei einer Betrachtung der Regulationstypen ergibt sich dann die folgende Darstellung.

Der *zweite Kondratieff-Zyklus* sollte vielleicht vorsichtiger von etwa 1830 bis 1885 angesetzt werden und als der der »Industrie« bezeichnet werden. Investitionen erfolgten vor allem in die Entwicklung und Nutzung der Dampfmaschinen und in die mechanische Werkzeugmaschinerie sowie in die Eisenbahn. Zur Akkumulation gehört, daß das konstante Kapital (c) schneller wächst als das Personal bzw. das variable Kapital (v). Für die Regulation ist charakteristisch, daß mit der steigenden Produktivität der Arbeit die Kapitalprofite steigen, die schwerpunktmäßig Investitionen in die Transformation zuvor handwerklicher Produktionen in industrielle ermöglichen. Hinsichtlich der Lebensweise erfolgt die Reproduktion der Arbeitskraft nur im Durchschnitt der Arbeiterschaft; vielfach reichen die Löhne dafür nicht aus. Die Lebensweise ist weiterhin von großer Unsicherheit gekennzeichnet. Es entsteht ein instabiles und zur Verelendung neigendes Arbeitermilieu, das kulturell und politisch deutlich vom Bürgertum abgegrenzt ist. Verbreitet sind Überreste traditioneller Lebenswelten anzutreffen wie landwirtschaftliche oder handwerkliche Tätigkeiten, die zum Teil geeignet sind, die ökonomischen Unsicherheiten auszugleichen. Ein Sozialsystem fehlt im Grunde völlig, die vormodernen kirchlichen und weltlichen Armenhäuser wirken fort. Die Grenzen dieses Regulationstyps liegen darin, daß nach der Industrialisierung die weitere Ausweitung der Produktion deutlich begrenzt bleibt. Die Lösung besteht schließlich darin, neue Industrien zu schaffen.

Der *dritte Kondratieff-Zyklus,* etwa von 1885 bis 1940, sollte am besten »Moderne« genannt werden. Zu den großen Innovationen jener Zeit gehören die Entwicklung der Elektrotechnik, die Nutzung der Elektroenergie, die chemische Industrie und die neuen wissenschaftlich-technischen Grundlagen der Metallurgie. Der Telegraph und das Telefon ermöglichen neue Kommunikationsverbindungen, das Flugwesen eine neue Dimension des Verkehrs, das Filmwesen, der Rundfunk und die Schallplatte eine zuvor ungekannte Massenkultur. Charakteristisch sind immer riesiger werdende industrielle Großanlagen, in denen immer größere »Heere« von Arbeitern konzentriert sind. Aktiengesellschaften und eine neue Generation von Banken sichern die Geldkapitalien, die zur Finanzierung dieser Großindustrien erforderlich sind. Das Regulationssystem ist dadurch gekennzeichnet, daß weiterhin mit der Produktivität die Kapitalprofite steigen und Investitionen in die neuen Industrien und deren wissenschaftliche und technische Grundlagen ermöglichen. Die Außenexpansion (»zweite Kolonialisierung«) sichert zusätzliche Akkumulationsmittel und schafft neue Märkte. Der Weltkrieg ist die Fortsetzung der Außenexpansion mit anderen Mitteln.

Die Lebensweise ist von einer erhaltenden Reproduktion des Lebensniveaus für eine größer gewordene Zahl von Arbeitern geprägt, die qualifizierte Arbeit sichert. Das Arbeitermilieu ist kulturell und politisch stark ausgeprägt und stabilisiert. Es gibt eine klare Differenzierung der Einkommen und Kulturen. Die außerökonomischen Lebenswelten machen einen sichtbaren Funktionswechsel durch: Arbeiterkultur, Arbeiterbildungsvereine, Arbeitersportvereine, Kleingärten usw. sind Ausdruck einer gegenhegemonialen Lebensweise. Das Sozialsystem wird ausgebaut (in Deutschland die Bismarckschen Sozialversicherungssysteme) und bietet zunehmend Absicherungen gegen Not bei Alter, Krankheit und Arbeitslosigkeit. Es gibt jedoch keine Standardsicherung, die sozialen Differenzen bleiben erhalten und werden reproduziert. Das Akkumulationsregime ermöglicht nach dem Entstehen neuer Industrien keine dem Produktivitätszuwachs entsprechende Ausweitung der Nachfrage. Eine Lösung kann nur im Massenkonsum bestehen.

Der *vierte Kondratieff-Zyklus* ist der des »Fordismus«, etwa von 1940 bis 1995. Der Beginn (in Europa ist es bereits die Zeit des Zweiten Weltkrieges) ist darauf zurückzuführen, daß diese Regulationsweise zunächst in den USA unter Franklin D. Roosevelt ihren Ausgang nahm und nach dem Zweiten Weltkrieg dann auf Westeuropa sowie Japan und andere Länder übertragen wurde. Da die neoliberale Ideologie seit Jahren alles tut, um den Fordismus herabzumindern und seine Funktionsweise schlecht zu reden, soll hier ausdrücklich auf seine historischen Leistungen verwiesen werden.

Automobile, Haushaltsgeräte wie Kühlschränke, Waschmaschinen und Geschirrspüler, Unterhaltungstechnik und viele andere Konsumgüter erfordern eine veränderte Herstellung; charakteristisch wurde die verbreitete Fließbandarbeit, und sie veränderten zugleich rasch und durchgreifend die Lebensweise der Menschen. Die sogenannte wissenschaftlich-technische Revolution führte zu einem immer rascheren Umschlag neuer wissenschaftlicher und technischer Erkenntnisse und Innovationen in die Produktion. Während in den früheren Phasen der wissenschaftlichen und technischen Entwicklung die Werkzeugmaschinen und Antriebssysteme automatisiert wurden, werden jetzt Funktionen der unmittelbaren Steuerung und Regelung der Produktionsabläufe vom Menschen auf technische Steuerungs- und Regeleinrichtungen übertragen. Das hat weitreichende Folgen für die Automatisierung von chemischen Anlagen, Transporteinrichtungen und Kraftwerken. Die Atomindustrie schuf neue Grundlagen der Energieerzeugung und -versorgung, die Datenverarbeitung, zunächst in zentral stationierten Großcomputern, ermöglichte neue Formen der Nutzung und Kombination von Informationen und ihrer Bereitstellung. Das Flugwesen wurde ebenfalls für die Mehrheit der Bevölkerung in den entwickelten Ländern zu einem Bestandteil des Alltags, was wiederum den Massentourismus beförderte. Das Fernsehen vervielfältigte und vereinheitlichte zugleich noch stärker die Massenunterhaltung, als es Film und Hörfunk bereits getan hatten.

Hauptcharakteristikum des »Fordismus« wurde Massenproduktion für den Massenkonsum, mit durch die große Zahl gleichartiger Produkte sichtbar sinkenden Preisen. Die Benennung erfolgte nach dem berühmten Automobilhersteller Henry Ford aus den USA, der die Autoproduktion als Massenproduktion am Fließband erstmals einführte. Ihm wird der Satz zugeschrieben: »Autos kaufen keine Autos.« Das heißt, wer mit Massenkonsum Geld verdienen will, muß in seiner Lohnpolitik auch zu einer entsprechenden Kaufkraft beitragen. Da dies in einer relativ übersichtlichen nationalen Volkswirtschaft als »Geschäft auf Gegenseitigkeit« durchaus auch für Unternehmer vorstellbar war und die Kaufkraft nicht in den Poren einer globalisierten Weltwirtschaft versickern konnte, war solche Auffassung durchaus handlungsleitend. Erstmals in der Geschichte der Regulationssysteme des Kapitalismus stiegen die Arbeitslöhne und Sozialeinkommen in der Tendenz parallel mit der Produktionssteigerung. Die Märkte waren vor allem im Innern durch Erhöhung der Massenkaufkraft vergrößert worden, nachdem die Außenmärkte durch die Ausbildung der real-sozialistischen Ländergruppe und den Zusammenbruch des Kolonialsystems zunächst sichtbar eingeschränkt wurden. Die Konzentration der Produktion und der Kapitalien findet ihren Ausdruck in immer größeren Unternehmen, die wiederum die Träger der Massenproduktion sind. Der Staat wird stärker als je zuvor in Friedenszeiten in die Reproduktionsprozesse einbezogen.

Die Wirtschafts- und Haushaltspolitik orientiert sich an den konzeptionellen Vorstellungen von John Maynard Keynes. Als Vertreter des britischen Schatz-amtes hatte er an den Friedensverhandlungen von Versailles, die den Ersten Weltkrieg vertraglich beenden sollten, teilgenommen und lehnte die alliierten Reparationsforderungen als volkswirtschaftlich weit überzogen ab. Für ihn hing der Umfang des Volkseinkommens in erster Linie von der Höhe der Beschäfti-gung ab, die wiederum von der effektiven Nachfrage bestimmt ist. Ausgehend von solchen gesamtwirtschaftlichen Analysen wird im Fordismus die gesamt-wirtschaftliche Nachfrage in den Mittelpunkt gestellt und zugleich davon aus-gegangen, daß sich die Beseitigung von Störungen der Wirtschaftsabläufe nicht durch »Selbstheilungskräfte« des Marktes einstellt, sondern aktiven Eingreifens bedarf. Vor dem Hintergrund der Weltwirtschaftskrise 1929 bis 1933 und der Existenz des Realsozialismus wurden dem Kampf gegen die Arbeitslosigkeit und damit der Abhängigkeit der Konsumausgaben von den Einkommen hohe Priorität beigemessen. Ein Kernpunkt war, daß der Staat in Zeiten hoher Ar-beitslosigkeit und eines Rückgangs der Wirtschaftsentwicklung durch Steuer-senkungen die effektive Nachfrage nach Gütern und Dienstleistungen erhöhen und damit der wirtschaftlichen Schwäche und der Unterbeschäftigung entge-genwirken sollte. Im Sinne eines stabilen Wirtschaftsablaufes wurde dem Staat überhaupt eine hohe Mitverantwortung für das gesamtwirtschaftlich erforderli-che Investitionsvolumen beigemessen.

Für die Lebensweise der Arbeitenden wird ein steigendes Lebensniveau zur Norm, Reduzierung die Ausnahme. Die traditionellen Milieus lösen sich weit-gehend auf. Die außerökonomischen Lebenswelten erfahren eine Transforma-tion in Erwerbsarbeit einerseits und Freizeitkonsum andererseits. Der soziale und bildungsmäßige Aufstieg der Arbeiterklasse hat ihre weitgehende Auflö-sung in einer Mittelstandsgesellschaft zur Folge. Die gegenhegemoniale Le-bensweise und ihre Institutionen gehen in dieser auf oder verlieren ihre ur-sprüngliche, politisch relevante Funktion. Die Sozialeinkommen werden an die fordistische Einkommenentwicklung gebunden. Das Sozialsystem zielt auf eine weitgehende Absicherung der Lebensrisiken sowie Besitzstandserhalt und ten-denziell auf den Ausgleich sozialer Unterschiede.

Der Fordismus stieß allerdings seit den 1970er Jahren auf eine Reihe von Grenzen. Zunächst einmal stieg auch unter diesen Bedingungen die Produkti-vität schneller als die Einkommen, so daß die Beseitigung der Massenarbeitslo-sigkeit mit den eingesetzten Instrumenten immer weniger gelang. Durch die

Ausdehnung der Produktion nahm die Vernutzung natürlicher Ressourcen und damit die Umweltbelastung deutlich zu. Der Massenkonsum erschöpfte seine Wirkung als Motivation für die Menschen und als Stimulus für die Produktion. Die Auflösung der traditionellen Milieus hatte die Sinnfrage neu heraufziehen lassen, ohne daß sie in jener Gesellschaft eine Beantwortung erfahren konnte. Die regelmäßige Aufteilung des Wachstumsprodukts hatte zur Einübung von konsensus-orientierten politischen Mechanismen geführt, die selbstbewußte, wenngleich oft entpolitisierte Gewerkschaften bzw. Gewerkschaftsführungen befördert hatte. Diese wurden von Seiten der Kapitaleigner, obwohl sie den alten, klassenkämpferischen Traditionen in aller Regel abgeschworen hatten, dennoch als die freie Verfügung über das Kapital beschränkend empfunden und letztlich in ihrer Rolle abgelehnt. Schließlich hatte der Staat seine Investorenrolle durch Kreditaufnahmen realisiert; die Kredite sollten nach Keynes' Lehren jedoch in Zeiten der Konjunktur abbezahlt werden, was in aller Regel mißlang, so daß die Staatsverschuldung ungeachtet des Krisenzyklus' tendenziell zunahm.

Am Ende zeigte sich: Der Fordismus hatte als Regulationsweise, die auf einem historischen Kompromiß beruhte, der wirtschaftliche und soziale, aber auch starke politische und geistig-kulturelle Gründe hatte, das Verhältnis zwischen Arbeit und Kapital in einer Weise »moderiert« und in der Schwebe gehalten, daß beide Seiten mit ihm leben konnten, aber nicht dauerhaft zufriedengestellt waren. Aus der Sicht der Arbeiterinteressen war dieser Kompromiß auch unter reformistischen Gesichtspunkten problematisch: Er war nicht irreversibel und hing in seinem Fortwirken von starken Gewerkschaften als Akteuren der unmittelbaren Vereinbarung sowie von einer starken Sozialdemokratie ab, die dauerhaft den Staat als Schutzmacht der »kleinen Leute« nutzen und ausgestalten wollte oder konnte. Unter der Perspektive des Kapitalinteresses waren die Möglichkeiten der Profiterwirtschaftung beschränkt. Dies auf Dauer zu akzeptieren, widerspricht dem Charakter des Kapitals.

Eine veränderte Lage

Wie hat der Neoliberalismus es eigentlich geschafft, politische Dominanz zu erringen? Diskussionen um die Perspektiven gingen im Westen Europas Ende der 1980er Jahre eher in eine andere Richtung. Die Wortführer der 1968er Studentenrevolte waren dabei, in die Professorenschaft der Universitäten, die sie einst bekämpft hatten, sowie in die Parlamente und Regierungen einzurücken. Libertäre Gesellschaftsvorstellungen, Selbstverwirklichung aller und die volle Gleichberechtigung der Frauen, Minderheitenrechte, Ent-Autorisierung der Erziehung, Vermenschlichung des Gefängniswesens, soziale Empathie und vor allem der Schutz der Umwelt wurden als wichtige Werte gesellschaftlichen Handelns verstanden und öffentlich thematisiert. Unter dieser Sichtweise wurde eine eigene Kritik an den Formen und Institutionen des Fordismus geübt. Er erschien als spezifische Variante gesellschaftlicher Repression, die an die Stelle der ursprünglichen Repression des Kapitalismus und des früheren autoritären bzw. totalitären Staates die eines vormundschaftlichen Fürsorgestaates gesetzt hatte, während doch selbstbestimmtes Leben angesagt war. Das Reaktorunglück von Tschernobyl tat ein übriges. Es hatte die vorherige Technikgläubigkeit auch in der Öffentlichkeit zutiefst erschüttert, auch wenn dafür »die Russen« verantwortlich waren und die einschlägige Propaganda behauptete, deutsche Atomkraftwerke würden sich anders verhalten.

In dieser Zeit, Ende der 1980er, Anfang der 1990er Jahre, wurden für die Periode nach dem Fordismus die Umrisse einer neuen Moderne, einer reflexiven Modernisierung diskutiert. Die industriellen Prozesse wie auch die Landwirtschaft und die Lebensweise sollten in die Naturkreisläufe zurück integriert werden. Akkumulation sollte sich verstärkt auf den ökologischen Umbau der Produktionsprozesse, die Entwicklung regenerativer Energien und eine umweltverträgliche Konsumtions- und Lebensweise konzentrieren. Die Produktivität sollte durchaus weiter mit der Entwicklung der Profite einhergehen, diese sollten aber zunehmend aus dem ökologischen und sozialen Umbau der Gesellschaft resultieren, bei einem deutlichen Dualismus von Gemeineigentum und Privateigentum an den Produktionsmitteln. In der Lebensweise sollte das erreichte Niveau gesichert bleiben, aber auf der Grundlage eines qualitativen Wandels und einer verminderten Ressourcenbelastung der Natur. Debattiert wurden ein neues Verhältnis zwischen Arbeitszeit und Freizeit, unter der Voraussetzung einer dauerhaften Reduzierung der Regelarbeitszeit und von Wohlfahrtsgewinnen durch selbstbestimmte Eigenarbeit, die Entwicklung einer Gleichzeitigkeit von Arbeits- und Bürgereinkommen bzw. die Sicherung eines allgemeinen Grundeinkommens sowie durch partizipative Mitwirkung an der Gestaltung der Lebenswelten und des politischen Gemeinwesens. Die sozialen und humanitären Errungenschaften, die die sozialistische Arbeiterbewegung und die Bürgerrechtsbewegungen über Jahrzehnte hinweg erkämpft hatten und die im Fordismus in gewisser Weise historisch geronnen waren, sollten bewahrt und durch Selbstbestimmung, Freiheit, Partizipation und Nachhaltigkeit erweitert werden. Die Erhaltung der Sicherheit des Lebens, nicht nur in einem friedenspolitischen und Grundrechte-Sinne sondern auch in einem sozialen und ökologischen Sinne wurde stets als Voraussetzung dessen angesehen.

Dessen ungeachtet gelang es dem Neoliberalismus, die Politik zu bestimmen und, wie man so schön sagt, hegemonial zu werden, sich gegen die Tradition des Kompromisses, der im Fordismus steckt, durchzusetzen. Das hatte mehrere Gründe. Der erste ist in diesem Band an mehreren Stellen diskutiert worden: die veränderte Weltlage. Dazu gehören der Zusammenbruch des Realsozialismus und das anschließend veranstaltete laute Geschrei, es sei vor allem sein übertriebenes Verständnis von sozialer Sicherheit gewesen, das zu seinem Scheitern geführt hätte. Darüber hinaus das Scheitern der sozialdemokratischen Konzepte des Wohlfahrtsstaates in den Ländern des Westens, das Fehlschlagen des na-

tionalen Entwicklungsstaates auch in den Ländern des Südens und deren Neuverschuldung. Überhaupt hatte sich die Verschuldung bei den westlichen Banken und Staaten sowohl bei der Wiederherstellung der Kontrolle über früher koloniale Länder als auch in der Schlußphase des osteuropäischen Kommunismus
als probates Mittel der Interessendurchsetzung des Westens erwiesen.

Insbesondere die supranationalen Finanzinstitutionen – Weltbank und Internationaler Währungsfonds (IMF) – hatten sich dabei als nützlich erwiesen.
Beide waren ursprünglich zu einem anderen Zweck gegründet worden. Im
Sinne eines keyneseanistischen Denkens sollten Folgerungen aus der Weltwirtschaftskrise nach 1929, in deren Gefolge in Deutschland Hitler an die Macht gekommen war, und für eine wirtschaftliche Nachkriegsordnung gezogen werden. Im Zusammenhang mit den Verhandlungen über eine neue, wirksame
Weltorganisation – was dann die UNO mit ihren Spezialorganisationen wurde
– ging es auch um Institutionen, die eine stabile Weltwirtschaftsordnung möglich machen. Immerhin hatten Finanzkrisen und Wettläufe um Währungsab-
wertungen zur Weltwirtschaftskrise erheblich beigetragen. So wurden auf einer
Konferenz in dem US-amerikanischen Ort Bretton Woods 1944 Weltbank und
IMF gegründet. (Die Sowjetunion beteiligte sich übrigens nicht daran, ob
tatsächlich aus prinzipiellen Gründen wegen deren kapitalistischen Charakters,
wie behauptet, oder aus einer realistischen Einschätzung des eigenen Platzes in
der kapitalistischen Weltwirtschaft heraus, sei dahingestellt.)

Kern der Übereinkunft war, die Wechselkurse der Währungen fest an den
US-Dollar zu binden und diesen wiederum zu einem festgelegten Kurs an das
Gold. Es sollte also ein vermittelter Goldstandard sein, der das Weltwährungs-
gefüge absichert. Dem IMF wurde die Aufgabe zugewiesen, die internationale
Zahlungsfähigkeit seiner Mitgliedsländer bei Auftreten von Zahlungsbilanzde-
fiziten durch Kredite in ausländischen Währungen zu sichern. Das internationale Finanzsystem sollte zudem durch Kapitalverkehrskontrollen stabilisiert
werden. Das sollte zum Wiederaufleben des durch Weltwirtschaftskrise und
Weltkrieg zusammengebrochenen internationalen Warenhandels sowie zur
Finanzierung des Wiederaufbaus nach dem Kriege beitragen. Zur Gründung
einer ebenfalls vorgesehenen internationalen Handelsorganisation kam es allerdings nicht, weil die USA sie nicht wollten. Die Weltbank, die damals »Internationale Bank für Wiederaufbau und Entwicklung« genannt wurde, erhielt die
Aufgabe, zunächst tatsächlich den Wiederaufbau in Europa zu finanzieren, später dann Kredite an ehemalige Kolonien zu vergeben, damit diese einen Prozeß
nachholender Industrialisierung in Gang setzen können.

Im Jahre 1971 – in der Zeit des Vietnam-Krieges mit seinen hohen, auch finanziellen Kosten und einer schwächelnden Wirtschaftsentwicklung – kündig-
ten die USA die Golddeckung des US-Dollars einseitig auf. 1975 wurde das System fester Wechselkurse endgültig aufgegeben, Angebot und Nachfrage auf
den Devisenmärkten sollten Wechselkurse hervorbringen, die zum Ausgleich

der Zahlungsbilanzen der einzelnen Länder führen. Die Notwendigkeit von Überbrückungskrediten des IMF entfiel damit. Er sollte nunmehr ein internationales Finanzsystem überwachen, in dem es feste und flexible Wechselkurse gab, und darüber hinaus die Länder in ihrer Währungspolitik beraten. Anfang der 1980er Jahre brach dann die große internationale Schuldenkrise aus. Die Verschuldung der sogenannten Entwicklungsländer hatte sich in den 1970er Jahren mehr als versiebenfacht und eine Höhe von etwa 500 Milliarden US-Dollar erreicht. Das war wertmäßig ungefähr der Gesamtumfang des Jahresexports aller Entwicklungsländer zusammengenommen. Ende 1982 waren es bereits 626 Milliarden; der Zuwachs gegenüber den Vorjahr hatte 96 Milliarden ausgemacht. Die fälligen Zahlungen im Jahre 1982 betrugen etwa 130 Milliarden Dollar, darunter 60 Milliarden Zinszahlungen. Allein die Auslandsverschuldung Mexikos und Brasiliens betrug jeweils fast 90 Milliarden US-Dollar. Die nachholende Industrialisierung, finanziert durch Kapitalimporte aus den Zentren des weltkapitalistischen Systems, war in ihrer ursprünglichen Konzeption gescheitert. Die Peripherie-Länder blieben auf rasch wachsenden Schuldenbergen sitzen, die Wachstumseffekte aus der Industrialisierung waren ausgeblieben.

IMF und Weltbank vergaben nun Kredite an die von dieser Krise betroffenen Länder, um deren Zahlungsfähigkeit zu gewährleisten – verbunden mit wirtschaftspolitische Auflagen, euphemistisch »Konditionalität« oder »Strukturanpassung« genannt. An die Stelle der Orientierung auf Industrialisierung und Binnenmarkt trat eine Exportorientierung, die auf der forcierten Ausbeutung vorhandener Rohstoffvorkommen und der Nutzung billiger Arbeitskräfte fußen sollte. Diese Umorientierung wurde den Ländern gezielt aufgezwungen, die strukturelle Abhängigkeit des Südens vom Norden, der Peripherie von den Zentren absichtsvoll verstärkt. Verbunden waren die Maßnahmen in aller Regel mit einer Reduzierung der Ausgaben in den Ländern für Soziales, Bildung und Gesundheit sowie mit einer Liberalisierung der Kapital- und Warenmärkte, d. h. einer Öffnung der Binnenmärkte für Kapital, Waren und Dienstleistungen aus den USA, Westeuropa und den anderen Ländern des Zentrums.

Dieser Funktionswandel von IMF und Weltbank von Institutionen der Stabilisierung internationaler Finanzverhältnisse zu solchen einer Weltmarktintegration, die die Ungleichheit verschärft, wurde vervollständigt durch die nunmehrige Gründung einer Welthandelsorganisation (WTO), die 1995 durch 123 Staaten erfolgte. Das Endziel ist »die totale Liberalisierung. Die WTO hat ein missionarisches Ziel: totale Liberalisierung. Ihr Kampf gilt Handelshindernissen jeder Natur – und Kultur. Diese sollen generalstabsmäßig und unumkehrbar abgebaut werden. Ziel ist völlig freier Marktzugang für internationale Konzerne, bis diese mit lokalen Kleinbetrieben weltweit gleichgestellt sind.« (Reimon, Felber 2003: 228) Mit anderen Worten: Staaten, Regionalregierungen und Kommunen sollen weltweit gehindert werden, nationalstaatliche, regionale oder örtliche Wirtschaftskreisläufe zu fördern oder gar soziale bzw. sozialpolitische Ziele zur Grundlage gesellschaftlichen Handelns zu machen. Alle Märkte und alle Ressourcen sollen weltweit der Verfügung der internationalen Großkonzerne untergeordnet werden. Die bekannte Globalisierungskritikerin Susan George hat unter der Überschrift: »Die Globalisierung der Konzerne« dazu geschrieben: »Das internationale Wirtschafts- und Finanzsystem wird von transnationalen Industrie- und Finanzunternehmen beherrscht, deren einfaches, wenn auch nicht schriftlich fixiertes Programm auf drei Forderungen beruht: Freiheit der Investitionen; Freiheit des Kapitalverkehrs; Freiheit des Handels mit sämtlichen Gütern und Dienstleistungen, einschließlich lebender Organismen und geistigen Eigentums. Ihr oberstes Ziel ist die Freiheit, produzieren, vertreiben und investieren zu können, was sie wollen, wo sie wollen und solange sie wollen, sowie Kapital, Personal und Güter nach eigenem Ermessen bewegen zu können. Zu den Untergruppen dieser grundsätzlichen Freiheiten gehört die massive Privatisierung staatlicher Betriebe und öffentlicher Versorgungseinrichtungen. Nichts soll a priori vom Markt ausgeschlossen sein, weder Gesundheits- und Bildungswesen noch menschliche Organe, genetisches Material, Lebensmittel, Saatgut, Wasser, Luft oder Wälder und auch nicht Kunst, Musik oder Sport.« (Buchholz 2002: 47)

Das Ziel ist die vollständige Vermarktung des Menschen, seiner Lebensbedingungen, seiner Umwelt, seiner körperlichen und geistigen Fähigkeiten, ja selbst seiner biologischen Grundlagen, seiner Träume und seiner Hoffnungen. In diese »schöne neue Welt« sind wir in den vergangenen Jahren bereits ein Stück hineingeschoben worden.

Ein hegemoniales Vorgehen

Hegemonie im Diskurs oder in der Politik sowie ihre Prämissen entstehen nicht über Nacht. Sie hat zunächst etwas mit intellektuellen Diskursen und ihren Ausgangspunkten wie auch mit ihren Folgerungen und praktischen Folgen zu tun. Sobald sie jedoch in die Welt der Politik und der politischen Strategie tritt, hat Hegemonie viel stärker als mit Ideen mit Interessen und mit Macht zu tun.

Da wir uns am Beginn des 21. Jahrhunderts wieder in einem Zeitalter imperialistischer Kriege befinden, wird man es mir vielleicht nachsehen, wenn ich zur Zuspitzung des Problems die Auseinandersetzung um den Sozialismus des 20. Jahrhunderts zunächst mit Begriffen des Militärwesens fasse. In der sozialistischen Debatte des ausgehenden 19. und beginnenden 20. Jahrhunderts war so etwas nicht unüblich. Franz Mehring, einer der wichtigen Theoretiker des linken Flügels der deutschen Sozialdemokratie zu jener Zeit, hatte von dem Historiker Hans Delbrück den Begriff der »Niederwerfungsstrategie« im Unterschied zu einer »Ermattungsstrategie« übernommen. In diesem Sinne könnte man die Grundkonstellation wie folgt beschreiben: Nach der Selbst-Schwächung des Kapitalismus durch den von ihm selber herbeigeführten Ersten Weltkrieg entstand eine Situation, in der die revolutionären Linken in Rußland die Revolution, das heißt eine »Niederwerfungsstrategie« auf die Tagesordnung gesetzt hatten. Die endete in Rußland mit dem Sieg und seiner Verteidigung im Bürgerkrieg, ihre Ausweitung nach Westen aber mündete in die Niederlage der Roten Armee vor Warschau 1920.

Alles danach – unterbrochen durch den Überfall auf die Sowjetunion durch Hitler-Deutschland, das seinerseits eine »Niederwerfungsstrategie« verfolgte und den »Ermattungskrieg« verlor – in der Systemauseinandersetzung des 20. Jahrhunderts verlief nach den Regeln des »Ermattungskrieges«. Das betraf nicht nur das Aufbrauchen der wirtschaftlichen, militärischen und politischen Reserven, sondern auch die Ermüdung der geistigen und ideologischen. Mit anderen Worten: Während die russische Oktoberrevolution unmittelbar nach ihrem Stattfinden eine große Resonanz in vielen Ländern Europas und darüber hinaus, auch in den kolonial unterdrückten Völkern fand, verblaßte dieser Glanz, je länger der »reale« Sozialismus existierte, nicht nur wegen der Lager und der wirklichen Verbrechen, sondern auch wegen des glanzlosen Alltags, der leeren Geschäfte und der am Ende auch leeren Ideologie.

Die sozialistische Idee hatte im 20. Jahrhundert über längere Zeiten eine große Attraktivität; wurde jedoch recht frühzeitig von der tristen Wirklichkeit im Osten Europas abgetrennt. Die Neue Linke in Westeuropa seit den 1950er Jahren, später auch die großen kommunistischen Parteien dort definierten sich schließlich in beträchtlichem Maße über ihre Distanz zu Moskau. Dennoch, angesichts der beiden Weltkriege des 20. Jahrhunderts und der Weltwirtschaftskrise nach 1929 blieb für das 20. Jahrhundert über weite Stecken das Unbehagen am Kapitalismus und eine Affinität zu sozialistischen Ideen verbreitet. Der Keynesianismus stellte ein eigenes Gedankengebäude zur Verfügung, das nicht sozialistisch war, sich aber auf den Sozialismus als geistige Größe bezog und damit dann der sozialdemokratischen Wirtschafts- und Gesellschaftspolitik eine ideologische Grundlage bot. Das offene, pure Vertreten pro-kapitalistischer Ideen und Positionen war zumindest in Europa randständig im Vergleich zur Hegemonie eines quasi-sozialistischen (das meint nicht eines orthodox kommunistischen) und keynesianistischen Denkens.

Es gab jedoch einflußreiche Leute, die das ändern wollten. Walter Lippmann, Publizist aus den USA, Friedrich August von Hayek, aus Österreich stammender Volkswirtschaftler, und andere nahmen im August 1938 an einem Kolloquium in Paris teil, auf dem der Neoliberalismus als Begriff und als Konzept erstmals diskutiert wurde. Der Zweite Weltkrieg unterbrach zunächst die Fortsetzung dieser Aktivitäten, doch bereits im Jahre 1947 wurde auf dem Mont Pèlerin oberhalb von Vevey in der Schweiz ein Verein gegründet, der dann in den USA eingetragen wurde. Fünfzehn der 26 Teilnehmer jenes Kolloquiums in Paris gehörten zu den Gründungsmitgliedern dieses Vereins, der heute über tausend Mitglieder zählt und ein Netzwerk geschaffen hat, in das mehr als siebzig Denkfabriken weltweit einbezogen sind. Die Mitglieder kamen zunächst aus den USA und Westeuropa, wurden dann aber zielstrebig auch in Japan, Lateinamerika, Südostasien und nach 1989 in Osteuropa rekrutiert. Bereits im Umfeld der Gründung der Mont-Pèlerin-Gesellschaft thematisierte von Hayek das Hegemonie-Problem. Ideen bedürften stets der institutionellen Vermittlung; Intellektuelle würden das charakteristische Meinungsklima, die dominante Weltanschauung einer Zeit schaffen, indem sie in und durch Institutionen, Netzwerke und Organisationen wirken. Hayek selbst und andere Akteure jenes Mont-Pèlerin-Netzwerkes haben sich daher stets um die Gründung neuer Institutionen und Netzwerke gekümmert.

Schaut man unbefangen auf die Diskussionen der verschiedenen Gelehrten, so scheinen sich unabhängige wissenschaftliche Köpfe zu äußern. Geht man jedoch davon aus, daß der gesamte derzeitige bürgerliche Wissenschaftsbetrieb nach Zitaten-Kartellen sortiert ist (von löblichen Ausnahmen abgesehen), und verbindet man diesen Befund dann mit nachvollziehbaren wirtschaftlichen und politischen Interessen, dann entstehen durchaus sehr belastbare Netzwerke, die wenig mit wissenschaftlichen Schulen, aber viel mit politischer Dominanz und wirtschaftlichen Interessen zu tun haben. Wenn man nun noch davon ausgeht, daß es leichter möglich ist, bei den Inhabern der wirtschaftlichen Macht von heute erkleckliche Gelder locker zu machen für die Bildung neuer, effizienter Institutionen als bei landlosen Bauern in Lateinamerika oder bei christlichen Gemeinden in Südindien, so gilt hier doch recht eindeutig der Satz aus Goethes Faust: »Was ihr den Geist der Zeiten heißt, Das ist im Grund der Herren eigner Geist, in dem die Zeiten sich bespiegeln.«

Und der Geist der Zeiten wird dann eben geschaffen. Seit 1968 wird von der schwedischen Reichsbank der sogenannte *Nobelpreis der Ökonomie* vergeben. Von 1974 bis Ende der 1990er Jahre erhielten sieben Mitglieder der Mont-Pèlerin-Gesellschaft diesen Preis. Das war allerdings kein Zufall: Der langjährige Vorsitzende des Preiskomitees war Mitglied des gleichen Vereins. Zugleich werden die den Netzwerken verbundenen Personen nicht müde, die weltweite Bedeutung gerade dieses Nobelpreises herauszustreichen, wie zugleich die dem Netzwerk verpflichteten Journalisten in den relevanten Ländern diese in ihren Beiträgen prominent lancieren.

Nun darf man sich dieses Gefüge nicht im Sinne einer hierarchischen Ordnung vorstellen. Der Neoliberalismus hat viele Facetten, doch es gibt einen »kleinsten gemeinsamen Nenner«. Dazu gehören: den Markt für die höchste aller Instanzen zu halten, die neutral sei gegen jedermann, gegen die Denkmuster des Sozialismus und des Keynesianismus anzugehen und das Primat des Privateigentums an den Produktionsmitteln zu vertreten. Dem liegt ein Konsens in den Grundpositionen zugrunde. Von Hayek betonte noch während des Zweiten Weltkrieges, staatliche Programme zur Bekämpfung von Armut und Rassendiskriminierung sowie gegen die Diskriminierung von Frauen und von Minderheiten würden eine Gefährdung der Grundelemente freier Gesellschaften mit sich bringen. Danach sind Verfügung über privates Eigentum und Menschenrechte nicht gleichberechtigt, sondern nachgeordnet. Wenn es Krisenerscheinungen des Kapitalismus gäbe, seien dafür »die Sozialdemokraten in allen Parteien« und die Gewerkschaften verantwortlich. Zu den Ausgründungen der Mont-Pèlerin-Gesellschaft gehörten die »Heritage Foundation« in den USA, die der wichtigste Propagandaapparat der »Reagonomics« (der neoliberalen »Reformen« unter Präsident Reagan in den 1980er Jahren in den USA) war, ebenso wie das »Center for Policy Studies« in Großbritannien – eine seiner Mitarbeiterinnen hieß Margaret Thatcher. Auch der frühere EU-Wettbewerbskommissar, der unbedingt die Richtlinie zur Vermarktlichung aller Dienstleistungen im EU-Europa durchdrücken wollte, mit Namen Bolkestein, ist – wen wundert's – Mitglied der Mont-Pèlerin-Gesellschaft.

Im Jahre 1981 fand die regionale Tagung der Mont-Pèlerin-Gesellschaft in Santiago de Chile statt. Aus diesem Anlaß gab von Hayek der Zeitung *El Mercurio* ein Interview, in dem er sagte: »Eine freie Gesellschaft benötigt eine bestimmte Moral, die sich letztlich auf die Erhaltung des Lebens beschränkt: nicht auf die Erhaltung allen Lebens, denn es könnte notwendig werden, das eine oder andere individuelle Leben zu opfern zugunsten der Rettung einer größeren Anzahl anderen Lebens.

Die einzig gültigen Maßstäbe für die ›Kalkulation des Lebens‹ können daher nur sein: das Privateigentum und der Vertrag.« (Die Untersuchungen zur Mont-Pèlerin-Gesellschaft haben vor allem Dieter Plehwe und Bernhard Walpen gemacht. Der aktuelle Stand ist nachzulesen auf der Webseite: www.buena-vista-neoliberal.de. Hier: Buchholz 2002: 185 ff.) Chile, wo seine Chicago-Boys schon seit acht Jahren hatten ihr segensreiches Wirken entfalten können, mußte von Hayek selbstredend besonders am Herzen liegen. Die Zehntausenden von Toten durch die Pinochet-Diktatur wären demnach die Späne, die beim Hobeln des großartigen Stücks Neoliberalismus gefallen sind. Tomás Moulian bemerkte dazu aus der chilenischen Erfahrung heraus: »Der 11. September 1973 ist ein symbolträchtiges Datum für Lateinamerika: Es ist mehr als der Sturz einer demokratisch gewählten Regierung. Es ist das Ende einer Welt … Das Besondere an der Diktatur Pinochets war ihre Radikalität. Der Einsatz des Terrors erfolgte im Dienste eines Projekts der allgemeinen Kommerzialisierung, das sich ohne Neutralisierung des sozialen Drucks nicht hätte durchsetzen lassen.« (Moulian 2003: 128)

Mit anderen Worten: Die wirkliche Geschichte des Neoliberalismus, nicht die ideologische, beginnt nicht mit einigen Privatisierungen in Westeuropa und einigen Deregulierungen, die zum Beispiel den »Billigflieger« für jede und jeden zur Folge haben, sondern diese Geschichte ist mit Blut geschrieben. Nicht der Markt schuf die Macht, der wir uns heute gegenübersehen, sondern diese Art Markt ist mit Macht und durch Macht geschaffen worden. »Die Macht sei mit dir«, heißt es in den Star-Wars-Filmen. Mit wem eigentlich?

173

Eine wichtige Beobachtung

Der Neoliberalismus, der tatsächlich durchgesetzt wurde, war nicht nur faktisch das Gegenteil des Fordismus und Folge dessen Krise, auch nicht nur Resultat der veränderten Weltlage, schon gar nicht in erster Linie Ergebnis gelehrter Ideen, sondern er war und ist die globale Ausweitung einer konkreten Wirtschaftsweise, nämlich der des realen Kapitalismus im Süden der USA. Auf diesen Umstand hat in den deutschen Debatten Rainer Rilling verwiesen. Durchsetzung des Neoliberalismus in den USA während der 1970er und 1980er Jahre bedeutete »die Durchsetzung des gewerkschaftsfeindlichen, arbeitsintensiven, reaktionären, rassistischen und bürgerrechtsfeindlichen Niedriglohn- und Niedrigsteuermodells der Extraktions- und Ausbeutungsökonomie des amerikanischen Südens, das bereits vor Reagan existierte, von ihm aber in den USA auf nationaler Ebene endgültig durchgesetzt wurde.« (Rilling 2004: 46)

Noch in den 1960er Jahren hätte man etwas anderes erwarten können. Die USA hatten eine eigene Tradition der Sozialstaatlichkeit. Die Weltwirtschaftskrise hatte im Oktober 1929 mit einem spektakulären Sturz der Aktienkurse an der New Yorker Börse begonnen. Innerhalb weniger Wochen verloren die Aktien über die Hälfte ihres Wertes. Es folgte der größte Wirtschaftseinbruch der Geschichte der USA. Die Industrieproduktion fiel bis 1932 auf den Stand von 1913 zurück, der Außenhandel auf den Stand von 1905. Anfang 1933 wurden fünfzehn Millionen Arbeitslose gezählt, jeder vierte Arbeiter bzw. Angestellte war arbeitslos. Etwa eine Million Farmer verloren ihr Land. In dieser Lage wurde der Demokrat Franklin D. Roosevelt 1932 zum Präsidenten der USA gewählt. Er setzte ein umfangreiches Stabilisierungs- und Reformprogramm in Gang, das den Namen »New Deal« erhielt (»Neues Geben«, entlehnt dem Kartenspiel, sollte die Neuverteilung der Lebenschancen der Menschen im Lande versinnbildlichen.) Dazu gehörten Maßnahmen zur Kontrolle der Börsen und der Banken, zur Entflechtung der Energiekonzerne und zur progressiven Besteuerung von Großunternehmern, Arbeitsbeschaffungsprogramme, Unterstützungsmaßnahmen für Farmer und Hauseigentümer sowie eine Sozialgesetzgebung, darunter zur Festigung der Stellung der Gewerkschaften, zur Förderung des Wohnungsbaus und Anfänge einer bundesweiten Sozialversicherung. Roosevelts Politik schuf die Grundlagen für eine Konsolidierung und Weiterentwicklung der wirtschaftlichen und sozialen Verhältnisse im Lande, die als Grundkonzept und Rahmen der Politik lange nachwirkte. In den 1960er Jahren knüpfte – der ebenfalls demokratische – Präsident Lyndon B. Johnson in seiner Innenpolitik daran an und verkündete einen »Krieg gegen die Armut« und eine »Große Gesellschaft«, die auch den Armen und Benachteiligten Hoffnung geben sollte. Daß dies in Zusammenhang mit dem Aufbegehren der Bürgerrechtsbewegung der Afro-Amerikaner einerseits und mit der Kriegspolitik in Vietnam andererseits stand, gehört zur historischen Wahrheit, ändert aber nichts daran, daß es sich um ein ausdrückliches Reformprojekt handelte.

Es setzte sich dann jedoch nicht der Fordismus des Nordens durch. Der Kapitalismus des Südens hatte seit Jahrzehnten den unterschiedlichen Versionen des Sozialstaates US-amerikanischer Prägung widerstanden und bot, angesichts der weltweiten Krise des Fordismus, sich als die Alternative an. Seit den 1970er Jahren, insbesondere während der Präsidentschaft Ronald Reagans (1981-1989) wurde diese dann politisch durchgesetzt. Hier sind die von Rilling aufgezählten Merkmale nochmals genauer zu betrachten: Es ist ein rassistisches Niedriglohn- und Niedrigsteuermodell. Die kulturellen Werte dieses Modells kommen nicht von der Gleichheit und der Idee der sozialen Integration her, sondern stammen letztlich aus der Tradition der Sklavenhaltergesellschaft, die ja erst im Bürgerkrieg 1861 bis 1865 vom Norden bezwungen wurde. Die Befreiung der Sklaven, ihre Gleichheit als Staatsbürger brachte ihnen noch keine soziale und Chancengleichheit. Vor diesem Hintergrund war Lohnarbeit reichlich vorhanden, die ehemaligen Sklaven sollten doch sehen, wo sie bleiben, und sie wurden grundsätzlich schlecht bezahlt, und die Herren hüteten sich, auch noch hohe Steuern zu zahlen, weil die ja doch nur den Nachkommen jener Sklaven zugute gekommen wären. Die Bürgerrechtsfeindlichkeit, die im Ku-Klux-Klan, dem Geheimbund zum Ermorden schwarzer Amerikaner, ihren deutlichsten Ausdruck fand, und die Feindlichkeit gegenüber Gewerkschaften sind dann nur noch Konsequenzen der von der Sklaverei herkommenden Grundkonstellation.

Daß der einzelne Mensch, zumal der von seiner Hände oder seines Kopfes Arbeit lebende Lohnabhängige im Neoliberalismus so wenig zählt, der Eigentümer von Grund und Boden, Fabriken und Transporteinrichtungen, kurz: der Besitzer der Produktionsmittel aber so viel, braucht angesichts dessen nicht zu verwundern. Der in der Ideologie des Neoliberalismus so mächtige, alles wissende und alles beherrschende Markt tritt an die Stelle des allmächtigen Gottes, der Shareholder-Value-Rendite-Bezieher ist der »Prädestinierte« im Sinne Calvins, der vom göttlichen Willen Auserwählte, und der Arme ist an seinem Schicksal selbst schuld. Jeder reformerische Eingriff würde den Heiligen Willen, hier des Marktes, nur verzerren. Das ist die Pointe.

Eine historische Frage
Halten wir jetzt einen Moment inne und schauen nochmals auf das Puzzle. Emmanuel Todd hat darauf hingewiesen, daß die obersten Segmente der Gesellschaften in den USA und Westeuropa immer weniger Gefallen an Demokratie und Wahlen finden, weil sie sich in ihrer Bewegungsfreiheit eingeschränkt sehen. Chalmers Johnson hat herausgefunden, die transnationalen Großunternehmen heutzutage sind ähnlich organisiert, wie es die frühkapitalistischen Handelsgesellschaften waren (Essay »Frieden. In einer unfriedlichen Welt«). Eben haben wir festgestellt, daß bei dem derzeitigen neoliberalen Grundverständnis von Arbeit und Kapital ein Menschenbild Pate steht, das aus der Sklaverei kommt. Die Verachtung gegenüber den Armen, Repression statt sozialer

Integration, Gefängnisse statt besserer Schulen und Universitäten – all das findet hier seine Erklärung. Weiter oben war dargestellt worden, daß Ende der 1980er, Anfang der 1990er Jahre auch andere, demokratische, kooperative, humanistische Auswege aus der Krise des Fordismus diskutiert worden sind. Statt dessen wurde ein Modell sozialer Polarisierung und sozialen Drucks, steigender Arbeitshetze für die einen und wachsender Arbeitslosigkeit für die anderen durchgesetzt. Ein Problem, das da am Ende des Fordismus diskutiert wurde, war die Sinnfrage. Wer sich mit Armut und Not herumplagen muß, braucht sich über den Sinn seines Tuns keine Gedanken zu machen.

Die Zahl der sozialversicherungspflichtig Beschäftigten in Deutschland ist von 29,3 Millionen Menschen im Jahre 1992 auf 26,2 Millionen 2005 gesunken. Allein seit 2001 sind über 1,6 Millionen reguläre Stellen verlorengegangen. Das könnte man mit dem Effekt der Produktivitätssteigerung in Richtung der 20 : 80-Gesellschaft erklären. Zugleich jedoch nehmen die Minijobs zu. Das Institut für Arbeitsmarkt- und Berufsforschung der Bundesagentur für Arbeit zählt 3,9 Millionen Vollzeitarbeiter zur Gruppe der Niedriglohnbeschäftigten; das Wirtschafts- und Sozialwissenschaftliche Institut der gewerkschaftsnahen Hans-Böckler-Stiftung 7,8 Millionen. Das Nettovermögen in Deutschland ist von 1998 bis 2003 um etwa ein Fünftel auf rund fünf Billionen Euro gestiegen. Nur hat die Mehrheit der Bevölkerung davon nichts abbekommen. Die zehn Prozent der reichsten Haushalte kamen 1993 auf 45 Prozent des gesamten Nettovermögens in Deutschland, 2003 auf 47 Prozent, das heißt der Anteil der »übrigen« neunzig Prozent der Bevölkerung sank von 55 auf 53 Prozent, wobei die ärmsten zehn Prozent der Haushalte 1993 in Höhe von 0,2 Prozent des gesamten Nettovermögens verschuldet waren, 2003 dagegen in Höhe von 0,6 Prozent. Der Reichtum der Reichen vergrößert sich auf Kosten der Armen. Der Anteil der Armen an der Bevölkerung in Deutschland stieg von 11,7 Prozent im Jahre 1993 auf 13,5 Prozent 2003. (In der alten BRD waren es 1973 8,7 Prozent.) Sieht man sich die vorliegenden Angaben genauer an, so waren in Westdeutschland etwa fünf Millionen Beschäftigte im »Niedriglohnsektor« beschäftigt und in Ostdeutschland etwa eine Million. Ihr Anteil an den anhängig Beschäftigten liegt damit über einem Fünftel (20,5 Prozent im Westen, 22,5 Prozent im Osten). Dabei hat diese Form der Unterbezahlung ein deutlich »weibliches Gesicht«: Zu Niedriglöhnen arbeiten 29,6 Prozent aller beschäftigten Frauen und 12,6 Prozent der Männer.

In den USA können wir ähnliche Entwicklungen sehen: Das Einkommen der bestverdienenden 25 Prozent der Haushalte stieg in den 1980er und 1990er Jahren um 16 Prozent, das der unteren 25 Prozent sank um sieben Prozent. Vierzig Millionen USA-Bürger leben unter der Armutsgrenze. Auch dort zeigen alle Analysen, es liegt vor allem an der steigenden Zahl von Billigjobs im Dienstleistungsbereich, daß man immer weniger von seiner Arbeit leben kann. An die Stelle der Regelarbeitsplätze des Fordismus, die eine relative perspektivische Sicherheit und Absicherung boten, treten unsichere, kurzfristige, oft prekäre Arbeitsplätze. André Gorz hat diesen Entwicklungsprozeß bereits Ende der 1980er Jahre beschrieben und darauf verwiesen, daß wir es mit der »Wiedergeburt einer Dienstbotenklasse« zu tun haben. (Gorz 1990: 21) Die ökonomische Rationalität des Fordismus beruhte auf Arbeitstätigkeiten, die einen Gebrauchswert schaffen, zum Zwecke des Erwerbs ausgeübt werden, in der öffentlichen Sphäre verrichtet werden und zeitlich sowie im Hinblick auf ihre Leistung gemessen werden können. Die Dienstbotenarbeit schafft keinen zusätzlichen Gebrauchswert, findet gleichwohl zu Erwerbszwecken statt, jedoch nicht im öffentlichen Raum und ist nicht wirklich meßbar. Es handelt sich um Arbeiten, die diejenigen, die deren Nutznießer sind, auch selbst ausüben könnten, dies aber tun lassen, weil sie sich damit Erleichterungen verschaffen und Zeit sparen, die sie dann für ihre hochbezahlte Arbeit oder Freizeit nutzen können. Die Zunahme der Einkünfte in den oberen Segmenten der Gesellschaft ermöglicht die Weitergabe in Gestalt der Schaffung von Dienstbotenjobs für die unteren Segmente. Das sind dann aber eben keine Beschäftigungen im öffentlichen Raum, die oft tarifvertraglich geregelt und als solche versachtlicht und normiert sind, sondern solche in einem persönlichen Abhängigkeitsverhältnis. (Gorz 1990: 219 ff.) Das historische Vorbild dafür ist im vormodernen 19. Jahrhundert zu suchen, nicht nur in Ostelbien, auch in den Südstaaten der USA vor dem Bürgerkrieg. Mit dem Neoliberalismus sind wir in eine Phase historischen Rückschritts eingetreten, im Vergleich zu dem, was der Fordismus bereits gebracht hatte und was aus seiner Schlußphase heraus möglich gewesen wäre. Es ist eine Feudalisierung der kapitalistischen Gesellschaft im Gange. Im Zentrum steht die neue Aristokratie.

In dem als reich geltenden Deutschland erhielt im Jahre 2004 der Vorstandschef der Deutschen Bank, Josef Ackermann, ein Jahresgehalt von 11,1 Millionen Euro. Eine kaufmännische Angestellte in Sachsen verdiente 2,74 Euro Tariflohn pro Stunde. Das ergibt einen Jahreslohn von unter 6 000 Euro. Würde man die 6 000 Euro zum Vergleich nehmen, müßte sie 1850 Jahre arbeiten, um soviel zu bekommen wie Ackermann in einem Jahr. Bei einem Stallhelfer aus Schleswig-Holstein, der für eine Stunde Arbeit 4,83 Euro bekommt, jährlich etwa 10 000 Euro, wären dies 1 110 Jahre. Und wenn es einen Mindestlohn von 8 Euro in der Stunde in Deutschland gäbe, mußte der so Entlohnte auch noch 685 Jahre arbeiten, um das zu haben, was Ackermann in einem Jahr hat. Das alles hat mit sozialer Gerechtigkeit nichts zu tun, auch nicht, wenn man den unterschiedlichen Charakter der hier in Rede stehenden Arbeiten berücksicht, und erklärt sich nur dann, wenn die neu-feudale Gesellschaft als gegeben angenommen wird.

Vielleicht haben die menschlichen Gesellschaften einen Zyklus, der zur Aristokratisierung tendiert. Die Kolonen, die ursprünglich freie Ackerbauern bzw. Kolonialbürger waren, wurden in der Spätphase des Römischen Reiches, als Kaiser Diokletian (284-305) seine Reichsreformen machte, erblich an die Scholle gebunden und faktisch den Sklaven gleichgesetzt, während die Großgrundbesitzer immer reicher wurden. Im europäischen Feudalismus reagierten die

Grundherren auf die Verlockungen, die durch die bunte Warenwelt im Gefolge der großen Entdeckungen und der Ausweitung des Handels und des Manufakturwesens auf sie einströmten, dadurch, daß sie mehr aus ihren Gütern und ihren Grundherrschaften herausholen wollten; die Folge waren die Wiedereinführung der Leibeigenschaft oder die sogenannte zweite Leibeigenschaft, mittels derer die Bauern ihres zuvor eigenen Bodens verlustig gingen und in der adligen Eigenwirtschaft schlimmer ausgebeutet wurden, als es zuvor die Fron war. Die Konzentration des Eigentums führt zu einer Polarisierung der Gesellschaft, die dazu tendiert, sie zu sprengen.

Das wußte bereits Moses. Deshalb berichtete er von der Botschaft, die sein Gott ihm auf dem Berg Sinai übertragen hatte, wonach nach sieben Sabbatjahren das 50. Jahr das Heilige Jahr der Juden sein sollte, für das festgelegt war, daß alle Schulden erlassen werden, die in Schuldsklaverei Gelangten freizulassen sind und auch verkaufte Bodenanteile zurückzugeben oder neu zu verteilen sind. »Da soll ein jeglicher bei Euch wieder zu seiner Habe und zu seinem Geschlecht kommen«, heißt es in der Luther-Übersetzung (3. Mos. 25, 10). Das bedeutet: Die Konzentration des Produktiveigentums – damals in den Formen der frühen Landwirtschaft – entzieht der menschlichen Gemeinschaft zunehmend die Lebensgrundlage, die nur zurückzugewinnen ist, wenn das Eigentum neu verteilt wird. Die Aristokratisierung ist der soziale Ausdruck jener Konzentration. Und sie schränkt das Leben und die Freiheit der ihr Ausgesetzten ein. Die Freiheit der vielen hat die Zurückdrängung der aristokratischen Tendenz zur Voraussetzung. Sozialismus im 21. Jahrhundert heißt, neu über die Freiheit zu reden und ihn von der Freiheit des Menschen her zu denken.

Zum Weiterlesen:

Christine Buchholz u.a. (Hrsg.) (2002): Unsere Welt ist keine Ware. Handbuch für Globalisierungskritiker, Köln: Verlag Kiepenheuer & Witsch.

André Gorz (1990): Kritik der ökonomischen Vernunft. Sinnfragen am Ende der Arbeitsgesellschaft, Berlin: Rotbuch Verlag.

Hans-Peter Martin, Harald Schumann (2000): Die Globalisierungsfalle. Der Angriff auf Demokratie und Wohlstand, Reinbek bei Hamburg: Rowohlt Taschenbuch Verlag.

Karl Marx: Das Kapital, Bd. 3, in: MEW, Bd. 25, Berlin: Dietz Verlag.

Tomás Moulian (2003): Ein Sozialismus für das 21. Jahrhundert. Der fünfte Weg, Zürich: Rotpunktverlag.

Michel Reimon, Christian Felber (2003): Schwarzbuch Privatisierung. Was opfern wir dem freien Markt? Wien: Verlag Carl Ueberreuter.

Rainer Rilling (2004): Warum. Die Welt, die wir verändern wollen. Über starke Ökonomie und starke Politik. Zentrale gesellschaftliche Konfliktfelder der Gegenwart, in: Reforma ou revolucao? Sao Paulo: Editora Expressao Popular. (Eine deutsche Ausgabe des Bandes ist in Vorbereitung.)

Peter Ruben (1998): Vom Platz der DDR in der deutschen Geschichte, in: Berliner Debatte Initial, Heft 2-3.

Rückgewinnung des Politischen.
Sozialismus und Demokratie

Es gibt den Fall,
da wirken Angst und Schrecken segensreich.
Sie sollten stets
als Wächter vor dem Herzen sitzen.
Nützlich ist es,
unter dem Druck der Not
Besonnenheit zu lernen.
Welcher Staat
oder welcher einzelne Mensch
würde im Lichte seines Glücks
wohl Ehrfurcht vor dem Recht empfinden,
wenn er im Herzen
nichts zu fürchten brauchte?
Anarchie und Despotie
solltest du nicht preisen.
Das Maß, die Mitte,
ist in allem das Beste.
Aischylos: Orestie (übersetzt von Peter Stein)

Hoch oben sitzend, auf dem hohen Roß der geoffenbarten Wahrheit, wissend, wie die historischen Gesetzmäßigkeiten den Kommunismus vorantreiben zu seiner wirklichen Realisation, hatten die meisten der alten Marxisten kein Gespür für das Politische. Wer vom Wissen um eine übermenschliche Himmelsmechanik ausgeht, das zugleich nur einem engen Kreise Erwählter zugänglich ist, der den Auftrag hat, das Gesetz der Geschichte im eigenen Wirken in die Wirklichkeit der Welt zu verwandeln, für den also Politik nur die realisierte Wissenschaft oder die Erfüllung der gesetzten wissenschaftlichen Weltanschauung ist – der verliert die Bindung an die Niederungen des Alltags mit seinen Frühstücksbroten und löcherigen Schuhen. Die Ausnahme war in gewissem Maße Rosa Luxemburg. Sie glaubte an das »Schöpfertum der Massen«, die im revolutionären Kampf selbst lernen, vorwärts zu schreiten und suchend am Ende das Richtige zu tun.

Ansonsten gab es den »Historischen Materialismus«, der sagte, wo wir herkommen und wo es hingeht, und den »Wissenschaftlichen Kommunismus«, der davon handelte, wie man es denn macht. Wichtig waren hier zunächst die »Revolutionstheorie«, die schilderte, wie man die Macht ergreift, und dann die verschiedenen »Lehren« von der marxistisch-leninistischen Partei, vom Staat, von der Planung und Leitung der Volkswirtschaft usw., die zum Verwalten des neuen Staates hilfreich sein sollten. Vom Verhältnis der Partei zur Arbeiterklasse, die zu vertreten sie vorgab, und zu den Massen – das war der »Rest« – war nur in der Abteilung »Agitation und Propaganda« die Rede. Das war immer ein ungleiches Verhältnis: der Wissenden zu den Unwissenden, des »Vortrupps« zu den Hinterherhinkenden, der Fortschrittlichen zu den

179

Zurückgebliebenen (im Unterschied zu den »Feinden«, die schon im Gefängnis saßen), der Prediger zur Gemeinde und zum Volke. Es war immer ein von oben nach unten, ein Verhältnis der Schulung, des Gewinnens oder Überredens der anderen, die noch nicht so weit waren.

Gewiß, es gilt der von Hermann Hesse gemachte Einwand, Marx' Vorstellung von den Gesetzmäßigkeiten der Geschichte entsprang der dünkelhaften Verstandesherrschaft des 19. Jahrhunderts (Essay »Kapitalismus und Weltsystem«). Bei näherem Hinsehen war dies jedoch nur eine Säkularisierung der alten Anschauung, daß alles in Gottes Hand liege – und eine vergleichbare Vergewisserung bei einer höheren Instanz. Eben weil die höhere Gewalt, anstelle des Herrgotts die allgemeinen Gesetzmäßigkeiten der Weltgeschichte, nun also auf meiner Seite ist oder umgekehrt: ich das Instrument jener Gewalt bin bzw. diese aus mir und durch mich spricht, kann meine Seite, »Unsere Sache«, die der kommunistischen Zukunft, nicht unterliegen. Das war das allgemeine kommunistische Bewußtsein in seiner Zeit. Es war ein Überlegenheitsbewußtsein der »Eingeweihten« – der »Neue Mensch«, den der Apostel Paulus als die zentrale Figur der Überzeugung bestimmt hat als den, »der nach Gott geschaffen ist in rechtschaffener Gerechtigkeit und Heiligkeit« (Eph. 4, 24), und der hinausgehen sollte in die Welt, um das Wort Gottes zu predigen. Den »Neuen Menschen« hatte der Marxismus oder der Kommunismus wiedererstehen lassen wollen, nunmehr hinauszugehen und im Sinne »Unserer Sache« zu wirken. Die Gemeinschaft der kommunistischen Partei war die wahre Heimat dieses Neuen Menschen.

Diese jedoch ist spätestens mit dem Realsozialismus 1989/1991 untergegangen und mit ihr die sie tragenden Glaubensinhalte. Wir sind zurückgeworfen auf uns selbst. Es kann nur getan werden, was wir tun. Nicht nur: »Kein Gott, kein Kaiser noch Tribun, das müssen wir schon selber tun«, damals aber mit dem historischen Gesetz im Rücken, und jetzt: Auch dieses richtet es uns nicht aus; nur wir, wir allein können etwas tun, um unser Schicksal zu wenden.

Deshalb ist das »Wir« nicht vorab, missionsgeschichtlich oder soziologisch bestimmt. Es kristallisiert sich heraus in der Entwicklung selbst. Das Politische ist grundsätzlich nur vom Verfahren her definiert, und es findet im Öffentlichen Raum statt, im Unterschied zur Sphäre des Privaten. Insofern geht der Vorwurf, »die Politik« oder »die Regierung« solle doch endlich das tun, was »richtig« ist – weil die einschlägigen Philosophen, Ökologen, Soziologen oder eben auch Wirtschaftsberater, Mitglieder der Mont-Pèlerin-Gesellschaft oder Weissager das geäußert haben –, am Kern der Sache vorbei. Die Durchsetzung eines vorab bestimmten Richtigen setzt stets die Diktatur voraus. Wenn die »gemachte« Politik Ergebnis demokratischer Willensbildungsprozesse sein soll, ist von »richtig« oder »falsch« grundsätzlich abzusehen; es gibt nur Mehrheit und Minderheit. Das ist das Dilemma der Politik. Die letztlich gefaßte politische Entscheidung wird in einem mehrstufigen Willensbildungsprozeß vorbereitet und hergestellt, sie »mendelt sich« zwischen unterschiedlichen Positionierungen, Erwägungen, Meinungen und Interessen heraus. Und sie ist stets vorläufig, bis zur nächsten Entscheidung in gleicher Sache.

»Dann sollen die sich doch klug beraten lassen!« Das ist meist der nächste Vorwurf. Im Politikprozeß aber ist das ebenfalls ein schwieriges Unterfangen. Franklin D. Roosevelt war einer der ersten westlichen Politiker, der eine größere Zahl gebildeter Intellektueller um sich scharte, um eine weiterreichende Politik zu betreiben als bis zum nächsten Tag. Immerhin war die »Erfindung« des Fordismus das Ergebnis dieser Politik. Das heißt, kluge Beratung kann gute Politik befördern helfen. Die Klugheit an und für sich aber schafft keine Mehrheiten, weder im entsprechenden Parlament noch unter der Wählerschaft oder in der Bevölkerung. Die muß der Politiker, Präsident, Premierminister, Parteivorsitzende schon selber schaffen, da hilft kein Gremium extraordinärer Intellektueller. Nun wurden all die Public-Relations-Agenturen erfunden, die dieses erleichtern sollen. Allerdings gilt hier der alte Satz von Abraham Lincoln: »Man kann das ganze Volk eine Zeitlang betrügen und einen Teil des Volkes die ganze Zeit, aber niemals das ganze Volk die ganze Zeit.« Nun kennen wir alle die Geschichten von den »Kaffeefahrten«, auf denen ausgebuffte Verkaufsprofis in abgelegenen Dorfgasthöfen einer Schar hingelockter Menschen besondere Schlafdecken für tausend Euro das Stück andrehen wollen, die gegen widrige Erdströme oder gegen den bösen Blick von Außerirdischen schützen. Das geht immer nur ein paarmal gut, dann nicht mehr. Dem organisierten Betrug, den Unternehmen aushecken, ist stets eine gleichsam natürliche Grenze gesetzt. Das gilt auch für die Politik. Jeder Politiker des bürgerlichen Tagesgeschäfts kann seine Wähler immer nur einige Male für dumm verkaufen, dann nie wieder. Das muß aber auf dem politischen »Markt der Möglichkeiten« ausgetragen werden; es wird nicht in einem Kreise Intellektueller entschieden.

In dem Moment, da ein illustrer Kreis besonders Kluger die Entscheidung treffen soll, ergibt sich die Frage, wer den ernennt. Bei der Mont-Pèlerin-Gesellschaft ist das ganz einfach: Sie würde das Geschäft am liebsten überhaupt allein erledigen. In Chile hat ihnen das Pinochet gemacht. Das aber war ganz praktisch die Abschaffung der Demokratie. Nun kann ja der Intellektuelle, der die »richtige« Entscheidung fordert, sich ehrlichen Herzens gegen das Abschlachten von 30 000 Menschen verwahren und die Einhaltung der Menschenrechte fordern. Dennoch müßte er, wenn er das »Richtige« und »Gute« mit Sicherheit erwirken will, das allgemeine Wahlrecht abschaffen und Kriterien bestimmen, wer mitentscheiden darf. Da gerät jeder allerdings sofort in Schwierigkeiten der Argumentation. Hier soll noch einmal Abraham Lincoln hinzugezogen werden. Er hatte zu seiner Zeit gegen das »Recht« argumentiert, einen anderen zum Sklaven zu machen: »Du sagst, es ist eine Frage der Hautfarbe? Nun, sei vorsichtig! Dann kann dich jeder zum Sklaven machen, der eine hellere Haut hat als du. Jetzt sagst du, es sei eine Frage der Intelligenz? Sei vorsichtig! Dann kann dich jeder zum Sklaven machen, der klüger ist als du.« Das ist das Dilemma all derer, die außerdemokratische Kriterien für das Finden politischer Entscheidungen geltend machen wollen. Es gibt keine. Wenn alle Menschen gleich sind, sind es auch alle Wähler, der Apotheker wie der Quartalssäufer, der Hilfsarbeiter wie der Millionär, der Pfarrer wie die Prostituierte, der Rechtsanwalt wie der Versicherungsbetrüger, die Betschwester wie der Taschendieb (wenn ihm nicht per Gerichtsbeschluß das Wahlrecht wegen Einsitzens im Stadtgefängnis entzogen ist), der Analphabet wie der polyglotte Weltgelehrte.

Wenn wir also über demokratische Entscheidungsprozesse in der Gesellschaft reden, reden wir immer über alle, im unmittelbarsten Sinne des Wortes. Es gibt kein Ausschlußkriterium von Demokratie wegen. Wenn sie sich auf diese Agora, den Versammlung- und Entscheidungsplatz des politischen Gemeinwesens, begibt (im alten Griechenland hieß der Platz der Verhandlung des Öffentlichen »Agora«; daß auf dem gleichen Platz auch Markt gehalten wurde, heißt nicht, daß diese Entscheidungen Marktvorgänge waren, wie uns die Verbetriebswirtschaftlicher der Politik heute gern weismachen wollen), muß jede politische Kraft diese alle akzeptieren und zum Adressaten ihrer Politik machen. Eine Mehrheit gibt es nur in der Mehrheit und mit der Mehrheit. Und hier gehören auch alle dazu, katholische Priester wie evangelische Hundezüchter, islamische Teehändler wie schwule Fitneß-Trainer, lesbische Computerverkäuferinnen, atheistische Richterinnen, lispelnde Sänger, fußballbegeisterte Metallarbeiter und arbeitslose Kleingärtner. Es gibt keinen Ausschluß aus der Demokratie im Namen der Demokratie. Das bedeutet zugleich: Alle sind stets auf der gleichen Augenhöhe, die hochpolitischen Erdenker eines neuen Gesellschaftskonzepts wie die Mitglieder der Freiwilligen Feuerwehr von Zempin. Deshalb muß sich jede linke politische Kraft, die Sozialismus an ihre Fahnen geheftet hat, stets auf dieses alle beziehen, ohne Ausnahme. Es wird nie eine Mehrheit geben, wenn man vorher erklärt, von stotternden katholischen Linkshändern wolle man sich nicht wählen lassen. (Hier kann jetzt jeder Leser beliebige andere Ausschlußkriterien einsetzen: Radfahrer aus Bayern, niedersächsische Biertrinkerinnen oder erzgebirgische Holzschnitzer.)

Ein politisches Angebot von links zu machen, heißt, es an alle zu adressieren, und davon auszugehen, daß die Linke eines Tages eine sichere Mehrheit haben wird. Dem stehen allerdings Faktoren entgegen, die der Kapitalismus in den vergangenen Zeiten bewußt geschaffen hat. Über die ist zunächst zu reden.

Demokratie im Angesicht des Kapitalismus
Die USA und Deutschland waren von der Weltwirtschaftskrise besonders betroffen. In beiden Ländern hatte die Arbeitslosigkeit zuvor ungekannte Höhen erreicht, in beiden gab es 1933 eine neue Regierung. In Deutschland kam Adolf

Hitler an die Macht, in den USA Franklin D. Roosevelt. Diese Differenz erklärt sich nicht mit der Arbeitslosigkeit, da muß man auf die politische Kultur sehen, die autoritär geprägte, die noch verstärkt wurde durch die deutlich empfundene »Verletzung« durch die Niederlage im Ersten Weltkrieg und den als dauerhafte Demütigung angesehenen Frieden von Versailles in Deutschland und die starke zivilgesellschaftlich-demokratische in den USA. (Die USA von 1933 waren eine demokratische Republik, nicht das monströse Imperium von Bush II.) Beide Länder waren typologisch kapitalistisch, aber es waren zwei unterschiedliche Welten. Das Profitprinzip als solches ist blind. Die Öfen und das Gas zum Einsatz in Auschwitz wurden ebenso von kapitalistischen Firmen hergestellt wie die Zulieferungen für das Tennessee-Großprojekt, das die größte direkte staatliche Arbeitsbeschaffungsmaßnahme im Rahmen des New Deal war.

Den Unterschied macht nicht der Kapitalismus, sondern das politische Herrschaftssystem und das Gesellschaftssystem, unter dessen Rahmenbedingungen die Kapitalisten agieren. Auch heute gilt, daß unter dem Kapitalismus Atomkraftwerke gebaut werden können wie auch Windkrafträder, die Mordwaffen zum Einsatz in Irak hergestellt werden wie neue Medikamente gegen Diabetes oder Aids, die Millionen Menschen das Leben retten bzw. erleichtern. Die großen Konzerne machen ihre Planungen, und je größer die Firmen und je höher die Entwicklungskosten, desto stärker das Bestreben, langfristig zu planen, entwicklungstechnisch und wirtschaftlich. Deshalb das immer stärkere Bemühen, durch Lobbyarbeit langfristige Ertragssicherheit zu erreichen. Pharma-Unternehmen beteiligen sich an der Förderung nationaler und internationaler Programme zur Aids-Bekämpfung, während zur gleichen Zeit Rüstungskonzerne private Söldnerunternehmen fördern, die die Bürgerkriegs- und Krisenherde in der Welt anheizen und vergrößern, was zu »stabiler« oder gar wachsender Nachfrage nach Waffen und Rüstungsgütern führt.

Vor dem entstandenen »militärisch-industriellen Komplex« warnte bereits USA-Präsident Eisenhower in seiner Abschiedsadresse an das amerikanische Volk vom 17. Januar 1961. Militärs und Industrie üben einen »übermäßigen« Einfluß auf die Politik aus. Das meinte bereits damals, daß die Rüstungsindustrie und die Militärbürokratie sich gegenseitig die Argumente zuschieben, um die realen Spannungen und die »gefühlten« Spannungsbögen in der Welt auf einem solchen Nieveau zu halten, daß stetig neue Rüstungsaufträge fließen, die von der Politik beschlossen werden. Durch die Monopolsituation – die wiederum von der personellen Verflechtung zwischen Rüstungsindustrie, Militärbürokratie und Politik gefördert wird – werden hier zudem regelmäßig Monopolpreise erzielt, die in keinem Verhältnis zu den tatsächlichen Gebrauchswerten stehen. Eine erkleckliche Fallsammlung aus der Zeit des Kalten Krieges ist beispielsweise in den klassischen Texten von Laurence J. Peter (»Das Peter-Prinzip« und dessen Fortsetzung »Schlimmer geht's immer«) zu finden. So kaufte das Pentagon Kolbenringe für 1 130 Dollar das Stück, die im zivilen Laden 100 Dollar kosteten, die Luftwaffe Aluminiumleitern für das Besteigen von Kampfflugzeugen für 1676 Dollar das Stück, die im Metallwarengeschäft weniger als 100 Dollar kosteten und die Marine Dioden für 110 Dollar das Stück, die im Großhandel 4 Cent kosteten und im Radiogeschäft das Zehnerpack 99 Cent. Eine Couch in der Offiziersmesse eines Zerstörers war mit 18 000 Dollar in Rechnung gestellt und von der Marine bezahlt worden. Im Unterschied zu Laurence J. Peter, der diese Beispiele anführt, um das Wirken des Peter-Prinzips (»In einer Hierarchie neigt jeder Beschäftigte dazu, bis zu seiner Stufe der Unfähigkeit aufzusteigen.«) zu illustrieren, interpretiere ich sie als normalen Ausdruck des Wirkens des Profitprinzips unter der Voraussetzung einer politischen Ausschaltung des Verhältnisses von Angebot und Nachfrage oder »des Marktes«.

Was politisch »ausgeschaltet« wurde, ist politisch aber auch wieder »einzuschalten«. Im Bereich von Krieg und Rüstung ist das ganz gewiß besonders schwierig. Für die Regierungszeit von Bush II ist die Verknüpfung von globaler Kriegspolitik, Interessen der US-amerikanischen Ölindustrie und Hochrüstung charakteristisch und heute scheinbar unumkehrbar. Das muß aber nicht heißen, daß das für alle Zeiten so bleibt. Andere Lobbygruppen versuchen, solche imperialen Monopolstrukturen zu erschüttern, um mit ihren Interessen zum Zuge zu kommen; die Bevorzugung der einen hat stets die Benachteiligung anderer zur Folge. Und daß letztere sich das auf Dauer gefallen lassen, widerspricht schon der Logik des kapitalistischen Konkurrenzprinzips. Hinzu kommt, daß das ganze Gefüge jeweils politisch abgesichert werden muß. Der Kriegskurs von Bush II hatte zur Voraussetzung, daß der 11. September stattfand, daß er entsprechend »ausgewertet« wurde, daß das entstandene Bedrohtheitsgefühl der amerikanischen Bevölkerung weiter geschürt wurde und durch die Medien dauerhaft aufrechterhalten wird. Auch hier aber gilt der Satz Lincolns: Es ist nicht das ganze Volk auf Dauer zu betrügen. Mehr Menschen beginnen zu begreifen, daß die Bedrohungen heute eher die Folge der Politik von Bush sind als deren Ursache. Insofern können sich all die Nutznießer der derzeitigen Situation, die in den Chefetagen des Pentagons und der einschlägigen Rüstungs- und Ölkonzerne sitzen, keineswegs sicher sein, daß die Dinge nach dem Ende der Amtszeit von Bush II so bleiben. (Es sei denn, es gelingt der Dynastie, mit Jeb, dem derzeitigen Gouverneur von Florida, Bush III zu installieren.) Chalmers Johnson (Essay »Frieden. In einer unfriedlichen Welt«) war da eher skeptisch. Es ist aber nicht grundsätzlich ausgeschlossen.

Bisher bewegten wir uns hier immer noch in der innerkapitalistischen Logik des Lobbyismus. Wenn nun andere Interessen im politischen Raum konkurrierend und stark sind, wird dies für die Lobbyisten noch schwieriger. Die sozialdemokratisch-grüne Regierung in Deutschland hat, bei aller Doppelgesichtigkeit ihrer sonstigen Politik, ihrer Verantwortung für Kriegsbeteiligung und Sozialabbau, in der Frage des Ausstiegs aus der Atomindustrie ein Beispiel geschaffen. Gegen den großen Druck der deutschen Atom-Lobby war es möglich, einen »Ausstieg aus der Kernenergie« festzulegen und zugleich die alternative Energieproduktion zu fördern. Mit anderen Worten: Es ist bereits im Rahmen der gegebenen Verhältnisse möglich, Entwicklungen in der Gesellschaft, auch in der Wirtschaft politisch zu steuern und unter bestimmten Bedingungen auch umzusteuern. Das hat dafür hinreichende Mehrheiten zur Voraussetzungen, nicht nur in den politischen Institutionen, insbesondere im Parlament, sondern auch in der Öffentlichkeit.

Schauen wir nochmals zurück auf die Regulierungsweise des Fordismus, so waren starke Gewerkschaften eine der Bedingungen dafür, daß es sich um eine dreiseitige Kompromißkonstruktion handelte: die Kapitalseite, vertreten durch die Unternehmer bzw. Unternehmensleitungen, die Seite der Arbeit, vertreten durch die Gewerkschaften und / oder gesonderte Belegschaftsvertretungen wie in der deutschen Mitbestimmung bzw. nach dem deutschen Betriebsverfassungsrecht und die Regierungsseite, oft mit starker sozialdemokratischer Beteiligung. In Großbritannien und den USA änderte sich das zunächst dadurch, daß konservative Regierungen an die Macht kamen, die gewillt waren, diesen Kompromiß aufzukündigen und der Kapitalseite wieder eine klare »Herr im Hause«-Position zu sichern. Anschließend haben sowohl Thatcher als auch Reagan harte Konflikte gegen die Gewerkschaften ausgetragen, die jeweils mit deutlichen Niederlagen der Gewerkschaften endeten.

Als der Neoliberalismus daranging, seine globalisierte Weltordnung zu schaffen, konnte er sich auf die so geschaffenen Positionen in Großbritannien und den USA im »Zentrum« stützen. Der Widerstand der Arbeiter in wichtigen Ländern der »Peripherie« war bereits vorher wie in Chile durch die Diktaturen gebrochen worden, und mit der Errichtung der übernationalen Kontrolle mittels Weltbank und Internationalem Währungsfonds über die »Schuldner-Länder« war auch etwaigen sozialpolitischen Sonderwegen nationaler Regierungen ein Riegel vorgeschoben worden. Blieb das Problem anderer Länder in den Zentren, insbesondere in Kontinental-Europa. Hier war angesichts der inneren politischen Verhältnisse, der Stärke der Gewerkschaften und der öffentlichen Meinung nicht mit einer baldigen Veränderung der Kräftekonstellation auf nationaler Ebene zu rechnen. Daher wurde die europäische Ebene in Gestalt der Europäischen Union und die globale Ebene in Gestalt der Welthandelsorganisation (WTO) genutzt, um die den neoliberalen Planungen gemäßen Bedingungen durchzusetzen. Erleichtert wurde das in Europa durch das Fiasko des Realsozialismus, wodurch Osteuropa wieder in seine vorherige historische Stellung als Peripherie Westeuropas einrückte. Die so entstandene neue inner-europäische Billiglohnkonkurrenz konnte als Druckmittel gegen die Arbeiter und Angestellten sowie die Gewerkschaften in Westeuropa genutzt werden. Das verstärkte sich noch, nachdem den ostmitteleuropäischen Ländern eine Beitrittsperspektive in die EU eröffnet worden war.

Um es noch einmal zuzuspitzen: Es wurden seit der 1980er Jahren etliche Schritte zur Schaffung der Bedingungen für die sogenannte Globalisierung gegangen, die alle etwas mit Öffnung von Märkten für Waren und Dienstleistungen, Reduzierung und Beseitigung von Zöllen und anderen »Handels-« hemmnissen«, Öffnung der »Kapitalmärkte« für den freien Fluß von Kapitalien und Gewinnen, Beseitigung von Kapitalverkehrskontrollen usw. zu tun haben. Das geschah innerhalb der Europäischen Union und durch die WTO. Zwischendurch hatte es noch das Projekt der Schaffung eines Multilateralen Abkommens über Investitionen (MAI) gegeben, das einen absoluten Schutz von Investitionen und eine weitere Einschränkung der Verfügung der nationalen Regierungen über die Wirtschaft ihrer Länder vorsah, das allerdings aus unterschiedlichen Gründen scheiterte. Alle diese Schritte waren durch die Regierungen der beteiligten Länder gegangen worden. Sie haben die Abkommen unterzeichnet und die Vereinbarungen getroffen und garantieren dem internationalen Kapital deren Einhaltung. Zugleich aber erklären sie gegenüber ihren respektiven Bevölkerungen, dies alles sei die »Globalisierung«, für die sie nichts könnten, sozusagen höhere Gewalt wie ein Tsunami. Nur haben sie diesen Tsunami selbst veranlaßt oder nach den Veranlassungen der Kader der Mont-Pèlerin-Gesellschaft durchgeführt.

Innerhalb der EU ist das besonders skurril. Der Europäische Rat, das Gremium der Staats- und Regierungschefs, ist trotz aller Stärkung der Rolle des Europäischen Parlaments nach wie vor das zentrale Entscheidungsorgan der Union, in dem alle wichtigen Weichenstellungen vorgenommen werden. Da fahren dann also diese Staats- und Regierungschefs zu der Tagung des Rates, treffen dort ihre Entscheidungen, kommen zurück und erklären zu Hause, vor der Presse und im Parlament, daß aus Brüssel Vorgaben kämen, die nun leider durchgeführt werden müßten – ungeachtet dessen, was das Parlament und die Bevölkerung denn so meinen.

Damit findet eine politische Debatte zu den entsprechenden Themen in den nationalen Parlamenten, die die eigentlich gewählten Gremien sind, nicht mehr statt, während das Europäische Parlament noch nicht die Befugnis hat, zu diesen Themen tatsächlich Entscheidungen zu treffen. Nach Schätzungen sind sechzig bis achtzig Prozent aller Gesetze und Verordnungen in den EU-Ländern nur noch Durchführungsvorgänge von EU-Richtlinien. Demokratietheoretisch haben wir es mit einer Entdemokratisierung der politischen Entscheidungsprozesse in allen EU-Ländern zu tun, die bisher ausschließlich auf die Durchsetzung des Neoliberalismus gerichtet waren. Oder umgekehrt gesagt: Die Durchsetzung des Neoliberalismus erfolgt stets gegen den Willen der betroffenen Bevölkerungen. In Chile wurde das mit Bomben und Maschinengewehren gemacht. In der EU geschieht es auf dem Verwaltungswege. Entdemokratisierung ist es in beiden Fällen, hier in Europa nur nicht unmittelbar lebensgefährlich.

Demokratie trotz Kapitalismus

Die Floskel vom Kapital als »scheuem Reh«, das nicht durch Steuern, Sozialabgaben, Umweltgesetze oder üble Nachrede erschreckt werden dürfe – einer der Lieblingssprüche der Artikel-Schreiber der derzeitigen bürgerlichen Presse zu wirtschaftspolitischen Themen –, gab es bereits zu Marx' Zeiten. Und sie fand schon damals keinen Glauben. Im ersten Band des »Kapitals« ist dazu ein berühmter Absatz nachzulesen: Das Kapital »flieht Tumult und Streit und ist ängstlicher Natur. Das ist sehr wahr, aber doch nicht die ganze Wahrheit. Das Kapital hat einen horror vor Abwesenheit von Profit oder sehr kleinem Profit, wie die Natur vor der Leere. Mit entsprechendem Profit wird Kapital kühn. Zehn Prozent sicher, und man kann es überall anwenden; 20 Prozent, es wird lebhaft; 50 Prozent, positiv waghalsig; für 100 Prozent stampft es alle menschlichen Gesetze unter seinen Fuß; 300 Prozent, und es existiert kein Verbrechen, das es nicht riskiert, selbst auf Gefahr des Galgens. Wenn Tumult und Streit Profit bringen, wird es sie beide encouragieren«, also ermuntern, anregen. (Marx, Bd. 23: 788) Wie heute Krieg und Bürgerkrieg. Und wenn hier an den Galgen gedacht war, an dem der Profiteur landen könnte; heute geht es eher um die Galgen, die er errichten läßt. Die Textstelle ist übrigens nicht von Marx (in manch populären Schriften zu dem Thema in der DDR wurde gelegentlich ein solcher Eindruck erweckt), sondern Marx zitiert einen britischen Gewerkschaftsfunktionär mit Namen Dunning. Doch auch hier gilt der alte Satz von Leo Trotzki: Indem ich zitiere, äußere ich mich.

Das Kapital tendiert nicht nur dazu, alles, was es anfaßt, in Waren zu verwandeln, und in die letzten Winkel der Welt zu kriechen, um auch noch das Wasser des Amazonas zu privatisieren. Es hat auch den Drang, alle gesellschaftlichen Verhältnisse in seinem Umfeld seinem Geschmack gemäß umzugestalten, in der Totalität sich zu entfalten und sich zur Totalität zu machen. Alle gesellschaftlichen Verhältnisse sollen in seinem Sinne gestaltet sein. Auch so erklärt sich der Drang der EU-Behörden, alles in den Unionsländern bis ins Letzte zu durchherrschen. Die Kapitalbeziehung, die kapitalistische Warenproduktion aber kann auch existieren, wenn nicht sämtliche Verhältnisse im Sinne des Kapitals umgestülpt sind. Auch in diesem Sinne verschwinden nicht sämtliche politischen Spielräume, nur weil es das Kapital gibt. Die Politik kann Rahmen setzen, in die das Kapital sich einfügen muß, wenn es seinen Profit weiter machen will. Das ist eine Frage des politischen Kräfteverhältnisses, nicht des blinden Wirkens eines profitwirtschaftlichen Automatismus'.

Es gehört zu den verbreiteten Mißverständnissen des alten Marxismus, einen Ökonomismus zu unterstellen, wonach die großen Kapitaleigentümer ohnehin alles bestimmen. Nach den empirischen Befunden tun sie das an vielen Stellen in der Tat. Doch bei genauerem Hinsehen erweist sich, sie tun das nicht automatisch und nicht zu jeder Zeit gleichermaßen. Da müssen Programmpunkte in die Öffentlichkeit lanciert werden, Politiker gebrieft werden, Journalisten oder Beamte bestochen werden, da muß es Beziehungspflege mit den Einkäufern des Kriegsministeriums geben, Abgeordnete müssen auf besonders brisante Punkte aufmerksam gemacht werden usw. Das ist harte Arbeit, die jeden Tag neu gemacht werden muß. Und der Erfolg von gestern garantiert nicht den von heute und morgen. Außerdem steht diese Einflußnahme stets außerhalb der Verfassung, sie ist tendenziell illegal, auch wenn alle meinen, »das Kapital« bestimme ohnehin. Wir brauchen nur das Beispiel des militärisch-industriellen Komplexes aufzugreifen – ein Federstrich und der Parlamentsbeschluß über die Halbierung oder Drittelung des »Verteidigungshaushaltes« zerstört das fein geknüpfte Netz in seiner Substanz. Nein, diese Vorherrschaft des Kapitals ist angreifbar, und sie ist vor allem politisch angreifbar.

Die entscheidende Ursache liegt im Dualismus von Gesellschaft und Wirtschaft. Und die hat tiefere Wurzeln. In dem von der französischen Revolution 1789 herkommenden Verständnis gibt es den feinen Unterschied zwischen *Bourgeois* und *Citoyen*. Der Bourgeois ist der Kapitaleigentümer. Im Gefolge des Sturzes des Königtums und der Adelsherrschaft konnte sich diese besitzbürgerliche Schicht an die Spitze der Gesellschaft stellen. Bei Marx ist Bourgeoisie die Bezeichnung für die Kapitalistenklasse, die im Besitz der entscheidenden Produktionsmittel ist und durch die proletarische Revolution gestürzt werden wird. Der Citoyen dagegen ist der freie, stimm- und wahlberechtigte Bürger, mit der Revolution jeder Staatsbürger der Französischen Republik, und zwar ungeachtet seines Eigentumsstandes. Während also der Bourgeois an das Eigentum gebunden ist, bestimmt sich der Citoyen nach der Zugehörigkeit zum Staat, zur Nation. Die Bourgeoisie war, um ihre Bevorrechtung als Privateigentümer politisch abzusichern, stets bestrebt, die Mitwirkungsrechte der Eigentumslosen an den Entscheidungen des politischen Gemeinwesens einzuschränken. So ist die gesamte Geschichte der sich ausprägenden bürgerlichen Gesellschaften Europas eine Geschichte der Auseinandersetzung um das Wahlrecht. Das englische Parlament, in der Politikwissenschaft oft als »Mutter der Parlamente« hochstilisiert, weil es aus den mittelalterlichen und frühmodernen politischen Auseinandersetzungen mit der Krone siegreich hervorgegangen war, im Unterschied zu den Entwicklungen auf dem europäischen Kontinent, war seit dem 18. Jahrhundert »souverän«, d. h. der König konnte nicht ohne oder gar gegen das Parlament regieren. Doch wurde es praktisch nur durch eine schmale Minderheit von Privilegierten gewählt, etliche Abgeordnete gelangten gar durch sehr fragwürdige Mittel zu ihrem Mandat, durch Kauf von Wählern oder in Wahlkreisen, die praktisch längst entvölkert waren. Nach Unruhen und politischen Auseinandersetzungen wurden mit der Wahlrechtsreform von 1832 die Wahlkreise gerechter zugeschnitten und die Zahl der Wahlberechtigten verdoppelt, vor allem zugunsten der neuen bürgerlichen Schichten in den neuen industriellen Zentren Großbritanniens. Doch verfügten jetzt auch nur 4,2 Prozent der Bevölkerung über das Wahlrecht. Erst in der angespannten Situation des Ersten Weltkrieges wurde das Wahlrecht substantiell erweitert und auf alle männlichen Personen über 21 Jahre und auf Frauen ab 30 Jahren ausgedehnt; das Frauenwahlrecht allerdings war noch daran gebunden, daß die Frauen selbst oder ihre Ehemänner über Vermögen verfügen konnten. Im Jahre 1928 wurde das Wahlrecht auf alle Frauen ab 21 Jahren ausgedehnt, 1948 wurden die letzten Sonderrechte des Wählens abgeschafft. Das heißt, die Einführung eines gleichen Wahlrechts, unabhängig von Religion, Rasse, Einkommen und Geschlecht zog sich über mehr als ein Jahrhundert hin und fand erst Mitte des 20. Jahrhunderts seinen Abschluß. In Deutschland war die Einführung des allgemeinen und gleichen Wahlrechts Ergebnis der Novemberrevolution. Am 30. November 1918 wurde für die Wahl zur Nationalversammlung am 19. Januar 1919 festgelegt, daß sie von allen Bürgern, Männern und Frauen, die mindestens zwanzig Jahre alt waren, gewählt werden sollte.

Bei näherem Hinsehen also stellt sich heraus, daß nicht – wie in Sonntagsreden zur Lobpreisung der neoliberalen Ordnung gern behauptet wird – die Geschichte des Kapitalismus und die Geschichte der Demokratie in eins zu setzen sind, eines das andere bedingt habe. Der Kapitalismus hat sich in England unter der Voraussetzung eines lächerlich elitären Wahlrechts entwickelt, in Rußland unter der Selbstherrschaft des Zaren, in Preußen unter dem »Drei-Klassen-Wahlrecht«, wo die Stimmen nach Eigentumslage gwichtet waren, in Südkorea oder Taiwan nach dem Zweiten Weltkrieg unter autoritären Regimen. Unter der Perspektive des Sprudelns der Profite gedieh er prächtig unter Hitler in Deutschland und unter Pinochet in Chile. Die Einführung der Demokratie dagegen geschah immer nur dann und in dem Maße, wie die Massen des Volkes sie erkämpft haben, in Frankreich 1789 und in Deutschland 1918 durch Revolutionen, in Großbritannien durch schrittweise Reformen, wenn die Herrschenden keinen anderen Ausweg sahen, als dem Druck des Volkes nachzukommen. Grund- und Menschenrechte für alle und Mitwirkungsrechte an der Gestaltung des politischen Gemeinwesens sind in komplizierten politischen und sozialen Kämpfen errungen worden. Sie existieren unabhängig von der kapitalistischen Wirtschaftsordnung und sind weder seine Bedingung noch seine Folge. An dieser Stelle ist auch noch einmal zu erinnern: Der Sturz des osteuropäischen Kommunismus erfolgte im Namen der Freiheit, nicht in der Absicht, Arbeitslosigkeit und Sozialabbau einzuführen, zumindest nicht aus der Sicht der damals politisch aktivierten Bevölkerungsmehrheiten.

Kapitalismus gegen Demokratie
Hier ist noch einmal auf Chile zu schauen. Die demokratisch gewählte Regierung der Unidad Popular unter Präsident Salvador Allende war in gewissem Sinne Vorläufer eines transformatorischen Sozialismus, der als Konzept und

künftige politische Praxis ins Zentrum der Aufmerksamkeit der Linken für das 21. Jahrhundert tritt. Es ist die Vorstellung, daß der neue Sozialismus nur aus der maximalen Demokratisierung der vorhandenen Gesellschaft hervorgehen kann, nicht durch einen Bruch und den Versuch, auf den Trümmern der alten Gesellschaft eine ganz neue zu errichten. Die Allende-Regierung übernahm den Rahmen des Reformismus, um aus ihm heraus dessen Grenzen zu überschreiten. Die Herrschenden antworteten darauf aber, als hätte ein bewaffneter Aufstand stattgefunden. Tomás Moulian schrieb dazu: »Wenn die Beherrschten siegen, ist die Antwort des Feindes auf die Herausforderung der Krieg auf Leben und Tod, eine unaufhörliche Konfrontation. Denken wir an Spartakus, der zu Tode gehetzt wurde. In Nicaragua wiederholte sich mit dem Sandinismus in erweiterter Form der Boykott gegen Kuba und das, was in Chile mit der Unidad Popular geschehen war. Allen voran die USA unter Reagan und Bush schürten den Bürgerkrieg in Nicaragua und zwangen die Regierung Ortega zu einem Wahlkampf unter den Bedingungen einer schweren Krise. 1990 wurden die Sandinisten von Violeta Chamorro geschlagen. In all diesen Fällen kann man Fehler bei den Unterlegenen finden. Aber sie lassen sich zum Teil durch den Druck des ›Krieges auf Leben und Tod‹ erklären. Gerade deshalb zeigt sich im Fall Chiles das Problem mit aller Brutalität. Die Unidad Popular bemühte sich systematisch, die von einer bewaffneten Machteroberung hervorgerufenen Teufelskreise zu vermeiden, trotzdem fiel sie der militärischen Gewalt zum Opfer. Hier zeigt sich, daß das Abgleiten in eine Situation des Krieges auf Leben und Tod zwar im Namen der Demokratie geschieht, aber zur Verteidigung des Privateigentums.« (Moulian 2003: 213 f.) Mit anderen Worten: Wenn es um das Privateigentum geht, wirft die Bourgeoisie alle demokratischen Skrupel über den Haufen und errichtet das Regime der Galgen zum Zwecke der Sicherung von Profitprozenten.

Das hat übrigens Tradition. Der letzte Aufstand der Sansculotten, der Bewegung der Armen in der französischen Revolution, richtete sich gegen die um sich greifende Hungersnot und begann am 20. Mai 1795. Er endete mit dem Einsatz von Einheiten der regulären Armee und rechtsgerichteten Nationalgarden gegen sie, mit ihrer Entwaffnung, Todesstrafen und in der Provinz mit dem »weißen Terror« gegen Demokraten. Der erste wirkliche Aufstand des Proletariats gegen die bürgerlichen Verhältnisse war der in Paris im Juni 1848, wiederum Teil des Prozesses der Revolution. Der Aufstand wurde von Armee und Mobilgarde unter dem Befehl des zum Militärdiktator ernannten Generals Cavaignac blutig niedergeschlagen. Das Ergebnis waren 3 000 Tote und 15 000 ohne Gerichtsurteil Deportierte. Die Niederschlagung der Pariser Kommune, des ersten Versuchs der Errichtung einer von Arbeitern geführten Regierung, im Jahre 1871 kostete etwa 30 000 Menschen das Leben.

All dies hatten Lenin und andere Bolschewiki sehr genau studiert, als sie 1917 ihre Strategie und Taktik bestimmten. Dieser Hinweis soll nichts Späteres entschuldigen, nur auf den historischen Hintergrund der Strategien des bewaffneten Kampfes jener Zeit hinweisen. Die Bourgeoisie ist stets mit offener Gewalt vorgegangen, wenn es um die Verteidigung des kapitalistischen Eigentums ging. Dieses Gewaltsproblem ist daher stets mitzudenken, wenn es um die Frage eines transformatorischen Weges geht, der schrittweise Reformen im Blick hat, die aufeinander aufbauen und Schritt für Schritt aus dem derzeitigen System herausführen sollen. Bei den Debatten wird oft rein demokratie-theoretisch diskutiert und völlig ausgeblendet, daß es auch noch die andere, die völlig ursprüngliche Macht gibt, nämlich die, die »aus den Gewehrläufen« kommt. Auch der Versuch, den Weg eines transformatorischen Sozialismus zu eröffnen, kann die Gewaltsfrage nicht ausklammern. Jeder Versuch, eine andere Gesellschaft zu schaffen, muß in Rechnung stellen, daß es »keine freundliche Diskussion unter Chorknaben« werden wird (Wallerstein 2002: 95).

Demokratie gegen Kapitalismus
Wenn das die Beschreibung der Wirklichkeit ist, gibt es nur zwei Möglichkeiten. Die eine ist, sich zurückzuziehen und zu sagen, es hat ohnehin keinen Zweck. Dem aber widersprechen die anderen Befunde: die Zunahme von Not und Elend in der Welt, die unglaubliche soziale Polarisierung, die immer offensichtlicheren Begrenztheiten für eine Fortsetzung des bisherigen Akkumulationsregimes, die Zerstörung der natürlichen Umwelt, um nur einige zu nennen. Die andere Möglichkeit ist, darüber nachzudenken, wie es dennoch zu Veränderungen kommen kann. Tomás Moulian betont, trotz aller Widrigkeiten, seinerseits eine Transformationsstrategie, die sich von einer reformistischen dadurch unterscheidet, daß sie »Änderungen vorschlägt, die sich gegen den Kapitalismus, seine Institutionen, seine Kultur und seine Logik richten«. Das Wesen des ›neuen Sozialismus‹ besteht »in der maximalen Demokratisierung«. (Moulian 2003: 141)

Auf diesem Wege hofft Moulian, den »Krieg auf Leben und Tod« vermeiden zu können. Dabei hat er aus der Beendigung der Regierung der Unidad Popular doch selbst den Schluß gezogen, daß die Bourgeoisie zu den gewalttätigsten Mitteln greift, von sich aus diesen Kampf führt, wenn es um das Eigentum geht. Auch Wallerstein sagt: »Es wird einen Kampf auf Leben und Tod geben.« Und er sagt zugleich, daß dieser unvermeidlich ist. »Werden die Machthaber ihre Privilegien einfach aufgeben? Natürlich nicht; sie tun dies nie. Manchmal geben sie einen Teil der Macht auf, aber nur als taktische Maßnahme, um das meiste zu behalten. Leute mit Macht sind nie so mächtig und reich gewesen, wie sie es heutzutage sind. Und Leuten ohne Macht (oder zumindest den meisten von ihnen) ist es nie so schlecht gegangen, sicherlich relativ und zu einem beträchtlichen Maß auch absolut. Die Polarisierung ist die stärkste, die es jemals gegeben hat, was bedeutet, daß eine noble Aufgabe der

Privilegien das am wenigsten wahrscheinliche Ergebnis ist.« (Wallerstein 2002: 95, 102)

Die Aufgabe von Privilegien ist jedoch der prägende Prozeß der Moderne, spätestens seit der französischen Revolution von 1789. Alles, was seither geschehen ist, vom Sturz der Privilegien des Adels über die Verankerung von Grund- und Menschenrechten für alle sowie die Ausdehnung des Wahlrechts bis zur Sozialstaatlichkeit des Fordismus waren Schritte des Ausgangs aus der Privilegiengesellschaft, und zwar für einen wachsenden Teil der Bevölkerung, zunächst im Norden. Heute zeigt sich: Die neu-feudalistische Konzentration des Produktivvermögens in immer weniger Händen ist die Fortsetzung der früheren Privilegien des Adels mit anderen Mitteln. Die Gleichheit der Menschen kann aber nicht nur die Gleichheit vor dem Gesetz oder vor Gericht sein, sie muß auch gleiche Lebenschancen und damit den Zugang zu ihnen sichern. Der ist ohne einen entsprechenden Zugang zum Produktivvermögen der Gesellschaft nicht zu haben. Insofern kann ein Sozialismus im 21. Jahrhundert nur aus der Weiterentwicklung der Demokratie hervorgehen, die ganz bewußt nicht »vor dem Betriebstor« haltmacht. Die Frage also ist, wie die große Veränderung zu erreichen ist, ohne daß die andere Seite ihre Bomben und Maschinengewehre sprechen lassen kann.

Bei dieser Suche kann die alte Weisheit des Aischylos durchaus hilfreich sein: Die unter dem Druck der Verhältnisse handeln, müssen dennoch mit Besonnenheit handeln. Die sich im Lichte des Glücks wähnen, müssen Ehrfurcht vor dem Gesetz empfinden und im Zweifel dazu gebracht werden. Und die Alternativen zur derzeitigen Lage sind weder Anarchie, die Ausdruck des Chaos' wäre, noch die Despotie einer neuen totalitären Herrschaft. Die Alternative ist der Weg der Demokratie, der immer ein Weg des Kompromisses ist und damit der »Mitte«. Sie ist deshalb das Maß, das das Beste nicht nur will, sondern schafft.

Zum Weiterlesen:
Karl Marx: Das Kapital, Bd. 1, in: MEW, Bd. 23, Berlin: Dietz Verlag.
Tomás Moulian (2003): Ein Sozialismus für das 21. Jahrhundert. Der fünfte Weg, Zürich: Rotpunktverlag.
Immanuel Wallerstein (2002): Utopistik. Historische Alternativen des 21. Jahrhunderts, Wien: Promedia Verlag.

Wie geht Fortschritt?

*Die Leute, die sich rühmten, eine Revolution gemacht zu haben, haben noch immer
am Tag darauf gesehen, daß sie nicht wußten, was sie taten, daß die gemachte Revolution
jener, die sie machen wollten, durchaus nicht ähnlich sah. Hegel nennt das die Ironie
der Geschichte, eine Ironie, der wenige historische Persönlichkeiten entgehen.*
Friedrich Engels

Immer, hat Friedrich Engels hier geschrieben. Das Zitat stammt aus einem
Brief aus dem Jahre 1885. Der Kontext ist, Engels diskutiert dort die Frage
einer russischen Revolution. Das Land nähere sich seinem 1789, analog der
Französischen Revolution: dem Ausbruch der Revolution. Er schrieb dazu:
»Die Revolution *muß* zu gegebener Zeit ausbrechen, sie *kann* jeden Tag ausbrechen.« Das heißt, wenn denn die gegebene Zeit heran ist, dann könne sie
jeden Tag ausbrechen. Es sei dies eine Ausnahmesituation, in der das politische System mehr als labil ist. In einer solchen Situation sei es »einer Handvoll
Leute möglich ..., eine Revolution zu machen, d. h. durch einen kleinen Anstoß ein ganzes System zu stürzen«. Das Land sei dann mit einer geladenen
Mine zu vergleichen, und die Handvoll Leute seien dann die, die das Feuer an
die Mine legen, von der Explosion jedoch würden auch sie fortgerissen. Diese
Explosion werde sich ihren Ausweg suchen, »wie sie kann, wie die ökonomischen Kräfte und Widerstände entscheiden werden«. Danach folgt dann das
oben vorangestellte Zitat. Das hatte noch eine Fortsetzung, die da lautete:
»Vielleicht wird es uns allen so gehen.« Dieser Satz steht allerdings in der Fußnote mit der Bemerkung, er sei im Entwurf gestrichen. (Engels, Bd. 36: 307)
Das heißt, Engels hatte das dumpfe Gefühl, dies liegt in der Logik der anvi-
sierten Revolution, doch wollte er die revolutionären Sozialdemokraten augenscheinlich nicht entmutigen.

Die russische Oktoberrevolution hatte denn auch 1917 nach eben diesem
Muster stattgefunden. Die relative kleine Partei der russischen Bolschewiki
unter Lenin hatte die Macht ergriffen und durch das Herausgehen aus den
Schlächtereien des Ersten Weltkrieges sowie durch die Verteilung des Bodens
der Großgrundbesitzer an die landlosen und landarmen Bauern eine Zustimmung in der Bevölkerung erreicht, die immerhin ausreichte, die inneren,
»weißen« Gegner und die ausländischen Interventen militärisch zu schlagen.
Ohne jenen damaligen Enthusiasmus der sozialen Unterschichten Rußlands
für die Revolution ist diese nicht zu erklären. Der Terror der Geheimpolizei
und die Lager kamen später.

Nun kam aber bekanntlich die erwartete Revolution im Westen, insbesondere in Deutschland nicht, von der die russischen Revolutionäre sich Erleich-

terung erwartet hatten. Zugleich aber mußten sie sich und den Kommunisten in der ganzen Welt, die dann in der Kommunistischen Internationale organisiert waren, Mut zusprechen. Den versuchten sie dann, durchaus anknüpfend an Karl Marx, aus den historischen Gesetzmäßigkeiten der Geschichte herzuleiten.

Da Lenin den »Imperialismus« als höchstes und letztes Stadium des Kapitalismus, das des »sterbenden Kapitalismus« bestimmt hatte, fand dies dann seinen Ausdruck in dem Konstrukt von der »allgemeinen Krise des Kapitalismus«. Die sei mit dem Imperialismus entstanden und mit dem Ersten Weltkrieg und der russischen Oktoberrevolution offen ausgebrochen. Schöpfer dieser These war Eugen Varga, jahrelang der wichtigste Wirtschaftsexperte der Kommunistischen Internationale. Varga war zu seiner Zeit tatsächlich einer der besten Analytiker der Entwicklung des Kapitalismus und der kapitalistischen Weltwirtschaft. Seine Analysen und die seiner Mitarbeiter boten ziemlich exakte marxistische Untersuchungen der einzelnen Länder und der Weltwirtschaft als Ganzes, die oft genauer waren als die der zeitgenössischen bürgerlichen Konjunkturforschung. Diese konkreten Studien wurden jedoch der Grundannahme von der »allgemeinen Krise« untergeordnet.

Die ersten Ausarbeitungen Vargas zu dem Thema waren in seiner Schrift: »Die Krise der kapitalistischen Weltwirtschaft« enthalten, die für den III. Kongreß der Komintern 1921 erarbeitet wurde. Bereits in den 1920er Jahren gehörte die Annahme von der »allgemeinen Krise« zum Standard-Repertoire; und in seinem letzten großen Werk: »Der Kapitalismus des zwanzigsten Jahrhunderts«, das 1961 erschien, resümierte er: »Die Kapitalkonzentration« und der weitere rasche technische Fortschritt in den entwickelten kapitalistischen Ländern werden zu einer zunehmenden chronischen Massenarbeitslosigkeit und zur Verschärfung des Klassenkampfes führen. Das Bestreben, die Existenz der kapitalistischen Ordnung zu verlängern, wird in gewissem Maße das Kapital zu bestimmten Zugeständnissen an die Arbeiterklasse nötigen. Die Zyklen werden zu einer Verkürzung tendieren, da beim gegenwärtigen Stand der Technik der moralische Verschleiß des fixen Kapitals schneller eintritt und der Bau von Fabriken sowie die Erneuerung und Erweiterung des fixen Kapitals rascher vonstatten gehen als früher. Davon zeugt die Wirtschaftskrise, die 1960 in den USA eingesetzt hat. Die Wirtschaftskrisen werden tiefer sein, als sie es in den ersten fünfzehn Jahren nach dem Zweiten Weltkrieg waren. Die überaus komplizierten Verhältnisse des historischen Übergangs vom Kapitalismus zum Sozialismus gestatten es nicht, konkrete Prognosen zu stellen. Man kann jedoch mit ziemlicher Wahrscheinlichkeit voraussagen, daß das 20. Jahrhundert das letzte Jahrhundert der Existenz des Kapitalismus ist. Ende dieses Jahrhunderts wird es entweder überhaupt keinen Kapitalismus mehr geben oder es werden nur geringe Reste davon übriggeblieben sein. Das zwanzigste Jahrhundert wird in die Geschichte der Menschheit als das Jahrhundert eingehen, in dem der Kapitalismus zugrunde geht und der Kommunismus triumphiert.« (Varga 1979: 99 f.)

Jürgen Kuczynski, immerhin einer der profiliertesten und bekanntesten Wirtschaftswissenschaftler der DDR, hat diese Pointe noch in den 1970er Jahren verteidigt. (Kuczynski 1977: 19 f.) Der Vollständigkeit halber ist hinzuzufügen, daß die Annahme vom baldigen Ende des Kapitalismus in der Welt seit den 1970er Jahren nicht mehr zum offiziellen ideologischen Kanon gehörte; die Theorie von der »allgemeinen Krise« wurde zwar weitergeschleppt, aber nicht mehr zu Terminzwecken verwandt.

Die Erinnerung an diese Positionen macht jedoch noch einmal deutlich, daß aus einer Analyse der kapitalistischen Wirtschaftsentwicklung keine sichere Aussage zu einer Perspektive der politischen und gesellschaftlichen Entwicklungen abzuleiten ist, auch wenn die Ergebnisse einer solchen Untersuchung in einem wirtschaftswissenschaftlichen Sinne durchaus zutreffend sein können. (Letzteres kann man in den Texten von Varga nachlesen.) Das gilt auch für heutige Darstellungen, die aus wirtschaftlichen oder technischen Vorgängen bzw. Zusammenhängen Aussagen über die Möglichkeit oder Unmöglichkeit künftiger gesellschaftlicher Veränderungen ableiten wollen. Noch wichtiger ist jedoch ein anderer Punkt: Die Analytiker der Komintern bzw. der regierenden kommunistischen Parteien haben vor allem jene Fakten und Daten gesucht, die ihre vorweggenommene These vom möglichst baldigen Untergang des Kapitalismus stützen sollten, und daher andere Linien übersehen oder nicht sehen wollen.

Regulationswechsel

Mit Marx gehörte eigentlich zur sozialistischen Denktradition, sowohl die großen historischen Leistungen der kapitalistischen Entwicklung als auch ihre Grenzen und inneren Widersprüche in den Blick zu nehmen. Bereits die Nahrungssicherheit für die Menschen ist in Europa ein Ergebnis der Entwicklung seit dem 19. Jahrhundert. Wenn man die Daten zur Lebenserwartung, zur Kindersterblichkeit usw. nimmt und den Stand von heute mit dem von vor einhundert Jahren vergleicht, ist dieser Fortschritt auch statistisch nachzuvollziehen. Nimmt man nun allerdings die Daten aus der Zeit des Fordismus und die von heute oder vergleicht die heutige Lebenserwartung von Arbeitslosen mit der von Arbeitenden, sind hier auch die neuen Verwerfungen nachzuvollziehen. Das soll hier nicht weiter thematisiert werden. Hier sollte nur darauf verwiesen werden, daß zur bereits auf das Kommunistische Manifest zurückgehenden Denktradition die Feststellung der Leistungen wie der Probleme des Kapitalismus in seiner Zeit gehört, oder besser: in seinen Zeiten.

Bereits Marx hatte aber auch das Problem, daß er aus den zyklischen Krisenbewegungen der kapitalistischen Produktion die baldige Zusammenbruchskrise herauszulesen hoffte, um dann anschließend festzustellen, daß sie nicht gekommen war. Die Umbrüche in der kapitalistischen Sozialökonomik, die im 19. Jahrhundert bereits zu neuen Industrien, Kapitalformen und Regulationsweisen geführt haben, und dann wieder jene, die im 20. Jahrhundert den Fordismus zur Folge hatten, waren jeweils mit tiefen Krisen und Umbrüchen verbunden. Die Sozialisten und Kommunisten hatten gehofft, dies würden die Anzeichen des rasch aufkommenden Endes des Kapitalismus sein, während es in Wahrheit die Übergangskrisen von einer Regulationsweise zu einer anderen waren. Das System als Ganzes hat sich jeweils regeneriert und neu aufgestellt. Insofern ist in der Krise selbst nicht leicht auszumachen, was ihr Ergebnis sein wird.

Wenn wir nochmals auf den Beginn des Fordismus sehen, wird das deutlich sichtbar. Die USA waren durch die Weltwirtschaftskrise in die bis dahin tiefste wirtschaftliche und soziale Krise geraten. Franklin D. Roosevelt, damals Gouverneur des Bundesstaates New York, schrieb 1930 in einem Brief, es gäbe keinen Zweifel, »daß die kommunistischen Ideen im ganzen Land an Einfluß gewinnen werden, wenn wir die alten Ideale und die ursprünglichen Ziele der Demokratie nicht zu bewahren verstehen«. Diesem Land drohe nicht nur »die Gefahr des Kommunismus«, sondern zugleich »die Gefahr der Konzentration aller ökonomischen und politischen Macht in den Händen derer, die die alten Griechen als Oligarchie bezeichnet hätten«. Seine Grundposition war, daß Veränderungen in jeder Gesellschaft unumgänglich seien, soziale Unruhen jedoch würden entweder durch diejenigen verursacht, die jegliche Veränderung verhindern wollten, oder durch die, die eine Revolution wollten.

Aus heutiger Sicht wird dabei klar: Die Änderung des Regulationssystems rückte nicht auf die Tagesordnung, weil dies jemand gut- oder böswillig wollte, sondern weil das alte in die Krise geraten war und dringend eine Ablösung drängte. Zugleich gab es durchaus die politische Absicht, kommunistischen Varianten vorzubeugen. Inwiefern die in den USA Anfang der 1930er Jahre real oder vielmehr der Schatten der russischen Oktoberrevolution waren, sei dahingestellt. Wichtig war, daß unter der Voraussetzung, daß es die realsozialistische Sowjetunion gab, die Absicht darin bestand, einen kapitalistischen Ausweg aus der Krise zu finden, dafür im Dienste der sozial Schwachen und der Krisenopfer den Staat zu nutzen und dies gegen die Interessen der Oligarchie zu tun. Dabei wußte natürlich niemand im Jahre 1933, daß aus den konkreten Maßnahmen, die mit dem New Deal zur Krisenbewältigung getroffen wurden, im Endergebnis ein neues Regulationssystem hervorgehen würde, das den Kapitalismus in den entwickelten Staaten der Welt über Jahrzehnte hinweg prägen würde. Das Regulationssystem des Fordismus war demzufolge nicht das Ergebnis eines großen Planes, den sich wichtige Intellektuelle und einflußreiche Politiker zielstrebig ausgedacht hatten, sondern es war das Ergebnis eines vielstufigen Prozesses, der in zum Teil harten politischen Kämpfen, in Auseinandersetzungen mit unterschiedlichen sozialen und

Interessengruppen durchgesetzt wurde und sich am Ende als tragfähig und politisch belastbar erwies. Es ist dies wahrscheinlich die wichtigste Eigenart einflußreicher historischer Entscheidungen: Sie gehen nicht aus politischen Diskursen, sondern aus historischen Auseinandersetzungen und Kompromissen hervor.

Zum Beispiel: Die Abschaffung der Sklaverei
Die Portugiesen hatten, nachdem sie 1421 die zuvor unbewohnte Insel Madeira in Besitz genommen hatten, dort bald Zuckerrohr und Wein angebaut und damit in Europa gute Geschäfte gemacht. Die Sklaverei, die in ihrer antiken Form in der Spätzeit des Römischen Reiches unter dem Einfluß des Christentums gemildert worden und schrittweise verschwunden war, hatte sich im Mittelmeerraum erhalten. Mit dem Vordringen der Portugiesen entlang der afrikanischen Westküste wurden dann Afrikaner zu Sklaven gemacht und 1434 erstmals in Lissabon zum Kauf feilgeboten. Insbesondere aus der Verbindung von Sklavenarbeit und Zuckerrohranbau wurde dann nach der Eroberung Amerikas in Brasilien, Venezuela, Kuba und anderen Ländern durch Portugiesen, Spanier, Niederländer, Franzosen und Engländer die Plantagenwirtschaft entwickelt, die bis in die Mitte des 19. Jahrhunderts ein wichtiger Wirtschaftsfaktor blieb. Der spanische König Karl I. (als Deutscher Kaiser Karl V.) hatte flämischen Seefahrern 1517 erstmals das Privileg eingeräumt, 4 000 afrikanische Sklaven jährlich nach Amerika zu bringen. Der so entstandene Sklavenhandel war dann für viele Beteiligte unterschiedlicher Nationalitäten jahrhundertelang ein einträgliches Geschäft.

Wie kam es nun zur Beendigung dieses einträglichen Geschäfts? In Großbritannien gab es seit den 1780er Jahren auf Betreiben der Quäker eine politische Debatte um das Verbot des Sklavenhandels. Die französische Revolutionsregierung erließ dann 1794 ein Dekret über die Abschaffung der Sklaverei. Das britische Parlament nahm 1807 ein Gesetz an, das britischen Staatsbürgern ab 1. Januar 1808 den Sklavenhandel verbot. Die USA hatten ihren Staatsangehörigen den Sklavenhandel zur See (also eine Einfuhr von Sklaven aus Afrika) bereits ab März 1807 verboten. In den Friedensverträgen zur Beendigung der Napoleonischen Kriege war dann 1814 bzw. 1816 auch Frankreich, Spanien und Portugal der Sklavenhandel untersagt worden; Brasilien verbot ihn nach Verträgen mit Großbritannien 1826 und 1830. Die völlige Freilassung aller Sklaven erfolgte schließlich in den britischen Kolonien 1833, in den französischen Kolonien mit der Revolution 1848 und in den Südstaaten der USA mit dem Sieg der Nordstaaten im Bürgerkrieg 1861 bis 1865. Die Abschaffung der Sklaverei in Brasilien erfolgte 1871, in Kuba 1880.

In den USA hatten die Vertreter der Südstaaten stets argumentiert, daß die gesamte Wirtschafts- und Lebensweise, die auf der Sklavenarbeit zur Baumwoll-, Zucker- und Tabakproduktion beruhte, deren Fortsetzung brauchte.

Und obwohl es vor dem Bürgerkrieg ein großes politisches Gewicht der Südstaaten im gesamten politischen Leben des Landes gab, änderte sich die Situation, nachdem das politische Kräfteverhältnis nach der Wahl Abraham Lincolns sich zugunsten der Gegner der Sklaverei verändert hatte und die
Industriellen des Nordens dies unterstützten. Am Ende zeigte sich, eine neue
Stufe der Emanzipation oder anders gesagt: Die Abschaffung unmenschlicher
Ausbeutungsbedingungen kann auch im Rahmen »normaler« staatlicher Gesetzgebung erfolgen und im Gefolge diplomatischer Bemühungen ausgeweitet werden, wenn es eine entsprechende Stimmung in der Mehrheit der Bevölkerung oder zumindest der politisch relevanten Kräfte der Gesellschaft
dafür gibt. Wenn sich sozusagen der Konsens innerhalb einer Gesellschaft – in
Großbritannien in Gestalt von Reformen auf Druck kirchlicher Gruppen, in
Frankreich durch die Revolution – in Richtung einer solchen Entscheidung bewegt, können sich die verschiedenen politischen Kräfte dem nicht mehr entziehen, und sie setzen sich dann auch gegen den wirtschaftlichen Druck der
entsprechenden Besitzergruppen durch.

Revolution und politische Resultanten
Im Verständnis des alten Marxismus konnte die Besserung der Gesellschaft
nur aus dem radikalen, entschiedenen Umbruch kommen. Der Begriff der
»Revolution« ist allerdings ein neuzeitlicher. Zunächst leitete er sich von der
Astronomie ab; die Kreislaufbewegung der Gestirne wurde so bezeichnet. Da
in der antiken Gesellschaft die Vorstellung von einer Kreisbewegung der politischen Ordnungen existierte, beschrieb dann der Terminus »Revolution« die
Rückkehr zu den ursprünglichen, guten Verhältnissen und die Abkehr von
den Entstellungen und Mißbräuchen. Mit der Französischen Revolution wurde
daraus ein Begriff, der nun auf die Zukunft bezogen war. Linke und Liberale
machten daraus einen Begriff der Emanzipation, während die Konservativen
es zunächst ablehnten, Geschichte »zu machen«. Marx bezog sich in seiner
Vorstellung stets auf die französischen Revolutionen (von 1789, 1830, 1848 und
die Kommune von 1871) und unterschied die soziale Revolution, die mit ge-
sellschaftlichem Wandel, Kapitalismus, Industrie und Entstehung der Arbeiterklasse verbunden ist, und die politische Revolution, in der die Kräfte der
neuen Gesellschaft die Macht ergreifen, um die gesellschaftlichen Verhältnisse
umzustülpen. Insofern war der Sinn und der Inhalt der politischen Revolution an den sozialen Gehalt, nämlich die Schaffung der neuen Gesellschaft gebunden.
    Unter dieser Perspektive sind für Marx Revolutionen die »Lokomotiven«
der Weltgeschichte. Walter Benjamin hat demgegenüber die Frage gestellt, ob
sie nicht vielleicht eher »der Griff des in diesem Zuge reisenden Menschenge-
schlechts nach der Notbremse« sind. Nach dem Ende des 20. Jahrhunderts läßt
sich wahrscheinlich zu Recht sagen, daß sie nur dann und dort stattfinden,

wenn die Herrschenden gesellschaftlichen Wandel zu verhindern versuchten oder die Mehrheit bzw. relevante Teile der Bevölkerung in eine ausweglose Situation gebracht haben. Und die großen Revolutionen sind alle nicht auf Bestellung und nicht geplant gemacht worden, sondern aus spezifischen Konflikten heraus schrittweise entstanden: die Französische Revolution 1789 aus der Auseinandersetzung mit dem König um die Steuerpolitik heraus, die deutsche Novemberrevolution 1918 aus der Weigerung der Matrosen der Seekriegsflotte, zu einer letzten, militärisch sinnlosen Entscheidungsschlacht gegen die britische Flotte auszulaufen, um dort den Heldentod zu sterben.

Immanuel Wallerstein mißt der Revolution von 1848, die in mehreren kontinental-europäischen Ländern gleichzeitig stattfand, eine zentrale Bedeutung für die europäische Geschichte zu. Sie war ein Schock für die Machthaber, weil zum ersten Mal die Linke politisch selbständig agierte, und sie setzte auch die Linke der politischen Realität aus. In der Folge kristallisierten sich drei ideologische Hauptströmungen heraus, die sich gegenseitig bekämpften: Konservative, Liberale und Sozialisten. Dieser Kampf bestimmte über mehr als ein Jahrhundert die Weltentwicklung; der »zentristische Liberalismus« wurde dabei zur dominierenden Richtung. »Die gesamte Evolution könnte man als eine Dialektik von Prozessen sehen. Entfesselter Volkszorn und insbesondere die Legitimierung von Zielen der breiten Massen zwangen die regierenden Gruppen zu wichtigen mittelfristigen Konzessionen mittels des liberalen Programms, wovon die wichtigsten das (letztlich allgemeine) Wahlrecht und eine teilweise wirtschaftliche Umverteilung (der Wohlfahrtsstaat) darstellten. Diese Zugeständnisse waren die Folgen eines breiten Drucks, der von Hoffnungen und Erwartungen genährt wurde, und gleichzeitig verstärkten sie diese Hoffnungen und Erwartungen. Letztlich schien der liberale Regenbogen auf die Vision einer demokratischen Gesellschaft hinzudeuten. Aber genau diese Hoffnung, diese Erwartungen sorgten dafür, daß die breiten Massen geduldiger und weniger aufstandsbereit wurden. Mit anderen Worten: Die liberalen Konzessionen führten zu einer recht erheblichen Demokratisierung soziopolitischer Strukturen (das vorgebliche Ziel der Französischen Revolution), aber auch zu einer Abschwächung des Drängens auf fundamentale Veränderungen (was vermutlich den Wünschen der Gegner der Französischen Revolution entsprach). In diesem Sinn war der Liberalismus als Ideologie äußerst erfolgreich.« (Wallerstein 2002: 27 f.)

Für unsere Betrachtung sind hier insbesondere vier Punkte von Bedeutung: 1. Ohne Druck von unten gibt es keine Veränderung in der Politik der Herrschenden. 2. Der gewaltsame Umbruch findet keine Mehrheit, wenn es gespürte Verbesserungen für wesentliche Teile der Bevölkerung gibt. 3. Das Aufbegehren der Benachteiligten hat in der modernen Geschichte am Ende letztlich auch dann zu positiven Veränderungen geführt, wenn es in seinem ursprünglichen Sinne (hier die Revolution von 1848) in einer Niederlage endete. 4. In den politischen, sozialen und wirtschaftlichen Kräfteverhältnissen gibt es stets so etwas wie die historische Resultante. Sie verschiebt sich nach »links« oder nach »rechts«, wenn sich die einzelnen Kräfte innerhalb dieses Kräfteverhältnisses verändern, stärker oder schwächer werden. Letztlich wirkt hier immer die Logik des »Nullsummenspiels«, das heißt, die Schwächung der einen Seite hat eine Stärkung der anderen zur Folge und umgekehrt. Letztlich aber gewinnen in der Regel alle, wenn es nicht zum großen Zusammenstoß kommt. Dessen Auslösung erfolgte jedoch in der Geschichte bisher – direkt oder indirekt – stets durch die Herrschenden. Für die politische Linke war es dabei oft nicht entscheidend, ob sie in der Regierung war oder in der Opposition. Entscheidend ist, daß sie da ist und ihre mobilisierte Kraft in dieses Kräfteverhältnis einbringt. Wenn das Kräfteverhältnis die Möglichkeit gibt, zu regieren, um die Dinge bewußt zum Besseren zu wenden, um so besser.

Zum Weiterlesen:

Friedrich Engels: Brief an Vera Sassulitsch vom 23. April 1885, in: MEW, Bd. 36, Berlin: Dietz Verlag.

Jürgen Kuczynski (1977): Gesellschaftswissenschaftliche Schulen, Berlin: Akademie-Verlag.

E. S. Varga (1979): Ausgewählte Schriften 1918-1964. Dritter Band, Berlin: Akademie-Verlag.

Immanuel Wallerstein (2002): Utopistik. Historische Alternativen des 21. Jahrhunderts, Wien: Promedia Verlag.

Sozialismus als Politik

Moral ist keine für sich existierende Institution.
Aber es wird davon abhängen, ob die Menschen
sich Bedingungen schaffen, um zu sich selbst zu kommen;
ob sie an sich selbst wieder ein solches Interesse finden (Interesse im
Sinne von Teilnahme, gereinigt natürlich von Mystifikationen),
daß sie sich selbst so wichtig und so spannend und so wertvoll werden,
daß sie alle Anstrengungen machen, um sich zu retten.
Christa Wolf

Johan Galtung, der Begründer der Friedensforschung, hat auf die unterschiedlichen Arten von Gewalt hingewiesen, mit denen wir es zu tun haben. Oft wird Gewalt nur in Gestalt sichtbarer, das heißt direkter, militärischer oder überhaupt physischer Gewalt betrachtet. Damit geraten andere Formen aus dem Blickfeld, die jedoch nicht minder wichtig sind. Dies sind Formen unsichtbarer Gewalt. Darunter sind insbesondere strukturelle und kulturelle Gewalt zu verstehen. Strukturelle Gewalt wird beispielsweise von den internationalen Finanzinstitutionen gegen überschuldete Länder des Südens angewandt, wenn diese gezwungen werden, die Staatsausgaben für Gesundheit, Bildung und Soziales zu reduzieren. Da wird kein Schuß abgegeben, und dennoch sehen sich die jeweils zuständigen Politiker gezwungen, dem Druck nachzugeben, weil sie davon ausgehen, daß die negativen Folgen für das Land und seine Bevölkerung, wenn sämtliche Kreditlinien gesperrt werden, noch größer sein würden.

In Argentinien ging das vor wenigen Jahren bis zum faktischen Zusammenbruch der Produktion, der Versorgung, der Märkte und der Staatsinstitutionen, verbunden mit Massenentlassungen, massenhafter Verarmung und schließlich massenhaften Protestaktionen und Unruhen. Die Gewalt, die damals in Argentinien ausbrach und sich in sehr drastischen Aktionen Luft machte, war die direkte Folge des wirtschaftlichen Zusammenbruchs, der wiederum auf das segensreiche Wirken der internationalen Finanzinstitutionen und ihrer nachdrücklichen Beratungstätigkeit zurückzuführen war. In Argentinien, einem Land mit einer traditionell starken sozialen und Arbeiterbewegung, zivilgesellschaftlichen Organisationen und einer geschickt taktierenden Oberschicht gelang es in relativ kurzer Zeit, die politischen Institutionen wieder arbeitsfähig zu machen und die wirtschaftliche und soziale Lage zu stabilisieren. Der neugewählte Präsident Kirchner bestand aber ausdrücklich darauf, einen beträchtlichen Teil der Schulden nicht zu bezahlen; der Rest wurde mit Hilfe Venezuelas und des Mercosur, der südamerikanischen Wirtschaftsgemeinschaft, vorzeitig getilgt. Damit war dem Internationalen Währungsfonds das Mittel des weiteren Einsatzes derartiger »struktureller Gewalt« aus den Händen genommen.

In anderen, ärmeren, politisch schwächeren Ländern, die meist in Afrika gelegen sind und die nicht nur mit einem Schuldenproblem zu tun hatten, sondern zudem von inländischen korrupten Oberschichten und Kriegsherren ausgeraubt wurden, brachen in der Folge die politischen, sozialen und wirtschaftlichen Institutionen und Strukturen zusammen. Sie wurden zu »failed states«, gescheiterten Staaten, in denen nichts mehr funktioniert und die Menschen in Chaos und Not zu überleben suchen müssen. Massenhaft Tote im Gefolge von Bürgerkriegen und eine allgemeine Ausbreitung von täglicher Gewalt und Kriminalität sind die Folge. Das Kapital als »scheues Reh« ist dann jedoch längst über alle Berge, erklärt seine Unzuständigkeit und verweist auf die örtlichen Machthaber und Gewalttäter, die in der Regel einstmals seine bezahlten Knechte waren. Die internationale Gemeinschaft, die UNO und die mildtätigen »Entwicklungsorganisationen« sind dann in der Regel aufgefordert, die erforderliche Mindesthilfe zum Überleben der Menschen dort zu leisten, die an ihren Wohnorten festgehalten sind, während das Kapital sich frei bewegt. Die durch die gescheiterten Modernisierungsprozesse Entwurzelten, die Verarmten und Enttäuschten will natürlich in den reichen Ländern auch niemand haben. So ist die EU zur Zeit bekanntlich dabei, ihre Mauern und Zäune in Richtung Süden höher zu ziehen und abstoßender auszustatten.

Auf der globalen Ebene wird deutlich: Die direkte Gewalt des Imperiums, in Gestalt der Kriege und Militäreinsätze der USA und ihrer Hilfswilligen, sind ebenso eine Form der Gewalt wie die strukturelle Gewalt durch Finanzdiktate seitens Weltbank und Internationalem Währungsfonds, und die kulturelle Gewalt sichert beide ideologisch ab. Dazu gehören die Dominanz des US-amerikanischen Senders CNN im Nachrichtensektor und die Hollywood-Vorherrschaft im Unterhaltungsbereich. Im Sinne von Galtung haben wir es hier mit drei Formen der Gewalt zu tun, die sich gegenseitig bedingen und verstärken. Er spricht von einem »Teufelskreis«: Strukturelle und kulturelle Gewalt sind in der Regel Ursachen von direkter Gewalt, die umgekehrt strukturelle und kulturelle Gewalt verstärkt. (Galtung 1997: 171)

Die alte bolschewistische Antwort – geboren aus der Unterdrückung im zaristischen Rußland und aus den Gemetzeln des Ersten Weltkrieges – war, der militärischen Gewalt der kapitalistischen Staaten die der Sowjetmacht entgegenzusetzen, der strukturellen Gewalt des Kapitals die der kommunistischen Parteikontrolle gegenüber zu stellen, und ein eigenes Potential an kultureller, ideologisch begründeter Gewalt zu schaffen. Am Ende war der Realsozialismus alles Mögliche, nur keine tatsächliche, attraktive gesellschaftliche Alternative. Dies ist auch bedeutsam für das Verständnis des obigen Zitats der Dichterin Christa Wolf; es scheint gestern gesagt und paßt haargenau auf unsere derzeitige Situation. Es stammt jedoch aus dem Jahre 1972, also aus dem Kontext der DDR, in dem sie sagt, es ginge darum, daß die Menschen »wieder« Interesse an sich selbst finden, um sich zu »retten«. (Wolf 1982: 72) Nur wenn sie sich selbst retten, können sie gerettet sein. Daß sie als Alternative nicht die real existierende Bundesrepublik Deutschland meinte, wird nicht zuletzt dann klar, wenn man an ihr Engagement in der Umbruchszeit 1989/90 erinnert. In ihrer berühmten Rede auf dem Berliner Alexanderplatz am 4. November 1989 – die Demonstration der über eine Million Menschen war der Höhepunkt der gegen die Parteiherrschaft der SED gerichteten politischen Proteste in der DDR – sprach sie von ihrem »Traum«, einem »mit hellwacher Vernunft: Stell dir vor, es ist Sozialismus und keiner geht weg!«

Es kann künftig nur noch um Sozialismus gehen, bei dem keiner »weg geht«, zumindest niemand von den unter dem Kapitalismus Benachteiligten. In diesem Sinne über sozialistische Politik reden, heißt, nicht nur über Politik für Alternativen, sondern über alternative Politik zu reden. Insofern ist die Antwort auf die Gewalt des Kapitalismus nicht Gegengewalt, sondern eine Politik, die auf die Schaffung der Grundlagen für Frieden zielt, wobei Frieden mit Galtung »als die Fähigkeit definiert wird, Konflikte mit Empathie (= Bereitschaft und Fähigkeit, sich in die Einstellung und Mentalität anderer Menschen einzufühlen), mit Gewaltlosigkeit und mit Kreativität zu bearbeiten.« (Galtung 1997: 173)

Noch einmal über die Grenzen der Gewalt
Die Menschheit hat heute mit vielen Problemen zu kämpfen. Die meisten davon sind hausgemacht, gleichsam die Kehrseite des industriellen, technischen und wissenschaftlichen Fortschritts. In diesem Sommer 2006 waren vor den Küsten Spaniens Millionen giftiger Quallen aufgetaucht, die den Urlaubern das Baden an den beliebten Stränden verleidet haben. Wer mit diesen Tieren in direkten Kontakt kam, sah sich mit unangenehmen Vergegenwärtigungen konfrontiert, die oft schmerzhafte Folgen hatten. Nach Aussage von Meeresbiologen ist die Hauptursache für dieses massenhafte Auftreten die Überfischung der Meere; es gibt zuwenig Fische und Meeresschildkröten mehr, die zu anderen Zeiten die Quallen in ihrem Frühstadium gefressen haben. Um das Tourismus-Gewerbe nicht einbrechen zu lassen, wurden Fischer beauftragt, mit Netzen die Quallen zu fangen, um sie zum Zwecke der Badefreude der angereisten Touristen von den Stränden fernzuhalten. Die eingefangenen Quallen braucht zwar niemand, der kapitalistische Erfindungsreichtum hat noch nichts gefunden, wozu man sie verarbeiten könnte, aber gefangen sollten sie werden, und der Staat bezahlt das, weil es sich aus der Sicht der Kapitalverwertung ja nicht rentiert. Wenn die Meere leergefischt sind, wendet sich das Kapital anderen Dingen zu. Es verschwindet dann aus der Sphäre, in der es keinen Profit mehr erwirtschaften kann wie aus den »failed states«, die verwertungstechnisch nichts anderes sind als die leergefischten Meere. Schauen wir jetzt auf die sogenannte Entwicklungspolitik oder die Politik zum Schutze der Meere – im Moment gelingt es ja noch immer nicht, die besonders profit-

gierigen Walfänger aus Norwegen, Rußland und Japan zur Einhaltung der internationalen Verträge zu zwingen – so zeigt sich: Das Kapital erwartet, daß die Staaten oder die internationale Staatengemeinschaft oder die UNO und ihre Organisationen sich der Dinge annehmen und das reparieren, was die Profitwirtschaft zuvor kaputtgemacht hat.

Alle großen Probleme unserer Zeit – die Probleme von Armut, Hunger und Krankheiten, die Kindersterblichkeit, das Umweltproblem, die Überfischung der Meere, die Versteppung früher fruchtbarer Landstriche, das Energieproblem (nicht als Profitproblem der internationalen Ölkonzerne, sondern im Sinne der Entwicklung alternativer, erneuerbarer Energieerzeugung), das Problem des Zugangs zu Wasser (insbesondere zu sauberem Wasser), zu ärztlicher Versorgung und zu Bildung – drängen nach einer Lösung. Keines dieser Probleme ist mit militärischen Mitteln lösbar. Im Gegenteil, die von den USA betriebene Hochrüstung, die auch andere Mächte zur Steigerung ihrer Rüstungsausgaben anstachelt, führt zur Bindung finanzieller Mittel sowie wissenschaftlich-technischer und industrieller Ressourcen, die der Lösung der drängenden Menschheitsprobleme entzogen sind. Es gibt also keinen vernünftigen Grund für die Beibehaltung der derzeitigen Niveaus von Rüstung und Militär. Es sei denn, man hält die militärische Eroberung von Erdölquellen und deren Ausbeutung für einen vernünftigen Zweck. Das aber dürfte einen Unterschied ausmachen zwischen den Interessen von Bush II, seinem Vize Cheney und den hinter ihnen stehenden Großverdienern einerseits und dem »Rest« der Menschheit andererseits.

In diesem Sinne ist die Anwendung der militärischen Gewalt durch die USA die Fortsetzung nicht nur der strukturellen Gewalt des Neoliberalismus mit anderen Mitteln, sondern die Fortsetzung des Vorherrschaftsstrebens der »Welt des weißen Mannes« aus dem nordatlantischen Raum. Sie sehen die Welt durch ihre Zielfernrohre, weil sie der Kraft ihrer Waren nicht mehr vertrauen und weil sie das internationale Finanzsystem, das der Ausbeutung aller Ressourcen dieser Welt dient, absichern wollen. Insofern ist die Betonung von Tomás Moulian, unter »den heutigen Bedingungen der Globalisierung« sei es völlig unmöglich, an einen Frontalangriff auf das kapitalistische Weltsystem zu denken (Moulian 2003: 214), nicht ein Zeichen von Schwäche – weil die anderen mehr und stärkere Waffen haben –, sondern ein Zeichen von Stärke. Das Setzen auf die militärische Karte seitens der Herrschenden ist ein Zeichen ihrer gefühlten oder nicht eingestandenen Schwäche.

Das Problem ist die Schaffung einer Hegemonie, die sich nicht auf die Logik des Militärischen, der Gewalt einläßt. Dies ist die wahre Kunst sozialistischer Politik. Ihre Umsetzung rückt in Reichweite, weil der erreichte Grad einer möglich gewordenen Zivilisierung der menschlichen Verhältnisse die Tendenzen und Kräfte neuerlicher Entzivilisierung jeglicher Legitimation beraubt hat. Das 20. Jahrhundert hat alle möglichen Extreme des Mordes und der

Gewalt zur Wirklichkeit gebracht, Auschwitz, Gulag und Hiroshima waren deren zugespitztester Ausdruck. Dem ist im 21. Jahrhundert nichts Neues hinzuzufügen, höchstens eine Wiederholung, die nichts anderes beweist, als daß auch Großverbrechen wiederholbar sind. Im Unterschied aber zum 20. Jahrhundert lassen sich in keinem Land der Welt dafür relevante politische Mehrheiten finden. Auf die Tagesordnung gerückt ist die Entwicklung einer Strategie, um einen großen Frieden zu errichten. Und er kann auf die Zustimmung der Mehrheit der Bevölkerungen bauen. Sie braucht das Licht des Tages nicht zu scheuen und kann ganz offen sein. Die Politik des Krieges dagegen bedarf der Lüge und der Täuschung. Wir sind in der Friedensfrage – entgegen dem tagespolitischen Anschein – in einer ähnlichen Lage wie die britische Öffentlichkeit Anfang des 19. Jahrhunderts kurz vor der Entscheidung in der Sklavenfrage. Die Schaffung einer friedlichen Weltordnung, die auf Vernunft gründet, ist in den Bereich der Realisierbarkeit gerückt. Dies ist die erste Dimension sozialistischer Politik im 21. Jahrhundert. Und das ist keine Aufgabe, die dereinst zu lösen sein wird, wenn erst eine vom Schicksal erwählte Klasse oder eine selbsternannte Avantgarde wie auch immer die Macht ergriffen hat, sondern das ist eine Aufgabe heute und hier. Sozialistische Politik ist keine Aufgabe zur Herstellung eines später vollendeten Zustandes, sondern sie ist Aufgabe aus der politischen Situation von heute, aus der konkreten Gesellschaft und Wirtschaftsweise heraus. Insofern ist sie Ziel, Mittel und ethisches Wertesystem, in dem der Mensch mit seinen Bedürfnissen und Interessen Ausgangs- und Endpunkt des Handelns ist, in einem.

Alles andere ist ein Problem der politischen Organisation, konkreter politischer Programme, der Gewinnung von Mehrheiten und schließlich der Gewinnung gesellschaftlicher Hegemonie, um die Veränderungen unumkehrbar zu machen. Die Herrschaft des Volkes ist kein Zustand, sondern eine Lebensweise und die Daseinsweise des politischen Gemeinwesens, die täglich neu zu erringen ist. Sozialismus im 21. Jahrhundert ist zu Ende gedachte und zu Ende gemachte Demokratie. Und dies ist sie immer wieder neu.

Gegen das Netz der strukturellen Gewalt
Zu den beliebtesten Talkshow-Fragen an linke Politiker in Deutschland derzeit gehört, was sie denn vorzuschlagen hätten, angesichts der Aussage, es sei kein Geld da. Die Frage dagegen, weshalb denn kein Geld da sei, wird mit Vorliebe unterschlagen. Es werden ununterbrochen die Steuern für die Großkonzerne – und damit für die Oligarchie bzw. die Nobilität – gesenkt. Die werden erst dann aufhören zu stöhnen, zu lamentieren und zu schreien, wenn sie überhaupt keine Steuern mehr zahlen. Das allerdings wäre dann auch in dieser Hinsicht die Wiederherstellung des Zustandes des Feudalismus: Im Frankreich vor der Revolution von 1789 zahlte der Adel auch keine Steuern, nun also zahlt die internationale Nobilität nicht.

Eine wesentliche Rolle bei der Herstellung eines solchen Zustandes spielte die Schaffung der weltweit offenen und untereinander verknüpften Finanzmärkte. Die politischen Entscheidungen zur Freigabe der Wechselkurse und zur »Liberalisierung« der Finanzmärkte haben dazu geführt, daß die Kapitalmärkte von heute weniger mit der Finanzierung von Investitionen und Außenhandelsgeschäften zu tun haben – was ihre Funktion in den zurückliegenden Regulationssystemen der Moderne und des Fordismus war – als vielmehr mit der Selbstbewegung des spekulativen Geldkapitals.

Es ist dies die Substanz der »Shareholder-Value«-Orientierung, die den Kapital- oder Aktieneigentümer nicht nur gegenüber den Arbeitern des jeweiligen Betriebes und den Konsumenten bevorrechtet, sondern auch gegenüber dem tatsächlichen Unternehmensleiter, das heißt dem jeweiligen Unternehmer oder angestellten Geschäftsführer. Die Spekulation auf rasche Kurssteigerungen oder Wechselkursveränderungen zerstört vielerorts zuvor vorhandene, unter produktiven Gesichtspunkten durchaus rentable Produktionsstätten. Insofern ist das Bild von den »Heuschrecken« zur Beschreibung dieses überfallartigen Leerfressens ganzer Landstriche und Lebenswelten durch das spekulative Kapital, das ein führender deutscher Sozialdemokrat im Hinblick auf die Bundestagswahlen des Jahres 2005 verwendet hat, als Metapher durchaus zutreffend. Er vergaß nur hinzuzufügen, daß es die Sozialdemokraten waren, die in Deutschland den reizenden Tierchen Türen und Fenster geöffnet haben. Allein auf den Devisenmärkten wird täglich ein Umsatz von etwa 1,5 Billionen US-Dollar gemacht. Nur noch ein bis zwei Prozent dieser Umsätze haben mit realwirtschaftlichen Prozessen zu tun. Auch dies ist wieder ein Phänomen des Feudalismus: Im 19. Jahrhundert haben die Erben der Großgrundbesitzer aus Rußland, Ungarn oder Galizien ihre Vermögen beim Glücksspiel in Monte Carlo verzockt und hatten sich nie im Leben für die Plackerei ihrer Leibeigenen oder Tagelöhner auf den Gütern interessiert. Heute passiert dies auf den internationalen Finanzbörsen, mit einer vergleichbaren Ferne zu den realwirtschaftlichen Prozessen und einer ähnlichen sozialen Verantwortungslosigkeit.

Jetzt geht es darum, die Orientierung auf eine gesamtwirtschaftliche Vernunft wiederherzustellen, in der eine andere Geld-, Finanz-, Verteilungs- und Beschäftigungspolitik gemacht wird, in der also die realwirtschaftlichen Prozesse wieder im Mittelpunkt stehen. Dies wäre der Ausgangspunkt für eine Betonung von Produktion für die realen Konsumenten, womit wir aber immer noch im Rahmen der kapitalistischen Profitwirtschaft verbleiben und noch nicht bei einer Debatte um Alternativen sind. Eine solche Umsteuerung hat zumindest eine Einschränkung der Selbstbewegung der Geldkapital- und Finanzsphäre zur Voraussetzung. Das ist die Grundidee verschiedener sozialer Bewegungen wie Attac. Das ist ebenfalls ein Punkt der Kritik bei Heinz Dieterich, der sich auf die bereits von Aristoteles geäußerte Kritik an der »Chrema-

tistik« genannten Geldvermehrung aus dem Gelde heraus bezieht. Das »Wu-
chergewerbe« sei verhaßt, weil es seinen Erwerb aus dem Gelde selbst zieht
und nicht aus der Produktion und dem Erwerb von Dingen. (Dieterich 2006:
44) Bei aller Kritik, die in verschiedener Hinsicht an den Konstrukten von Dieterich zu üben ist, die Herausstellung der spezifisch ausbeuterischen Rolle
dieses Finanzkapitals und des Ringens um die Einschränkung dessen Rolle, ist
für die Entwicklung alternativer Politikansätze konstitutiv. Nun hat der Rezensent Feldmann, der in anderen Punkten eine sehr berechtigte Kritik an dem
Buch Dieterichs übt, an dieser Stelle den Antisemitismus-Vorwurf hervorge-
holt. Dieterichs Darstellung wecke »ungute Assoziationen an die Unterscheidung zwischen dem raffenden und dem schaffenden Kapital der Nazis«. Diese
seien »strukturell antisemitisch«. (Feldmann 2006: 567) Mit anderen Worten:
Die Heraushebung der besonders negativen Funktion der derzeitigen spekulativen Finanzmärkte im Rahmen des Neoliberalismus sei an und für sich
schon »antisemitisch«.

An diesem Punkt sollten wir etwas verweilen, weil die Problematik zu ernst
für die derzeitige Auseinandersetzung der Linken mit den Grundelementen
des Neoliberalismus ist. Der Kontext ist zudem weiter zu fassen. Kurz nach
dem historischen Vorgang, der gemeinhin als deutsche »Vereinigung« benannt
wird, hatten wir, eine Gruppe von Leuten, die sich schon in der DDR mit
internationaler Politik beschäftigt hatte, ein Seminar, an dem auch ein Herr
von der *Rand-Corporation* aus den USA teilnahm. Als jemand besorgt fragte,
was denn in den internationalen Beziehungen zu erwarten sei, wenn dieses
vereinigte Deutschland wieder »Weltpolitik« machen wolle, antwortete jener,
Deutschland sei eine europäische Mittelmacht, die eine im Vergleich zu den
USA begrenzte Volkswirtschaft hat, die zudem stark ist in traditionellen Technologien, aber nicht bei den neuen Technologien mitreden kann, die eine über-
alterte Bevölkerung hat, auch dies im Unterschied zu den USA, und über eine
konventionelle Armee verfügt, die moderne Kriegstechnologien nicht selbständig zum Einsatz bringen kann, weil sie solche nicht hat. Daran hat sich in
den vergangenen anderthalb Jahrzehnten qualitativ nichts geändert. Das war
ganz gewiß das Wort der außenpolitischen »realistischen Schule« in den USA;
es ist weiterhin zutreffend.

Gleichwohl werden Kreise der sogenannten Antideutschen in Deutschland
nicht müde, den Anschein zu erwecken, dieses Deutschland würde, gleichsam
als neue »Supermacht« eine eigene Weltpolitik gegen die USA in Stellung bringen wollen. Die Verbrechen der Nazis mit dem Holocaust wurden benutzt, um
der früheren »rot-grünen« Regierung eine neue Weltmachtrolle anzudichten.
Diese Bundesregierung sei gleichsam Erbin der Politik des deutschen Faschismus gewesen, und zwar deshalb, weil sie den Irak-Krieg von Bush II und seiner
Willigen ablehnte; dies sei Ausdruck deutscher Weltherrschaftspläne gewesen.
Zu gleicher Zeit, als es um die Auslösung des Irak-Krieges ging, wurde die

Kritik von Organisationen wie Attac an den Gebaren der internationalen Finanzinstitutionen als »antisemitisch« denunziert, weil sie die Profitmacherei in der Finanzsphäre zum Gegenstand der Kritik machen, und schon die Nazis hätten ja das »raffende Kapital« in Gegensatz zum »schaffenden Kapital« gesetzt. Da hatten wir dieses Argument, das jetzt gegen Dieterich gewendet wird, schon einmal.

Die Debatte ist wahrlich nicht neu, nur haben sich die Verwender des kurzschlüssigen Antisemitismus-Vorwurfs mit der Geschichte nicht beschäftigt. Albert Norden, Sohn eines Rabbis und wahrscheinlich einer der klügsten Köpfe, die jemals im Politbüro der SED waren, hatte 1973 ein Buch über die in ihrer Zeit extrem reiche Handelsfamilie der Fugger aus Augsburg veröffentlicht, die bereits mit Karl V. Geschäfte machte. Im Vorwort erläutert er persönliche Gründe für die Auseinandersetzung mit diesem Thema, das ihn seit den 1930er Jahren beschäftigte. »Hitler und Konsorten« versuchten, »ihre Servilität vor dem Monopolkapital zu kaschieren, indem sie die famose Differenz zwischen dem schaffenden (gleich ›arischen‹) und dem raffenden (gleich ›jüdischen‹) Kapital erfanden«. (Norden 1973: 6) Das ganze Buch ist eine breit recherchierte und überzeugend geschriebene Auseinandersetzung mit der Geschäftspraxis des Handelshauses der Fugger, das im Kern immer auf Geldgeschäfte, also »raffende« Geschäfte hinauslief. Der Punkt bei Norden ist nicht, daß es diesen Unterschied zwischen einem Wucherkapitalismus und einem investiven Kapitalismus angeblich nicht gibt, sondern daß diese Rolle jüdischen Geschäftsleuten zugewiesen wurde. Das hat er schon in diesem einen, von mir zitierten Satz deutlich gemacht. Das Antisemitische ist die Identifikation von »schaffendem« mit »arischem« und »raffendem« mit »jüdischem« Kapital, nicht das Feststellen der Differenz zwischen Wucherkapitalismus und investierendem Industriekapitalismus.

Es ist schon erschreckend, wenn links dünkende Leute heute hinter einen Stand der Analyse zurückfallen, wie er vor über dreißig Jahren schon einmal erreicht war. Die Kritik an den besonderen Bedingungen der heutigen Finanzinstitutionen in der Welt in bezug auf die spekulative Profitmacherei hat mit den früheren Ideologemen der Nazis nichts zu tun, sondern mit einer sachbezogenen Analyse der Kapitalverhältnisse in der Welt von heute. Das ist keine »anti-jüdische« Konstruktion, sondern eine Tatsachenfeststellung in bezug auf den heutigen Kapitalismus.

Auch die Kritik an der Irak-Kriegs-Politik von Bush II, wie sie die weltweite Friedensbewegung am 15. Februar 2003 zum Ausdruck brachte, war nicht gegen Israel als Staat oder jüdische Menschen wo immer in der Welt gerichtet, sondern gegen die Politik von Bush. Der Versuch, Kritik an den internationalen Finanzkonstrukten oder an der Kriegspolitik von Bush als antisemitisch zu denunzieren, kann nur im Interesse des Imperiums und des Neoliberalismus liegen.

Drei zentrale Forderungen

Vor dem Hintergrund des erreichten Standes der Produktivkräfte in der Welt, des 20 : 80-Problems sowie der Möglichkeiten, die sich nach dem Fordismus hätten ergeben können, wenn dem Neoliberalismus seine Gegenoffensive nicht gelungen wäre (Essay »Aristokratisierung oder Freiheit«), sind drei Felder offenbar von besonderer Bedeutung, wenn es um die Entwicklung alternativer Politikansätze geht. Das erste ist die Begrenzung und Regulierung der Finanzsphäre, die sich in den vergangenen zwanzig Jahren verselbständigt hat und sich mittlerweile vielfach gegen die Weiterentwicklung der realwirtschaftlichen Sphäre richtet. Das zweite ist, die an anderer Stelle (Essay »Lohnarbeit und das Recht auf Faulheit«) bereits schon einmal diskutierte Frage der Enteignung neu aufzuwerfen, und zwar in all den volkswirtschaftlichen Bereichen, in denen faktisch ein Renteneinkommen erwirtschaftet wird, das mit Innovation nichts oder sehr wenig zu tun hat. In diesem Zusammenhang ist in Deutschland immer wieder daran zu erinnern, daß es in Artikel 14 (2) des Grundgesetzes heißt: »Eigentum verpflichtet. Sein Gebrauch soll zugleich dem Wohle der Allgemeinheit dienen.« Das heißt Shareholder-value-Orientierung ist verfassungswidrig. So gilt dann Artikel 14 (3): »Eine Enteignung ist nur zum Wohle der Allgemeinheit zulässig.« Das aber ist sie. »Sie darf nur durch Gesetz oder auf Grund eines Gesetzes erfolgen, das Art und Ausmaß der Entschädigung regelt.« Das wäre der Weg. Im Artikel 15 heißt es dann noch ausdrücklich: »Grund und Boden, Naturschätze und Produktionsmittel können zum Zwecke der Vergesellschaftung durch ein Gesetz, das Art und Ausmaß der Entschädigung regelt, in Gemeineigentum oder in andere Formen der Gemeinwirtschaft überführt werden.« Das ist im Grunde ein Programm gegen den Neoliberalismus. Das Privateigentum hat nach geltendem Verfassungsrecht in Deutschland nur dann seine Berechtigung, wenn es dem »Wohle der Allgemeinheit« dient. Da sollten die verschiedenen Bereiche doch mal ernsthaft überprüft werden. Jedenfalls wäre dies ein Punkt weit oben auf der Liste, was bei einer nachhaltigen Veränderung der Mehrheitsverhältnisse in diesem Lande zu tun ist.

Das dritte Feld ist die nachhaltige und konsequente Reduzierung der Regelarbeitszeit, um einen Beschäftigungsstand zu erreichen, der einer Vollbeschäftigung wieder nahe kommt. Dadurch wäre zu sichern, daß die Menschen in der Regel wieder durch Arbeit ihren Lebensunterhalt verdienen können. Damit kann gesellschaftliche Integration auch künftig über Arbeit erfolgen. Dies wäre sinnvoll zu kombinieren mit den Möglichkeiten der Einführung eines bedingungslosen Grundeinkommens, das auch den Nichtarbeitenden einen gerechten Anteil am gesellschaftlichen Reichtum sichern würde. Zugleich würde dies das Kräfteverhältnis zwischen Kapital und Arbeit zugunsten letzterer verändern und damit auch die Bedingungen am sogenannten Arbeitsmarkt.

Der Sozialwissenschaftler Rainer Land und andere Analytiker des »Netzwerkes Ostdeutschland« haben in diesem Zusammenhang zur Lage im Osten Deutschlands hervorgehoben, daß eine Lösung der sozialen und gesellschaftlichen Probleme nur möglich ist, »wenn es die Gesellschaft schafft, einen grundsätzlich neuen Entwurf der Erwerbsarbeit und des Verhältnisses von Arbeit und disponibler Zeit zu schaffen. Eine neue Form der Erwerbsarbeit muß auf modernen und erweiterten Menschenrechten aufbauen und Formen ihrer Verwirklichung finden: Jeder hat das Recht auf einen fairen Anteil an der Erwerbsarbeit und an der disponiblen Zeit. Jeder hat das Recht auf einen fairen Anteil an Erwerbseinkommen und das Recht an einer Nutzung des gesellschaftlichen Reichtums, um disponible Zeit sinnvoll verwenden zu können. Moderne Gesellschaften müssen um eine Neufassung der Erwerbsarbeit ringen. Erwerbsarbeit und disponible Zeit können im Lebensverlauf so kombiniert werden, daß alle die Möglichkeit haben, zwischen Erwerbszeiten und Nichterwerbszeiten zu wechseln. Anstelle der Lohnersatzleistungen sollten Nichterwerbszeiten durch ein Grundeinkommen finanziert werden. Es geht nicht nur um eine gerechte Verteilung der Arbeit, sondern auch um die gerechte Verteilung der disponiblen Zeit und um die Bedingungen für ihre sinnvolle und zugleich gesellschaftlich nützliche Verwendung durch die Individuen.« (Bericht 2006, 14)

Hier sind drei Punkte anzumerken. Erstens ist dies kein spezifisch ostdeutsches Problem, sondern Problem aller in das kapitalistische Weltsystem einbezogenen Volkswirtschaften und Gesellschaften. Angesichts der weltweiten 20 : 80-Verhältnisse ist dieses Konzept dann auf die Situation der jeweiligen Länder anzuwenden. Beispielsweise differiert, solange es noch voneinander unterschiedene Volkswirtschaften gibt, das, was jeweils das Grundeinkommen sein kann. Daß es überhaupt ein solches geben kann und muß, ist die sozialpolitische Innovation, die von einer Politik geleistet werden muß, die letztlich als sozialistische zu qualifizieren ist. Zweitens mißt sich die Freiheit der Individuen in einem Marxschen Sinne im Verhältnis zwischen gesellschaftlich notwendiger Arbeitszeit und disponibler Zeit, letztlich in Freizeit, die zur freien Entwicklung der Persönlichkeit genutzt werden sollte und kann. Dies ist jedoch, drittens, etwas anderes, als wenn Dieterich die Messung der in der Produktion erforderlichen Arbeit von Geld auf Anteilscheine umstellen will, die irgendwie – mit Computer oder nicht – als Ausdruck von Zeiteinheiten gelten. Dieses »Genom« produziert Mangelwirtschaft und bürokratische Beliebigkeit, ob mit Computer, Strichliste oder in Keilschrift, mit Brigadeversammlung oder ohne. Dieser Hinweis sollte nur noch einmal deutlich machen, daß es unterschiedliche Dinge sind, ob bei Marx oder bei Dieterich von Zeit die Rede ist.

Über Offensive und Defensive
Aus der Geschichte des Militärwesens ist bekannt, man braucht die drei- bis vierfache Stärke für einen Angriff im Vergleich zur Organisation einer Vertei-

digungsstellung. Insofern ist die oben zitierte beliebteste Talkshow-Frage an linke Politiker, was sie denn vorzuschlagen hätten, angesichts der Aussage, es sei kein Geld da, immer eine Frage aus der verbarrikadierten Verteidigungsstellung heraus. Die Neoliberalen hocken in den von ihnen seit den 1960er Jahren eroberten oder errichteten Festungen, haben sie wirksam ausgebaut und sich darin bequem eingerichtet, und höhnen nun: Jetzt macht doch mal Vorschläge! Die wollen sie aber zu der Schlachtordnung, die sie zuvor bestimmt haben. Und dann, meinen sie, würden ihnen die Reserven der Verteidigungsstellung reichen.

Sozialistische Politik heißt daher, den Kampf nicht auf dem vom Neoliberalismus bereiteten Terrain zu führen, sondern selbst das Feld zu bestimmen. Dazu gehört zunächst die Betonung, daß die industrielle Produktion von Waren und Dienstleistungen ein gesellschaftliches Verhältnis ist. Das Verhältnis der Kapitaleigner zu den Arbeitern oder »Beschäftigten« bei Daimler Chrysler oder Volkswagen und das Recht, sie zur Produktion zu »nutzen«, ist etwas anderes, als wenn ich mein Fahrrad aus dem Keller hole, um es zum Fahren zu nutzen, oder ein Kaninchen aus dem Stall, um es zu schlachten. Das Produktiveigentum hat etwas mit den gesellschaftlichen Verhältnissen zu tun. Wenn also der neoliberale »Vordenker« Milton Friedman meint, die Bewahrung der individuellen Freiheit sei das übergeordnete Ziel und »freie Märkte für Güter und Ideen« seien »die entscheidende Vorbedingung für die individuelle Freiheit«, dann definiert sich der Mensch in der Tat über seinen Besitz und die Eigentumsrechte des Kapitaleigners rangieren höher als die Menschenrechte der Eigentumslosen. Während noch in der klassischen Wirtschaftstheorie davon ausgegangen wurde, daß jede Wertschöpfung aus der menschlichen Arbeit kommt, wurde später daraus eine Theorie von »Produktionsfaktoren« gemacht, wonach Arbeit, Kapital und Boden auf eine Stufe gestellt und einander gleichgestellt wurden. Ein neuer Ansatz kann also nur daher kommen, den Menschen in den Mittelpunkt auch der Betrachtung des Produktionsprozesses zu stellen. Und dann rangiert das Menschenrecht höher als das Eigentumsrecht.

Es geht also darum, die Neoliberalen mittelfristig aus den von ihnen besetzten Verteidigungsstellungen herauszutreiben. Und dazu dienen die Forderungen nach Verkürzung der Arbeitszeit und das Neuaufwerfen der Frage nach Enteignung, oder freundlicher ausgedrückt: nach Gemeineigentum zum Wohle der Allgemeinheit. Und dann gibt es Phasen historischer Offensive und historischer Defensive.

Solange man sich in der Defensive befindet, ist es durchaus sinnvoll, die Offensive der Gegenseite zu stören, ihren weiteren Aufmarsch zu erschweren und ihre Versorgungslinien zu behindern. Dann ist es durchaus sinnvoll, fünfmal Nein zu sagen, ohne gleich aufzudecken, wozu man denn Ja sagen wird, wenn die Stunde gekommen ist.

Fazit

Wir haben es heute in Deutschland und in Europa wie weltweit mit einem Pro-zeß der Neuaufstellung der Linken zu tun. Nachdem das Wort »Sozialismus« zunächst verfemt war, dann als Frage wieder zurück in den politischen Raum kam, steht jetzt das Problem der Realisation. Hier hatten wir zunächst festge-stellt, daß Sozialismus im 21. Jahrhundert Politik ist, die Tag für Tag zu leisten ist, und nicht das Versprechen eines dereinst kommenden, so ganz anderen Systems. Also nicht der revolutionäre Bruch, sondern die transformatorische Veränderung steht auf der Tagesordnung, aus diesem Kapitalismus heraus, aber über ihn hinaus. Aus dieser sozialistischen Politik muß Schritt für Schritt eine andere Resultante der gesellschaftlichen Entwicklung hervorgehen. Das geschieht jedoch nicht zwangsläufig, quasi per »historisches« Gesetz, sondern muß immer wieder neu erreicht werden. Politische Mehrheiten für politische Vorschläge müssen immer wieder neu errungen werden. Um dies dauerhaft zu können, ist eine politische und gesellschaftliche Hegemonie erforderlich, die durch neue Formen der Demokratie in den Betrieben bzw. in der Produk-tion einerseits und durch eine neue, menschliche, humanistische Kultur der Empathie, der Solidarität und der Brüderlichkeit andererseits untersetzt wer-den muß. In diesem Sinne geht der Sozialismus der Zukunft aus dem wirkli-chen Lebensprozeß der Menschen von heute hervor.

Zum Weiterlesen:

Heinz Dieterich (2006): Der Sozialismus des 21. Jahrhunderts. Wirtschaft, Gesellschaft und Demokratie nach dem globalen Kapitalismus, Berlin: Kai Homilius Verlag.

Heiko Feldmann (2006): Rezension zu Heinz Dieterich: Der Sozialismus des 21. Jahr-hunderts, in: UTOPIE kreativ, Berlin, Heft 188.

Johan Galtung (1997): Der Preis der Modernisierung. Struktur und Kultur im Weltsy-stem, Wien: Promedia Verlag.

Tomás Moulian (2003): Ein Sozialismus für das 21. Jahrhundert. Der fünfte Weg, Zürich: Rotpunktverlag.

Albert Norden (1973): Herrscher ohne Krone, Berlin: Dietz Verlag.

Christa Wolf (1982): Unruhe und Betroffenheit (Gespräch mit Joachim Walter, 1972), in: Dies.: Fortgesetzter Versuch. Aufsätze, Gespräche, Essays, Leipzig: Verlag Philipp Reclam jun.

Zur Lage in Ostdeutschland (2006): Bericht des Netzwerkes und des Innovationsver-bundes »Ostdeutschlandforschung«, in: Berliner Debatte Initial, Heft 5.

Porto Alegre.
Oder: Die Frage nach dem historischen Subjekt

Wir müssen unsere kleinen Helden unterstützen (von denen wir viele haben. Sehr viele).
Diese besonderen Kriege müssen wir mit den entsprechenden Mitteln führen.
Wer weiß – vielleicht bringt uns das 21. Jahrhundert genau das: den Niedergang alles Großen.
Der großen Bomben, großen Staudämme, großen Ideologien, großen Nationen,
großen Kriege, großen Helden, großen Irrtümer.
Arundhati Roy

Kann die Revolution überleben? Hat Fidel Castro gefragt. Die Frage ist, welche Revolution unter welchen Bedingungen. Ohne Demokratie wird es nicht gehen. Das jedenfalls wissen wir aus den Entwicklungen in Osteuropa. Damit ist nicht die Demokratie des Imperators gemeint, wonach die respektiven Bevölkerungen den Präsidenten oder die Parteien wählen dürfen, die am besten die Interessen der USA und der USA-Firmen vertreten. Nein, gemeint ist eine wirkliche Demokratie des Volkes. Das aber ist kein kubanisches Problem. In bezug auf die westlichen Länder geht es um die Frage, ob mehr möglich sein kann als diese formale Wahldemokratie. Auf eigene Weise stellt sich diese Frage auch für die Länder des Südens, an deren politischem System außen ein Schild: »Demokratie« angeschraubt ist.

Unter der Perspektive des künftigen Sozialismus ist jedoch zunächst auch die Frage nach dem Schicksal der nach wie vor bestehenden »sozialistischen Länder« gestellt. Über Nordkorea zu reden, verbietet der gute Geschmack. Bleiben aber immer noch China, Vietnam und Kuba, die der Bush II auch gern auf einer Feind- oder zumindest Schmuddelliste hat. Seine Gesichtspunkte sind aber nicht die unseren.

Die Länder des »alten Sozialismus« im 21. Jahrhundert
Zunächst muß eine methodische Differenz deutlich gemacht werden. Das ist der Unterschied zwischen einer geopolitischen Perspektive auf die Weltentwicklung und einer des Sozialismus.

Wenn über Begrenzungsfaktoren für die imperiale Politik der USA nachgedacht wird, dann spielen die anderen großen Mächte – China, Indien, Rußland, auch die Europäische Union – eine nicht unwichtige Rolle. Es ist richtig, die USA sind die einzige, aus dem 20. Jahrhundert hinterbliebene Supermacht. Bedeutet dies aber, daß sie beliebig schalten und walten können, wie sie wollen? Während des gesamten Kalten Krieges bauten die USA an ihrer globalen Überlegenheit an Mitteln und Ressourcen. Die sowjetischen Führer ließen sich auf das so bewirkte Wettrüsten ein und wurden schließlich immer hilfloser. Die kommunistische Kapitulation von 1989 war die historische Konsequenz. Die jetzige Lage ist davon jedoch völlig verschieden. Die USA sind wirtschaftlich stärker als jede andere Volkswirtschaft in der Welt; das Potential der anderen zusammen jedoch immer größer. Bereits die EU tendiert zu einem beträchtlicheren Gewicht im Welthandel. Die USA sind militärisch mächtiger als jeder andere Staat der Welt. Das russische und chinesische Potential aber ist wohl hinreichend, seinerseits die Welt zu zerstören. Es gilt also weiter die alte Weisheit aus der Zeit der nuklearen Konfrontation: Es gibt keine vernünftigen politischen Ziele, die durch einen Krieg realisierbar wären. Die amerikanische militärische Überlegenheit taugt weder, Rußland oder China wirksam militärisch zu erpressen, noch dazu, die volkswirtschaftliche Entwicklung Europas oder Chinas aufzuhalten. Die USA sind heute in einer Lage wie in Europa einst Karl V., Napoleon oder Wilhelm II.: Die anderen zusammen sind stärker als die stärkste der Mächte; die technische Fähigkeit, die Welt militärisch, nuklear-strategisch zerstören zu können, heißt nicht, sie politisch oder ökonomisch zu beherrschen. Die Welt wird multipolarer. Das ist ein Dilemma der USA.

China spielt hier eine zentrale Rolle, aber dies als Wirtschafts- und Handelsmacht und mit seinem real existierenden politischen, kulturellen und militärischen Potential. Als es seine Form kommunistischer Mangelwirtschaft unter Mao hatte, war es weltwirtschaftlich irrelevant. Erst seit das Land vor über einem Vierteljahrhundert unter Deng Xiaoping seine Reformpolitik begann, ausgehend von der Position: Kommunismus ist nicht Armut, ist es zu einem weltwirtschaftlichen Faktor erster Ordnung geworden. China hat inzwischen mehr als 27 Jahre erfolgreicher wirtschaftlicher Entwicklung hinter sich. Seit Beginn der 1980er Jahre wuchs die Wirtschaft des Landes jährlich um fast zehn Prozent. Vietnam ist etwas zeitversetzt China gefolgt und kann inzwischen auf etwa zwanzig Jahre Reformen verweisen, die ebenfalls zu einer deutlichen wirtschaftlichen Entwicklung geführt haben. Diese im globalen Maßstab außerordentliche wirtschaftliche Dynamik prägt mittlerweile deutlich auch das Selbstverständnis der Bürger wie der Entscheidungsträger beider Länder.

In dieser Zeit haben viele Menschen in China wie in Vietnam erweiterte Möglichkeiten eigener wirtschaftlicher Betätigung kennengelernt und nutzen sie. Das rasche Wachstum ist jedoch mit zunehmenden sozialen Ungleichheiten und Spannungen verbunden. Die Zahl der Binnenmigranten bzw. -migrantinnen wird auf 200 Millionen Menschen geschätzt, die Zahl der sogenannten Wanderarbeiter auf etwa 100 bis 120 Millionen. Das sind oft Arbeiter und Arbeiterinnen, die aus den armen ländlichen Gebieten in die städtischen Boomzentren oder in die Kohlebergwerke ziehen, dort jedoch keinen legalen Aufenthaltsstatus haben und deshalb als illegal Beschäftigte in der Regel weit unter Tarif bezahlt werden, unter oft unzumutbaren Bedingungen hausen und keinen Zugang zu den legalen Gesundheits- oder Bildungseinrichtungen, etwa was den Schulbesuch ihrer Kinder anbetrifft, haben, weil sie ja keinen legalen Aufenthalt in der Stadt haben. Das heißt, es gibt eine Billig-Arbeiterschaft innerhalb des Landes, wie sie aus den USA mit den zumeist lateinamerikanischen illegalen Einwanderern oder aus der EU mit denen aus Osteuropa oder Nordafrika bekannt ist. Hinzu kommt, daß sich die offizielle Zahl der absolut Armen in China zwar im Verlauf des vergangenen Jahrzehnts auf etwa 25 Millionen halbiert hat, dennoch aber die Unterschiede zwischen Stadt und Land und innerhalb der Stadtbevölkerung sowie die in der Dynamik der einzelnen Landesteile deutlich zugenommen haben. Die drastische Verschmutzung der Umwelt wurde eines der gravierendsten Probleme des Landes.

Die Bildungs- und Erfahrungshorizonte der Menschen haben sich deutlich erweitert. Doch es gibt einen tiefen Widerspruch in der Entwicklung Chinas wie auch Vietnams. Die ökonomische Sphäre ist der Bereich des gesellschaftlichen Lebens, in dem den Menschen die größten Möglichkeiten für eine eigenständige Betätigung eingeräumt werden. Die Räume für eine politische Artikulation ihrer Interessen als Bürger des Landes sind jedoch weiter deutlich begrenzt. Die Fragen nach Möglichkeiten der gleichberechtigten Teilhabe aller Mitglieder der Gesellschaft am gesellschaftlichen Leben und des Zugangs zu öffentlichen Gütern, nach der Zukunft der Arbeit, nach sozialer Gerechtigkeit und nachhaltiger Entwicklung sind gesellschaftlich nicht beantwortet.

Die politischen Führungen und die nach wie vor regierenden kommunistischen Parteien haben die Erfahrungen des Zusammenbruchs des Realsozialismus in Europa und des darauf folgenden Zerfalls der Sowjetunion sehr genau studiert. Sie sind bemüht, Veränderungen auf politischem Gebiet nur in kleinen, vorsichtigen Schritten zuzulassen, um die Entwicklungsprozesse in der Gesellschaft weiter kontrollieren zu können. Wenn wir dies in die Tradition der chinesischen Geschichte stellen, ergibt sich eine interessante Konstellation, die etwas verkürzt so aussieht: Die Herrschaft der Regierungspartei, die weiter »kommunistisch« heißt, ihre zentralistische Organisation und eine sich auf Marx, Engels, Lenin, Mao, Deng und auf den jeweiligen Generalsekretär der Partei sich beziehende Ideologie aufrechterhält, hat sich faktisch in eine Wiederherstellung der Mandarinen-Herrschaft verwandelt (dies die europäische Bezeichnung für die Gelehrten- und Verwaltungskaste, die das alte China verwaltet hat). Sie vertritt die Interessen des »Reiches der Mitte« und deren Aufrechterhaltung, und sie ist schon deshalb an einem starken China interessiert, das sich nicht den USA unterordnet. Zugleich war die Folgerung Dengs aus der kommunistischen Mangelwirtschaft, daß der Staat, das heißt die Kaste der höheren Beamtenschaft, nicht in der Lage ist, eine prosperierende Wirtschaft zu schaffen oder aufrechtzuerhalten, und daß man dafür einen echten Markt und echte Kapitalisten braucht. So ist eine eigene neue Kapitalistenklasse in der »Volksrepublik« China entstanden, die sich wirtschaftlich weitestgehend frei bewegen kann, ebenfalls frei auf den internationalen Märkten agiert, und die Möglichkeit hat, wirklich reich zu werden und diesen Reichtum auch offen zu zeigen. (China ist heute einer der größten Importeure von extrem teuren Luxuswagen, etwa von Mercedes und Maybach aus Deutschland.) Diese Kapitalisten können dies aber nur unter der Voraussetzung tun, daß sie das politische und Institutionensystem Chinas akzeptieren. Sie können keine eigenen Parteien gründen oder kaufen, wie das zeitweise in Rußland der Fall war, und sich im Grunde nicht wirklich in das politische Leben einmischen.

Damit sind gewissermaßen zwei Machtkonfigurationen entstanden: die Bürokratie, die über den Staat verfügt und ihn als Ganzes nach außen zu schützen und zu verteidigen bestrebt ist, und dies ganz in der Tradition des alten Chinas, und die chinesische Kapitalistenklasse, die sich in die internationalen Märkte eingefunden hat und auf ihnen alljährlich Milliardenprofite erwirtschaftet. Die USA versuchen in ihren ideologischen Angriffen gegen China, diese Bürokratie zu denunzieren und mit dem Kommunismus-Vorwurf zu delegitimieren. Den chinesischen Kapitalisten allerdings wird perspektivisch nur eine abhängige, untergeordnete Rolle in dem von den USA und den von den internationalen Finanzmärkten kontrollierten weltkapitalistischen Gefüge zugemessen. Damit stehen diese chinesischen Kapitalisten vor dem Dilemma, entweder weiter eine untergeordnete Rolle im politischen Gefüge Chinas zu spielen oder zu dessen Sprengung beizutragen, dann aber eine untergeordnete Rolle im Verhältnis zu den USA zu spielen und von denen abhängig zu sein. Diese Entscheidung ist offen. Von ihr wird unter der geopolitischen Perspektive in der Weltentwicklung des 21. Jahrhunderts viel abhängen.

Die chinesischen Arbeiter, das chinesische Volk jedoch spielen dabei keine Subjektrolle, sondern werden von beiden Seiten als Objekt behandelt, von den einen zum Teil drastisch ausgebeutet, in einem Maße, wie das in Westeuropa kaum vorstellbar ist, und von den anderen herumkommandiert. Genauer betrachtet, ist das autoritäre Herrschaftssystem, das ein Aufbegehren der Arbeitenden unterdrückt, ein Standort- und Kostenvorteil des chinesischen Kapitalismus auf dem Wege zur »Fabrikhalle der Welt«, aus der alles – derzeit noch nicht in bestimmten Hochtechnologie-Bereichen – kommt, was immer in der Welt nachgefragt und verkauft werden könnte. Aber auch der Kapitalismus in China produziert neu die soziale Frage zwischen Arbeit und Kapital, und die Forderung nach tatsächlicher demokratischer Mitbestimmung wird mit zunehmender Bildung und wachsendem Wohlstand der Bevölkerung ebenfalls lauter werden. Insofern wird, nachdem die Bürokratie und die Kapitalisten gesprochen haben, das Volk sprechen. Und erst dann wird die Entscheidung über die Entwickung Chinas wirklich getroffen sein. Das allerdings ist ein anderes, ein neues Kapitel. Das jetzige China aber – wie auch Vietnam – ist keine »Reserve« oder gar ein Vorbild für einen Sozialismus im 21. Jahrhundert, der diesen Namen verdient, sondern Ergebnis eines spezifischen Weges nachholender kapitalistischer Entwicklung.

Bleibt Kuba. Fidel Castro hat, wie an anderer Stelle bereits diskutiert, allen China vergleichbaren Überlegungen eine Abfuhr erteilt, den US-Dollar als faktische zweite Währung im Lande wieder verboten, die Bauernmärkte erneuten Schikanen ausgesetzt und Scharen junger Leute ausbilden und motivieren lassen, die den Auftrag haben, den weiteren »Diebstahl des Eigentums des Volkes« zu unterbinden. Das verkündete Ideal ist die Fortsetzung eines asketischen »Sozialismus«, der schon für sich genommen Mangelwirtschaft und Schwarzmarkt produziert.

Das derzeitige politische System Kubas hat der kenntnisreiche Kenner des Landes und seiner Geschichte, Raimund Krämer, ein »spätsozialistisches Caudillo-Regime genannt«. Der Caudillo, das war oder ist die traditionelle Figur des politischen Führers, der in der politischen Kultur Süd- und Mittelamerikas seit dem Zusammenbruch der spanischen Kolonialherrschaft im 19. Jahrhundert eine wichtige Rolle spielte und oft die entscheidende Figur in politischen Auseinandersetzungen war. Es ist ein Typ autoritärer Herrschaft, der nicht institutionell verankert ist, sondern seine Legitimität aus den persönlichen Führungsqualitäten des Herrschenden herleitet. (Bei Max Weber war dies die »charismatische Herrschaft«, die bei ihm tatsächlich als eigene Quelle der Legitimität behandelt wurde, neben demokratischer und traditionaler Legitimierung, was der offiziellen Politologie bis heute Kopfzerbrechen bereitet.) Castro hat nach dem Ende des osteuropäischen Realsozialismus die von dort stammende ideologische Konterbande, die er früher aus bündnispolitischen Erwägungen übernommen hatte, wieder über Bord geworfen und ist zu seiner Interpretation des Marxismus und des Sinns der kubanischen Revolution zurückgekehrt. Über die Zeit nach 1991 ist daher zu betonen: »Blickt man auf die politischen Herrschaftsstrukturen, so wird deutlich, daß diese (wieder) auf die Person Fidel Castros zugeschnitten wurden.« (Krämer 1998: 23)

Was immer jetzt über die kubanische Revolution, Fidel Castros Platz in der Geschichte und den heroischen Widerstand des kubanischen Volkes gegen die Blockade und militärische Drohpolitik der USA gedacht oder diskutiert werden könnte, eines ist das politische Herrschaftssystem Kubas unter Castro jedenfalls nicht: Vorgriff auf einen Sozialismus im 21. Jahrhundert. Der ist entweder demokratisch oder gar nicht.

Über die neuen globalisierungskritischen Kräfte
Während einer Veranstaltung in Berlin zur Nachlese der Ergebnisse des fünften Weltsozialforums in Porto Alegre (2005) stand ein kräftiger älterer Mann auf und fragte laut und fordernd: »Wieviele Divisionen hat denn das Weltsozialform?« Als ihm dann beschieden wurde, daß es sich hier um einen politischen Raum handelt, den alle betreten können, die einen globalisierungskritischen und gegen die Kriegspolitik der Herrschenden gerichteten Grundkonsens teilen, hier um Alternativen geistig ringen und untereinander Vernetzung betreiben, antwortete er: »Dann habt ihr doch gegen die Kriegsmaschine von Bush gar keine Chance!«

Das ist die alte Sichtweise, die auch Stalin teilte. Bekanntlich fragte er auf der Potsdamer Konferenz 1945, als es um den Vatikan ging, abschätzig eben dies, wieviele Divisionen der Papst habe. Die Geschichte ging aber so aus, daß es der polnische Papst war, der das Ende des Staatssozialismus sowjetischen Typs einläutete, ohne Divisionen, aber mit der Unterminierung dessen geistiger Legitimität. In gewissem Sinne ist es mit der globalisierungskritischen Bewegung heute ähnlich: Der Neoliberalismus hat die geistige Vorherrschaft verloren, aber herrscht in den Strukturen, bestimmt Regierungen und ihre Politik, sorgt für die Berufung der stromlinienförmigen Wirtschaftsprofessoren, auf die sich dann seine Schreiberlinge in den Großzeitungen berufen, wenn sie kritisches Denken zu verbellen sich bestreben oder arrogant in der Talkshow pöbeln. Und er verbreitet auch weiterhin die Mär, es sei »kein Geld da«; die »kleinen Leute« sollten den Gürtel noch enger schnallen. In Wirklichkeit ist es natürlich da, nur nicht in den Staatsbudgets für Bildung, in den Renten- und Krankenkassen, sondern im Rüstungshaushalt und in den Taschen der Reichen, denen jahrelang Steuergeschenke gemacht wurden, die aber den Teufel tun, etwa neue Arbeitsplätze im jeweilgen Lande zu schaffen, sondern dieses Geld lieber an den Börsen verzocken.

Die Idee des weltweiten Gesellschaftsforums, das gemeinhin mit »Weltsozialforum« ins Deutsche übersetzt wird, wurde in Brasilien geboren. Zu einem Zeitpunkt, als die Arbeiterpartei PT noch nicht die Partei des Präsidenten war, und die Aktivisten meinten, die linken Politikansätze ließen sich gut umsetzen, wenn man erst den Präsidenten stellt und die Politik bestimmt. Mittlerweile macht Lula, jener PT-Präsident Brasiliens, die Politik, die er macht, und wird von links im Lande und international kritisiert. Sind es enttäuschte Hoffnungen oder wirkliche »Verrats«-Vorgänge? Diese Frage läßt sich kaum abschließend beantworten.

»Sie haben uns erlaubt, diesen Präsidenten zu wählen«, sagte eine Sozialforums-Engagierte aus Brasilien in Mumbai, in einer Veranstaltung des vorigen Weltsozialforums, »aber sie erlauben uns nicht, eine andere Politik zu machen.« Immanuel Wallerstein, der große Wirtschaftshistoriker, betont an dieser Stelle, daß das Weltsystem seine innere Logik hat, aus der niemand separat ausbrechen könne. Nur das System als Ganzes kann verändert werden.

Aber geht das, unter den obwaltenden Bedingungen? Brasilien, seit Lula, ist in der internationalen Politik aktiv wie noch nie zuvor. Es gibt neue Beziehungen zu China und Indien, Kontakte zu Rußland; Brasilien hat Venezuela unterstützt, als die bürgerlichen Boykotteure den Druck verstärkten, und will aus der südamerikanischen Wirtschaftszone eine eigene Kraft machen. Das ist mehr als nichts. Aber ist es bereits linke Politik?

Auf dem dritten Weltsozialforum, bald nach seinem Amtsantritt und unmittelbar vor seiner Abreise nach Davos, um seine Rede vor dem Weltwirtschaftsforum zu halten, das eigentlich das weltbourgeoise Gegenstück zum

Weltsozialforum ist, dort, in Porto Alegre, hielt Lula im Januar 2003 eine große Ansprache. Er meinte, er werde den »Holzköpfen in Davos« schon die Meinung sagen, und ansonsten bleibe er doch »einer von euch«; alle sollten an ihn glauben, »wie an Jesus«. Selbst ein erfahrener marxistischer Analytiker wie Samir Amin meinte damals, Brasilien verdiene die Solidarität aller linken Kräfte der Welt. Ob er das heute auch noch so sagen würde, ist ungewiß.

In Rio Grande do Sul, dem südlichsten Bundesstaat Brasiliens, von dem Porto Alegre die Hauptstadt ist, verlor die PT schon vor geraumer Zeit wieder die Mehrheit, bei den kürzlichen Kommunalwahlen auch in der Stadt. Anderswo gewann sie deutlich hinzu. Praktisch heißt das: Wo sie regierte, verlor sie, wo sie noch nicht regierte und die Menschen noch linke Alternativen erwarten, hat sie gewonnen. Bedeutet das etwas auch für andere linke Parteien, die Regierungsrollen übernommen haben? Für das Weltsozialforum aber hatte das keine Auswirkungen; die neuen Bürgerlichen ließen mitteilen, das Weltsozialforum sei weiter willkommen und solle stattfinden.

Inzwischen gibt es auch international den Vorwurf, das Weltsozialforum – oder alle derartigen Sozialforen – sei nur eine Art großer Kirchentag: frommes Predigen voller Eifer; barmherziges Beklagen all des Unrechts und Leids in der Welt, aber wenig Alternativen und »revolutionäre« Aufrufe. In gewissem Sinne ist das nicht falsch. Die *Charta von Porto Alegre*, die der Sozialforumsbewegung zugrunde liegt, verbietet Beschlüsse und daß jemand im Namen des Forums sprechen darf. Das ist eine weise Folgerung aus fast 150 Jahren linker Politik, linker Parteien und linker Spaltungen. Die Bewegung – zu der Gewerkschafter, Bauern, Frauenbewegungen, Jugendorganisationen, Schwule und Lesben, Umweltschützer, Menschenrechtler, Friedensaktivisten und viele andere gehören – bezieht aus dieser Breite ihre Kraft, die neu ist nach dem Fiasko des osteuropäischen Staatssozialismus und der kommunistischen Weltbewegung. Die Sozialdemokratie hat ihre Schutzrolle gegenüber den »kleinen Leuten« aufgegeben, die Grünen sind auf spezifische Weise mit dem Neoliberalismus kompatibel. So wurde die weltweite Sozialforumsbewegung die eigentliche politische Gegenkraft zu den Interessenvertretern des neuen Kapitalismus, die auch den Krieg wieder zum Mittel der »normalen« Politik gemacht haben.

Die Stärke ist aber auch die Schwäche. »Keine Beschlüsse« heißt, es gibt keine einheitliche Plattform, kein politisches Zentrum usw. Zunächst rein sachlich stimmt es nicht, daß keine Entscheidungen zustande kommen. Die über die großen Demonstrationen gegen den kommenden Krieg gegen den Irak am 15. Februrar 2003 war eine solche. Es wurden also Formen der Abstimmung geschaffen. Sie entsprechen den Bedingungen des 21. Jahrhunderts wahrscheinlich besser, als es eine politbürokratische Allwissenheitsstruktur je könnte. Am Ende geht es um die selbstbewusste Abstimmung selbständiger und eigenständiger Akteure. De Sousa Santos hat hier betont, das Weltsozialforum

(WSF) sei »die erste große internationale progressive Bewegung nach der neo-liberalen Reaktion zu Beginn der 80er Jahre. Seine Zukunft ist die Zukunft der Hoffnung in einer Alternative zur pensée unique – dem monolithischen Denken. Diese Zukunft ist vollständig unbekannt, und man kann nur über sie spekulieren. Sie hängt sowohl von den Bewegungen und den Organisationen ab, aus denen das WSF besteht, als auch von den Metamorphosen der neoliberalen Globalisierung.« Nur unter dem Blickwinkel des alten, orthodox-linken Verständnisses schneidet es schlecht ab, es erscheint als riesige Talkshow, hat keine klar umrissenen sozialen Akteure oder Zielvorstellungen, kein Zentrum und keine klare Strategie und Taktik. Wir haben es jedoch mit gemischten Maßstäben zu tun, das Lokale, das National-Staatliche und das Globale sind miteinander verwoben, überlagern und ergänzen sich gegenseitig. Der Zeithorizont reicht vom Sofort unmittelbarer Massenproteste bis zur langfristigen Utopie der »anderen« Gesellschaft. »Indem es die Existenz einer gegen-hegemonialen Globalisierung bestätigt und glaubwürdig macht, hat das WSF spürbar zur Erweiterung sozialer Erfahrung beitragen können. Es hat abwesende Kämpfe und Praktiken in gegenwärtige Kämpfe und Praktiken verwandelt und gezeigt, daß alternative Zukünfte, die durch die hegemoniale Globalisierung für unmöglich erklärt werden, trotz allem Signale ihres Aufkommens senden. Indem es die verfügbare und mögliche soziale Erfahrung erweitert, schafft das WSF ein globales Bewußtsein für verschiedene Bewegungen und NGOs [Nichtregierungsorganisationen] – von der Reichweite ihrer Aktion einmal ganz abgesehen. Solch ein globales Bewußtsein war wesentlich, um eine bestimmte Symmetrie der Größe zwischen der hegemonialen Globalisierung auf der einen und den Bewegungen und NGOs, die gegen diese Globalisierung kämpfen, auf der anderen Seite zu schaffen.« (De Sousa Santos 2004: 440 ff.)

So wurden in den vergangenen Jahren die Mauern der neoliberalen Ideologie eingerissen. Gleichzeitig verloren die Protagonisten der Sozialforumsbewegung ihre Illusionen von einem in kurzer Frist möglichen Wandel. Der Neoliberalismus, auch wenn er seinen alleinseligmachenden Charakter verloren hat, stellt noch immer ein starkes Interessen- und Institutionengefüge dar, das von der Weltbank und der Welthandelsorganisation bis zu den üblichen Wirtschaftsprofessuren an den Universitäten reicht. Demgegenüber gilt es für die globalisierungskritischen Kräfte, jetzt die Instrumente für eine lange Periode des Widerstandes zu entwickeln, neue Praktiken der Organisation und einer Gegenkultur zu entwickeln. Dabei soll Fragmentierung vermieden und eine neue Art von Problematisierung der sozialen und politischen Konflikte entwickelt werden. Das Subjekt eines Sozialismus im 21. Jahrhundert ist nicht aus soziologischen Theorien abzuleiten, und es ist keine Avantgarde, die sich selbst ernennt. Es entsteht aus den Kämpfen und Konflikten selbst. Tempo, Schrittfolge und historisches Endergebnis sind offen und möglicherweise in den verschiedenen Weltgegenden, Regionen und Ländern auch unterschiedlich. Das Hauptmerkmal ist eine große Vielfalt und Pluralität, die schon deshalb dem Neoliberalismus entgegensteht, weil der eine ökonomische und kulturelle Vereinheitlichung und Uniformierung zu erzwingen versucht, der die Bewegungen und Lebenswelten ihre eigene Kultur und ihre politische Entscheidungskraft gegenüberstellen.

Noch einmal über die Voraussetzungen, und was daraus folgt
Daß soziale Beziehungen auf der Gleichheit und der Freiwilligkeit der Beteiligten beruhen sollten, ist eine alte Forderung nicht nur utopischen, sondern emanzipativen Denkens überhaupt. Sie ist stets Teil der Suche nach einer besseren Gesellschaft und demzufolge auch der nach neuen theoretischen Ansätzen für ein linkes Politikverständnis. Derzeit machen auch wieder utopisch-anarchistische Texte die Runde, die meinen, man könnte jenseits von Markt- und Planwirtschaft eine partizipatorische Ökonomie schaffen, die sich über Versammlungen reguliert. Ein diesbezügliches Buch von Michael Albert wird derzeit entsprechend herumgereicht. Es soll ein komplexes, alle Lebensbereiche durchdringendes System jenseits der herrschenden Ökonomie von Ausbeutung und Privateigentum errichtet werden, mit dem Ziel, eine lebendige, solidarische und selbstorganisierte Gesellschaft zu schaffen. In einem weit gespannten Netz von Räten sollen Produzenten und Verbraucher partizipatorisch über die benötigten Güter und Waren beraten und entscheiden. Ob die dann angesichts der Lebendigkeit der Diskussion auch noch Zeit zum Produzieren haben? Wird es noch verbindliche Liefertermine geben? (Albert 2005)

Eine ähnliche Idee hat vor einigen Jahren Christoph Spehr diskutiert, als er versuchte, eine »Grundlegung der freien Kooperation« vorzulegen. Er beginnt mit einem etwas bemühten Bild des wohl recht katholischen *Weltbild*-Verlages aus Augsburg, das er als »ein typisches Stück demokratischer Propaganda« bezeichnet, um dieses dann grundsätzlicher Kritik zu unterziehen. Man könnte aus einer kultursoziologischen Perspektive natürlich zunächst fragen, weshalb bayrisch-katholische Erbauungsschriften mit pädagogischem Zweck, zumal für Kinder geschriebene, repräsentativ sein sollen für Demokratie überhaupt, doch das ist eine andere Frage. Unterstellen wir einmal, es sei so, und lassen uns auf Spehrs Argumentationsfigur ein: »In einer Hütte lebten drei Bären, zwei große und ein kleiner. Die großen Bären haben alles im Griff und wissen, wo es langgeht; aber der kleine Bär ist uneinsichtig und eigensinnig … Wenn die großen Bären ihn rufen, sagt der kleine Bär ›Nein‹ und kommt, sobald es ihm paßt. Er will keine Suppe essen, obwohl die gesund ist …« usw. Etwas weiter fragt der Autor dann ganz grundsätzlich: »Wieso gehört den alten Bären das Haus? Weil sie darin geboren sind? Weil sie es gebaut oder gekauft haben …? Wieso entscheiden sie, wann das Essen gegessen wird?«. (Spehr 2003: 19, 21) In der »freien Kooperation« dagegen müßten die Regeln

stets neu ausgehandelt werden können, alle Beteiligten der Kooperation müßten sie auch aufgeben, einschränken oder unter Bedingungen stellen dürfen.
Erst dann seien alle Beteiligten mit gleichen Rechten ausgestattet.

Wenn dies so zutrifft, müssen auch die großen Bären jederzeit gehen können. Wir kennen alle aus der Presse Geschichten, in denen dies getan wurde.
So lautet einer der Berichte: Eine junge Mutter in Frankfurt/Oder hatte einen
neuen Mann, mit dem sie unbedingt einige Tage verbringen wollte, und da sie
keine Lust hatte, sich wieder die Vorwürfe ihrer Mutter anzuhören, hatte sie
dieser das nicht gesagt, die Wohnung verlassen und die Tür abgeschlossen.
Ihre beiden kleinen Kinder wurden in der Wohnung nach zwei Wochen jämmerlich verdurstet aufgefunden. Das Gericht stellte dann fest, daß die Frau
eine unterentwickelte Fähigkeit zu sozialem Verhalten hatte. – Bereits hier
wird deutlich: Nicht alles ist zu jeder Zeit verhandelbar. Nicht alle sind zu allen Zeiten gleichermaßen zur Aushandlung von Bedingungen fähig. Die Frage, wann der Säugling seine Flasche oder das Kleinkind sein Essen bekommt,
richtet sich nicht nach »Machtentscheidungen« der Eltern, sondern hat zunächst ganz physiologischen Erfordernissen zu folgen. Und wer nicht nur eine
postmoderne Ein-Kind-Familie kennengelernt hat (wie sie das gewählte »Weltbild«-Bild vorstellt), sondern beispielsweise drei oder vier Kinder hat, weiß,
daß sich bereits die Familie als ein eigener sozialer Organismus erweist: Es sind
die Kinder, die sich auf das gemeinsame Abendessen freuen, und die größeren,
die dann bereits die Uhr kennen, warten darauf, daß es losgeht, zu einer möglichst festen Zeit. Regeln erleichtern das Zusammenleben. Und es sind auch die
Kinder, die darauf achten, daß beispielsweise nicht immer dieselben den Tisch
abräumen und dieselben gerade »etwas anderes« zu tun haben.

Es gibt offensichtlich qualitativ unterschiedliche Regeln in der Gesellschaft
und in einer Gemeinschaft, wie der Familie. Spehr kennt nur Regeln, die Ver-
brämung von Machtverhältnissen sind, Regeln von Gesellschaftlichkeit in einem herrschafts- und profitdominierten Gefüge. Es ist aber auch Eigenart von
Regeln, das Zusammenleben in bestimmten Kontexten überhaupt erst zu ermöglichen, es zu rationalisieren. Zunächst: Ich kann mir natürlich vorstellen,
mit meinem Partner vor jedem Spiel neu auszuhandeln, welche Züge die einzelnen Figuren in jeder Schachpartie machen sollen dürfen. Dann ist jedoch erstens die Gefahr groß, daß ich vergesse, was gerade für dieses Spiel vereinbart
war, zweitens kann ich – selbst mit dem selben Partner – die verschiedenen
Partien nicht mehr vergleichen und drittens erst recht keine Turniere in größeren Gruppen spielen. Das alles geht nur bei einheitlichen und längerfristig
gleichbleibenden Regeln, die in diesem Falle gerade nicht Ausdruck von
Macht, sondern von Gleichberechtigung aller Spieler sind.

In Spehrs Modell wird die/der einzelne lediglich als Inhaber von Rechten
gedacht, vor allem des Rechts, jederzeit gehen zu können. Pflichten kommen
hier nicht vor, ich meine hier nicht jene der hohlen Phrasen, etwa »der Pflicht,

für das Vaterland zu sterben«, sondern jene, die sich aus der Humanität ergeben, und nicht lediglich der Schein von herrschaftsvermittelter Unterdrük-
kung sind. Die Gemeinschaft, die als gemeinschaftliches Subjekt handelt und
funktioniert (oder nicht funktioniert), kommt hier nicht vor. Es gibt aber eine
Verantwortung in der Fürsorge, die nicht verhandelbar ist, neben der Kinder-
erziehung beispielsweise den ganzen Bereich der Altenpflege (die in der Regel
nicht von Selbstverwirklichern geleistet wird), wo die »Pflegefälle« mit Alz-
heimer gerade nicht gehen können, wann sie wollen, wenn man sie als Menschen mit dem Recht auf Leben und auf körperliche Unversehrtheit ansieht.
Insofern ist Spehrs Verhandlungsmodell eine Art Kehrseite der neoliberalen
Weltdeutung: Alle Akteure sind jung, dynamisch, gesund, körperlich und geistig fit zum Verhandeln (wie sie neoliberal als Kapitaleigner gedacht sind);
die/der einzelne tritt als Person der Gesellschaft oder dem Unternehmen gegenüber. Aber sie/er wird nicht zugleich als Individuum in unterschiedlichen
sozialen Kontexten und Rollen gedacht. Die Sozialität zeigt sich aber gerade in
der Barmherzigkeit gegenüber jenen, die nicht über entsprechende Verhandlungsmacht verfügen. Linke Politik also müßte zunächst auch von hier aus zu
denken bemüht sein.

Nehmen wir ein anderes Feld. Gilt das Verhandlungsrecht für den Busfahrer nur auf der Ebene, ob er Busfahrer bleiben oder lieber Eisverkäufer sein
will, oder hat er das Recht, bei jeder Fahrt beliebig mit jedem einzelnen Fahr-
gast über Fahrpreis, Fahrtroute und Haltepunkte zu verhandeln? Absurd gefragt. Jeglicher Öffentliche Personennahverkehr würde zusammenbrechen
und Christoph Spehr die Ehrenmedaille der deutschen Autoindustrie erhalten. Aber könnten etwa die Ingenieure des Städtischen Elektrizitätswerkes alle
gleichzeitig gehen? Müssen sie vorher das Kraftwerk abschalten, oder sollen
sie das Recht haben, daß es ihnen gleich sein kann, ob es dann explodiert?

Die heutige Gesellschaft hat eine industrielle (und »post«-industrielle technische und organisatorische) Grundlage, die ihrerseits feste Regeln erheischt, und
zwar zunächst diesseits ihrer Kapitalformen. Die moderne Industrie kann ohne
Regeln nicht funktionieren, die technologischen Prozesse der Produktion und
Reproduktion sind anders nicht denkbar, und sie sind zumeist nicht verhandelbar. Im neuen, computergestützten Dienstleistungsbereich sind frei verhandel-
bare Arbeitszeiten ohne fordistische Gängelung denkbar und umsetzbar, Stahlproduktion oder bestimmte Sparten der Chemieindustrie und des Bergbaus
sind ohne ganz feste Zeit- und Verlaufsregime gewiß nicht zu betreiben, ebenso
Eisenbahn- und Luftverkehr. Die weitere Computerisierung wird auch dies weiter erleichtern, am Ende werden jedoch immer Menschen nötig sein, diese Abläufe zu überwachen bzw. zu realisieren, »rund um die Uhr«.

Nun könnte eingewandt werden, gerade dies sei ja Ausdruck der Entfremdung, die der Kapitalismus hervorgebracht habe. Dann müßte über die Fortexistenz dieser industriellen Basis debattiert werden. Nüchterne Analysen –

etwa harter Sozialdaten: Wie hoch war die durchschnittliche Lebenserwartung in Deutschland im Jahre 1901, wie ist sie heute? Wieviel Quadratmeter Wohnraum hatte eine durchschnittliche Arbeiterfamilie in Berlin 1901, wieviel hat sie heute? Wie viele Wohnungen hatten bzw. haben Innen-WC und Bad/Dusche? – zeigen, daß die gesamte materielle Zivilisation, über die die Menschen im 21. Jahrhundert verfügen können, in den vergangenen etwa 150 Jahren geschaffen wurde. Auch die Bevölkerungsexplosion in den armen Ländern der »Dritten Welt«, die eines ihrer größten Probleme ist, kann nicht ohne die internationalen Fortschritte in der Medizin ernsthaft analysiert werden.

Eine romantische Rückkehr in eine Welt von Ökobauernhöfen, die quasi Subsistenzwirtschaft betreiben, und wo jeder mal pflügt, mal fischt und mal dichtet, ist – bei Anhalten der derzeitigen Geburtenraten und einer restriktiven Zuwanderungspolitik – vielleicht für die Deutschen im Jahre 2050 möglich, nicht aber für die Menschheit. Über sieben Milliarden Menschen sind nicht ohne industrielle Grundlagen überlebensfähig. Insofern ist die technologische Großapparatur der Moderne, die unter den Bedingungen des Kapitalismus geschaffen wurde, unhintergehbar – und damit sind all jene Fragen der linken Debatten wieder auf der Tagesordnung, die seit Marx' Zeiten erörtert wurden und die Spehr ausspart: Geht das auch ohne Kapitalismus oder mit einem sozial gezähmten? Wie kann man das demokratisch kontrollieren, ohne über die Abschaffung sämtlicher »Regeln« zu schwätzen? Gibt es eine gleichere, gerechtere Gesellschaft jenseits der jetzigen, die die produktiven Fortschritte nicht abschafft, sondern in einem doppelten Sinne »aufhebt«: bewahrt und erneuert, und so mehr Freiheit für jede/jeden ermöglicht? Es muß wieder über Produktivkräfte und Produktionsverhältnisse geredet werden, neu und undogmatisch, aber aufs Neue analytisch begründet.

Auch bei Spehr gibt es Abschnitte, in denen es um Produktivität geht. Gleichsam genervt ruft er aus: »Welche alten Bären können in mein Leben hineinreden, ohne daß ich sie daran hindern kann? ... Wieviele Arschlöcher muß ich überzeugen, um eine gute Idee verwirklichen zu können?« (Spehr 2003: 40) Angesichts dessen, daß er ansonsten objektivierbare Kriterien ablehnt, ein eigenartiger Ausruf; es gibt keine a priori oder an sich »gute Idee«. Kann ich eine »gute Idee« haben, wenn ich sie anderen nicht gut vermitteln kann? Wenn alles verhandelbar ist, können stets auch die anderen »nein« sagen. Sind sie dann automatisch »alte Bären« oder »Arschlöcher«, nur weil sie dies getan haben? Jede Form der Kooperation schränkt meine Handlungsfähigkeit ein. Nur als absoluter Herrscher oder als einsamer Eremit bin ich völlig frei in meinen Entscheidungen, zumindest unter der Voraussetzung der gegebenen materiellen Bedingungen, jedenfalls frei in bezug auf meine Entscheidungen in Abhängigkeit von anderen Menschen. Die absolute »Freiheit« Adolf Hitlers bestand am Ende darin, andere Menschen millionenfach umbringen zu lassen, und sie hatte ihrerseits seine bereits in den 1920er Jahren geäußerte Bereitschaft zur Voraussetzung, sich selbst gegebenenfalls rasch und umstandslos umzubringen, was er 1945 dann ja auch tat. Kooperation kann nie wirklich »frei« sein, weil sie immer abhängig ist nicht nur von den materiellen Bedingungen, die ich oder die mit mir zeitgleich Lebenden vorgefunden haben, sondern weil sie zugleich abhängt von meiner Kooperationsfähigkeit mit anderen Menschen, die wiederum zur Voraussetzung hat, sie zu achten.

Offenbar scheint es so zu sein: Besonders schwierig ist meist die Lage derer, die die neuen Ideen haben, der Erfinder, Bahnbrecher der Wissenschaft, der Entdecker und Erneuerer. Die zitierte Passage ist nur ein Moment in Spehrs Versuch, das Produktivitätsproblem in seine Erörterungen einzubeziehen. Er zitiert einen südafrikanischen Ökonomen, Themba Sono, mit den Worten: »Freiheit schafft Ungleichheit. Gibt man zwei Menschen Freiheit, wird immer einer erfinderischer und produktiver sein als der andere«, meint dann aber: »Das Individuum kann also tatsächlich gern ›erfinderischer und produktiver‹ sein als andere, wie Sono das nennt, es leitet sich daraus aber kein privilegierter Zugriff auf die Arbeit und Natur anderer ab.« (Spehr 2003: 38, 45) Auch wenn der Produktivere die anderen dann als »Arschlöcher« betrachtet. Diese aber sind meist bestrebt, die Sache auf ihr Niveau herunterzuhandeln.

Das war genau das Produktivitätsproblem des Realsozialismus. In der Arbeitsbrigade galt in der Regel das Prinzip der »Gleichheit«: Keiner sollte den Kopf besonders weit herausstrecken, wer die »Normen« deutlich überbot, wurde geschnitten. Wolfgang Engler schrieb über den Arbeiter in der »arbeiterlichen Gesellschaft« der DDR: »Er war ökonomisch unabhängig, existentiell von vornherein gesichert und wußte vom Kampf um soziale Anerkennung nur vom Hörensagen ... Solange er arbeitete, diente er nicht, sondern herrschte, beugte sich weder den Weisungen von Vorgesetzten noch Konsumentenwünschen. In seiner Einflußsphäre wurde das Dienen gesellschaftlich geächtet, die Herrschaft sanktioniert und das Leben außerhalb der Arbeit all jener Annehmlichkeiten beraubt, die nur der Dienstbarkeit entspringen.« (Engler 1999: 206) Von außen schien es, als herrsche das Prinzip der Faulheitskonkurrenz; und die Betriebsdirektoren in der DDR sahen im Herbst 1989 die Chance zuallererst darin, die »Arschlöcher« endlich rausschmeißen zu können. In diesem Sinne sprach man in Ungarn in den späten 1980er Jahren davon, daß die besonders Benachteiligten im Realsozialismus die Hochbegabten sind.

Spehr erwähnt das Problem der unterschiedlichen Produktivität der einzelnen. In seinem Verhandlungsmodell bleibt es jedoch ungelöst: Wenn die Begabteren, die Produktiveren nur die nivellierte Verhandlungsmacht aller haben, gibt es keinen Anreiz für die höhere Leistung, die wiederum Voraussetzung eines größeren gesellschaftlichen Gesamtprodukts ist. Kann also »linke Politik« die Produktiveren im Sinne der Steigerung der Produktivität der Gesellschaft fördern, ohne die derzeitigen Mechanismen spätkapitalistischer Ausbeutung fortzusetzen? (Die allerdings immer weniger mit produktiver Leistung und immer mehr mit Täuschung, dem Verkaufen von Illusionen, der Bezahlung von Nichts-Können oder mediengesteuerter Überbezahlung zu tun haben, denken wir etwa an jene Unsummen, die unbegabte »Stars« oder die Riege der Berufsfußballer erhalten, oder die Millionen Euro, die gescheiterte Großmanager oder Fußball-trainer als »Abfindung« bekommen, damit sie endlich gehen.)

Wenn wir also auf die Voraussetzungen von Gesellschaftlichkeit und der Produktivitätsentwicklung der Gesellschaft des 21. Jahrhunderts zurückkom-men, bleibt uns nicht erspart, im Sinne von Ruben und in Anlehnung an Schumpeter (Essay »Lohnarbeit und das Recht auf Faulheit«) über den inno-vativen Unternehmer zu reden und die Frage, über welche Möglichkeiten er einerseits und die Gesellschaft andererseits verfügen, um miteinander in eine Vertragsbeziehung zu treten, dergestalt, daß er auf Kredit die Ressourcen er-hält, um seine Innovation »auszuprobieren«, und die Gesellschaft bzw. ihre Bank einen Teil dieses Risikos tragen, am Ende, wenn es gut geht, aber mit-verdienen. Es geht also darum, solche Mechanismen nicht abzuschaffen, son-dern ihren Gebrauch transparent zu gestalten und demokratisch zu kontrol-lieren. Für die absehbare Zeit des 21. Jahrhunderts wird dies jedoch nicht jenseits von Markt, Geld, Preis, Kredit und Zins möglich sein, auch nicht jen-seits von unterschiedlichen individuellen Einkommen, vorausgesetzt, daß sie etwas mit unterschiedlichen Leistungen zu tun haben.

Erkenntnistheoretisch nimmt Spehr für sein Konzept in Anspruch, von »fünf großen Revisionen im Nachdenken über Emanzipation« ausgehen zu müssen, »die von den sozialen Bewegungen der letzten dreißig Jahre einge-fordert und vorgenommen« worden seien. »Die Revisionen betreffen das Ver-hältnis zu Macht/Staat, Fortschritt/Entwicklung, Objektivität/Homogenität, Demokratie sowie zu Vergesellschaftung/rationaler Bedürfnisbefriedigung.« (Spehr 2003: 47) Kann man ihm gern darin folgen, daß spätestens mit dem Scheitern des Realsozialismus offensichtlich ist, die Gesellschaft ist nicht nach vorgefaßtem Plan von oben qua Staat umzubauen, durch eine allwissende Partei, die am besten weiß, was dem Volke frommt und die Gleichheit als Nivellierung verordnet, so ist es mit dem »Fortschritt« schon solch Ding. Von der »Erfindung« des Feuers und dem Verlassen der Höhle bis zur heutigen Zivilisation hat die Menschheit schon ein Stück Wegs zurückgelegt, das man nicht anders denn als Fortschritt bezeichnen kann. Neuere Arbeiten zur Früh-geschichte der Menschheit – »Weshalb eroberten die Europäer Amerika und nicht die Inkas Europa?« – (Essay »Kapitalismus und Weltsystem«) zeigen ge-rade, daß man die Menschheitsgeschichte durchaus sehr materialistisch von ihren Anfängen her erklären kann, ohne die Ideologeme des weißen christli-chen Mannes und seiner vorgeblichen »Überlegenheit« bemühen zu müssen. Das Problem besteht eher darin, einen neuen, nicht-linearen Fortschrittsbegriff zu entwickeln und diesen von links politisch zu besetzen, nicht aber den Fort-schrittsbegriff aufzugeben.

Noch fataler steht es um die Frage nach der Objektivität. Spehr meint: »Wir leiten unsere Anschauungen nicht unmittelbar aus der Wirklichkeit ab; eher entwerfen wir ein Gebäude, das wir der Wirklichkeit anlehnen ... Die postmoderne Philosophie weist darauf hin, daß in dieser Vorstellung noch eine feste gedankliche Unterscheidung zwischen Auffassung und Wirklichkeit enthalten ist, die sich ebenfalls nicht halten läßt. Wir haben keinen Zugang zur Wirklichkeit, der nicht über Auffassungen von der Wirklichkeit führt, ob es nun formulierte Ansichten sind oder Auffassungen, die in unserer Praxis zum Ausdruck kommen. Zu Ende gedacht heißt das, daß wir uns immer in Auffassungen bewegen, die Vorstellung von einer Wirklichkeit, die jenseits von Auffassungen irgendwo ›real‹ herumliegt, verschwindet damit. Alles ist ›Text‹ oder, mehr marxistisch ausgedrückt, alles ist soziale Praxis.« (Spehr 2003: 61 f.) Oder, an anderer Stelle: zu glauben, »die Dinge zu sehen, ›wie sie sind‹«, das sei »die eigentliche Ideologie«. (Spehr 2003: 63, Anm. 32) Dies ernstgenommen heißt, wir haben es nur mit Diskursen zu tun. Analyse des Kapitalverhältnisses, Arbeitswert-Theorie und anderes Komplizierte, mit dem sich linke Gesellschaftskritik seit 150 Jahren herumschlägt, sei obsolet, unnötig. Die Wirklichkeit ist verschwunden. Dann kann man das Ansehen der Acht-Uhr-Nachrichten am Abend natürlich auch als »Horror« betrachten, der sich von dem später im Fernsehen gezeigten Horrorfilm nicht unterscheidet. Nur: Die Flugzeugabstürze und die Bomben in Libanon und die zerfetzten Leiber der unschuldigen Opfer des jüngsten Selbstmordattentats in Bagdad sind wirklich, diese Toten sind tot, gemordet, sie sind nicht Variablen von Diskurszusammenhängen.

Der große Dichter Peter Hacks hat in seinem wohl letzten Buch darauf verwiesen, daß es stets schwieriger ist, sich auf der Höhe der Aufklärung zu bewegen als in den Niederungen der Anti-Rationalität. Er zitiert Goethe, der im Alter (zu Eckermann) sagte: »Alle im Rückschreiten und in der Auflösung begriffenen Epochen sind subjektiv, dagegen haben alle vorschreitenden Epochen eine objektive Richtung. Unsere ganze jetzige Zeit ist eine rückschreitende, denn sie ist eine subjektive.« Und setzt Hegel hinzu: »Das Übel der Zeit ist die Zufälligkeit und Willkür des subjektiven Gefühls und seines Meinens.« (Hacks 2001: 142 f.) Wir haben es heute mit einem Umsichgreifen von subjektiven Texten in diesem Sinne zu tun, die ihrerseits nur die Kehrseite der Anti-Rationalität sind, die der neoliberale Zeitgeist verbreitet, um Gesellschaftskritik und damit die Hestellung wirklicher Verhältnisse jenseits der jetzigen Gesellschafts- und Herrschaftsverhältnisse zu verhindern.

Fazit

Die neue Gesellschaft des 21. Jahrhunderts, die auf eine sozialistische hinausläuft, entsteht aus den konkreten Verhältnissen der jetzigen Gesellschaft heraus und aus den Voraussetzungen, über die diese inzwischen materiell, politisch, sozial, kulturell und geistig verfügt. Es wird weiter politische Institutionen und Wahlen zu repräsentativen Körperschaften geben müssen und zugleich direkte »Räte« partizipativer Demokratie und völlig offene Gremien und Treffen, an denen Menschen deshalb mitentscheiden, weil sie einfach da sind. Es wird weiter Verfassungen, Gesetze, Polizei und Gerichte geben, weil auch in der Zukunft Kriminalität und Regelverstöße an der Tagesordnung sein werden. Es wird Steuern und Abgaben geben müssen, damit öffentliche Aufgaben auch öffentlich gewährleistet werden können. Und es wird eine Wirtschaft mit vielen verschiedenen Sektoren geben, mit privaten Firmen, staatlich organisierten Groß- und Versorgungsbetrieben, Genossenschaften und selbstwirtschaftenden Gemeinschafts-Werkstätten. Demokratische Regelungen und Kontrollinstanzen wird es in all diesen Einrichtungen geben müssen, ebenso wie Markt, Preise, Geld und Kredit. Über alles dies aber werden die Menschen in politischen Prozessen selbst und frei entscheiden müssen. Daß sie es auch können, hat die Zurückdrängung der autoritären, gegen-demokratischen Dominanz des heutigen vermachteten Kapitalismus zur Voraussetzung. Der Übergang wird möglicherweise lange dauern und harter Auseinandersetzungen bedürfen. Die gewollte Welt von morgen entsteht aus der realen Welt von heute. Das »Subjekt« sind alle, die daran an der sozialistischen Seite teilnehmen.

Zum Weiterlesen:

Michael Albert (2005): Parecon. Leben nach dem Kapitalismus, Frankfurt am Main: Trotzdem Verlag.

Boaventura de Sousa Santos (2004): Das Weltsozialforum: Für eine gegenhegemoniale Globalisierung, in: Anita Anand, Arturo Escobar, Jai Sen und Peter Waterman (Hrsg.): Eine andere Welt. Das Weltsozialforum, Berlin: Karl Dietz Verlag.

Wolfgang Engler (1999): Die Ostdeutschen, Berlin: Aufbau-Verlag.

Peter Hacks (2001): Zur Romantik, Hamburg: Konkret Literatur Verlag.

Raimund Krämer (1998): Der alte Mann und die Insel. Essays zu Politik und Gesellschaft in Kuba, Berlin: Berliner Debatte Wissenschaftsverlag.

Christoph Spehr (2003): Gleicher als andere. Eine Grundlegung der freien Kooperation, Berlin: Karl Dietz Verlag.

Über das Seiende hinaus

Geschrieben steht: »Im Anfang war das Wort!«
Hier stock' ich schon! Wer hilft mir weiter fort?
Ich kann das Wort so hoch unmöglich schätzen,
Ich muß es anders übersetzen,
Wenn ich vom Geiste recht erleuchtet bin,
Geschrieben steht: Im Anfang war der Sinn.
Bedenke wohl die erste Zeile,
Daß Deine Feder sich nicht übereile!
Ist es der Sinn, der alles wirkt und schafft?
Es sollte stehn: Im Anfang war die Kraft!
Doch, auch indem ich dieses niederschreibe,
Schon warnt mich was, daß ich dabei nicht bleibe.
Mir hilft der Geist! Auf einmal seh' ich Rat
Und schreibe getrost: Im Anfang war die Tat!
Johann Wolfgang Goethe: Faust

Lange hatte es gedauert, Generationen und Lichtjahre, bis das erste Raumschiff der Menschen an den Rand der Galaxis gekommen war. Damit begann eine utopische Geschichte aus den 1950er Jahren. Der Autor kam aus den USA und der *Verlag Volk und Welt,* der beste und sorgfältigste Verlag der DDR für ausländische Literatur, hatte die Erzählung 1969 in einem Sammelband herausgebracht. Diese Geschichte war mir besonders in Erinnerung geblieben. Sie schildert die erste Begegnung mit Außerirdischen. Am Ende jedoch stellt sich heraus, jene kamen auch von der Erde, waren ebenfalls Menschen, nur hatten sie die Galaxis in der entgegesetzten Richtung umrundet, und beider Kulturen hatten vergessen, daß andere einst in die Gegenrichtung aufgebrochen waren. Die beiden Teilnehmer dieser ersten Begegnung schauen dann etwas beklommen in die Tiefe des Alls und stellen fest: Wir sind allein.

In gewissem Sinne geht es uns heute ähnlich. Joseph Schumpeter hatte von der Beobachtung berichtet, daß der alte Marxismus deshalb so leidenschaftliche Anhänger hatte, weil sie mit Bezug auf Marx davon überzeugt waren, ihre Sache werde niemals unterliegen und am Ende siegreich sein. Die Literatur der Sowjetunion über Frontereignisse des Zweiten Weltkrieges oder Berichte aus den Konzentrationslagern der Nazis beschreiben eben dies: Auch in den größten Stunden der Not, auch wenn nur noch der Tod zu erwarten war, fanden sich Kommunisten, die mit erhobenem Haupt vorangingen. Es war die Überzeugung, daß die Gesetzmäßigkeiten der Geschichte letztlich den Sieg erwirken werden, Niederlagen nur temporär sind und das eigene Schicksal angesichts dessen wenig zählt. Genau in diesem Sinne hatte Karl Liebknecht, neben Rosa Luxemburg Mitbegründer der Kommunistischen Partei Deutschlands, zeitgleich mit ihr ermordet und neben ihr in Berlin beigesetzt, in seinem letzten Artikel geschrieben: »Die Geschlagenen von heute werden die Sieger von morgen sein ... Noch ist der Golgathaweg der deutschen Arbeiterklasse nicht beendet« – da zog die weiße Soldateska bereits ihre Blutspur durch Berlin, doch Liebknecht setzte fort: »aber der Tag der Erlösung naht ... Himmelhoch schlagen die Wogen der Ereignisse – wir sind es gewohnt, vom Gipfel in die Tiefe geschleudert zu werden. Aber unser Schiff zieht seinen geraden Kurs fest und stolz dahin bis zum Ziel. Und ob wir dann noch leben werden, wenn es erreicht wird – leben wird unser Programm; es wird die Welt der erlösten Menschheit beherrschen. Trotz alledem!« (Rote Fahne, Berlin, 15. Januar 1919)

Diese Gewißheit scheint es seit 1989/1991 nicht mehr zu geben. Wir schauen, wenn ich das Anfangsbild wieder aufgreife, in die Tiefe des Alls und sehen das Nichts – oder uns selbst. Wir sind auf uns selbst gestellt. Für alle Zeiten. Und für jede unserer Entscheidungen verantwortlich, vor uns selbst und den kommenden Generationen. »Von allen Katastrophen, die uns im 20. Jahrhundert widerfahren sind, ist die schlimmste der Zusammenbruch der Hoffnung«, schreibt Moulian (2003: 217). Ist tatsächlich »die Hoffnung« zusammengebrochen oder nur die Hoffnung auf die Projekte des 20. Jahrhunderts? Haben wir nicht bereits neue Hoffnungen, die sowohl aus uns selbst, der Neuen Linken des 21. Jahrhunderts, der Sozialforumsbewegung, den Mobilisierungen der Linken, etwa in Lateinamerika, oder den neuen linken Wahlergebnissen in Europa entspringen, als auch aus den Niederlagen des Imperiums und seiner Kriegsmaschinerien resultieren?

Das zynische Grinsen der russischen »Biznesmeny«, die einst zur sowjetischen Nomenklatura gehörten, ist ein Echo der Niederlagen des 20. Jahrhunderts – wie auch eine Rede Gorbatschows im bayerischen Bierzelt, wo er sagte, es sei schon immer seine Absicht gewesen, daß es so komme, wie es jetzt ist. Eduard Schewardnadse, der als sowjetischer Außenminister die griechischen Philosophen und Cicero zitierte und damit als ehemals leitender Geheimdienstgeneral die westlichen Medien beeindruckte, war einer der Protagonisten der Abwicklung des Realsozialismus ohne Konzept und ohne historisches Gespür. Beide – Gorbatschow und Schewardnadse – hatten nicht einmal regulär kapituliert, sondern sind einfach aufgestanden vom Schachbrett des Kalten Krieges – anschließend hat der alte Bush die Figuren so geschoben, daß das Imperium seinen Sieg mitteilen konnte. Dieser Schewardnadse endete als örtlicher Despot in Georgien mit Mafia-Herrschaft, der dann durch eine von westlichen Geheimdiensten inszenierte Intrige davongejagt wurde. Gorbatschow, der zu Hause bei Wahlen nicht einmal mehr ein Prozent bekommt, steht gegen Honorar als internationaler Wanderprediger zur Verfügung. Von diesen Schicksalen der letzten Gestalten der Hoffnungslosigkeit sollten wir uns allerdings nicht beirren lassen.

Die Hoffnung war aber schon innerhalb des Realsozialismus gestorben, weshalb ja auch so viele Menschen 1989 die sozialistischen Länder verlassen wollten. Und war die frühere Geschichte des Kommunismus in der Tat eine Tragödie, mit Hekatomben von Opfern, so war ihr Ende eher eine Farce. Im

Schlußakt der DDR hatten wir eine erstmals »frei gewählte« Regierung, die nicht regierte, Politiker, die Politik zu machen nicht verstanden, Generäle, die nicht kommandierten, Maler, die nicht malen konnten und deshalb in die Dissidenz gegangen waren, Dichter, die nicht dichten konnten und deshalb den politischen Skandal gesucht hatten, Pfarrer, die von Theologie nichts verstanden und also Parteien gründeten, Staatsfunktionäre, die nicht zu funktionieren vermochten, als die »Berater« aus dem Westen kamen, weshalb die westdeutsche Hochbürokratie die Staatsverträge über die deutsche Einheit im Grunde mit sich selbst machte, und am Ende ein Volk, das nur wußte, daß es den Staatssozialismus nicht länger wollte. Doch es glaubte dem Bundeskanzler Kohl, es werde alles besser, und meinte, es könnte die Vollbeschäftigung aus dem Sozialismus behalten, und der Westlohn, das Westauto, der Videorecorder und die Urlaubsreisen ans Mittelmeer kämen hinzu. (Die Grundidee zu dieser Interpretation habe ich bei dem Philosophen Steffen Dietzsch gehört; die Interpretation hier liegt jedoch allein in meiner Verantwortung.)

Hier, im Herzen Europas sind zwei Hoffnungen untergegangen, die eine, die mit dem kommunistischen Staatssozialismus ursprünglich für viele Menschen, zumal aus den Unterschichten, verbunden war, und die andere, die da lautete, es werde alles besser, wenn es diesen nicht mehr gibt und die Freiheiten des Westens gelten. Die Freiheiten galten dann allerdings eher für die westlichen Anleger, nicht für die ostdeutschen Arbeitslosen. Unmittelbar nach der »Währungs-, Wirtschafts- und Sozialunion« in Deutschland 1990 verzeichnete die ostdeutsche Wirtschaft einen tiefen Einbruch, in dessen Verlauf das Bruttoinlandsprodukt (BIP) um mehr als ein Drittel und die Industrieproduktion um rund siebzig Prozent zurückgingen. Seit 1989 haben etwa 1,8 Millionen Menschen (oder 11,4 Prozent der Bevölkerung) den Osten Deutschlands verlassen, überwiegend jüngere, gut qualifizierte Menschen. Die Arbeitslosigkeit stieg seit Ende der 1990er Jahre weiter an und erreichte regional eine Quote von zwanzig bis dreißig Prozent. Rechnet man die Personen in sogenannten Arbeitsbeschaffungsmaßnahmen (in Ostdeutschland rund 700 000 Menschen bei etwa 1,7 Mio. Arbeitslosen) und die »stille Reserve« hinzu, so kann regional von einer Unterbeschäftigung zwischen 30 und 50 Prozent ausgegangen werden. Das »Wirtschaftswunder« nach dem Ende des Staatssozialismus hat nicht stattgefunden, die Strategie der Herrschenden zur deutschen Vereinigung ist gescheitert. In Polen, dem Kernland des Widerstandes gegen die kommunistische Herrschaft, ist es nicht viel anders. Die Arbeitslosenquote erreichte mit über zwanzig Prozent »ostdeutsche Werte«, allerdings erhalten nur 18 Prozent der Arbeitslosen staatliche Unterstützungsleistungen, die anderen müssen sehen, wo sie bleiben. Deshalb haben sie die Neue Rechte Polens gewählt.

Mit dem Jahre 1989 ist uns der Prophet Marx entschwunden, geblieben ist der anregende Analytiker des Kapitalismus mit Namen Marx. In seinem Sinne sagt uns Wallerstein, der nicht zugeben mag, sich direkt auf Marx zu beziehen, aber vielleicht ist das sogar besser, weil nicht glaubensgeschichtlich eingebunden, also sagt uns Wallerstein: Dieser Kapitalismus ist endlich, es dauert noch höchstens fünfzig Jahre – seit Wallerstein das sagte, sind bereits acht Jahre herum –, bis das derzeitige Wirtschafts-, Gesellschafts- und Weltsystem des Kapitalismus zusammenbricht.

Diese Mitteilung führt jedoch nicht zu Posaunendröhnen und Siegeschören. Eher zu beklommenem Schweigen. Welche Opfer wird uns das abverlangen? Wer aber sind wir? Nur die Bürger des »Nordens«, die Staatsbürger mit den Ansprüchen auf Rente und Arbeitslosenversicherung? Die wirklich nichts zu verlieren haben, leben im Süden. Es kann auch schlecht ausgehen. Das aber hatte uns Marx im Kommunistischen Manifest doch schon gesagt, wir haben es nur nicht wahrhaben wollen: Der »gemeinsame Untergang der kämpfenden Klassen« ist auch unser Untergang. Die Lemminge des Neoliberalismus reißen uns mit hinab in den Abgrund. Oder gibt es einen Ausweg? Kommt dieser rasende Zug rechtzeitig zum Stehen?

Wir sind verwiesen auf uns selbst. Und da sind dann noch die drei Fragen Immanuel Kants. Solange uns Marx als Zeus-Statue in die Sonne gestellt wurde, war Kant in diesem Schatten nicht so richtig zu sehen, nur für Eingeweihte, Philosophen und speziell Interessierte. Jetzt stehen die verschiedenen Götter- oder Menschengestalten auf gleicher Augenhöhe. Kants Fragen also stehen immer noch da, wieder neu: »Was kann ich wissen? Was soll ich tun? Was darf ich hoffen?« Wenn ich weiß, daß dieses Weltsystem untergehen wird, was soll ich dann tun? Es stürzen lassen, seinen Sturz beschleunigen helfen, oder ihn aufhalten? Was darf ich hoffen? Die Idee der Freiheit zeigt ein Sein aus sich heraus auf, das durch seine praktische Verwirklichung tatsächlich erfahrbar wird. So wird Freiheit zur Selbstgesetzgebung des Willens, der sich keinem von außen auferlegten Gebot unterwirft, sondern ihre Grenze in der gleichen Freiheit aller anderen und in den Grenzen der natürlichen Lebensbedingungen hat. Wenn die Tyrannei der kapitalistischen Profitwirtschaft fällt, schlägt die Stunde der freiheitlichen Selbstbestimmung des Individuums. Es gibt noch eine vierte Kantsche Frage: »Was ist der Mensch?« Wenn der Mensch sich selbst als das höchste Wesen setzt, kann ich hoffen, zu seiner endgültigen Freiheit beizutragen. Auch wenn ich nicht weiß, wie die historischen Kämpfe des kommenden Halbjahrhunderts ausgehen, so weiß ich doch, daß der Mensch des Menschen höchstes Wesen sein muß. Dafür alles zu tun, wäre so etwas, was Kant den »Kategorischen Imperativ« genannt hat: »Handle so, daß die Maxime deines Willens jederzeit zugleich als Prinzip einer allgemeinen Gesetzgebung gelten könne.«

In Zeiten des Umbruchs sind die Wirkungsräume des freien Willens größer als in den ruhigen Zeiten des gemächlichen gesellschaftlichen und politischen Trotts. Insofern ist die Definition der Gründe für das politische Handeln eine Voraussetzung für die Gestaltung der Zukunft. Das beginnt jetzt. Sofort. An jedem Ort, an dem die globalisierungskritische Bewegung über die Zukunft nachdenkt. Wir haben keine fertigen Konzepte. Aber wir haben ethische Grundsätze für die Gestaltung einer Politik der Zukunft. In ihrem Mittelpunkt steht der Mensch. – In einem alten politischen Witz aus Rumänien kam hier die Gegenfrage: »Welcher Mensch?« Heraus kam dann der eine Höchstselbst, nämlich der Diktator Ceaușescu. Insofern lautet die Erläuterung jetzt: jeder Mensch, unabhängig von Klasse, Geschlecht, Nation, Religion, sexueller Orientierung usw.

Auch wenn wir also nicht wissen, wie die einzelnen Maßnahmen zur Gestaltung der neuen Welt aussehen sollen, wir haben eine begründete Vorstellung von ihren geistigen und moralischen Grundlagen. Wenn wir unsere heutige Lageeinschätzung mit früheren der Linken vergleichen, können wir sagen: Der Zusammenbruch des kapitalistischen, imperialistischen Systems kommt gewiß. Während das früher eher auf Wunschdenken beruhte, können wir heute dessen ziemlich sicher sein. Der Unterschied ist: Damals meinte die Linke ziemlich genau zu wissen, wie es denn gehen soll und wie sie die Welt danach so richtig einrichten wollen. Heute wissen wir nur, wir werden in eine Verantwortung kommen, der wir uns erst gewachsen zeigen müssen. Deshalb ist der ethische Leitstern so wichtig: alles für die Menschen zu tun. Es geht um »die Herrschaft des Volkes durch das Volk für das Volk«. Der Satz ist übrigens nicht, wie uns früher gern zitiert wurde, von Lenin, sondern von Abraham Lincoln, aus seiner Rede am 19. November 1863 zur Einweihung des Ehrenfriedhofs der Schlacht von Gettysburg – das heißt: Auch die Tradition der Demokratie der USA ist auf der Seite der neuen demokratischen Verhältnisse, nicht auf der des Imperiums.

Denis Diderot, der geistreiche Philosoph der Aufklärung, stellte fest: »Will man eine Hypothese erschüttern, so braucht man sie zuweilen nur so weit zu treiben, wie es geht.« Das ist ein Satz aus dem Jahre 1754. Man kann ihn natürlich auch drehen, aus der Sphäre des Geistes und der Erkenntnistheorie in die wirkliche, materielle Welt der Produktion, der Kriege und der politischen Kämpfe übertragen: Wenn etwas zur vollsten Entfaltung, zu seiner höchsten Gestalt gelangt, dann hat es seinen Höhepunkt überschritten und es kann nur noch rückwärts gehen, seinem Ende entgegen. C. Northcote Parkinson, der Erfinder der gleichnamigen Gesetze und ironische Analytiker von Verwaltung und ihren Institutionen, hat dieses Phänomen in der europäischen Repräsentationsarchitektur ausgemacht und 1957 beschrieben: »Gründliche Analysen sowie Vergleiche solcher Bauten zeigten deutlich, daß jede Perfektion der Planung ein Zeichen des Niedergangs ist. Während Perioden aufregender Entdeckungen oder Fortschritte hat kein Mensch Zeit, ein vollkommenes Hauptquartier zu erstellen. Dieser Zeitpunkt rückt erst heran, wenn alle bedeutende Arbeit getan ist. Perfektion – wissen wir heute – ist das Ende. Und das Ende ist der Tod.« Sein erstes Beispiel ist der Petersdom in Rom. Dem ehrfürchtigen Auge des Reisenden erscheine er »als geradezu ideale Behausung der päpstlichen Monarchie auf dem Höhepunkt ihrer Macht. Hier, sagt er zu sich selber, muß Innozenz III. sein Anathema gedonnert, hier Gregor VII. das Gesetz der Kirche verkündet haben. Doch ein Blick in den Reiseführer belehrt ihn, daß die wirklich mächtigen Päpste lange vor dem Bau dieses Doms regierten und daß sie nicht selten ganz woanders regierten. Mehr noch, ihre Nachfolger verloren die Hälfte ihrer Macht, während die Arbeit an den Bauten fortschritt. Julius II., der den Entschluß faßte, Leo X., der Raffaels Entwürfe guthieß, sie waren längst tot, als die Bauten ihre heutige Gestalt annahmen. An Bramantes Palast wurde 1565 immer noch gebaut, die große Kirche erst 1626 eingeweiht, der Kolonnadenplatz sogar erst 1667 fertiggestellt. Die Tage der großen Päpste waren vorüber, ehe auch nur eine Planskizze der gewaltigen Bauten existierte. Und sie waren längst vergessen, als die Bauwerke fertig waren.« Ähnlich das Schloß von Versailles; es erscheine als »die Verkörperung des Sonnenkönigtums in Stein, auf der Spitze seiner Macht«. Tatsächlich jedoch wurde die Hauptarbeit zwischen 1669 und 1685 geleistet, der König zog 1682 ein, als die Maurer noch werkten, das berühmte Schlafzimmer wurde ab 1701 benutzt und die Kapelle neun Jahre später. Historiker sagen, die Machtentfaltung Ludwigs XIV. ereichte 1682 ihren Scheitelpunkt und nahm seit 1685 ständig ab. Als Regierungssitz wurde Versailles erst ab 1756 benutzt. Und Westminster? Der imposante Bau des britischen Parlaments in London scheint Verkörperung echt parlamentarischen Geistes zu sein. Bei näherem Hinsehen sieht jedoch auch dies anders aus. Das frühere Gebäude des Unterhauses brannte im Jahre 1834 ab. Der Bau des jetzigen Hauses begann 1840, wurde teilweise benutzt seit 1852 und endgültig fertig 1868. Der Reform Act von 1867 stutzte jedoch die Rolle des Parlaments, alle gesetzgeberische Initiative lag fortan in den Händen des Kabinetts. Die große Zeit des britischen Parlamentarismus war vorbei und es begann die zeitlich und sachlich begrenzte Diktatur des Premierministers. (Parkinson 1992: 87 ff.)

Wenn wir also, wo immer in der Welt, die häßlichen Glaspaläste, jene himmelstürmischen Kathedralen des Profitgeistes sehen, die das neoliberale Kapital jetzt allenthalben aus dem Boden stampfen läßt, können wir guten Gewissens davon ausgehen: Das ist die Inszenierung jener Perfektion, die das Ende des Systems bedeutet, das sie errichten läßt. Und einer neuen Stufe der Geschichte Anfang.

Zum Weiterlesen:
Karl Liebknecht (1952): Trotz alledem! in: Gesammelte Reden und Schriften, Bd. 9, Berlin: Dietz Verlag.
Tomás Moulian (2003): Ein Sozialismus für das 21. Jahrhundert, Zürich: Rotpunktverlag.
C. Northcote Parkinson (1992): Parkinsons Gesetz und andere Studien über die Verwaltung, Düsseldorf u.a.: ECON Verlag.

Personenregister[1]

Ackermann, Josef – 177

Aischylos (525-456 v. Chr.) – mit seinen Dramen beginnt die altgriechische und damit europäische tragische Dichtung, darunter: »Die Perser«, »Sieben gegen Theben«, die »Orestie« – 192

Alba, Fernando Alvarez de Toledo, Herzog von (1507-1582) – spanischer Feldherr im Dienste Kaiser Karls V., dann Philipps II. (1527-1598, König von Spanien seit 1556); zur Niederschlagung des Aufstandes der Niederlande errichtete er dort ein blutiges Mordregime. – 40

Albert, Michael – 221

Albrecht, Karl – 157

Albright, Madelaine K. (geb. 1937) – aus Tschechien stammende Außenministerin der USA in der zweiten Amtszeit Bill Clintons (1997-2001); war für die Schaffung der politisch-diplomatischen Voraussetzungen für den Krieg der USA und der NATO gegen Jugoslawien wesentlich verantwortlich – 83

Allende, Salvador (1908-1973) – Arzt und Sozialist; 1970 gewählter Präsident Chiles; 1973 durch Militärputsch gestürzt, weil er auf dem Wege eines demokratischen Sozialismus die Lage der sozial Benachteiligten zu bessern versuchte – 27, 60, 189 f.

Altvater, Elmar – 128

Amin, Samir (geb. 1931) – aus Ägypten stammender Wirtschaftswissenschaftler und Gesellschaftstheoretiker; gemeinsam mit Immanuel Wallerstein und Andre Gunder Frank einer der wichtigsten Vertreter des Weltsystemansatzes und einer der Begründer der Dependenztheorie; danach ist die »unterentwickelte Ökonomie« nicht eine eigenständige Größe, sondern Baustein der kapitalistischen Weltökonomie und die Gesellschaften der Peripherie sind einer ständigen strukturellen Anpassung an die Reproduktionsdynamik der Zentren des Weltkapitalismus, das heißt der kapitalistischen Industrieländer unterworfen; wichtige Werke: »Die ungleiche Entwicklung« (1975), »Die Zukunft des Weltsystems« (1997), »Für ein nicht-amerikanisches 21. Jahrhundert« (2003) – 121, 219

Aristoteles (384-322 v. Chr.) – klassisch-griechisches Universalgenie; je nach Perspektive einer der Begründer der europäischen Philosophie, der Naturwissenschaft, der Ethik oder der Medizin; in seiner Staatsauffassung ging er davon aus, daß der Mensch ein »zoon politicon«, ein staatenbildendes Lebewesen ist – 43, 206

Atahualpa (1502-1533) – letzter Herrscher des Inkareiches, von dem spanischen Eroberer Pizarro trotz Zahlung eines hohen Lösegeldes hinterrücks ermordet – 107-109

Augustinus von Hippo, (auch: Augustinus von Thagaste, dt. Augustin – »der Erhabene«), (354-430), bedeutender spätantiker westlicher Kirchenlehrer, christlicher Theologe und Philosoph. Wird als Heiliger verehrt – 113

Bahr, Egon (geb. 1922) – als enger Berater Willy Brandts einer der Architekten der »Neuen Ostpolitik« der Bundesrepublik Deutschland, die durch Umsetzung der Idee Bahrs: »Wandel durch Annäherung« erheblich zur Delegitimierung und zum Ende des Realsozialismus beitrug – 10

Bartlett, Robert – 116

Baturina, Jelena – 157

Bebel, August (1840-1913) – gemeinsam mit Wilhelm Liebknecht (1826-1900) Begründer und Führer der Sozialdemokratischen Arbeiterpartei (»Eisenacher«, 1869) und nach der Vereinigung mit dem Allgemeinen Deutschen Arbeiterverein (»Lassalleaner«) 1875 der Sozialistischen Arbeiterpartei, der späteren SPD; mehrmals im Gefängnis; verfolgte als Marxist einen reformpolitischen Kurs und erwartete einen Zusammenbruch des Kapitalismus; Hauptwerke: »Die Frau und der Sozialismus« (1883), »Aus meinem Leben« (1910-1914) – 57, 60 f.

Benjamin, Walter (1892-1940) – Philosoph und Schriftsteller; sein Verständnis der Geschichte ist gegen eine Fetischisierung des Fortschrittsbegriffs gerichtet; vielmehr hinterläßt der »Fortschritt« zunehmend Trümmer, die zu bewältigen immer schwieriger wird – 198

Bin Laden, Osama – 94

Bismarck, Otto Fürst von (1815-1898) – ab 1862 preußischer Ministerpräsident, einigte unter preußischer Vorherrschaft und durch Hinausdrängung Österreichs aus dem Deutschen Bund (»kleindeutsche Lö-

---

1   Bei zeitgenössischen Autoren wurde weitgehend auf biographische Angaben verzichtet. Einige Angaben waren nicht eruierbar.

sung«) Deutschland durch drei Kriege (gegen Dänemark 1864, gegen Österreich 1866, gegen Frankreich 1870/71); sicherte den reaktionären Eliten die Herrschaft, indem er durch eine »Revolution von oben« den kapitalistischen Geldadel an der Macht beteiligte, die demokratischen Bestrebungen durch das allgemeine Wahlrecht paralysierte und den Kapitalismus durch Sozialreformen zügelte; seine Versuche, den politischen Katholizismus und die Sozialdemokratie zu zerschlagen scheiterten; 1890 Sturz; für die sogenannten deutschen Eliten ist Bismarck bis heute der Idealpolitiker und eine zentrale Identifikationsfigur – 163

Bolkestein, Frederick, »Frits« (geb. 1933) – niederländischer Liberaler in der Politik und Neoliberaler in der Wirtschaft; 1999-2004 EU-Kommissar, der mit seiner »Dienstleistungsrichtlinie« wesentliche Reste des Fordismus in EU-Europa demolieren wollte – 173

Bradbury, Ray (geb. 1920) – einer der für die Science-Fiction-Literatur weltweit beeindruckendsten Autoren aus den USA; wichtige Werke: »Die Mars-Chroniken« (1950), »Der illustrierte Mann« (1951), »Fahrenheit 451« (1953) – 39, 159 f.

Bramante, Donato – 234

Brandt, Willy (eigentl. Herbert Ernst Karl Frahm, 1913-1992) – sozialdemokratischer Politiker, Regierender Bürgermeister von Westberlin 1957-1966, Außenminister der BRD 1966-1969, 1966-1974 erster sozialdemokratischer Kanzler seit dem Zweiten Weltkrieg; seine Ostpolitik und Politik gegenüber der DDR trug wesentlich zur Entspannung in Europa bei; am Ende der DDR glaubte er, daß »nun zusammenwächst, was zusammengehört« – 10, 20

Braudel, Fernand (1902-1985) – einer der bedeutendsten Historiker des 20. Jahrhunderts, führender Vertreter der französischen »Annales«-Schule, die Geschichte stets als umfassende Sozialgeschichte untersucht hat; wichtige Werke: »Sozialgeschichte des 15. – 18. Jahrhunderts« (1968-1979), »Die Dynamik des Kapitalismus« (1985) – 114, 118 f., 141, 161

Brecht, Bertolt (1898-1956) – deutscher Dichter, Stückeschreiber und Regisseur, der Gesellschaftskritik auf die Bühne brachte, den Kommunismus für eine gute Sache hielt, deshalb in der DDR lebte, und das »epische Theater« zur Belehrung des Publikums erfand; seine kapitalismuskritischen Stücke füllen seit den 1990er Jahren wieder die Theater – 19, 33, 35, 41, 43

Brogan, Denis William – 97

Brzezinski, Zbigniew (geb. 1928) – Sohn polnischer Adliger, der nach dem Zweiten Weltkrieg die Staatsbürgerschaft der USA erhielt, dort Spezialist für kommunistische Angelegenheiten wurde, es bis zum Sicherheitsberater des 39. Präsidenten der USA (»Jimmy« Carter, 1977-1981) schaffte und die Aufpäppelung des islamischen Terrorismus als probates Mittel des Kampfes gegen den Kommunismus ansah – 16, 94, 98, 159

Bucharin, Nikolai (1888-1938) – Wirtschaftswissenschaftler, Mitglied der Führung und wichtiger Theoretiker der Bolschewiki; Chefredakteur der Parteizeitung »Prawda«, später der Regierungszeitung »Izvestija«; einige Jahre im Exekutivkomitee der Kommunistischen Internationale (»Komintern«); in Stalins Schauprozessen 1937 verhaftet, abgeurteilt und am 15. März 1938 erschossen; wichtige Werke: »Ökonomik der Transformationsperiode« (1920), »Philosophische Arabesken« (1937/1938) – 22

Büchner, Georg (1813-1837) – deutscher Stückeschreiber, der mit scharfer Gesellschaftskritik die Armut der Arbeitenden anprangerte; sein Kampfruf: »Friede den Hütten, Kampf den Palästen!« führte zur Verfolgung in Deutschland und zur Emigration in die Schweiz – 157

Bülow, Andreas von – 94

Bunge, Hans – 35

Bush, George H., »Bush I« (geb. 1924) – Öl-Unternehmer, ehemaliger CIA-Direktor, Vizepräsident unter Reagan, dann 41. Präsident der USA (1989-1993, Republikaner); in seine Amtszeit fielen das Ende des osteuropäischen Kommunismus und der Sowjetunion; danach verkündete er die Notwendigkeit einer »Neuen Weltordnung« – der von ihm zu verantwortende Nahostkrieg 1990 lenkte die Richtung solch geopolitischer Neuordnung auf die Ölregionen des Nahen und Mittleren Osten – 16, 230

Bush, George W., »Bush II« (geb. 1946) – als Sohn von George H. Bush aus einflußreicher Familie kommend, wenig erfolgreicher Unternehmer, dann Gouverneur von Texas und seit 2001 der 43. Präsident der USA (Republikaner); seine Politik nach den Anschlägen des 11. Septembers 2001 hat einen Abbau demokratischer Rechte in den USA und weltweit unter Hinweis auf die »Terrorbekämpfung« sowie eine weitere Militarisierung der Außenpolitik zur Folge; in seiner Verantwortung liegen der Krieg in Afghanistan und dessen Besatzung seit 2001, Krieg und Besetzung des Irak seit 2003 und die Vorbereitung eines Krieges gegen den Iran; polarisiert weltweit; seine Präsidentschaft steht für eine militärisch basierte imperiale Politik, weshalb er in der kritischen Literatur oft als der »Imperator« erscheint – ob in Erinnerung an das Römische Reich oder »Star Wars« sei dahingestellt. – 14, 18, 26, 82, 93-95, 99 f., 103, 125, 145, 183 f., 190, 204, 207 f., 213, 217

Bush, Jeb, »Bush III« (geb. 1953) – 184

Calvin, Jean, »Johannes« (1509-1564) – französisch-schweizerischer Reformator, dem Luthers Protestantismus zu weich erschien und der das Ganze etwas asketischer wollte; seine Idee der »Prädestination«, der Erwähltheit vor Gott, sollte nicht zu Abwarten sondern zu besonderem Bemühen vor Gott anspornen, was dann das Bemühen um Erwerb wurde; der »Kalvinismus« wurde zur wichtigsten Quelle aller Glaubensrichtungen, die die evangelische Kirche im Eifer übertreffen wollen – 113, 175

Castro, Fidel (geb. 1926) – Jesuitenschüler aus alt-spanischer Familie; führte den Kampf gegen die Batista-Diktatur in Kuba zum Sieg der Revolution 1959 und die Abwehrkämpfe gegen die Versuche der USA, die Insel wieder unter ihre Kontrolle zu bringen; die »Kuba-Krise« 1962 brachte die Welt an den Rand eines nuklearen Weltkrieges, weil die Sowjetunion eine Beistandserklärung für Kuba abgab; danach Annäherung von Castros Regierung an das sowjetische Herrschaftssystem; nach dem Ende des osteuropäischen Kommunismus Rückbesinnung auf die charismatischen Wurzeln des Castro-Regimes; der verstärkte Druck der USA läßt jede Forderung nach mehr Demokratie als Angriff im Dienste des Imperiums erscheinen – 142-145, 213, 216 f.

Cato, Marcius C. Censorius, genannt »der Ältere« (234-149 v. Chr.) – römischer Staatsmann, dem die Zerstörung Karthagos eine Herzensangelegenheit war – 49

Cavaignac, Louis Eugène (1802-1857) – französischer General, der im Juni 1848 den Aufstand der Linken blutig niederschlug; die Bourgeoisie dankte ihm das nicht, sondern wählte Nápoleon Bonaparte (1808-1873), den Neffen des großen Kaisers Napoleon zu ihrem Spitzenmann, der sich dann zu Kaiser Napoleon III. (1852-1870) ausrufen ließ – 190

Ceaușescu, Nicolae (1918-1989) – 1965-1989 Erster Sekretär des ZK der Rumänischen Kommunistischen Partei, 1967-1989 Vorsitzender des Staatsrates, baute eine stalinistische Diktatur mit einem starken Personenkult auf. Am 25. Dezember 1989 wurde Ceaușescu zusammen mit seiner Frau von einem Militärgericht zum Tode verurteilt und erschossen – 68, 233

Chamorro, Violeta – 190

Chávez, Hugo (geb. 1954) – venezolanischer Militär, Sohn eines Dorfschullehrers, der 1992 zwei Militärputsche anführte und scheiterte; seit 1999 ordentlich gewählter Präsident Venezuelas, der sich bemüht, die beträchtlichen Erdöleinkünfte des Landes zur Besserung der Lage der Armen und sozial Benachteiligten des Landes einzusetzen; unterstützt Castro in Kuba und fördert die ökonomische Integration mit Brasilien, Argentinien und den anderen Ländern der südamerikanischen Wirtschaftszone (Mercosur) – 11, 18, 28-30, 38, 142, 145

Cheney, Richard Bruce, »Dick« – 204

Cheng Ho (1371-1435) – chinesischer Admiral, der mit einer gewaltigen Flotte sieben große Expeditionen in den Pazifischen und Indischen Ozean unternahm; daß er dabei auch Amerika entdeckte, in Australien und Grönland war, Afrika umrundete sowie die Vermessung der Meere beherrschen lernte, ist noch umstritten; die Seekarten, die Kolumbus vor seiner Abreise bereits kannte, stammten wohl von diesen chinesischen Reisen – 115

Chodorkowski, Michail – 10, 84

Chruschtschow, Nikita Sergejewitsch (1894-1971) – zunächst Getreuer Diener Stalins, nach dessen Tod Führer der Kommunistischen Partei der Sowjetunion und sowjetischer Regierungschef; schaltete die engsten Vertrauten Stalins von der Macht aus, versuchte eine Abrechnung mit dem Stalinismus, vor deren Konsequenzen er jedoch zurückscheute (»Geheimrede« auf dem XX. Parteitag der KPdSU 1956); förderte die Raumfahrt mit dem Ergebnis, daß der erste künstliche Erdsatellit (1957) und der erste Mensch im All (1961) aus der Sowjetunion kamen; versprach der sowjetischen Bevölkerung den baldigen »Kommunismus« und einen höheren Lebensstandard als die USA; unterstützte Kuba und den Bau der Mauer in Berlin (1961) und wollte Krieg mit den USA vermeiden (»friedliche Koexistenz«); gestürzt 1964 – 61, 67

Cicero, Marcus Tullius (106-43 v. Chr.) – römischer Redner, Politiker und Schriftsteller, der vergeblich für die Erhaltung der Republik kämpfte und dem Caesarentum unterlag; seine Reden und Schriften sind noch heute Anregung für Debatten um Herrschaft, Staat und Politik – 230

Clinton, William Jefferson, »Bill« (geb. 1946) – Jurist, aus armen Verhältnissen kommend, wurde er Gouverneur von Arkansas, dann 42. Präsident der USA (1993-2001, Demokraten); bemühte sich um hohe Beschäftigung, auch durch Erleichterung von Billig-Jobs, und erreichte zum Ende seiner Amtszeit einen Leistungsbilanzüberschuß von jährlich mehr als 200 Mrd. US-Dollar (den sein Nachfolger Bush durch Steuergeschenke an die Reichen, die Kriege und die Rüstungspolitik rasch wieder auf über 500 Mrd. Jahresdefizit gebracht hat); er war zugleich für den Krieg der USA und der NATO gegen Jugoslawien ein zentral Verantwortlicher – 50, 94

Cohn-Bendit, Daniel (geb. 1945) – prominentester Sprecher der Studentenunruhen in Paris 1968, abwechselnd in Frankreich und Deutschland für »Die Grünen« politisch aktiv, seit 1994 Mitglied des Europäischen Parlaments – 24, 38

Cook, James (1728-1779) – britischer Seefahrer, der Australien und Neuseeland »entdeckte«; kannte auch die alten chinesischen Karten und nahm Zitronen mit auf die Fahrten gegen die Vitaminmangelkrankheit Skorbut – 115

Craig, Gordon A. – 90

De Sousa Santos, Boaventura – 219

Delbrück, Hans – 170

Deng Xioaping (1904-1997) – im Kampf um die Macht der Kommunisten und die Volksrepublik China enger Mitkämpfer Mao Zedongs, später zweimal wegen seines Pragmatismus aller Ämter enthoben (»Es ist egal, ob die Katze schwarz oder weiß ist, Hauptsache, sie fängt Mäuse.«); nach Maos Tod rasch der mächtigste Mann Chinas, verantwortlich für die »Reformen« zur Entwicklung des Kapitalismus, die Niederschlagung der Demokratiebewegung auf dem »Platz des Himmlischen Friedens« in Peking 1989 und für die Öffnung zum Westen, im Grunde der Architekt des Chinas, wie es heute ist – 214 f.

Diamond, Jared – 107, 109 f.

Diderot, Denis (1713-1784) – französischer Philosoph und Schriftsteller; als Hauptakteur der »Enzyklopädie«, die das Wissen der Zeit im Sinne der Aufklärung zusammenfassen sollte, wurde er zu einem der wichtigsten geistigen Wegbereiter der französischen Revolution von 1789 – 233

Dieterich, Heinz – 33, 35-37, 38, 144 f., 151, 206-208, 210

Dietzsch, Steffen – 231

Diner, Dan – 21

Djilas, Milovan (1911-1995) – enger Mitstreiter Titos im Kampf um die Unabhängigkeit gegen Hitlerdeutschland und für ein kommunistisches Jugoslawien; mit seinem Buch: »Die neue Klasse« (1958) legte er eine eigene kritische Analyse des kommunistischen Herrschaftssystems vor, weshalb Tito ihn ins Gefängnis werfen ließ – 63, 69 f.

Dschingis Khan (1162-1227) – Begründer des mongolischen Großreiches, das von China und Iran bis Europa reichte; wenn das Erobern anderer Völker als Leistung angesehen wird, war er einer der Leistungsstärksten – 40

Eckermann, Johann Peter – 227

Einstein, Albert (1879-1955) – jüdischer Deutscher, der erst in der Schweiz lebte, dann nach Deutschland kam, mit der Relativitätstheorie das physikalische Weltbild grundlegend veränderte, 1933 in die USA emigrierte und nach Hiroshima und Nagasaki darunter litt, Präsident Roosevelt zum Bau der Atombombe ermuntert zu haben; sah nach dem Zweiten Weltkrieg Sozialismus als die einzig mögliche Perspektive an – 41

Eisenhower, Dwight D. (1890-1969) – Oberbefehlshaber der USA-Truppen bei der Eröffnung der zweiten Front 1944, 34. Präsident der USA (1953-1961, Republikaner); sein Verständnis konservativer Wirtschaftspolitik setzte auf die Fortsetzung der von Roosevelt begründeten Sozialstaatlichkeit; in der Außenpolitik war er bemüht, es zu einer militärischen Auseinandersetzung mit der Sowjetunion nicht kommen zu lassen; in seiner Abschiedsbotschaft warnte er vor den Gefahren des »militärisch-industriellen Komplexes« für die Demokratie – 183

Eisler, Hanns (1898-1962) – aus Österreich stammender Komponist, seit den 1920er Jahren in Deutschland, Zusammenarbeit mit Brecht; Emigration, Komponist der Nationalhymne der DDR; später ideologisch kritisiert, weil seine Musik den realsozialistischen Normen nicht folgte – 35, 36

Engels, Friedrich (1820-1895) – begründete gemeinsam mit Karl Marx den »wissenschaftlichen Sozialismus«, der in der ökonomischen Entwicklung die letzte Ursache für die gesellschaftliche Entwicklung sah; wichtige Werke: »Manifest der Kommunistischen Partei« (1848), »Anti-Dühring« (1878), »Die Entwicklung des Sozialismus von der Utopie zur Wissenschaft« (1882); nach Marx' Tod Herausgeber der Bände 2 und 3 des »Kapitals« und wichtigster Propagandist des »Marxismus« – 19, 20, 33, 37, 56, 60, 61, 105, 106, 117, 122, 147, 193, 215

Engler, Wolfgang – 225

Feldmann, Heiko – 207

Feuerbach, Ludwig (1804-1872) – deutscher Philosoph, dem Hegel zu intellektualistisch war, der Mensch sei auch sinnlich; in seiner Theologiekritik bestimmte er Gott als Projektion menschlichen Strebens; von hier schöpften Marx und Engels ihr Verständnis der »Entfremdung« – 106

Fischer, Joseph (geb. 1948) – Mitbegründer der »Grünen« in der Bundesrepublik Deutschland; 1998-2005 Außenminister und Vizekanzler in der »rot-grünen« Koalition; wesentlich mitverantwortlich für den ersten Kriegseinsatz Deutschlands im Krieg der USA und der NATO gegen Jugoslawien unter dem Vorwand, »Auschwitz« mache dies nötig – 38

Hayek, Friedrich August von (1899-1992) – aus Österreich stammender Volkswirtschaftler, leitete dort ein Institut für Konjunkturforschung, 1931 bis 1950 Professor an der London School of Economics, 1950-1962 Professor in Chicago und danach in Freiburg im Breisgau; entschiedener Gegner jeder Form von Sozialismus und Planwirtschaft, auch des Keynesianismus; sah die Ursache für die Weltwirtschaftskrise nicht in zu geringer Nachfrage, sondern in verfehlter Geld- und Wirtschaftspolitik des Staates, Investitionspolitik des Staates sei nicht Lösung, sondern Ursache der Krise; Nationalsozialismus und Faschismus waren für ihn nicht Formen des Kapitalismus, sondern des Sozialismus; wichtige Werke: »Geldtheorie und Konjunkturtheorie« (1929), »Der Weg zur Knechtschaft« (1944), »Die Verfassung der Freiheit« (1960) – 171-173

Hegel, Georg Wilhelm Friedrich (1770-1831) – deutscher Philosoph mit internationaler Ausstrahlung, der eine dialektische Denkweise systematisch auszuarbeiten sich bemühte; wichtige Werke: »Phänomeno-logie des Geistes« (1807), »Wissenschaft der Logik« (1812-1816); Marx bezog sich auf Hegel, meinte aber, dieser hätte die Idee zum Subjekt gemacht, während er das Ideelle als Ausdruck des Materiellen ansehe; in diesem Sinne verstand sich der Marxismus stets als vom Kopf auf die Füße gestellte Hege-lei – 35, 227

Heine, Heinrich (1797-1856) – begnadeter deutscher Dichter jüdischer Herkunft, der Frankreich liebte und lange Zeit in Paris lebte; mit Marx befreundet, aber skeptisch in bezug auf die Folgen des Sozialismus für die Kultur; wichtig (neben der Dichtung): »Zur Geschichte der Religion und Philosophie in Deutschland« (1834), »Lutetia« (1855) – 40 f., 96

Heinrich der Seefahrer (1394-1460), 1415 eroberte eine Flotte unter seiner Führung die nordafrikanische Fe-stung Ceuta, Heinrich selbst unternahm keine Entdeckungsreisen. Seinen Beinamen verdankt er sei-nem Einsatz als Förderer der Seefahrt und kolonialer Eroberungen, seine Vorleistungen führten zur Entdeckung des Seewegs nach Indien durch Vasco da Gama, zur Erschließung der Gewürzroute nach Hinterindien und damit zur kurzzeitigen Großmachtstellung Portugals – 115, 131

Hesse, Hermann (1877-1962) – Schriftsteller aus Deutschland, den es dann in die Schweiz gebracht hatte, wollte das Erbe der Klassik und Romantik fortsetzen und rang um die Selbstbehauptung des schöpfe-rischen Individuums in Zeiten des Verfalls; Nobelpreis 1946 – 105, 106, 180

Hilferding, Rudolf (1877-1941) – aus Österreich stammender Arzt und Nationalökonom, der versuchte, die neuen Verhältnisse marxistisch zu verstehen; dann politisch aktiv in Deutschland; seine Analysen dienten Lenin als Vorlage für seine Imperialismus-Theorie und später als Vorläufer der Idee eines »staatsmonopolistischen Kapitalismus«; wichtige Werke: »Das Finanzkapital« (1910), »Organisierter Kapitalismus« (1927) – 128

Himmler, Heinrich (1900-1945) – Mitglied des engsten Führungskreises des deutschen Faschismus; orga-nisierte als »Reichsführer SS« den KZ-Staat und den Holocaust sowie die Massenvernichtung slawi-scher Menschen im Osten Europas – 41

Hitler, Adolf (1889-1945) – nach einem unauffälligen Leben seit Anfang der 1920er Jahre bezahlter Agita-tor der Reichwehr für den Revanchekrieg, dann »Führer« der nationalsozialistischen Bewegung und Partei, 1933 Reichskanzler, danach unumschränkter Diktator Deutschlands; Initiator und Chefideolo-ge aller Verbrechen, die der deutsche Faschismus zu verantworten hat – 20, 36, 40 f., 43, 44, 48, 59, 84, 168, 182 f., 189, 208, 224

Hobsbawm, Eric J. (geb. 1917) – verbrachte seine Schulzeit in Wien und Berlin, seit 1933 in London; einer der einflußreichen Historiker des 20. Jahrhunderts; wichtige Werke: »Europäische Revolutionen 1789-1848« (1962), »Die Blütezeit des Kapitals« (1977), »Das Zeitalter der Extreme. Weltgeschichte des 20. Jahrhunderts« (1994) – 56

Honecker, Erich (1912-1994) – stürzte 1971 Walter Ulbricht, bis 1989 Erster bzw. Generalsekretär des ZK der SED, seit 1965 wesentlich verantwortlich für die Entwicklung der DDR gewesen – 68, 144, 148

Hoxha, Enver (1908-1985) – Führer der albanischen Kommunisten und des Befreiungskampfes gegen Ita-lien und Hitlerdeutschland, dann Partei-, Regierungs- und Staatschef Albaniens; überwarf sich erst mit Tito, dann mit der Sowjetunion und schließlich mit China; verallgemeinerte die Armut im Land und riegelte es rigoros nach außen ab – 61

Hussein, Saddam (geb. 1937) – putschte sich in Irak an die Macht und führte blutig Krieg gegen den Iran und gegen sein eigenes Volk; seine Annexion Kuweits löste den Golfkrieg der USA 1990 aus; durch den Irakkrieg der USA von 2003 wurde er entmachtet – 13, 26, 83, 96

Innozenz III. (1160 oder 1161-1216) – römischer Papst (1198-1216); erreichte die Unabhängigkeit des Kir-chenstaates und das Bestätigungsrecht des Papstes gegenüber dem Kaiser und dem europäischen Kö-nigen; rief zum vierten Kreuzzug und zu Kreuzzügen in Westeuropa gegen »ketzerische« Glaubens-richtungen auf; das »Anathema«, den Bannfluch des Papstes, sprach er gegen den deutschen Kaiser Otto IV. und gegen König Johann »ohne Land« von England – 234

Jakowlew, Alexander Nikolajewitsch (1923-2005), sowjetischer Politiker und Regierungsberater von Michail Gorbatschow, galt als Vordenker und Architekt der Perestroika (Umgestaltung) genannten Liberalisierung der Sowjetunion in den 1980er Jahren – 82

Jelzin, Boris Nikolajewitsch (geb. 1931) – trinkfreudiger Provinzfunktionär der KPdSU, der es nach Auseinandersetzungen mit Gorbatschow zum Präsidenten der russischen Teilrepublik brachte; um letzteren zu entmachten, zerlegte er die Sowjetunion in ihre teilrepublikanischen Bestandteile; 1991-1999 das erste in allgemeinen Wahlen bestätigte Staatsoberhaupt Rußlands in dessen ganzer Geschichte – 9, 16, 17, 72

Johnson, Chalmers – 87, 102, 175, 184

Johnson, Lyndon B. (1908-1973) – Lehrer aus Texas, der nach der Ermordung von John F. Kennedy (1917-1963, Präsident seit 1961) der 36. Präsident der USA (1963-1969, Demokraten) wurde; versuchte es im Innern nochmals mit einer sozialreformistischen Politik Rooseveltscher Tradition, war international aber für die weitere Eskalation des Vietnamkrieges und damit wesentlich für jene historische Niederlage der USA verantwortlich – 174

Juglar, Clément – 162

Julius II. (1443-1513) – römischer Papst (1503-1513); sicherte die Existenz des Kirchenstaates, förderte die Renaissance-Künste und legte 1506 den Grundstein für die Peterskirche in Rom – 234

Kaczyński, Jaroslaw – 23

Kaczyński, Lech Aleksander – 23

Kaiser Diokletian (Gaius Aurelius Valerius Diocletianus – 236/245-313/316), römischer Kaiser (284-305), mit ihm wird meist das Ende der Zeit der Soldatenkaiser bzw. des Prinzipats und der Beginn der Spätantike festgesetzt – 177

Kant, Immanuel (1724-1804) – einer der folgenreichsten deutschen Philosophen; befaßte sich mit den Bedingungen von Erkenntnis, Moral und Politik; über sein Hauptwerk, die »Kritik der reinen Vernunft« (1781), schrieb Heinrich Heine, dieses Buch »ist das Schwert, wodurch der Deismus hingerichtet worden in Deutschland«; sein »kategorischer Imperativ« lautete: »Handle nur nach derjenigen Maxime, nach der du zugleich wollen kannst, daß sie ein allgemeines Gesetz werde.« Weitere Werke: »Kritik der praktischen Vernunft« (1788), »Kritik der Urteilskraft« (1790), »Zum ewigen Frieden« (1795) – 42, 63, 81, 92, 232

Karl V. (1500-1558) – deutscher König und Kaiser des »Heiligen Römischen Reiches deutscher Nation« (1519-1556) und zugleich als Karl I. König von Spanien (1516-1556); unter seiner Herrschaft wurden das Aztekenreich in Mexiko und das Inka-Reich in Peru erobert und das spanische Kolonialreich in Übersee gegründet; führte viele Kriege gegen Frankreich, Kriege gegen die Türken und in Nordafrika und Kriege in Deutschland gegen die Fürsten lutherischen (evangelischen) Glaubens; seine Idee einer universalen Herrschaft im Zeichen des katholischen Glaubens scheiterte mit dem Augsburgischen Religionsfrieden (1555); 1556 dankte er in Brüssel ab, übergab die Herrschaft im Reich an seinen Bruder Ferdinand I. (1503-1564) und in Spanien an seinen Sohn Philipp II. und verbrachte seine letzten Tage im Kloster – 98, 107, 197, 208, 214

Kautsky, Karl (1854-1938) – Herausgeber der »Neuen Zeit«, der wichtigsten theoretischen Zeitschrift der II. Internationale; formte, um die Auffassungen von Marx und Engels für Arbeiter verständlich zu machen, den »Marxismus«; schuf damit ein »Gefäß«, in das bis heute Linke unterschiedlicher Provenienz ihre eigenen Ideen füllen und als die Weltanschauung von Marx und Engels ausgeben; bis 1910 enger Verbündeter von Rosa Luxemburg; nach 1917 Ablehnung der russischen Oktoberrevolution, der kommunistischen Parteiform und der Sowjetunion – 86

Kennedy, Paul – 50, 101, 115-117, 128

Keynes, John Maynard (1883-1946) – britischer Volkswirtschaftler, bis in die 1970er Jahre einflußreichster Theoretiker der modernen Volkswirtschaftslehre; für ihn hing die Höhe der Beschäftigung von der effektiven Nachfrage ab; im Unterschied zum klassischen Liberalismus folgerte er aus den Krisen der 1920er und 1930er Jahre, daß sich aus unter freier Konkurrenz herausbildenden Lohn-, Preis- und Zinsniveaus unter keinen Umständen Vollbeschäftigung herstellt; wichtige Werke: »Die wirtschaftlichen Folgen des Friedensvertrages« (1920), »Das Ende des laissez-faire« (1926), »Die allgemeine Theorie der Beschäftigung, des Zinses und des Geldes« (1936) – 165 f., 168

Kirchner, Néstor Carlos (geb. 1950) – seit 25. Mai 2003 Präsident Argentiniens, während der Regierung von Kirchner hat eine Stabilisierung und ein Wachstum der angeschlagenen argentinischen Wirtschaft stattgefunden – 201

Kitchener, Horatio Herbert Lord of (1850-1916) – britischer Militär, der erst den Sudan eroberte, dann Oberbefehlshaber der britischen Truppen im »Burenkrieg« in Südafrika war (1899-1902); dort erfand er die Konzentrationslager zur Inhaftierung von Zivilbevölkerung, die als feindlich angesehen wurde;

im Ersten Weltkrieg erwirkte er die allgemeine Wehrpflicht in Großbritannien und ertrank beim Untergang eines britischen Kreuzers – 40

Kohl, Helmut (geb. 1930) – seit 1982 Bundeskanzler der Bundesrepublik Deutschland, ergriff er 1990 die Gelegenheit beim Schopfe, um aus dem Scheitern der DDR die deutsche Einheit im Geiste des deutschen Kapitals zu machen; wurde dankbar wiedergewählt und blieb deutscher Kanzler bis 1998 – 24, 62, 231

Kolumbus, Christoph (1451-1506) – genuesischer Seefahrer, der zunächst in portugiesischen Diensten stand, dann zur spanischen Konkurrenz wechselte, vorgab, nach Indien segeln zu wollen, und dann in Richtung Westen Amerika »entdeckte«; dafür hatte er alte, aus China stammende Seekarten, die ihm sein Bruder verschafft hatte, der weiter in der Kartenzentrale der portugiesischen Marine arbeitete; durch ihn wurde Spanien zu einer Kolonialmacht, die halb Amerika eroberte – 110, 115

Kondratieff, Nikolai (1892-1938) – Wirtschaftswissenschaftler und Statistiker; entdeckte die »Langen Wellen« der wirtschaftlichen Entwicklung und publizierte in den 1920er Jahren darüber; bekam ab 1928 starke politische Probleme, weil er sich für die Fortsetzung der »Neuen Ökonomischen Politik« (NÖP) und gegen die »vorrangige Entwicklung der Industrie« der Sowjetunion auf Kosten der Landwirtschaft und der Bauern einsetzte; im Gegensatz zu seinen Kritikern, wie Leo Trotzki oder Eugen Varga, nahm er nicht an, daß der wirtschaftliche Aufschwung nach dem Ersten Weltkrieg die »Periode des allgemeinen Verfalls und des Untergangs des Kapitalismus« eingeleitet hätte, sondern Folge einer zu Ende gehenden langen Welle der Konjunktur war; 1930 verhaftet, in einen Gulag gesperrt und am 17. September 1938 zum Tode verurteilt und erschossen; wichtige Werke: »Strittige Fragen der Weltwirtschaft und der Krise« (1923), »Die langen Wellen der Konjunktur« (1925) – 161 f.

Krämer, Raimund – 217

Krätke, Michael R. – 29, 128, 134

Krylow, Iwan Andrejewitsch (1769-1844) – russischer Fabeldichter, dessen Formulierungen es in die Alltagssprache geschafft und bis heute geblieben sind – 41

Kuczynski, Jürgen (1904-1997) – Historiker und Wirtschaftswissenschaftler, der sich vor allem mit der Geschichte der Arbeiter, der Analyse des Kapitalismus und theoretischen Problemen der Gesellschaftswissenschaften beschäftigt hat; in der späten DDR verbreitete er kritische Publizistik; wichtige Werke: »Die Geschichte der Lage der Arbeiter unter dem Kapitalismus« (40 Bde. 1961-1972), »Geschichte des Alltags des deutschen Volkes 1600-1945« (5 Bde. 1980-1982), »Dialog mit meinem Urenkel« (1984) – 195

Lafargue, Paul (1842-1911) – Schwiegersohn von Karl Marx und einer der Begründer der französischen Sozialisten; aktiv in der Ersten Internationale; interessante Schriften im Geiste des Marxismus, darunter zum »Recht auf Faulheit« 127, 139 f., 146, 151

Land, Rainer – 162, 210

Lassalle, Ferdinand (1825-1864) – förderte die Entstehung einer selbständigen Arbeiterbewegung, die sich politisch von der bürgerlichen Vormundschaft emanzipierte; erster Präsident des »Allgemeinen Deutschen Arbeitervereins«, der sich 1875 mit den »Eisenachern« (siehe August Bebel) vereinigte; starb im Duell; bis heute eine der Persönlichkeiten, auf die sich die SPD und einige deutsche Linke beziehen – 56

Lenin, Wladimir Iljitsch (eigentl. Uljanow, 1870-1924) – Jurist, Führer und wichtigster Theoretiker der Bolschewiki, den mit Rosa Luxemburg die revolutionäre Gesinnung und die unbedingte Ablehnung von Kapitalismus und imperialistischem Krieg verband; daran änderten die seit 1904 bestehenden Differenzen, vor allem in den Fragen »Organisation und Demokratie« erst etwas, als Lenin in Rußland die Macht übernahm; Vorsitzender des Rates der Volkskommissare (Ministerpräsident) 1917-1924; wichtige Werke: »Was tun?« (1902), »Der Imperialismus als höchstes Stadium des Kapitalismus« (1916), »Staat und Revolution« (1917); für avantgardistische Parteikonzepte gilt der »Leninismus« weiter als ein Bezugspunkt – 22, 30 f., 44, 56, 58, 60 f., 67, 71, 73, 75 f., 78, 85, 105, 121, 130, 144, 190, 193 f., 215, 233

Leo X. (1475-1521) – römischer Papst (1513-1521) aus dem Hause der Medici; förderte die Künste und unterschätzte die Folgen des Auftretens von Martin Luther; setzte 1514 Raffael als Bauleiter für den Petersdom in Rom ein – 234

Liebknecht, Karl (1871-1919) – Rechtsanwalt; Sohn von Wilhelm Liebknecht (einer der Begründer und Führer der Sozialdemokratischen Arbeiterpartei); 1907 Präsident der Sozialistischen Jugendinternationale; entschiedener Gegner von Militarismus und Rüstungspolitik; stimmte im Dezember 1914 als erster Sozialdemokrat gegen weitere Kriegskredite; vor und während des Krieges in Haft; 1919 gemeinsam mit Rosa Luxemburg Führer der KPD und mit ihr am 15. Januar 1919 ermordet; Hauptwerk: »Militarismus und Antimilitarismus« (1907) – 58, 229 f.

Lincoln, Abraham (1809-1865) – autodidaktischer Anwalt aus armen Verhältnissen und 16. Präsident der USA (1861-1865) für die neu geschaffene Partei der Republikaner, kämpfte im Bürgerkrieg für die Erhaltung der Union und die Abschaffung der Sklaverei, wurde nach dem Sieg der Nordstaaten bzw. der Union am 15. April 1865 von einem fanatischen Südstaatler ermordet – 181, 184, 198, 233

Linz, Juan – 100

Lippmann, Walter (1889-1974) – einflußreicher konservativer US-amerikanischer Publizist, befaßte sich auch mit soziologischen Themen, so mit dem Zustandekommen öffentlicher Meinung; Vorkämpfer des Neoliberalismus; wichtige Werke: »Die öffentliche Meinung« (1922), »Die Gesellschaft freier Menschen« (1937) – 171

Löwith, Karl – 61

Ludendorff, Erich (1865-1937) – neben Paul von Hindenburg als Chef der Dritten Obersten Heeresleitung (OHL) der führende deutsche General des Ersten Weltkrieges, Putschist, Reichstagsabgeordneter der NS-Freiheitspartei und Begründer einer deutsch-völkischen Bewegung – 97

Ludwig XIV. (1638-1715) – ab 1643 König von Frankreich, genannt der »Sonnenkönig«; seine Selbst-Regierung ab 1661 war Höhepunkt des Absolutismus und Vorbild für diese Herrschaftsform in Europa – 234

Lukacs, John – 20

Lula – siehe Silva

Luschkow, Juri – 157

Luther, Martin (1483-1546) – deutscher Reformator und zusammen mit Philipp Melanchton (1497-1560) Begründer der evangelischen Kirche in Deutschland; übersetzte die Bibel ins Deutsche und trug damit wesentlich zur Schaffung der deutschen Standardsprache bei – 178

Luxemburg, Rosa (1871-1919) – geboren in einer jüdischen Familie in Polen, Promotion 1897 über die Industrialisierung Polens; Mitbegründerin der Sozialdemokratie in Polen, seit 1898 in Deutschland, aktive politische und publizistische Arbeit in Deutschland und in Polen; kämpfte gegen die reformistischen Kräfte in der SPD und verwarf im Namen der »proletarischen Demokratie« zugleich Lenins Konzept der bolschewistischen Partei; wegen ihrer entschiedenen Ablehnung des Krieges während des Ersten Weltkrieges in Haft; 1919 gemeinsam mit Karl Liebknecht Führerin der KPD und mit ihm am 15. Januar 1919 ermordet; wichtige Werke: »Die Akkumulation des Kapitals« (1913), »Die Krise der Sozialdemokratie« (1916), »Zur russischen Revolution« (1918); »Luxemburgismus« galt unter Stalin als besondere Form ideologischer Abweichung – 44, 55, 58, 74 f., 78 f., 119 f., 128, 145, 179, 229

Mann, Heinrich (1871-1950) – gesellschaftskritischer Schriftsteller aus gutbürgerlichem Hause, der im Exil für den Sieg der Anti-Hitler-Koalition eintrat; starb in den USA, kurz vor seiner Rückkehr nach Deutschland, wo er der DDR-Führung zugesagt hatte, Präsident der Akademie der Künste zu werden – 90

Mao Zedong (1893-1976) – ab 1927 führend an der Errichtung von Sowjetgebieten in China beteiligt; ab 1935 faktisch Führer der KP Chinas; führte 1949 China in die Unabhängigkeit und Anfang der 1960er Jahre aus der Bevormundung durch die Sowjetunion; initiierte 1966 die »Kulturrevolution«, in der mehrere Millionen Menschen, vor allem Intellektuelle und Politiker, auf das Land verbannt und ermordet wurden; die »Kulturrevolution« faszinierte in den 1960er Jahren im Westen einen Teil der Studentenbewegung – 61, 214 f.

Marin, Gladys (1941-2005) – mobilisierte als Generalsekretärin des Kommunistischen Jugendverbandes für die Regierung Allende; nach dem Putsch im Exil, dann im Untergrund; später Generalsekretärin der Kommunistischen Partei und Kandidatin für das Amt des Präsidenten in Chile; stritt für die Abschaffung der aus der Pinochet-Diktatur stammenden Verfassung und für die Bestrafung des Diktators und seiner Schergen – 29

Marx, Karl (1818-1883) – begründete gemeinsam mit Friedrich Engels den »wissenschaftlichen Sozialismus«, der in der ökonomischen Entwicklung die letzte Ursache für die gesellschaftliche Entwicklung sah; wichtige Werke: »Manifest der Kommunistischen Partei« (1848), »Der achtzehnte Brumaire des Louis Bonaparte« (1854), »Das Kapital« (Bd. I: 1867, Bd. 2: 1884, Bd. 3: 1894); Linke in aller Welt berufen sich bis heute auf Marx beziehungsweise einen wie auch immer gearteten »Marxismus« – 19 f., 30-33, 35, 37, 43, 55-57, 60-63, 65 f., 69, 71 f., 105 f., 110-112, 117 f., 120, 122, 127-130, 134, 136, 138 f., 141 f., 147, 150 f., 153, 161 f., 180, 187 f., 194-196, 198, 210, 215, 224, 229, 231 f.

Mehring, Franz (1846-1919) – der Historiker und Publizist kam 1891 zur SPD; 1902-1907 Chefredakteur der »Leipziger Volkszeitung«; ab 1908 Lehrer an der Parteischule der SPD; setzte sich publizistisch mit der Geschichte Preußens, Militär und Militarismus auseinander – 170

Menzies, Gavin – 115

Milošević, Slobodan (1941-2006) – jugoslawischer Politiker, der nach dem Ende des Kommunismus auf einen großserbischen Nationalismus setzte, gegen den albanischen Nationalismus kämpfte und dafür Kriegsverbrechen begehen ließ; durch den Krieg der USA und der NATO gegen Jugoslawien um sein Amt gebracht – 84, 97

Mittenzwei, Werner – 62

Molotow, Wjatscheslaw Michailowitsch (eigentl. Skrjabin, 1890-1986) – einer der Haupttäter des Stalinismus, u. a. 1930-1941 Vorsitzender des Rates der Volkskommissare (Ministerpräsident); 1939-1949 und 1953-1957 sowjetischer Außenminister, unterzeichnete 1939 den Hitler-Stalin-Pakt, 1957 entmachtet und Botschafter der UdSSR in der Mongolei – 67

Moses – Gestalt des Alten Testaments; führte das israelische Volk aus der ägyptischen Unterdrückung und formte anschließend dessen Staat und Religion – 178

Mossadegh, Mohammed (1881-1967) – wollte als iranischer Ministerpräsident Anfang der 1950er Jahre die in britischem Besitz befindlichen Ölquellen verstaatlichen; durch einen Putsch des Schahs und der westlichen Geheimdienste 1953 gestürzt – 13

Moulian, Tomás – 29 f., 32, 124 f., 173, 190 f., 204, 230

Müller, Heiner (1929-1995) – einer der wichtigsten deutschsprachigen Dramatiker der zweiten Hälfte des 20. Jahrhunderts, u.a. »Wolokolamsker Chaussee«, »Germania 3, Gespenster am toten Mann« (1995) – 62

Mussolini, Benito (1883-1945) – faschistischer Diktator Italiens, im Zweiten Weltkrieg enger Verbündeter Hitlers – 20

Napoleon I. (eigentl. Napoleone Buonaparte, 1769-1821) – vielfach siegreicher Heerführer der französischen Revolution gegen die europäischen Feudalmächte; schaffte dann die Republik ab, rief sich zum Kaiser der Franzosen aus; wollte ganz Europa erobern und verbreitete dabei zugleich die Ideen der Revolution; 1815 militärisch gescheitert und entmachtet – 214

Nietzsche, Friedrich (1844-1900) – deutscher Philosoph, sah eine Entwertung der Werte und das Heraufkommen eines »Übermenschen«; wichtige Werke: »Also sprach Zarathustra« (1883-1885), »Zur Genealogie der Moral« (1887), »Ecce Homo« (1888) – 41

Norden, Albert (1904-1982) – Mitglied der SED-Parteiführung, dort verantwortlich für Agitation und die »Westarbeit« – 208

Northcote Parkinson, Cyril – 233

Olshansky, Barbara – 95

Ortega Saavedra, Daniel (geb. 1945) – einer der die FSLN befehligenden Comandantes, die am 19. Juli 1979 den nicaraguanischen Diktator Anastasio Somoza Debayle in einer Revolution stürzten, Mitglied einer fünfköpfigen Regierungsjunta, 1985-1990 Präsident von Nicaragua, heute Vorsitzender der Frente Sandinista de Liberación Nacional (FSLN) – 190

Orwell, George (eigentl. Eric Arthur Blair, 1903-1950) – englischer Schriftsteller, der als Linker zu einem der schärfsten Kritiker des Stalinismus wurde; sein Roman »1984« (1949) zur folgenreichsten Warnung vor Systemen totalitärer Herrschaft; weitere Werke: »Farm der Tiere« (1945), Essays (1920-1950) – 59

Papcke, Sven – 158

Paulus, Apostel – Gestalt des Neuen Testaments, wurde vom Bekämpfer zum glühenden Verfechter des christlichen Glaubens; seine Briefe haben wesentlich zur Formierung der frühen Kirche beigetragen – 113, 180

Pérez Roque, Felipe – 143-145

Peter, Laurence J. – 183 f.

Peters, Arno – 35, 36

Pinochet, Augusto (geb. 1915) – chilenischer General, putschte 1973 gegen Präsident Allende und beherrschte als Diktator bis 1990 das Land; verantwortlich für die mindestens 30.000 durch das Regime Ermordeten – 60, 173, 181, 189

Pizarro, Francisco (1478-1541) – spanischer Abenteurer, der das Inka-Reich zu erobern verstand und als Statthalter Karl V. die Kolonie Peru schuf – 107, 109, 132

Plehwe, Dieter – 173

Putin, Wladimir Wladimirowitsch (geb. 1952) – seit 2000 der zweite gewählte Präsident Rußlands; versucht, russische Interessen auch international wieder zu vertreten – 9, 17

Raffael (eigentl. Raffaello Santi, 1483-1520) – italienischer Maler und Baumeister, neben Leonardo da Vinci (1452-1519) und Michelangelo (1475-1564) einer der bedeutendsten Künstler der Renaissance; war ab 1514 Bauleiter der Peterskirche in Rom – 234

Ramses II. (1290-1224 v. Chr.) – Pharao in Zeiten großmächtiger Entfaltung Ägyptens, schloß nach längeren Kriegen Frieden mit dem Hethiterreich (in Kleinasien) durch Abgrenzung der Einflußzonen in Nordsyrien und wandte sich dann aktiv einer umfangreichen Bautätigkeit zu – 89

Ratner, Michael – 95

Reagan, Ronald (1911-2004) – zuerst Schauspieler, dann Gouverneur von Kalifornien und 40. Präsident der USA (1981-1989); war neben Margaret Thatcher der wichtigste politische Wegbereiter des Neoliberalismus, kürzte die Sozialausgaben, senkte die Steuern für die Reichen und versuchte, die Sowjetunion durch neuerliche Hochrüstung weiter zu schwächen; geriet gegenüber Gorbatschow zwar außenpolitisch in die Defensive, doch das Ende der Sowjetunion läßt ihn für viele Konservative als erfolgreichen politischen Akteur erscheinen – 50, 81, 173-175, 185, 190

Reich, Jens – 81

Rifkin, Jeremy – 158

Rilling, Rainer – 174 f.

Roosevelt, Franklin D. (1882-1945) – 32. Präsident der USA (1933-1945, Demokraten), die für die Geschichte der USA im 20. Jahrhundert sicherlich folgenreichste politische Persönlichkeit; trat entgegen der auf George Washington (1732-1799), den ersten Präsidenten der USA (1789-1797), zurückgehenden Tradition dreimal zur Wiederwahl an und gewann; ging davon aus, daß der Staat gesellschaftliche Mißstände beseitigen muß und Konflikte durch Interessenausgleich lösbar sind; sein »New Deal« in der Innenpolitik trug zur Beilegung der Folgen der Weltwirtschaftskrise und zur Entwicklung der »fordistischen« Regulation des Kapitalismus bei; kämpfte im Zweiten Weltkrieg für den kompromißlosen Sieg über Hitlerdeutschland, trat für die Gründung der UNO und die Schaffung des Sicherheitsrates (mit »Veto«-Recht der fünf Hauptsiegermächte) ein und legte zugleich die Grundlagen für die spätere imperiale Rolle der USA in der Welt – 94, 164, 174, 181-183, 196

Roy, Arundhati – 26

Ruben, Peter – 63, 65 f., 106, 153, 154, 162, 226

Rumsfeld, Donald – 103

Schewardnadse, Eduard (geb. 1928) – nach Geheimdienst- und Parteikarriere 1985-2000 sowjetischer Außenminister; 1995-2003 Präsident Georgiens – 82, 203

Schiller, Friedrich (1759-1805) – als bedeutender Dichter der deutschen Klassik trug er mit »Die Räuber«, »Wilhelm Tell« und anderen Stücken zu einem gesellschaftskritischen, bürgerlichen Bewußtsein gegen feudale Enge bei; zeitweise auch Professor für Geschichte in Jena – 41

Schmidt, Helmut (geb. 1918) – 1974-1982 zweiter sozialdemokratischer Bundeskanzler der Bundesrepublik Deutschland nach dem Zweiten Weltkrieg; versuchte, durch eingreifende Wirtschaftspolitik die sozialen Probleme des Landes zu bewältigen – 20, 94

Schopenhauer, Arthur (1788-1860) – deutscher Philosoph, vertrat als einer der ersten Philosophen des 19. Jahrhunderts die Überzeugung, daß der Welt ein irrationales Prinzip zugrunde liegt – 33

Schröder, Gerhard (geb. 1944) – 1998-2005 Bundeskanzler einer sozialdemokratisch-grünen Regierung; setzte jene Reformen im Geiste des Neoliberalismus in Gang, die der Konservative Helmut Kohl nicht machen wollte – 18, 24, 96, 127

Schumpeter, Joseph Alois (1883-1950) – aus Österreich stammender Volkswirtschaftler und Sozialwissenschaftler; erklärte den Kapitalismus aus seiner inneren Entwicklung heraus, die Konjunkturzyklen in Verbindung mit Innovationen und bestätigte Kondratieffs »Lange Wellen«; ab Mitte der 1920er Jahre in Deutschland, seit 1932 in den USA; wichtige Werke: »Theorie der wirtschaftlichen Entwicklung« (1912), »Konjunkturzyklen« (1939), »Kapitalismus, Sozialismus und Demokratie« (1942) – 62, 87, 128, 131, 149, 152-154, 161, 226, 229

Shakespeare, William (1564-1616) – seine klug gebauten Dramen beeinflussen die europäische und Weltkultur bis heute – 43

Silva, Luiz Inácio Lula da, genannt »Lula« (port. »Tintenfisch«, geb. 1945) – kämpfte als Gewerkschaftsführer gegen die Militärdiktatur, dann Vorsitzender der Gewerkschaften; 1980 Mitbegründer der neuen Arbeiterpartei PT; 2002 zum ersten linken Präsidenten Brasiliens gewählt; blieb in der Wirtschafts- und Sozialpolitik hinter den Erwartungen seiner Wähler zurück; unterstützt außenpolitisch Hugo Chávez und die Stärkung der wirtschaftlichen Zusammenarbeit der südamerikanischen Staaten (Mercosur) – 27, 28, 218 f.

Simmel, Georg (1858-1918) – Philosoph und Soziologe; arbeitete vor allem an Schnittstellen von Philosophie, Kultur, Kunst und Soziologie, so zu Fragen der »Mode« und der Alltagskultur (»Soziologie der Mahlzeit«); wohl wichtigstes Werk ist seine »Philosophie des Geldes« (1900-1907), die Aspekte der Verdinglichung, der Entfremdung und des Heraustretens aus der Naturabhängigkeit behandelt und viele nachfolgende kulturkritische Arbeiten zu diesem Themenkreis beeinflußt hat – 128

Sombart, Werner (1863-1941) – Volkswirtschaftler und einer der Begründer der Soziologie in Deutschland; analysierte den Kapitalismus vor dem Hintergrund wirtschaftsgeschichtlicher und struktureller Analyse; wollte eine »verstehende Nationalökonomie«, die auf historischer und soziologischer Kenntnis beruht, und bekämpfte den Marxismus; wichtige Werke: »Der moderne Kapitalismus« (1903-1928), »Der Bourgeois« (1913), »Der proletarische Sozialismus« (1924) – 111 f., 114, 122, 128

Sono, Themba – 225

Soros, George – 63

Spartakus (gefallen 71 v. u. Z.) – der Führer des größten antiken Sklavenaufstandes (74/71 v. u. Z.) und seine 60 000 Aufständischen hatten große Anfangserfolge, er fiel bei der entscheidenden Niederlage am Fluß Silarius (Apulien); 6000 seiner Anhänger wurden längst der Via Appia gekreuzigt – 190

Speck, Ulrich – 9, 15

Speer, Albert (1905-1981) – Architekt, Rüstungsminister und schließlich oberster Wirtschaftsführer in der Zeit des Nationalsozialismus, im Nürnberger Prozeß gegen die Hauptkriegsverbrecher zu 20 Jahren Haft verurteilt – 36

Spehr, Christoph – 221-227

Stalin, Jossif Wissarionowitsch (eigentl. Dschugaschwili, [1878] 1879-1953) – das Mitglied der Führung der Bolschewiki erweiterte ab 1922 als Generalsekretär systematisch seine Macht und schaltete nach Lenins Tod alle Gegner und Konkurrenten aus; ab 1928 unumschränkter Diktator, der die Restauration bürgerlicher Verhältnisse durch ein linksradikales totalitäres Regime zu umgehen suchte; mit Terror, dem viele Millionen Menschen aller Klassen und Schichten zum Opfer fielen, versuchte er den »Sozialismus in einem Land« einzuführen; während des Zweiten Weltkrieges erbrachten die Völker der Sowjetunion trotz Stalins Herrschaft den entscheidenden Beitrag zur Niederwerfung des totalitären Hitlerfaschismus; nach Stalins Tod suchten sich die Führer der KPdSU mit einer politbürokratischen Diktatur, die auf systematischen Terror verzichtete, an der Macht zu halten; 1991 entschlossen sie sich, sich selbst an die Spitze der Restauration zu stellen – 22, 31, 40, 56, 58, 61, 66, 70,-72, 75, 79, 105, 121, 144, 161, 194, 218

Stein, Lorenz von (1815-1890) – Staatsrechtslehrer, Soziologe und Nationalökonom, analysierte den Klassenstaat seiner Zeit und stellte ihm den Sozialstaat gegenüber, prägte den Begriff des Klassenkampfes, lehnte jedoch ein revolutionäres Vorgehen ab – 66

Stein, Peter

Stiglitz, Joseph – 63

Stojanovic, Svetozar – 59

Thomas von Aquino (1224 oder 1225 -1274) – bedeutendster Theologe und Philosoph des europäischen Mittelalters; erkannte dem vernünftigen Wissen einen eigenen Rang neben dem Glauben zu – 112

Thatcher, Margaret (geb. 1925) – 1979-1990 Premierministerin Großbritanniens; war mit ihrem »Thatcherismus« politische Vorreiterin des Neoliberalismus; förderte die Privatisierung auch der zuvor öffentlichen Daseinsvorsorge, schwächte die zuvor starken britischen Gewerkschaften und zwang die Arbeiter zu drastischen Lohneinbußen – 173, 185

Thünen, Johann Heinrich von (1783-1850) – einer der bedeutendsten deutschen Wirtschaftstheoretiker und Agrarwissenschaftler des 19. Jahrhunderts; beschäftigte sich mit dem Zusammenhang von landwirtschaftlicher Produktion, Preisen und Märkten, der Grundrente und der Produktivitätsentwicklung – 118 f.

Tito, Josip Broz (1892-1980) – Führer der jugoslawischen Kommunisten und des Befreiungskampfes gegen Hitlerdeutschland, dann Partei-, Regierungs- und Staatschef Jugoslawiens; die Feindschaft Stalins ab 1948 beantwortete er durch einen eigenen innenpolitischen (»Selbstverwaltungssozialismus«) und außenpolitischen Kurs (»Nichtpaktgebundenheit«). Sein Versuch, dem Vielvölkerstaat historische Dauer zu verleihen, scheiterte mit dem Ende des Kommunismus, aus dessen Logik sich auch sein Herrschafts- und Gesellschaftssystem nicht zu lösen vermochte – 60 f.

Todd, Emmanuel – 99 f., 175

Togliatti, Palmiro (1893-1964) – Führer der italienischen Kommunisten, der für eine stärkere Unabhängigkeit von Moskau eintrat – 71

Tönnies, Ferdinand (1855-1936) – Philosoph und einer der Begründer der Soziologie in Deutschland; im Zentrum seiner Betrachtungen standen die Eigenheiten von »Gemeinschaft« und »Gesellschaft« – 63-65

Trotha, Adrian Dietrich Lothar von (1848-1920) – Kommandeur der deutschen Truppen in Namibia; diese schlugen 1904 bei der Schlacht am Waterberg die aufständischen Herero und trieben sie in die Wüste, wo Zehntausende verdursteten – 40

Trotzki, Lew Dawidowitsch (eigentl. Bronstein, 1879-1940) – neben Lenin der wichtigste Organisator der Oktoberrevolution; 1917/18 Volkskommissar für Auswärtige Angelegenheiten; baute ab 1918 (bis 1925) als Volkskommissar für Heer und Marine die »Rote Armee« auf und half so, die Revolution vor der Konterrevolution zu retten; kritisierte ab 1923 die Politik des bürokratischen Parteiapparates; verlor alle Ämter; zuerst verbannt, 1929 aus der Sowjetunion ausgewiesen; von einem Agenten Stalins in Mexiko ermordet; die diversen »IV. Internationalen« berufen sich bis heute auf Trotzki und einen »Trotzkismus« – 22, 44, 58, 61, 63, 69, 70-72, 187

Tucholsky, Kurt (1890-1935) – deutscher Schriftsteller und Journalist, brillanter Satiriker und scharfer Kritiker aller reaktionären Tendenzen in Deutschland nach dem Ersten Weltkrieg – 24

Ulbricht, Walter (1893-1973) – übernahm nach der Zerschlagung der KPD im sowjetischen Exil im Jahre 1935 faktisch die Führung der Partei; unterwarf nach 1945 alle Konkurrenten und prägte wesentlich die DDR; 1971 gestürzt – 61

Varga, Eugen (1879-1964) – aus Ungarn stammender Wirtschaftswissenschaftler, in der ungarischen Räteregierung 1919 Volkskommissar für Finanzen, dann Berater der Komintern in Sachen Weltwirtschaft und Kapitalismus, leitete über längere Zeit ein eigenes Institut in Moskau, bis er 1947 bei Stalin in Ungnade fiel und das Institut geschlossen wurde; wichtige Werke: »Die Krise der kapitalistischen Weltwirtschaft« (1922), »Die Große Krise und ihre politischen Folgen. Wirtschaft und Politik 1928-1934« (1934), »Der Kapitalismus des zwanzigsten Jahrhunderts« (1961) – 194 f.

Wallenstein, Albrecht Wenzel Eusebius von, Herzog von Friedland (1583-1634) – bedeutendster und erfolgreichster Feldherr des Reiches während des Dreißigjährigen Krieges (1618-1648) gegen die protestantische und schwedische Seite, den Kaiser Ferdinand II. (1578-1637, Kaiser seit 1619) am 25. Februar 1534 ermorden ließ. Für Historiker wie Friedrich Schiller oder Golo Mann galt er als letzte Chance, der deutschen Geschichte eine andere, nationalstaatliche Wendung zu geben – 101

Wallerstein, Immanuel (geb. 1930) – Soziologe und Historiker der Weltwirtschaft, hat als Direktor des Fernand Braudel Zentrums in New York die Arbeiten Braudels zur Geschichte des Weltsystems fortgesetzt; wichtige Werke: »Das moderne Weltsystem« (3 Bde., 1974-1989), »Utopistik« (1998) – 87, 120, 124, 133, 161, 191, 199, 218, 231 f.

Walpen, Bernhard – 173

Walton, Sam – 157

Weber, Max (1864-1920) – Volkswirtschaftler, Jurist und einer der wichtigsten Begründer der Soziologie, dessen Überlegungen das Fach bis in die Gegenwart beeinflussen; arbeitete über Kapitalismus, Macht und Herrschaft, den Zusammenhang von Kapitalismus und Religion sowie an den soziologischen Kategorien; wichtige Werke: »Die protestantische Ethik und der Geist des Kapitalismus« (1904/1905), »Wirtschaft und Gesellschaft« (1909-1920), »Gesammelte Aufsätze zur Wissenschaftslehre« (1922) – 44, 112-114, 122, 128, 135, 217

Wekwerth, Manfred (geb. 1929) – Regisseur und Theatermann im Geiste Brechts, Präsident der Akademie der Künste der DDR, 1977-1991 Intendant des Berliner Ensembles – 33, 36

Wenzel, Siegfried – 36

Wilhelm II. (1859-1940) – der Deutsche Kaiser (seit 1888) trieb Hochrüstung zu Wasser und zu Land sowie eine aggressive Kolonialpolitik und 1914 Deutschland in den Zivilisationsbruch des Weltkrieges; entzog sich im Gefolge der Novemberrevolution 1918 seiner Verantwortung durch Flucht nach Doorn (Niederlande) – 40, 98, 214

Wolf, Christa (geb. 1929) – aus der DDR kommende deutsche Schriftstellerin, die die Zeiten stets kritisch begleitet hat; ihre Erzählung »Was bleibt« wurde vom westdeutschen Literaturbetrieb böse zu verschreien versucht – 41, 202

Zech, Paul (1881-1946) – deutscher Schriftsteller, der vom Exil aus den deutschen Faschismus genau beschrieben hat: »Deutschland, dein Tänzer ist der Tod« (1933) – 40

Zinn, Karl Georg – 132, 133

Zuse, Konrad – 36, 150

Zweig, Stefan (1881-1942) – österreichischer Novellist und Erzähler; sein Erinnerungsbuch »Die Welt von gestern«, sein letztes Werk, ist die wohl hellsichtigste und verstehendste Erläuterung der europäischen Welt am Vorabend des Ersten Weltkrieges – 56